rororo

Lebenskunst
Das Buch weist Wege zu Persönlichkeitsentfaltung und innerer Freiheit. Der Autor zeigt, dass Fremdbestimmungen, falsche Lebensphilosophien und seelische Blockierungen abgebaut werden können und müssen, damit wir uns selbst und unsere Individualität entfalten können.

Ausbruch zur inneren Freiheit
Im Berufs- und im Privatleben müssen wir uns oft Zwängen beugen. Aber in unserem Inneren können wir davon unbeschadet bleiben. Das ist notwendig, um in Krisensituationen mit Kreativität und innerer Kraft neue Wege auszuprobieren und wieder Freiheit, Abenteuer, Kreativität und Liebe als prägende Merkmale in unserem Leben zu verankern.

Peter Lauster, 1940 in Stuttgart geboren, studierte Psychologie, Philosophie, Anthropologie und Kunstgeschichte. Seit 1971 leitet er die "Praxis für psychologische Diagnostik und Beratung". Seine Sachbücher erreichten bisher eine deutschsprachige Gesamtauflage von über 4,5 Millionen Exemplaren und wurden in zwanzig Sprachen übersetzt. Von Peter Lauster sind als rororo lieferbar: «Die Liebe» (17677), «Lassen Sie der Seele Flügel wachsen» (17361), «Wege zur Gelassenheit/Lassen Sie sich nichts gefallen» (Sonderausgabe 61959), «Die Erotikformel» (62022).

Peter Lauster

Lebenskunst

Wege zur inneren Freiheit

Ausbruch zur inneren Freiheit

Mut, eigene Wege zu gehen

Rowohlt Taschenbuch Verlag

Dieser Band besteht aus den im Econ Verlag erschienenen Titeln Peter Lauster «Lebenskunst. Wege zur inneren Freiheit» (1982) und «Ausbruch zur inneren Freiheit» (1995).

Sonderausgabe
Veröffentlicht im Rowohlt Taschenbuch Verlag,
Reinbek bei Hamburg, Dezember 2005

Umschlaggestaltung ZERO Werbeagentur, München
(Foto: Jim Wehtje/Getty Images)
Satz Proforma PostScript (InDesign)
bei KCS GmbH, Buchholz/Hamburg
Druck und Bindung Clausen & Bosse, Leck
Printed in Germany
ISBN 13: 978 3 499 62042 3
ISBN 10: 3 499 62042 1

Lebenskunst

Bevor ich sterbe

noch einmal sprechen
von der Wärme des Lebens
damit doch einige wissen:
Es ist nicht warm
aber es könnte warm sein

Bevor ich sterbe
noch einmal sprechen
von Liebe
damit doch einige sagen:
Das gab es
das muß es geben

Noch einmal sprechen
vom Glück der Hoffnung auf
Glück
damit doch einige fragen:
was war das
wann kommt es wieder?

Erich Fried

Inhalt

Vorwort zur Taschenbuchausgabe

Der gemeinsam mit dem Verlag ausgewählte Titel ‹Wege zur Gelassenheit› bringt zum Ausdruck, dass es viele Wege gibt, um gelassener zu werden, nicht nur eine einzige Patentlösung. Ein einfaches Rezept oder eine schnell anwendbare Psychotechnik, die direkt zu innerer Ruhe und Gelassenheit führen würde, kann dieses Buch nicht anbieten. Ich versuche allerdings Mut zu machen, sich der eigenen psychischen Situation zu stellen und mit allen selbstbetrügerischen Lügen darin aufzuräumen. Das Buch möchte viele Impulse zum Nachdenken geben, die eigenen Gefühle, Gedanken, Lebenspläne, Hoffnungen und Erwartungen mit neuen Augen zu sehen. Und dieser Vorgang kann sehr spannend, und auch hilfreich, sein, wie mir viele Leserinnen und Leser nach Erscheinen der ersten Ausgabe geschrieben haben.

In diesem Buch fasse ich meine bisherigen Erkenntnisse zusammen und komme zu dem Ergebnis: «Loslösung ist die Lösung» für die meisten psychischen Probleme, die oft nur deshalb Probleme sind, weil ein Festklammern zu Verspannungen und Verkrampfungen führt. Ich verstehe das Wort Gelassenheit also vor allem als Gelöstheit und in gar keinem Fall als Nachlässigkeit oder gar unberührbare Gleichgültigkeit.

Peter Lauster
Köln, im Oktober 1985

1 Hindernisse der Selbstentfaltung

Kann ein Mensch in einem langen Prozess erleben, dass er nie als das Kind, das er war, sondern für seine Leistungen, Erfolge und Qualitäten «geliebt» worden ist, dass er seine Kindheit für diese «Liebe» geopfert hat, so wird ihn das zu großen inneren Erschütterungen führen, aber er wird eines Tages den Wunsch verspüren, mit dieser Werbung aufzuhören. Er wird in sich das Bedürfnis entdecken, sein wahres Selbst zu leben und sich nicht länger Liebe verdienen zu müssen, eine Liebe, die ihn im Grunde doch mit leeren Händen zurücklässt, weil sie dem falschen Selbst gilt, das er aufzugeben begonnen hat.

Alice Miller

Der Mensch wird mit wenigen vorprogrammierten Instinkten in die Welt hineingeboren, mit der in der Natur höchsten Möglichkeit, sich zu entwickeln. Der Mensch kommt als ein fast leeres Gefäß zur Welt, in das nach und nach Inhalte hineingegossen werden. Diese Inhalte sind Verhaltensregeln, Normen, religiöse und moralische Erfahrungen, Informationen, gegeben von den verschiedensten Seiten und Interessengruppen, zuerst von den Eltern, dann von Lehrern, Lehrherren, Professoren, Freunden, von Liebes- oder Ehepartnern, von privaten oder beruflichen Ratgebern aller Art. Das Gefäß wird voller und voller, bis es schließlich so voll erscheint, dass das Individuum es ablehnt, noch weitere Informationen aufzunehmen und sich mit den alten Inhalten begnügt.

Im Gespräch sagte mir jemand zum Thema Partnerschaft und persönliche Freiheit: «Das Thema habe ich ausdiskutiert.» Eine weitere Bereitschaft zur Diskussion bestand nicht mehr. Die eigene Meinung war gefestigt, für weitere Informationen schien kein Platz mehr zu sein.

Ein anderer Gesprächspartner meinte einmal: «Ich habe keine Lust, mich über dieses Thema zu unterhalten, denn ich habe ja doch meine eigene Meinung.» Eine junge Frau erzählte mir in der Praxis, dass sie ihren Ehemann gebeten hätte, mein Buch «Die Liebe» zu lesen, worauf er ihr geantwortet hätte: «Ich habe meine eigene Auffassung von der Liebe, da brauch ich kein Buch, das interessiert mich nicht.» Das sind Beispiele dafür, dass das Bedürfnis nach weiteren Informationen mit zunehmendem Alter oft abnimmt.

Die Gefäßmetapher ist materialistisch, alle Materie hat einen Anfang und ein Ende. Ist das Bild vom Gefäß wirklich auf den Menschen, seine Seele und seinen Geist übertragbar? Nicht ganz – denn ich stelle mir dieses Gefäß mit unendlichem Fassungsvermögen vor. Die Aufnahmefähigkeit des Menschen ist unbegrenzt, ein Thema ist nur dann erschöpft, wenn ich es so will; es bleibt ewig jung und lebendig, wenn ich dafür offen bin. Indische Gurus gebrauchen das Bild von der gefüllten Schale, wenn Suchende zu ihnen kommen, um sich Lebensweisheit vermitteln zu lassen, sie sagen «erst muss dein Gehirn leer werden, damit du frei bist für den neuen Inhalt».

Kann die Schale wirklich einfach ausgegossen werden? Das menschliche Gedächtnis speichert alle Inhalte als elektrochemische Engramme, wie die Gehirnforscher sagen, sie können nur mit chemischen Mitteln oder operativ zerstört werden. Die Gehirninhalte können also nicht einfach ausgeschüttet werden; wir können sie jederzeit hervorholen und sie uns von allen Seiten betrachten. Jeder Inhalt hat viele Seiten und steht in einem Sinnzusammenhang, der veränderlich ist, der je nach Lust und Laune wechselt.

Wer in die psychologische Beratungspraxis kommt, weiß nicht mehr, was richtig und falsch ist; er hat in Frage gestellt, was andere Menschen von ihm erwarten, was er selbst von sich erwarten kann, wer er ist, worin der Sinn seines Lebens, seiner Partnerschaft und seines Berufes besteht. Die alten Inhalte beginnen in ihrer Bedeutung und ihrer Wertigkeit zu schillern. Was bisher klar und sicher war, wird brüchig und unsicher. Was bisher «richtig» erschien, wird fragwürdig, wenn nicht gar falsch. Die Diskussion ist nicht beendet, sondern sie wird plötzlich wieder aktuell. Ich weiß nicht mehr, was Liebe ist, es ist mir unklar, ob ich meinen Partner liebe und ob er mich wirklich liebt. Das scheinbar so geschlossene System hat durch eine seelische Erschütterung plötzlich Risse bekommen. Die scheinbar endgültig geklärten Tatsachen beginnen sich zu verändern, ein anderes Licht scheint auf sie, und in diesem Licht erscheinen sie anders, neu, verändert, nicht mehr greifbar, sie schrumpfen zusammen, oder sie beginnen zu wachsen.

Was bisher eine unwichtige Bagatelle war, wird plötzlich sehr bedeutsam; wonach ich bisher gestrebt habe, verliert an Sinn und Attraktivität. Was ist richtig und falsch? Der Freund wird zum Feind, die Geliebte zur Hure, der Seelsorger zum Betrüger, der Lehrer zum Hanswurst, der Friedensapostel zum Gewalttäter, der bescheidene Samariter zum geltungssüchtigen Menschenverächter und so fort. Die Inhalte in meinem Gefäß sind nichts Statisches, sie beginnen plötzlich zu leben. Keiner kann mich dazu auffordern, dass es geschieht. Das Leben selbst führt durch Ereignisse diese Erschütterung herbei. Es gibt zwei Arten, hierauf zu reagieren: Entweder klammert man sich umso fester und beharrlicher an die alten Bedeutungen und wird dadurch starrer, verfestigter, unbeirrbarer und verkalkter im alten Schema, oder man wirft sich offen dem Neuen entgegen.

Die meisten Menschen reagieren erfahrungsgemäß mit der ersten Reaktionsweise. Sie verschließen sich, kapseln sich ein, halten an den alten Interpretationen und Werten fest und wiegen sich so in dem Gefühl von Sicherheit. Sie sind dann das Zentrum von Sicherheit und Ordnung, und draußen braust das Chaos – sie halten dem Chaos stand, indem sie Jahr um Jahr neue Kalkschichten bilden, um den Stürmen des Lebens mit einer Schutzschicht zu trotzen. Sie erscheinen stabil und lebenstüchtig, sie hüten die Wahrheit, ihre Wahrheit, wie einen Schatz, bis zu dem Tag, an dem die große Woge eines schicksalhaften Ereignisses alles überrennt.

Wer sich dem Neuen stellt, wer unsicher ist, alles in Frage stellt, dem neuen Licht nachgeht, die Inhalte um- und umdreht, sich die neuen Seiten betrachtet, dem Licht des lebendigen Lebens Zutritt verschafft, für den ist kein Thema zu Ende diskutiert, er ist wirklich offen, und er lässt das Chaos in sich eindringen, ja, er liefert sich dem Chaos aus; er stemmt sich nicht verkalkt dagegen, um daran zu zerbrechen, sondern er macht die Türen und Fenster seiner Seele weit auf, damit der Wind hindurchwehen kann – er ist transparent. Eine verkalkte Pflanze wird vom Sturm abgebrochen, das filigrane Gras dagegen wird nur zu Boden gedrückt und richtet sich danach wieder auf.

Geist und Seele des Menschen sind zwar gebunden an Materie, aber sie gehen über die Materie hinaus, sie sind unerschöpfbar, unausmessbar, unausfüllbar, sie sind das eigentlich Lebendige. Materie ist unschöpferisch, sie ist begrenzt, Geist und Seele dagegen, als Einheit betrachtet, sind schöpferisch, kreativ und unbegrenzt. Die Diskussion hört nicht auf, der Prozess des Wachstums ist nie abgeschlossen, deshalb kann in einem alten Körper ein junger Geist lebendig sein. Der Körper mag sterben und mit ihm der geistige Prozess, der ja an die Materie gebunden ist, aber das ist kein Beweis dafür, dass der Geist und die Seele altern. Geist und Seele können jung bleiben bis zum Tod. Wenn der Körper stirbt, die Materie sich umwandelt, dann sind Geist und Seele hiervon unberührt, weil sie ein Teil des Ewigen sind. Während die Materie altert, altert die schöpferische Seele nicht zwangsläufig mit.

Die Griechen waren der Ansicht, dass in einem gesunden Körper ein gesunder Geist wohnt, aber anders formuliert ist es richtiger: Ein gesunder (lebendiger) Geist schafft erst die Voraussetzungen für einen gesunden Körper. Ein alternder Körper muss nicht krank sein; die Materie verschleißt zwar, aber der lebendige Geist niemals. Die lebendige Seele ist keinem Sterbevorgang unterworfen, sie kann jung bleiben, hierin liegt das Mysterium des Glaubens an ein ewiges Leben der Seele nach dem Tod des Körpers. Wir mögen uns diesem Glauben anschließen oder auch nicht, das ist unwichtig: Entscheidend ist die Erkenntnis, dass Geist und Seele während eines Menschenlebens nicht altern müssen. Seelisches Altern verursachen wir selbst, es ist keine unabänderliche Tatsache wie der Alterungsprozess der biologischen Verhältnisse.

Begabungsblockierungen

Der Mensch kommt als ein leeres Gefäß zur Welt, das nach und nach mit seelisch-geistigen Inhalten aufgefüllt wird. Die Aufnahmekapazität ist nicht begrenzt. Der Vorgang der Aufnahme und Verarbeitung ist nie abgeschlossen, bis zum Tod des Körpers.

Die menschliche Gehirnfunktion ist im Vergleich mit sämtlichen Lebewesen auf dieser Erde am höchsten entwickelt. Es existieren zwar Tiere mit einer besseren Spezialisierung und höherer Leistungsfähigkeit des Nervensystems und der Sinnesorgane, aber hierin liegt auch ein Nachteil, nicht nur ein Vorteil. Der Mensch bringt bei Geburt wenig angeborene Reaktionsschemata mit, er zeichnet sich im Vergleich zu anderen Lebewesen nicht durch Spezialisierungen aus, sondern durch seine Offenheit und Plastizität. Der Mensch ist also nicht festgelegt auf einige wenige Verhaltensmuster, sondern er kann alle möglichen Fähigkeiten entfalten und Fertigkeiten entwickeln, je nach dem vorliegenden Lernangebot. Er ist das lernfähigste Wesen auf diesem Planeten.

Der Mensch bringt den Ansatz für viele Gaben mit, die «begabt» werden müssen, damit die Begabung sichtbar wird und sich verwirklichen kann. Was sind Begabungen? Die psychologische Forschung unterscheidet z. B. Sprachbegabung, mathematische Begabung, technische Begabung, musikalische Begabung, gestalterische Begabung usw. Mit psychologischen Tests können Begabungsschwerpunkte in ihrem Ausprägungsgrad gemessen werden. Es wird allerdings nur ein momentaner Istzustand festgestellt, der nur schwer Prognosen für die Zukunft erlaubt.

Der Begabungsforscher H. B. Lehmann hat die Höchstleistungen bekannter Persönlichkeiten aus verschiedenen Berufen untersucht, und er kam zu dem Resultat, dass erst zwischen dem 25. und 44. Lebensjahr die volle Leistungsreifung erfolgt, die sich danach noch weiter steigern kann.

Begabung ist kein Schicksal, das in die Wiege gelegt wird, sondern sie entsteht durch äußere Einflüsse, durch Bedingungen, die einen günstigen Entwicklungsprozess anstoßen und weiter motivieren. Zunächst muss das Gehirn eine Anregung erhalten, z. B. im sprachlichen, gestalterischen oder musikalischen Bereich, sodass Interesse an einem bestimmten Gebiet wach wird und das Bedürfnis nach Information und Lernen geweckt wird.

Je früher Anregungen erfolgen, desto besser. Das Lernen fällt zunächst leicht und macht Spaß. Durch Beschäftigung mit dem Lerngebiet wächst die Leistungsfähigkeit mehr und mehr, und damit das Selbstvertrauen. Das Sachgebiet wird vertrauter, und der Umgang mit Worten, Zahlen oder technischen Dingen fällt leichter und leichter, schließlich wird eigene schöpferische Produktivität entfaltet, und man wächst in neue, selbst entwickelte Erkenntnisse hinein. Jetzt ist die entwickelte Fähigkeit für jedermann sichtbar, und es wird gesagt: «Er hat seine Begabung entfaltet.» Das klingt so, als hätte er mit der besonderen Begabung bereits die Welt betreten, als ein Begnadeter, der die Begabung wie aus einem tiefen Brunnen einfach nur hochzuziehen brauchte.

Ich bin der Auffassung, dass alle Menschen zunächst einmal mit den gleichen Möglichkeiten, alle Begabungen zu entdecken, zur Welt kommen. Auf welches Gebiet jemand stößt, hängt von der Umwelt ab, die ihn fördert oder blockiert.

Jedes Kind malt zunächst gerne mit Farben, das ist etwas ganz Normales und Natürliches. Aber nicht in jeder Familie wird die Mallust entsprechend unterstützt und gefördert. Picasso wurde von seinem Vater, der Zeichenprofessor war, gelobt und unterstützt. Der kleine Picasso erhielt jede Hilfe, die er brauchte, es war z. B. stets genug Papier und Farbe da, er konnte sich auf dem Papier austoben, wann und wie oft er wollte. Kein Wunder also, dass er schon sehr früh Farbgefühl und einen «lockeren Strich» entwickelte.

Der Düsseldorfer Künstler Joseph Beuys sagt: «Jeder Mensch ist ein Künstler.» Er provoziert mit diesem Satz, weil sich die Mehrzahl der Menschen mit dieser Aussage nicht identifizieren kann. Und doch hat Beuys Recht, wenn man seine Feststellung etwas genauer betrachtet. Jeder Mensch könnte ein Künstler sein, wenn er sich künstlerisch betätigen würde, denn in jedem steckt die Gabe dafür, wenn er *be-gabt* wird, wenn die vorhandene Gabe angeregt, gefördert und zur Entfaltung motiviert wird.

Ich habe selbst die Erfahrung gemacht, dass jeder Mensch malen und zeichnen kann, wenn man ihm Mut macht und sein Interesse weckt. Jeder freut sich, wenn er mit Wasserfarben auf das Papier einen roten Klecks setzt und einen schwarzen Klecks dazumalt, der in den roten Klecks hineinläuft. Es gibt keinen Menschen, der nicht ganz spontan Freude und Interesse verspürt, wenn er mit verschiedenen Farben malt, die sich durch das Wasser miteinander verbinden. Was uns davon abhält zu malen, ist der hohe Leistungsanspruch, den wir von Lehrern und Erziehungspersonen übernommen haben. Wir sind mutlos, wir glauben, Malen wäre sinnlos, weil wir die Könnerschaft der «Großen» ja doch nicht erreichen. Wir vergleichen uns mit den «Genies» und verlieren deshalb die Freude am Spiel, an der Entdeckung unserer eigenen Leistungsmöglichkeiten. Keiner sagt uns: «Du kannst das auch erreichen, wenn du lange genug Spaß an der Malerei hast. Die Möglichkeit ist in dir, wenn sie dich interessiert. Du entwickelst dich, du wirst von Tag zu Tag lockerer, freier und leichter, wenn du dich einfach nur aus Freude damit beschäftigst.»

Stattdessen wird mit Benotung, Bewertung, ja mit Tadel und Strafe die Freude am spielerischen Lernen unterdrückt. Welch ein Glück für ein Kind, wenn es in einer Familie heranwächst, die das Experimentieren mit den vielen Gaben, die wir haben, unterstützt. Das Kind hat noch die ursprüngliche Lust, alles auszuprobieren, ohne Angst davor, zu versagen; das Kind möchte malen, kneten, schrauben, analysieren, mit Worten spielen, musizieren, rechnen, Rollen spielen usw. Die Aufgabe der Erwachsenen ist es, diese Aktivitäten zu unterstützen, ohne Leistungen zu fordern, die an Wertmaßstäben des Erwachsenen gemessen sind. Das Kind möchte spielen, es will experimentieren, es möchte selbst herausfinden können, wo seine besondere Befriedigung liegt. Wir sollten das Kind gewähren lassen, seine Versuche fördern, ihm helfen, sich selbst zu verwirklichen, gerade weil wir selbst uns in der Kindheit danach gesehnt haben, aber vieles nicht entdecken durften, weil die Eltern andere Vorstellungen von Begabung, Erziehung, Disziplin und Leistung hatten.

Die Entwicklung einer Begabung wird blockiert, wenn die Möglichkeit des Ausprobierens unterbunden wird. Prinzipiell sind wir für alles begabt, wenn man uns gewähren lässt. Eine Gabe hervorzuholen, dazu ist es wirklich nie zu spät. Wir können noch mit sechzig anfangen zu malen, zu musizieren oder Gedichte zu schreiben. Werfen wir alle Leistungsansprüche über Bord und beginnen wir einfach damit, in jedem Augenblick (das Alter spielt keine Rolle) was uns interessiert intensiv auszuleben – in diesem Moment kann ein Wachstumsprozess einsetzen. Es kommt auf das Wachstum an, nicht auf das Siegerpodest. Individuelles Wachstum macht glücklich, das Siegerpodest ist eine Perversion der Leistungsgesellschaft.

Überbewertung der Intelligenz

Der Mensch ist eine Einheit von Körper, Seele und Geist. In diesem Buch beschäftige ich mich vor allem mit Seele und Geist. Der Geist, auf der Basis der Gehirnfunktionen, wird in der Industriegesellschaft einseitig als ein Werkzeug trainiert. Gefördert und geschult wird in erster Linie eine einzige Leistungsfähigkeit, die Intelligenz. Die Intelligenz steht auf der pädagogischen Rangskala ganz oben. Sicherlich ist die Unterscheidung des Menschen vom Tier vor allem durch seine Intelligenz gegeben. Die Fähigkeit, das Werkzeug Intelligenz einzusetzen und zu schärfen, hat dem Menschen auf diesem Planeten zu seiner Überlegenheit verholfen. Er konnte mit diesem Werkzeug sämtliche hoch strukturierten Säugetiere «austricksen», die nicht in der Lage waren, sich plastisch und flexibel auf die menschliche Intelligenz reagierend einzustellen, weil sie auf ihre Spezialisierung, auf ein starres Instinktschema festgelegt waren und sind.

Es ist deshalb verständlich, dass der Mensch dieses besondere Werkzeug Intelligenz hoch einschätzt und auf seine Ausbildung besonderen Wert legt. Die Förderung der Intelligenz wurde im Laufe der Geschichte für den Menschen immer wichtiger und hat ihren Höhepunkt im technischen Industriezeitalter erreicht. Ohne Schulung seiner Intelligenz ist der Einzelne nicht in die heutige Gesellschaft voll integrierbar, er kommt mit der komplizierten technischen Umwelt nicht zurecht.

Die Intelligenz ist die Fähigkeit des Gehirns, mit optischen, sprachlichen, akustischen oder abstrakten Symbolen nach Regeln in Systemen umzugehen. Besonders wichtig ist die sprachliche Intelligenz, um Sinnzusammenhänge zu verstehen und verständlich zu machen. Das Schulsystem fördert die Intelligenz bis zum Exzess. Was zählt, sind Logik und Rationalität. Wir betreiben einen Vernunftkult und vernachlässigen den Menschen in seiner Gesamtheit, zu der auch die Emotionalität gehört. Die Intelligenz wird einseitig trainiert unter Vernachlässigung der Ganzheit des Seelischen.

Der Geist ist aber nur Teil einer Ganzheit von Körper, Seele und Geist. Die Rationalität kann zwar abgespalten werden, aber das hat zur Folge, dass die seelischen Bereiche missachtet oder gar unterdrückt werden. Die Emotionalität wird oft sogar zum Gegner der Rationalität erklärt. In meiner Praxis erlebe ich Menschen, die hochintelligent sind und mit ihrer intellektuellen Leistungsfähigkeit viel Geld verdient haben, aber andererseits emotional total hilflos sind.

Ein Patient, Herr M., spricht dieses Problem deutlich aus: «Ich bin zwar erfolgreich, aber trotzdem nicht glücklich. Ich habe mit meiner Vernunft und Disziplin beruflich alles erreicht, was ich wollte und mir gewünscht habe. Ich bin verheiratet, habe zwei Kinder, ein Haus gebaut, Vermögen angesammelt, und nach außen hin sollte man meinen, ich müsste der glücklichste Mensch sein, aber das ist nicht so. Ich habe den Eindruck, dass mir etwas Wichtiges fehlt. Ich lebe an der Oberfläche, es funktioniert zwar alles, aber ich komme mit meinen Gefühlen nicht klar, ich glaube, ich habe Angst davor. Mitunter überfällt mich ein undefinierbares Angstgefühl, das sich auf nichts Konkretes bezieht, es ist einfach nur Angst, ein Gefühl, und damit werde ich nicht fertig, das kann ich mit der Intelligenz nicht in den Griff bekommen. Ich bin ein rationaler Mensch und gewohnt, mit Systematik eine Sache zu analysieren, aber hier kam ich bisher nicht weiter.»

Es handelt sich um das Beispiel einer Überbewertung der Intelligenz und des Rationalen. Die Ganzheit des Menschen kam nicht zur Entfaltung, denn die Gefühle wurden immer verdrängt. Wenn ein Gefühl auftauchte, ging Herr M. nicht auf dieses Gefühl zu, sondern schob es als «Gefühlsduselei» ab, um «tüchtig und diszipliniert zur Tagesordnung überzugehen». Gefühle passten nicht in sein Konzept von optimaler Leistung und

Funktion. Der Erfolg gab ihm nach außen hin zunächst Recht, denn es ging ja stetig bergauf, er verdiente mehr und mehr Geld, weil er pünktlich, genau, diszipliniert, sachlich, zuverlässig und intelligent funktionierte. Gefühle waren für ihn Störungen, die er «sofort vom Tisch wischte». Er wurde zu einem reinen Kopfmenschen; seine gesamte Lebensenergie verlagerte er in den Kopf, und der Erfolg verstärkte durch Konditionierung dieses Verhalten.

Die tieferen Schichten seiner Seele, Sehnsucht nach Erleben, nach sinnlichen Erfahrungen und Gefühlen, waren dadurch jedoch nicht beseitigt, er war nur immer wieder täglich aufs Neue brutal über sie hinweggegangen. Aber diese Schichten meldeten ihre Existenz an, sie verdichteten sich zu einem für ihn undefinierbaren Angstgefühl.

Ich möchte keinesfalls die Intelligenz abwerten oder verteufeln und stattdessen das Gefühl überbetonen. Worauf es mir aber ankommt, ist, den Menschen in seiner psychophysischen Ganzheit zu betrachten. Wenn die Lebensenergie nur in ein Spezialgebiet geleitet wird, dann ist zwar eine Leistung möglich, die oberflächlich betrachtet, imponieren mag, aber hinter dem so erreichten Erfolg lauert schließlich die Katastrophe, der psychische Zusammenbruch oder die seelische Verhärtung, Freudlosigkeit und Depression.

Es stellt sich am Ende als große Dummheit heraus, die gesamte Lebensenergie in den Intellekt fließen zu lassen. Es ist klüger, den Kopf nur als ein simples Werkzeug zu sehen, das ich aufgreife, wenn es nötig ist, aber danach wieder zur Seite lege. Das Leben spielt sich nicht allein im Intellekt ab, sondern primär im seelischen Bereich. Wenn ich das erkannt habe, dann bin ich viel klüger als der intelligenteste Rationalist, weil ich nur dann wirklich gesund und vital bleibe. Je einseitiger ich den Intellekt herausstelle, umso mehr entferne ich mich von der Basis meiner Existenz. In der Basis liegt aber die Voraussetzung für Glück, nicht im Intellekt. Der Kopf kann nur denken, Ergebnisse feststellen, über Lösungswege nachgrübeln, aber er kann nicht glücklich sein. Zuerst muss ich mit meinen Gefühlen leben, mich ihnen stellen, erst dann sollte ich den Intellekt einsetzen. Erst fühlen, dann denken! Wenn ich mit meinen Gefühlen klarkomme, wenn ich aus dem Herzen, aus den Wurzeln meiner Existenz heraus an die Lösung von rationalen Problemen herangehe, bin ich in Einklang mit mir selbst und fühle mich ganz. Wenn ich den Intellekt abspalte und die Gefühle beiseite schiebe, muss ich früher oder später psychosomatisch erkranken, weil sich die Basis dagegen zur Wehr setzt.

Wir müssen zuerst die Erfahrung machen, dass wir zu unserem Herzen finden, «aus dem Bauchraum heraus» empfinden und agieren, erst danach hat die Intelligenzleistung einen Sinn für uns. Erst danach setzen wir das Werkzeug als bloßes Werkzeug ein. Wir müssen in die Tiefen unserer Seele hineingehen, dann verliert der Intellekt an Macht, und wir sind innerlich ruhig und ausgeglichen, wir spüren dann, was wirklich gut und falsch für uns ist. Unser Gefühl «weiß», was wir wirklich wollen, aber der kluge Verstand weiß es nicht, er betrügt uns mit seinen rationalen und logischen Argumenten, und er entfernt uns dadurch immer mehr von dem, was wir eigentlich wollen, was uns glücklich machen würde. Der Intellekt muss entmachtet werden, der Diktator gestürzt sein, damit die Seele sich entfalten kann.

Sicherheitsstreben

Die Überbewertung der Intelligenz und Rationalität ist verständlich, weil die intellektuelle Arbeit darauf abzielt, Sicherheit zu erzeugen. Durch gedankliche, logische Durchdringung und Lösung eines Problems wird ein Ergebnis angestrebt, auf das ich mich verlassen kann.

Zwei und zwei ist vier, kein Gefühl kann das Ergebnis ändern; auf diese Intelligenzleistung kann ich mich verlassen, heute und morgen, ein Leben lang, insofern hat die Denkfunktion etwas Beruhigendes. Auf Gefühle kann ich mich weniger verlassen, sie ändern sich von einer Stunde zur anderen, sie sind nicht objektiv, sondern subjektiv. Die Rationalität macht Objektivität erst möglich, je rationaler ich also bin, desto objektiver kann ich etwas beurteilen. Das ist sicherlich richtig und sinnvoll, wenn ich eine Brücke bauen will, die nicht einstürzen darf, aber das ist nicht mehr sinnvoll, wenn es um mein Leben geht, um die Entfaltung meiner Individualität.

Rationalität verschafft Objektivität und damit Sicherheit. Das Bedürfnis nach Sicherheit ist so groß, weil die Angst vor der Unsicherheit so belastend ist. Ein Werkzeug soll sicher funktionieren, das ist verständlich. Kann ich mit dem Werkzeug Intelligenz auch an meiner Seele arbeiten, um Sicherheit zu erlangen? Ich werde es natürlich versuchen und komme damit in das typische «Grübeln», ich grüble über mich selbst nach, mit Worten und Erklärungen, und finde doch keinen Zugang zu meiner Seele, denn die Seele ist nicht mit Worten und Erklärungen zu fassen, sie entzieht sich dem Intellekt, denn sie ist ein ganz anderer Bereich, von der Intelligenz unabhängig.

Im Raum der Intelligenzentfaltung existieren Regeln und Gesetze, auf die ich mich verlassen kann. Im Bereich des Seelenlebens gibt es keine Sicherheit, hier fühle ich mich ausgeliefert, hilflos, die Worte haben keine Bedeutung mehr, alles beginnt zu verschwimmen und sich zu verkomplizieren, wenn ich die Maßstäbe des Denkens anlege.

«Ich denke, also bin ich», sagte der Philosoph Descartes. «Ich fühle, also bin ich», diese Aussage ist viel elementarer. Gefühle aber sind subjektiv und daher etwas Unsicheres, Unwägbares, Unstetes. Das Augenmaß ist ein unsichereres Maß als der geeichte Zollstock. Für die Partnerschaft gibt es aber keinen Zollstock. Was soll ich tun, wenn ich meinen Partner, in den ich einmal verliebt war, nicht mehr liebe? Wie soll ich wissen, ob ich ihn wirklich nicht mehr liebe? Ich kann es nicht ausrechnen und auch nicht mit Worten aufklären.

Die seelischen Probleme des täglichen Lebens müssen wir ohne Zollstock und Worte lösen. Hier müssen wir uns auf unser subjektives Augenmaß verlassen. Wir müssen den Mut aufbringen, von Herzen subjektiv zu sein, uns zur Subjektivität zu bekennen, und je bewusster und direkter wir das tun, umso besser. Mut zur Subjektivität ist Mut zur Unsicherheit.

Wenn ich einer Regel gehorche, dann fühle ich mich sicher, denn ich kann mich an die Regel klammern und ihr die Schuld geben, wenn etwas schief geht. Liefere ich mich aber dem Leben aus, dann muss ich subjektiv sein, denn hier gibt es keine Sicherheit. Wir haben nicht gelernt zu sagen: Ich empfinde so und so, das ist mein Gefühl, ich stehe dazu, auch wenn die anderen etwas anderes fühlen. Wir haben leider nur sehr selten erfahren, welche Sicherheit in der Unsicherheit entstehen kann.

Die Sicherheit, die aus dem Kopf kommt, ist doch nur ein Strohhalm, an den ich mich klammere, also eine Scheinsicherheit, um mich zu beruhigen. Der Intellekt ist ein Beruhigungsmittel. Ich klammere mich an das Denken und glaube, dann könnte mir nichts geschehen. Aber das Denken enttäuscht mich immer wieder, denn es führt nicht weit.

Ich muss in meinem Leben aber den Sprung der Erkenntnis machen, dass alles Denken keine Basis hat, auf die ich mich wirklich verlassen kann, also nur eine Scheinsicherheit vermittelt, denn wirkliche existenzielle Sicherheit gibt mir nur der Sprung in die Unsicherheit, wenn ich mich dem Strom des Lebens ausliefere, mit dem Strom mitgehe, dann fühle ich mich auf mich selbst und die augenblickliche Situation bezogen. Je näher ich dem Augenblick bin und mich zu dem Moment bekenne, gleichgültig, was geschieht, unabhängig von allen Meinungen und Regeln, umso näher bin ich bei mir selbst. Wenn ich die Unsicherheit akzeptiere und annehme, dann stehe ich mir selbst am nächsten.

In der Sicherheit liegt Starre und Blockierung, ein Sichklammern an eine Erwartung. In der Unsicherheit liegt die Bereitschaft zur absoluten, totalen Akzeptierung dessen, was geschieht. Wer Sicherheit sucht, möchte sich dahinter verstecken und in Ruhe gelassen werden. Ist das nicht ein trauriges Zeichen? Bringt die Unsicherheit nicht in Wirklichkeit mehr? Ein Künstler, der die Sicherheit eines Stils sucht, möchte in Ruhe sein Geld verdienen; er wird deshalb zum Sklaven dieses Stils, er muss Tag um Tag, Jahr um Jahr, immer wieder dieselben Bilder malen, dieselben Lieder trällern, um sicherzugehen, dass er «ankommt». Das Abenteuer des Stilwandels, das ihm die Erfahrung der Unsicherheit bringt, bleibt ihm aber versagt.

Wenn wir Sicherheit suchen, werden wir zu Sklaven dieser Sicherheit, wir vermeiden das Experiment. Je mehr wir nach Sicherheit streben, desto stärker schwindet aus unserem Leben die Spontaneität des Augenblicks, desto starrer stehen wir im Wind, und desto zerbrechlicher werden wir. Warum lassen wir uns nicht vom Wind davontragen, mitten hinein in die Unsicherheit, in das, was im Augenblick geschieht? In dieser Lebendigkeit liegt das Abenteuer des Lebens, nur hier können wir tiefe innere Sicherheit finden, auf die es ankommt, nämlich das Vorstoßen zu uns selbst. Ich bin ich, egal was geschieht, ich bin bei meinem Kern. Je stärker sich das Chaos um mich herum entfaltet, umso bewusster bin ich meiner inneren Mitte.

Wir sollten also erkennen, dass erst in der Unsicherheit unsere innere Mitte für uns selbst sichtbar werden kann. Wir sollten die Unsicherheit als etwas Positives begreifen. Je intensiver und bewusster wir in das Unsichere hineingehen, desto stärker kann die innere Sicherheit des Subjektiven und Individuellen wachsen. Der Kern muss erfahren werden, er muss wachsen, damit ich mir selbst sicher bin. Oberflächliche Sicherheit durch Anklammerung an Regeln und Systeme versklavt mich, raubt mir die Chance, mich wirklich zu erfahren. Das Befolgen von Regeln und guten Ratschlägen mag mich beruhigen, aber ich gehe schwach daraus hervor und versäume die Chance zum inneren Wachstum und zur Entfaltung meiner Kraft.

Fremdbestimmung statt Selbstbestimmung

Der Erziehungsprozess, der täglich auf das Kind einwirkt, ist in der Regel äußerst unterdrückend. Das Kind möchte seine Lebendigkeit entfalten und ausleben, dieser Vitalität stellen sich Hindernisse über Hindernisse entgegen: «Sei nicht so laut, spring nicht herum, schneide keine Grimassen, gib die Hand, geh jetzt ins Bett, dieser Fernsehfilm ist nichts für dich, mach die Musik leiser, putz dir die Schuhe ab, iss den Teller leer, schlaf jetzt, sei still, wenn die Erwachsenen reden, davon verstehst du nichts, mach deine Schularbeiten, geh zum Bäcker, räum deine Spielsachen weg, pass auf, damit du nicht kleckerst, pass auf deine Geschwister auf, bring diesen Freund nicht mehr mit, sei um 18.00 Uhr zu Hause, vergiss deine Tabletten nicht, geh jetzt spielen, lies nicht immer diese blöden Heftchen, jetzt noch weggehen, das kommt überhaupt nicht in Frage, wenn du dich nicht anstrengst, kommst du ins Internat, spiel jetzt nicht Gitarre, das kannst du nachmittags machen, telefoniere nicht so lange.»

Das Kind wird total reglementiert, gegängelt und überwacht, es erlebt sich ohnmächtig, unwissend, dumm, ungeschickt, unfähig, als störend, voller Fehler und falscher Wünsche und Verhaltensweisen. Diese Frustrationserlebnisse wecken Aggressionen, die natürlich nicht offen gezeigt werden dürfen, weil sonst Strafen drohen und erzieherische Macht ausgeübt wird.

In diesem Klima der Fremdbestimmung kommt das Kind in die Pubertät, schlägt sich mit den Ausbildungsinstitutionen Schule oder Lehre herum und fühlt sich ohnmächtig den vorgefundenen Regeln, Erwartungen und Gesetzen ausgeliefert. Das Kind wird zum Jugendlichen, entdeckt die Sexualität und entwickelt sich auf die Volljährigkeit zu; jeder Sozialisierungsprozess ist ein Anpassungsprozess, die fremden Forderungen werden verinnerlicht und in das «Über-Ich» aufgenommen.

Das Über-Ich (nach Sigmund Freud die seelische Instanz, die gesellschaftlich vermittelte Normen speichert) wird mächtiger und mächtiger, bis es schließlich so stark entwickelt ist, dass der junge Mensch von selbst so funktioniert, wie es gewünscht wird – er ist dann sozialisiert und diszipliniert, ein «nützliches Glied» der Gesellschaft, ein soziales Wesen, «das er ja sein muss, um in dieser Gesellschaft bestehen zu können».

Früh schon wurde die Bewertung der eigenen Person verinnerlicht: Richtig ist, wenn du das und das tust; falsch ist, wenn du dich so verhältst. Man möchte sich richtig verhalten, um gelobt zu werden und um Anerkennung zu finden. Mit dem Erlebnis der ersten Liebe wendet man sich wieder einmal nach außen, sucht den Kontakt zu einem fremden Menschen, möchte ihn lieben und sucht seine Liebe zu gewinnen. Zuerst respektiert und akzeptiert man den anderen als Fremden. Die Überwindung der Distanz und Fremdheit ist etwas Wunderbares, Beglückendes – man kommt sich näher, geht eine Beziehung ein und beginnt automatisch das Verhalten zu bewerten. Es begann so schön, eine Begegnung in Bewunderung und Freiheit, und sehr schnell schleicht sich mit der Vertrautheit die Reglementierung ein. «Wo warst du so lange, warum hast du nicht angerufen, liebst du mich wirklich, warum bist du so müde, warum machst du das Radio so laut, warum hast du das und das vergessen?» Zuerst sind es nur vorwurfsvolle Fragen; sie gehen dann nach und nach über in Forderungen: «Wenn du mich liebtest, dann hättest du mich angerufen, räum die Teller in die Spülmaschine, geh mit mir ins Kino, kauf mir den Pullover, lies nicht Zeitung, wenn ich mit dir reden will; hol die Kartoffeln aus dem Keller, sieh dir doch nicht diesen Quatsch im Fernsehen an, schau dir nicht diese Frau an, siehst du nicht, wie billig sie angezogen ist, hör nicht auf den Egon, der ist doch ein Spinner, lass dich nicht ausnutzen, du machst dich ja lächerlich, sei aktiver, sei freundlicher, lass dir nichts anmerken, das darfst du dir aber nicht gefallen lassen.»

In der Liebe erhofft man zu zweit endlich mehr Selbstentfaltung zu finden und gelangt früher oder später doch wieder in eine Fremdbestimmung. Forderungen über Forderungen, überall stehen die Menschen und Interessengruppen bereit, um ihre Forderungen und Erwartungen an mich heranzutragen. Wo bleibt das Ich, mein wahrer Kern, meine Ursprünglichkeit, mein eigentliches Selbst? Wer Forderungen und Erwartungen nicht erfüllen will, weil er im Moment etwas anderes von Herzen lieber tun möchte, weil er aus dem Innersten heraus ein anderes Bedürfnis spürt, der ist – *«ein Egoist!»* Niemand möchte gerne ein Egoist sein; wir wollen alle, da wir fremdbestimmt erzogen wurden und es immer «recht und gut machen wollen», ein gerechter, höflicher, freundlicher, vitaler, anerkannter und liebenswerter sozialer Mensch sein.

Wir wollen geliebt werden und nehmen deshalb immer wieder die Fremdbestimmung freundlich lächelnd auf uns und verzichten auf Selbstbestimmung, weil sie ja «so egoistisch» ist. Niemand möchte ein Egoist sein, das ist asozial, unsolidarisch, außenseiterisch, ja kriminell. Das Schlimmste ist für einen fremdbestimmten Menschen, der gut und lieb sein will, als Egoist bezeichnet zu werden.

In meine Praxis kommen vor allem «liebe» Menschen, die es ihren Eltern, Partnern und Chefs immer «nur recht machen wollen», die um Gottes willen nicht egoistisch sein wollen – und die ganz erbärmlich darunter leiden, mit Magengeschwüren, Schlaflosigkeit, Handschweiß, Erröten, Alkoholismus, Herzrhythmusstörungen, dass sie immer alles falsch machen, dass sie nicht so brav und folgsam sind, wie es die anderen von ihnen erwarten. Die unausgesprochene Erwartung ist: Hab keinen eigenen Willen, sei so, wie ich will, dann bist du kein Egoist. Wenn du etwas Eigenes willst, dann kann ich dich nicht akzeptieren und lieben, dann bist du mir zu schwierig, zu egozentrisch, zu kompliziert und egoistisch.

Als Psychologe und Berater sage ich meinen Rat suchenden

Klienten immer wieder: Erkenne die Fremdbestimmung. Schau dir das an, wie von allen Seiten die Lanze der Bewertung auf dich gerichtet wird; sieh dir genau an, was jeder von dir will und von dir erwartet. Und jetzt setze dem entgegen: Ich bin ich, ich habe ein Recht darauf, mich zu verwirklichen; wenn ich müde bin, dann will ich schlafen, wenn ich Musik hören will, dann sollte das möglich sein, zumindest mit Kopfhörern, hier und jetzt, wenn ich in die Natur will, dann brauche ich das, nicht erst am Sonntag, sondern jetzt. Das ist Selbstbestimmung – und wenn diese Selbstbestimmung als Egoismus bezeichnet wird, also als etwas Negatives, warum habe ich Angst davor? Ich habe Angst, nicht geliebt zu werden. Warum will ich immer geliebt werden? Ist es wirklich notwendig, geliebt zu werden? Ich muss den Mut aufbringen, nicht geliebt zu werden. Es ist lächerlich, was die anderen von mir fordern, als Beweis meiner Anpassung und bequemen Verfügbarkeit. Sei ein Fremder, damit man dich respektiert. Sei fremd, eigenwillig, individualistisch, unnachgiebig, «egoistisch», und sie werden dich respektieren. Wir müssen über unseren «Kindergehorsam aus Angst» hinausgelangen, das heißt erst wirklich erwachsen geworden zu sein.

Das geschwächte Ego

Erziehung ist ein Vorgang der Fremdbestimmung im Kampf gegen die Wünsche der Selbstbestimmung. Je disziplinierter ein Kind erzogen wird, je stärker es die Forderungen der Erzieher verinnerlicht hat, je ausgeprägter sein Über-Ich (individuelles Ich-Bewusstsein) ist, desto besser, glauben die Erwachsenen, wäre das für das Kind und die Persönlichkeit des späteren Erwachsenen. Sie vergessen jedoch, dass gerade dieser Kampf gegen die Selbstbestimmungswünsche des Kindes das Ego des Kindes betont. Das Ego wird unterdrückt und bekämpft aus Angst vor Liebesverlust, Abwertung und Strafe. Das Ego erhält zwar Lob, wenn die Anpassung erfolgt, aber es lauert auf die Gelegenheit, selbst einmal Macht auszuüben, wenn keine Strafe droht, also gegenüber Schwächeren. Das Ego stärkt sich, sobald ein anderes Ego reglementiert und beherrscht werden kann; das ist positiv getarnte Aggressivität: «Ich bin doch im Recht, außerdem helfe ich dem anderen dabei, wenn ich ihn auf seine Fehler aufmerksam mache.»

Das vom Über-Ich unterdrückte Selbst besitzt kein fundiertes Selbstbewusstsein, sondern nur Ordnungs- und Anpassungsbewusstsein. Man befolgt selbst die Regeln, also wehe dem anderen, der seine eigenen Wege gehen will, er wird zur Rede gestellt, zurechtgewiesen, an den Pranger gestellt, auf seine Fehler aufmerksam oder gar lächerlich gemacht.

Ein fremdbestimmter Mensch, der unter einer autoritären Erziehung gelitten hat, macht als Erwachsener nicht alles besser, ist nicht gerade deshalb liebevoll, tolerant und freundlich, sondern er lauert nur darauf, hinter der Maske des Freundlichen die anderen seinen Vorstellungen zu unterwerfen, sie also nun seinerseits fremdzubestimmen.

Ein Mensch, der nie frei und ohne Angst sein Selbst in Selbstbestimmung voll entfalten konnte, möchte als Erwachsener zwar Freiheit leben und vor allem nach außen hin dokumentieren, aber sie ist gespielt. Er beobachtet stets aufmerksam, wie sein Ego von anderen eingeschätzt wird, und er verteidigt dieses Ego ständig; er nimmt sein Ego sehr wichtig, er sucht nach Anerkennung und Geltung, er möchte sein Ego stärken, indem es von anderen gestärkt wird. Er stärkt sein Ego auch, wenn er die Schwäche eines anderen Egos genießt, er beobachtet deshalb gerne Szenen der Gewalt und Erniedrigung im Kino. Er empfindet innere Befriedigung und Genugtuung, wenn er selbst dazu beitragen kann, ein anderes Ego zu schwächen. Das versucht er natürlich zuallererst in seiner nächsten Umgebung, bei seinem Ehepartner, den Kindern und bei im Beruf unterstellten Mitarbeitern.

Je mehr Selbstbestimmung einem Menschen als Kind und Jugendlichem möglich war, desto stabiler konnte das eigene Ego entwickelt werden; es besteht aus Vertrauen zu sich selbst und damit auch Vertrauen zu anderen, also Toleranz. Wer Selbstbestimmung als Erwachsener verwirklichen kann, im Beruf und Privatleben, reagiert nicht so empfindlich gegenüber Kritik an seiner Person. Er hat kein unterdrücktes, schwaches Ego zu verteidigen, sondern er fühlt sich mit sich selbst eins, sicher und gelassen.

Die höchste Form der menschlichen Egoentwicklung, die aus der Selbstbestimmung erwächst, ist ein starkes Selbst mit einem schwachen Über-Ich. Ein starkes Selbst erzeugt kein autoritäres, dominantes Verhalten; ein starkes Ego ist in Übereinstimmung mit sich selbst und deshalb kritikstabil. Das Ich reagiert nicht empfindlich und übersensibel verletzbar, sondern mit liebevoller Distanz. Das starke Ego kann nicht so schnell durch Kritik oder versuchte Machtausübung in einen labilen Zustand von Angst, Frustration oder Aggression geraten.

Je stärker das Ego ist, umso mehr verliert es an Bedeutung in der Selbstbetrachtung. Der seelisch wirklich reife Mensch ist nicht egobezogen labil, denn sein Ego spielt für ihn keine so große Rolle. Es tritt das Paradoxon auf, dass ein egostarker Mensch vom «Ego-Trip» abkommt, seine Person steht nicht egozentrisch bewacht im Mittelpunkt. Ein starkes, reifes Ego nimmt sich selbst nicht übertrieben wichtig; es wird die Sache in den Vordergrund gestellt, das Ereignis, nicht die eigene Person. Im Wesenskern herrschen Ruhe, Geborgenheit, Sicherheit, Gelassenheit und Vertrauen. Wenn man nicht nur auf sich selbst sieht, auf die oberflächliche Anerkennung der eigenen Person, hat man den Blick frei auf das, was wirklich geschieht, man ist nicht so schnell persönlich betroffen und gekränkt – man lebt also psychisch offener und damit gesünder.

Je selbstbestimmter ein Mensch lebt, je mehr er sich in seiner Arbeit und in seiner Freizeit selbst verwirklicht, desto freier wird er von der Beachtung seines Ego, er geht im Leben auf. Er verbraucht keine Energie unnötig in der Introspektion und Selbstbespiegelung, sondern geht ganz auf in dem, was geschieht.

Das schwache Ego hegt hohe Erwartungen an die persönliche Anerkennung, ein schwaches Ego sucht ständig nach Geltung und Lob. Das starke Ego geht spielerisch in der Wirklichkeit auf, es ist energetisch im Gleichgewicht. Energie fließt über die Sinnesorgane in Form von Eindrücken herein, und diese Energie wird zwanglos umgewandelt in Energie des Ausdrucks.

Um seelisch reif zu werden, sollten wir also den Kampf des schwachen Ego gegen die Außenwelt aufgeben. Wir müssen lernen, die Tatsachen so zu sehen, wie sie sind, die Einwirkungen der Fremdbestimmung zum Beispiel. Wir erwarten dann keine Anerkennung mehr von anderen. Je weniger Lob wir erwarten, umso stärker kann unser Ego werden, je weniger es nach Geltung und Anerkennung giert, desto ruhiger werden wir innerlich, und unser eigentliches Selbst kann zum Vorschein kommen. Hierin liegt seelische Stärke, nicht im kleinlichen Kampf um Beachtung und Lob.

Das schwache Ego der Fremdbestimmung muss verschwinden, damit das starke Ego der Selbstbestimmung in Erscheinung treten kann. Dann hat alle Eifersüchtelei und egozentrisches Geltungsstreben ein Ende, dann bin ich angekommen, dann bin ich endlich zu Hause, bei mir selbst, dann werde ich ruhig und gelassen, dann stehe ich nicht unter kämpferischer Spannung, dann akzeptiere ich, dann bin ich versöhnt mit der fremdbestimmenden Umwelt; ich beginne sie so zu nehmen, wie sie ist. Ich erkenne, dass sich nichts gegen mich persönlich richtet, dass es keinen Grund gibt, persönlich gekränkt zu sein. Ich gebe das kleine Ego auf, lasse es einfach fallen und erkenne, dass ich in meiner Einsamkeit und Einzigartigkeit im Kern unverletzlich bin, niemand hat mehr Macht über mich, die Fremdbestimmung löst sich auf, mein Ego wird stark, und es ist nicht mehr nötig, ein anderes Ego zu unterdrücken, um Stärke zu fühlen.

Der geschwächte Mut

Die Erziehung funktioniert nach dem einfachen Prinzip, dem Kind Angst vor Bestrafung im engeren und weiteren Sinne einzujagen. Das Kind handelt dann im gewünschten Sinne, um Strafe zu vermeiden, es richtet sich in seiner Selbstverwirklichung nach diesem Angstgefühl, es entfaltet sich z. B. frei nach den eigenen Impulsen, wenn die Eltern aus der Sichtweite sind, und es verhält sich wieder «ruhig und brav», sobald die Eltern anwesend sind.

Ich beobachte immer wieder Erwachsene, die unbewusst eine Schläge abwehrende Haltung einnehmen, wenn sie eine provokant-spaßige Bemerkung machen. Die Schutzhaltung, die sie als Kind eingenommen haben, ist durch Konditionierung in ihr Verhaltens- und Denkrepertoire eingegangen: Ihre Angst vor Bestrafung ist immer noch gegenwärtig, obwohl sie schon jahrzehntelang keine Ohrfeige mehr einstecken mussten. Wer diese Angst vor der Macht der Stärkeren und ihrer Erziehungsgewalt hat, kann sich natürlich nur schwer ganz frei, spontan und ohne innere Blockierung so geben, wie er sich wirklich fühlt, denn sein Entfaltungsmut ist geschwächt. Die angstvolle Erwartung ist einprogrammiert, bestraft zu werden für ein Verhalten, das aus dem Normenbild der ehemaligen Erziehungspersonen herausfällt. Der so im Erziehungs- und Sozialisationsprozess mit Angst traktierte Mensch wird immer wieder versuchen, mit dieser Angst fertig zu werden, sie zu bewältigen. Er wird Situationen suchen, in denen er sich frei und ohne Angst total nach seinen inneren Wünschen und Begierden entfalten kann, er wird sehnsüchtig nach Hemmungslosigkeit sein und nach dem Verbotenen Ausschau halten, aber andererseits immer wieder in das gelernte Normendenken zurückfallen. Er wird an sich z. B. beobachten können, dass er einerseits Disziplin und Gehorsam befürwortet, vor allem auch von seinen Mitmenschen erwartet und verlangt, aber andererseits sich nur richtig wohl fühlt, wenn er «über die Stränge schlägt». Er ist gespalten in zwei Personen, in den gehorsamen und disziplinierten Menschen, der tut, was von ihm verlangt wird, der den Introjekten des Über-Ich Gehorsam leistet, aber andererseits dieses Über-Ich ablehnt und unter Alkoholeinfluss sich genau gegenteilig verhält, je nach den Erziehungsprioritäten, die in der Kindheit gesetzt wurden.

Wer zur Ordentlichkeit und Sauberkeit erzogen wurde, fühlt sich wohl, im Schlamm zu waten, in eine Pfütze zu springen usw.; wer besonders zum Leistungs- und Intelligenzstreben erzogen wurde, wird es genießen, wenn er faulenzen und auf «Streber» und «Intelligenzler» schimpfen kann. Wer sexuell prüde erzogen wurde, wird sich nach sexuellen Ausschweifungen sehnen und solche Erlebnisse suchen. Er wird zwar nach außen hin eine korrekte Ehe führen, seinen Ehepartner hoch schätzen, für ihn sorgen und ihn beschenken, aber einen Teil seiner sexuellen Entfaltung bei einer Dirne im Bordell zu realisieren suchen.

Die Gespaltenheit besteht im Gehorsam nach außen, im Wahren des anerzogenen Scheins, mit der Sehnsucht nach Ungehorsam, nach einem Leben so ganz nach dem eigenen Geschmack, das ehemals Verbotene nun doch mit Genuss zu tun. Viele Menschen sind so von Angst beherrscht, dass sie den Ungehorsam nur versteckt in der Phantasie wagen, wobei Romane und Filme willkommene Phantasievorlagen sind. Der Ordentliche ist insgeheim von Filmen hingerissen, in denen es schmuddelig und bohemienhaft zugeht, der Prüde liebt ausschweifende Sexfilme, der moralisch streng Erzogene liebt Krimis, in denen der Bösewicht amoralisch und gemein handelt.

Die Gespaltenheit besteht darin, einerseits das zu leben, was wir unter Angst als «richtig» gelernt haben, aber auch das auszuleben, wovor wir Angst haben, was man uns austreiben wollte. Wenn ein Kind seine Bedürfnisse ohne Angst vor Strafe ausleben könnte, wäre es zufrieden. Wenn aber aus Angst vor Strafe etwas unterlassen werden muss, dann wird die Neugier und die Lust daran erst richtig verstärkt. Das Verbotene erhält eine schiefe, verzerrte Bedeutung; es wird wichtiger, als es tatsächlich für uns gewesen wäre, wenn man uns hätte gewähren lassen. Der geschwächte Mut, etwas zu erfahren und zu durchleben, spaltet in ein diszipliniertes Verhalten, von der Angst diktiert, und in ein Wünschen und Sehnen (mit schlechtem Gewissen) nach dem anderen, wovor ich Angst habe. So gespalten komme ich nie zur Ruhe und Ausgeglichenheit, auch dann nicht, wenn ich heimlich versuche nachzuholen, was mir einmal Angst gemacht hat und heute immer noch Angst macht, sobald ich mich nach außen hin offen dazu bekennen würde. Der Mut ist geschwächt, und ich verzeihe mir nicht, dass ich als Erwachsener immer noch so angstvoll, mutlos und hasenfüßig bin.

Der Weg aus der Gespaltenheit ist möglich, wenn ich meine Angst erkenne, ihrer bewusst werde und sie offen zugebe. Ich sollte erkennen, dass diese Angst die Angst meiner Erziehungspersonen war und nicht meine eigene Angst, dann wird mir bewusst sein, dass heute kein Grund mehr für diese Angst besteht, und ich sollte das ausleben, was mir Angst macht. Ich sollte in das ängstigende Erlebnis bewusst hineingehen und feststellen, was wirklich geschieht. Nur durch das bewusste Erleben dessen, wovor ich Angst habe, kann ich die Ganzheit meiner Person erfahren. Wer Angst hat vor sich selbst und anderen und sie vertuschen will, ist von der Angst beherrscht, er kann sich nie wirklich frei und aufrecht bewegen, er wird immer wieder gebückt und zusammenzuckend durch den Tag gehen. Wer mutig sich selbst realisiert, sich selbst als autonomes Wesen erkennt, das er ja tatsächlich ist, nur der kann eins werden mit sich selbst und die kränkende Gespaltenheit in sich überwinden, um dann angstfrei zu werden, unabhängig, ein eigenständiger Mensch.

Diesen Prozess macht der Künstler z. B. in der Entfaltung seiner Werke durch. Zuerst passt er sich an die Stile der ihm bekannten Meister an. Aus Angst, nicht anerkannt zu werden, ist er gespalten in die Konvention und in seine Eigenständigkeit. Wenn er die Konvention überwindet, also mutig sich zu sich selbst bekennt, erst dann kann er die Konvention abschütteln und zur eigenen Realisierung gelangen. Wenn er sich befreit von allen Regeln und Normen der Vergangenheit, stellt er seine eigenen «Normen» auf, die er dann aber nicht als Normen sieht, sondern nur als eine schöpferische Möglichkeit. Er kann dann mit Joseph Beuys sagen: «Jeder ist sein eigener Künstler.»

Die Angst vor der Individualität

Das Kind ist in höchstem Maße lernbereit und aufgeschlossen, sich an einem Beispiel zu orientieren. Es möchte zuschauen, wie es gemacht wird, um es dann selbst auszuprobieren und eigene Erfahrungen zu sammeln. Wenn das Kind nicht weiterkommt, geht es spontan zu seinen Erziehungspersonen und möchte sich orientieren. Autorität wird ganz natürlich anerkannt und nicht als Druck, sondern als Bereicherung empfunden, sofern die Autorität keinen autoritären Druck ausübt. Das Kind möchte mit Unterstützung und Rat der Autorität Schritt für Schritt eigene Erfahrungen sammeln. Es geht also nicht darum, das Kind sich selbst zu überlassen, ihm eine Freiheit von Rat und Erklärung zu geben, die es gar nicht will und sucht. Das Kind fordert im Gegenteil die volle Lehrkapazität des Erziehers heraus, die dieser meist in dem gewünschten Ausmaß gar nicht geben will.

Disziplinierende autoritäre Erziehung mit Verboten und Strafe ist für den Erzieher der bequeme Weg, sich aus seiner in Wirklichkeit geforderten Leitbild-Verantwortung herauszuwinden. «Das Kind soll einfach gehorchen, wo kämen wir da hin, wenn ich das immer begründen und erklären müsste. Ich weiß, was für das Kind gut ist, es muss die Anordnungen möglichst sofort befolgen, das ist der rationellste Weg – mir fehlt einfach die Zeit dazu und auch die Geduld, mich weiter auf Diskussionen einzulassen», sagte mir einmal ein Vater. Er ergänzte nach weiteren Gesprächen über die Verhaltensstörungen seines Kindes: «Der Junge soll nicht seine Individualität frei entfalten, das geht nicht, er muss sich ja auch später im Beruf anpassen, das muss er frühzeitig lernen. Er soll kein Außenseiter der Gesellschaft werden, der sich nicht einordnen kann, sondern ein anständiger Mensch, ein solider Staatsbürger, wie ich es auch bin.»

Diese Meinung ist sehr häufig anzutreffen, und es wird mit

großer Überzeugung vorgetragen, dass individuelle Selbstentfaltung und Eigenständigkeit etwas Negatives seien und den Erfolg im Leben erschweren würden. Die Angst vor der Individualität und inneren Autonomie ist weit verbreitet, es ist die Angst vor der eigenen Individualität, die nicht erreicht wurde und die mit Chaos, Außenseitertum, Gefühlsdurchbruch, Anarchie und großen Anpassungsproblemen in Verbindung gebracht und deshalb abgelehnt wird.

Was heißt aber Individualität wirklich? Es heißt doch nichts anderes, als zu sich selbst finden, sich selbst nahe kommen, sich selbst erkennen und sich selbst in Einklang mit den eigenen Erfahrungen und Erkenntnissen verwirklichen. Individualität entwickeln heißt, sich ein Urteil bilden, eigene Erfahrungen sammeln, um herauszufinden, was einem gemäß ist; es heißt autonom werden, unabhängig werden von der Meinung anderer, auf eigenen Beinen stehen, sich auf sich selbst verlassen können. So betrachtet ist an Individualität nichts Negatives. «Ja aber», wird dann immer wieder entgegnet, «es kann doch nicht jeder tun und lassen was er will, was ihm seine innere Befriedigung verschafft. Dann würde ja die gesamte Gesellschaft zusammenbrechen, weil keiner mehr den Müll der anderen beseitigen wollte, weil er dabei keine Befriedigung empfindet. Oder jemand würde aus Lust eine Frau töten, also ein Lustmörder werden, nur weil er seinen inneren Impulsen einfach so nachgibt. Es muss doch Zwang ausgeübt werden, damit Ordnung herrscht.»

Natürlich kann nicht jeder nach Lust und Laune einen anderen umbringen oder ihm sein Eigentum wegnehmen, nur weil ihm gerade danach zumute ist. Es wird stillschweigend davon ausgegangen, dass der Mensch ein total hemmungsloses Wesen ist, das zerstört, mordet und plündert, wenn man ihn in Ruhe sich selbst entfalten lässt – das ist ein sehr pessimistisches Menschenbild. Es wird die psychologische Erkenntnis unterschlagen, dass nur der unterdrückte Mensch zum Lustmörder pervertieren kann. Ein sich seelisch frei entwickelnder Mensch wird nicht auf die Idee kommen, einen anderen Menschen zu schädigen, nur ein bereits beschädigter Mensch wird der Gemeinschaft gefährlich, dies zeigen die Biographien straffällig gewordener Personen ganz deutlich. Der Mensch ist aufgrund seiner Natur nicht prinzipiell böse, habgierig, zerstörerisch und aggressiv, er wird durch die Einflüsse einer unterdrückenden Erziehung in Form einer seelischen Störung in diese negative Entwicklungsbahn gelenkt.

Individualität entfalten heißt nicht, sich auf Kosten der anderen breit machen, im Sinne eines *brutalen* Egoismus. Eigenständigkeit darf nicht mit «Egoismus» verwechselt werden. Eigenständigkeit heißt, zu sich selbst finden, die Einheit mit der eigenen Person erlangen, sich eins fühlen mit sich selbst und der Welt. Wer eigenständig wird, ein einzigartiges Individuum, achtet den Wert anderer einzigartiger Lebewesen ganz besonders, weil er aus innerer Erkenntnis heraus Respekt vor allem Individuellen hat. Erst das Achten und Erkennen anderer Individualität ermöglicht die Liebe. Der Weg zur Individualität ist auch der Weg zur Liebesfähigkeit. Wer ganz in seiner Einzigartigkeit aufgeht, sie erkennt, der erkennt auch automatisch die Einzigartigkeit der anderen, und er empfindet automatisch Respekt und Achtung, ohne dies durch einen Morallehrgang über den Intellekt «eingetrichtert» bekommen zu müssen.

Entfaltung der Individualität lässt also keinen Ellenbogenegoismus wachsen. Die panische Angst vor den angeblich asozialen Auswirkungen der Individualität ist unbegründet. Ein individueller, innerlich freier Mensch, will zwar kein Sklave sein, aber er wird auch nicht versuchen, andere zu versklaven. Individualität bedeutet in der derzeitigen gesellschaftlichen Situation der technisierten Industriegesellschaft sicherlich, ein Außenseiter zu sein, weil entfaltete Individualität die Ausnahme und nicht die Regel ist. Dennoch sollten wir allen unseren Mut zusammennehmen, Außenseiter zu sein. Das Wort Außenseiter hat einen negativen Beigeschmack, im Sinne von Asozialität oder Kriminalität. Positive Außenseiter sind Erich Fromm, Albert Einstein, Pablo Picasso, Heinrich Böll, Sigmund Freud – Menschen, die unangepasst ihre eigenen Wege gingen, die sich selbst außerhalb einer kleinkarierten Norm selbst verwirklicht haben, ohne kriminell zu werden oder zum Sozialhilfeempfänger abzusinken. Der wirkliche Erfolg wird nur durch Mut zur Eigenständigkeit erreicht. Das Positive, ein Außenseiter zu sein, wird leider oft nicht gesehen, aus Angst davor, den Sprung in die Eigenständigkeit zu wagen. Individualität ist leider bei den meisten mit Angst verbunden, mit Angst vor Strafe, Isolation und Liebesverlust.

Wir wollen es allen recht machen und sind bereit, dafür es uns selbst nicht recht zu machen. Das ist eine pervertierte Situation, die uns ins seelische Elend der Neurose hineintreibt. Wir haben die Wahl zwischen Krankheit und erfülltem Leben und wählen doch meist lieber die Krankheit und lebenslanges seelisches Elend; dies immer wieder jeden Tag zu beobachten, ist schmerzlich.

Einfluss von Lebensphilosophien

Der Mensch ist in der Regel in seinem Denken «ein Kind seiner Zeit», und er übernimmt die jeweils herrschenden Lebensphilosophien und Morallehren. Er ist ein offenes Gefäß, und in seiner Einstellung zum Leben plastisch; er kommt nicht mit einer fertigen Lebensphilosophie oder moralischen Haltung zur Welt, sondern nimmt aufnahmebereit und lernfähig an, was ihm vermittelt wird. Wird er in eine Gesellschaft hineingeboren, die liebevoll, aggressionsfrei, kreativ, naturverbunden, kommunikativ ist, dann wird er sich so entwickeln, dass er in diese Gesellschaft reibungslos hineinpasst. In diese ideale Gesellschaft sich einzufügen wird ihm nicht sonderlich schwer fallen.

Wird das Kind aber in eine Gesellschaft hineingeboren, in der sich die Menschen ehrgeizig, rivalisierend, aggressiv, besitzstrebend, ausbeutend und egoistisch verhalten, so wird es diese Eigenschaften von den Erziehungspersonen vermittelt bekommen und sie auch aus eigenem Antrieb heraus entwickeln wollen, um sich durchzusetzen und in dieser Gesellschaft bestehen zu können. Die Persönlichkeitseigenschaften sind gesellschaftsspezifisch bedingt. Das Neugeborene ist grundsätzlich so plastisch und formbar, um in jede nur denkbare Gesellschaft hineinzuwachsen und die jeweils verlangte Persönlichkeitsstruktur auszuprägen.

Jeder Persönlichkeitsstruktur liegt eine entsprechende Lebensphilosophie zugrunde. Eine leistungsorientierte Gesellschaft, wie z. B. in Mitteleuropa, besitzt eine unausgesprochene Grundlebensphilosophie, ohne dass es eines großen Philosophen bedarf, der diese Philosophie allgemein verständlich formulieren müsste. Das gesamte Ausbildungssystem ist von dieser Philosophie durchdrungen, die auf einige Kernsätze reduziert werden kann:

- Das Leben ist ein Kampf, in dem der Tüchtige nach oben kommt und schließlich Sieger wird.
- Hast du was, bist du was! Der Erfolg wird am Besitz erkennbar. Je mehr ein Mensch besitzt, umso erfolgreicher und tüchtiger ist er, sofern er nicht geerbt hat.
- Das Leben ist ein Ausleseprozess. Je mehr man sich anstrengt, mit Fleiß und Einsatzbereitschaft, desto eher kommt man nach oben.
- Wie im Sport geht es im Leben darum, die anderen hinter sich zu lassen. Es ist erstrebenswert, andere zu besiegen.
- Der Mitmensch ist keine neutrale, liebenswerte Person, sondern ein Konkurrent, der dir gefährlich werden kann.
- Der Mensch ist von Natur aus böse. Das Böse wird durch die Gesetze und die Ordnung der Gesellschaft im Zaum gehalten. Gäbe es diese Ordnung nicht, würde ein entsetzliches Chaos ausbrechen.
- Das Leben besteht aus einem ständigen Geben und Nehmen. Wenn du mehr nimmst, als du gibst, machst du ein gutes Geschäft, und du bist den anderen überlegen.
- Die Wirklichkeit zeigt immer wieder, dass der Stärkere Recht hat; deshalb versuche immer wieder jeden Tag aufs Neue, dich zu behaupten und der Stärkere zu sein.
- Aggressivität ist etwas ganz Natürliches. Das Leben ist ein Kampf, in dem der Aggressive nach oben kommt und der Schwächere sich unterordnen muss. Dieser Kampf ist ein Ausleseprozess, wie im Tierreich.

Wenn man diese Philosophie als Test benutzt und sich fragt, wer unserer Mitmenschen so denkt, wird man feststellen, dass die meisten insgeheim von der Richtigkeit überzeugt sind. Das ist nicht verwunderlich, da wir in der gesellschaftlichen Realität ja tagtäglich auf die Bestätigung dessen stoßen, was die Philosophie in Worte fasst.

Die Wirklichkeit bestätigt die Philosophie, und die Philosophie fördert die Verhältnisse; beides ist ineinander verzahnt und beeinflusst sich gegenseitig. Was ist früher da, die Philosophie oder die Verhältnisse? Das Neugeborene findet beides zugleich vor, die Verhältnisse und die Philosophie decken sich; kein Wunder, dass das Kind davon ausgehen muss, dass es in naturgegebene, d. h. unabänderliche Gegebenheiten des Verhaltens und Denkens hineinwächst und sich damit weit gehend abfindet.

Befragt man die Soziologen, so erhält man die empirisch ermittelte Statistik für die bestehenden Verhältnisse. Der Soziologe fragt nicht danach, was es mit der Philosophie und dem Verhalten auf sich hat. Befragt man die Philosophen, so lächeln sie über diese «Vulgärphilosophie», denn das ist für einen Philosophenprofi natürlich «Laienphilosophie», weit ab von seinen philosophischen Systemen im Sinne einer philosophischen Wissenschaft. Befragt man den Psychiater, kann er nur etwas über das Erscheinungsbild einer geistigen Störung berichten, die entweder endogen oder reaktiv psychogen entstanden ist, meistens aber «wohl an Erbanlagen gebunden ist». Befragt man den akademischen Psychologen, so wird er die Interdependenz von Gesellschaft und Persönlichkeitsstruktur bejahen, aber nichts über die Korrelation aussagen können, weil noch keine «wissenschaftlich relevanten, empirisch ermittelten Werte vorliegen». Befragt man den Mediziner, so wird er zu erkennen geben, dass seine Aufgabe die Diagnose und Therapie einer konkreten Erkrankung ist, «inwieweit das mit Gesellschaft und Lebensphilosophie zu tun haben kann, dafür sind wir als Mediziner nicht zuständig». Befragt man die Psychotherapeuten, wird man zur Antwort erhalten: «Die Gesellschaft bildet eine Struktur heraus, die ein bestimmtes Persönlichkeitsbild braucht. Die Persönlichkeit wird in der Kindheit geformt, dabei spielen die Lebensphilosophien der Eltern eine wichtige Rolle. Das Kind übernimmt die Werte der Eltern in das eigene Wertbewusstsein, ins Über-Ich. So wird die Lebensphilosophie von Über-Ich zu Über-Ich übertragen, bis ein gesellschaftlicher Wandel eintritt und sich die introjezierten Inhalte ändern. Als Psychoanalytiker diagnostizieren wir die Über-Ich-Inhalte, ohne diese ändern zu wollen. Das ist nicht unsere Aufgabe. Wir machen die Inhalte dem Patienten bewusst, wir helfen ihm, Unbewusstes aufzuarbeiten, Schmerzen zu verarbeiten, damit er wieder voll liebes- und arbeitsfähig wird und sich in die Gesellschaft integrieren kann.» Ich zitierte hier keine Einzelpersonen, sondern eine Zusammenfassung vieler Gespräche mit den einzelnen Berufsgruppen.

Zuständig für die herrschende Lebensphilosophie ist niemand, natürlich auch nicht der Politiker. Der Politiker verwaltet und steuert das, was er vorfindet. Er bildet sich eine Meinung, lindert durch eine Gesetzesvorlage hier eine Ungerechtigkeit und schafft dort neue Verwaltungsrichtlinien, «die an der Realität orientiert sind».

Bleibt noch der Geistliche. Er empfiehlt natürlich, Jesus Christus nachzufolgen, alles ins Gebet mit einzuschließen und auf Gott den Herrn zu vertrauen. Die gesellschaftlichen Verhältnisse hat er natürlich nicht gemacht und auch nicht gewollt, von einer Lebensphilosophie hält er nicht viel, denn in der Bibel steht alles, hier sind Trost, Weisheit und Gnade zu finden. Gott weiß alles, er macht alles, es hat alles seinen tieferen göttlichen Sinn, so oder so, negativ oder positiv, gib dich also Gott hin, egal, was geschieht, er hat etwas mit dir vor, Lebensphilosophie hin oder her: Wer sich an die Worte Christi hält, der wird es richtig machen.

Niemand ist also wirklich zuständig, niemand nimmt klar und deutlich Stellung, niemand ist verantwortlich, jeder redet sich auf seine Art und Weise heraus. Jeder wird auf sich selbst zurückverwiesen. Damit kann ich mich nicht zufrieden geben, ich fühle mich als Psychologe nicht nur als Diagnostiker der bestehenden Verhältnisse, sondern auch als Ratgeber, wie man aus diesen Verhältnissen, wenn sie unerträglich und krank machend sind, herausfindet. Ich fasse die Psychologie nicht nur als Wissenschaft über den Menschen auf, sondern als eine Wissenschaft, die im Dienst des Menschen stehen soll.

Lebensphilosophie ist nicht bloße Theorie

Neben der gesellschaftlich vermittelten Lebensphilosophie entwickelt jeder Mensch im Laufe seines Lebens eine eigene individuelle Einstellung zum Leben und damit verbundene Lebensmaximen. Die persönliche Lebenserfahrung spielt hierbei eine große Rolle. Wer in der Kindheit viel Liebe und Zuneigung erfahren hat, wird ein größeres Vertrauen in die Liebesfähigkeit seiner Mitmenschen haben als jemand, der unterdrückt, missachtet und häufig bestraft wurde.

Wer im Milieu der Existenznot aufwächst, wird zu Geld eine andere Einstellung entwickeln als jemand, der im Reichtum groß wurde. Ganz unabhängig davon, dass er zum großen Teil die Lebensmaximen der Eltern übernimmt, spielt die persönliche Erfahrung eine wichtige Rolle. Aus der Praxis heraus entwickelt er eine eigene Theorie über die Grundgegebenheiten des Lebens, wie Liebe, Arbeit, Freundschaft, Selbstentfaltung, Besitz, Kontakt und Kommunikation, Gesellschaft, Ehe und Erziehung.

Wer erfahren hat, dass Drohung und Angsterzeugung ein wirksames Mittel sind, um beachtet zu werden, wird die Theorie bilden: Man muss seinen Mitmenschen Angst einjagen, um sich ihnen gegenüber zu behaupten. Wer erfahren hat, dass er nur geliebt und beachtet wird, wenn er Erfolg hat und Geschenke macht, wird die Liebe auf Geben und Nehmen reduzieren.

Neben der Theorie, die sich aus der Praxis heraus bildet, existiert auch eine Theorie, die ohne entsprechende eigene Erfahrungen auf die Praxis übertragen wird. Wer vermittelt bekommt, dass es «die eine große Liebe» im Leben gäbe, die es zu suchen und zu finden gilt, wird sich auf die Suche nach diesem Ideal machen, er wird die Theorie in der Praxis bestätigt finden wollen. Er jagt oft ein Leben lang einem Ideal hinterher, an das er glaubt, das er zur gelebten Praxis machen will.

Lebensphilosophien sind also Theorien von großer praktischer Bedeutung. Sie können einerseits ein großes Hindernis für die Selbstentfaltung sein, aber andererseits auch Kraft und Vitalität geben und die menschliche Aktivität beflügeln. Eine «gute Lebensphilosophie» zu haben ist also etwas sehr Wichtiges, davon hängt oft ab, ob ich pessimistisch oder optimistisch an die Lösung eines Problems herangehe. Die psychologische Forschung hat gezeigt, dass Erwartungen sich meist in der Praxis bestätigen – der Pessimist wird also eher Misserfolge erleiden als der Optimist. Die Prophezeiung, die man insgeheim macht, erfüllt sich nur allzu leicht in der Praxis, weil das eigene Verhalten entweder davon beflügelt oder gehemmt wird.

Es ist sinnvoll, sich aktiv um die Lebensphilosophie zu bemühen, sich über die eigene Philosophie klar zu werden und sich mit ihr kritisch auseinander zu setzen. Die Theorie über das Leben und die menschliche Existenz hat eine große praktische Bedeutung – sie ist eben nicht «bloße Theorie».

Wer zum Beispiel das Buch von Erich Fromm «Haben oder Sein» aufmerksam liest, wird die Bedeutung der Seinsmentalität im Vergleich zur Habenmentalität erkennen; er wird verstehen, dass Sein wichtiger ist als Haben. Er wird einsehen, dass das Streben nach Besitz und Konsum ihn auf die Dauer nicht befriedigen kann – selbst wenn er weiter nach der Lektüre des Buches nach mehr Haben strebt. Die Praxis hinkt ganz sicherlich oft der guten Theorie hinterher. Das macht die Theorie nicht schlecht, wie viele kurzschlüssig folgern.

Die Theorie ist richtig, und das praktische Handeln ist falsch, das sehen die meisten Leser spontan ein, und dennoch gelingt es ihnen nicht, in der Praxis ihr Verhalten nach der richtigen Theorie auszurichten. Wer eine Habenmentalität entwickelt hat, wird mit der Theorie der Seinsmentalität konfrontiert, und seine Sehnsucht wird verstärkt, mehr im Sein als im Haben zu leben. Damit ist schon viel erreicht; es ist ein Anstoß gegeben. Fromm wollte Impulse geben, die eigene Lebensphilosophie kritisch zu überprüfen und die Praxis nach und nach darauf einzustellen.

Wer Fromms Buch gelesen hat, kann die Theorie zwar verwerfen, verdrängen, für falsch erklären, aber er kann auch, wenn er will, sich damit auseinander setzen, sich selbst und sein Verhalten überprüfen. Selbst wenn die Praxis der Theorie hinterherhinkt, das Haben also immer noch eine wichtige Rolle spielt, so wird doch die Habenmentalität kritischer gesehen, und es gelingt, mehr Abstand vom bisherigen Verhalten zu finden. Bei dem einen hat der Fromm'sche Anstoß große Auswirkungen, er beginnt damit, sein Leben umzustellen, beim anderen hat der Anstoß nur kleine Auswirkungen, er reduziert etwas seinen Ehrgeiz nach materiellem Besitz. Entscheidend ist die Anstoßwirkung einer Theorie.

Wer offen ist, wer auf der Suche ist, wird mehr finden als der Verschlossene, für den es «keine Diskussionen» mehr gibt, um das seelische Sicherheitsgefühl zu erhalten, der also ein für sich selbst fest geschlossenes System aufbaut und daran festhalten will.

Ein Autor hat nur so viel Wirkung, wie er Bereitschaft beim Leser vorfindet. Wer seine Fenster aufmacht, kann die Botschaft empfangen, wer sich verschließt, an dem geht die Botschaft vorbei, er verschließt sich unter Umständen sogar noch stärker. Beraten kann der Psychologe nur den, der sein bisheriges Verhalten in Frage stellt; das beobachtete ich sehr deutlich bei der Eheberatung. Wenn ein Ehepartner sich im Recht fühlen will, dann ist er keinen Argumenten zugänglich, er kapselt sich in seinem System ab und erklärt alles andere für falsch. Er ist nicht bereit, sich beraten zu lassen.

Man sollte niemals versuchen, jemandem eine Theorie aufzudrängen, denn er wird sich nur umso stärker verschließen. Wo eine lebendige Frage ist, kann auch eine lebendige Antwort gegeben werden. Niemand kann von der Habenmentalität nur durch «gute Worte» abgebracht werden, wenn er darin kein Problem für sich selbst erkannt hat. Das ist der positive Aspekt des Leidens; in jedem seelischen Tief liegt die Chance für ein neues Wachstum.

Wir sollten seelische Tiefs dankbar annehmen, weil wir im Tal von scheinbar Wissenden zu Suchenden werden, uns öffnen, das Erstarrte in Frage stellen, in den lebendigen Prozess des Fragens hineinkommen; dann ist seelisch-geistiges Wachstum möglich. Werfen wir alle Systeme über Bord, stellen wir alles in Frage, dann können wir neu geboren werden.

2 *Sehnsucht nach Freiheit*

Es ist aber nichts schädlich und nichts nützlich, alles ist gut, oder alles ist indifferent. Jeder einzelne trägt Dinge in sich, die ihm angehören, die ihm gut und zu eigen sind, die aber nicht nach oben kommen dürfen. Kämen sie nach oben, sagt die Moral, so gäbe es ein Unglück. Es gäbe aber vielleicht gerade ein Glück! Darum soll alles nach oben kommen, und der Mensch, der sich einer Moral unterwirft, verarmt.

Hermann Hesse

Die im ersten Kapitel beschriebenen Hindernisse der Selbstentfaltung führen in die Fremdbestimmung und Anpassung. Heute erhielt ich zu diesem Thema den Brief eines Lesers mit der Frage: «Wird durch die lange Unterdrückung der Selbstbestimmung während der Erziehung, Schule, Berufsausbildung bis zur finanziellen Eigenständigkeit das menschliche Gehirn tatsächlich so entscheidend geschwächt, oder degeneriert, dass der an sich natürliche Selbstbehauptungswille nie mehr zum Durchbruch kommt?» Das menschliche Gehirn wird nicht degeneriert, seine Leistungsfähigkeit ist davon unberührt. Die Gehirnkapazität ist nach wie vor voll verfügbar, sie wird allerdings unzureichend genutzt.

Die Unterdrückung der Selbstbestimmung, also ein Verlust an Freiheit, ist nicht an das Organ Hirn gebunden, sondern an die Inhalte, an die Lebensphilosophien, Moralvorstellungen und Lebensmaximen, die es speichert. Das Gehirn ist nach wie vor frei, diese Inhalte für falsch zu erklären und andere Inhalte zu speichern. Der Leser spricht von einem «natürlichen Selbstbehauptungswillen», der zum Durchbruch kommen kann oder auch nicht. Der Mensch lässt sich auf seine Unterdrückung durch Fremdbestimmung ein, weil er glaubt, dass er sich auf diese Weise am besten selbst behaupten kann in einer Umwelt, die er als ängstigend und gefährlich erlebt. Im Windschatten der Anpassung fühlt er sich relativ sicher und geborgen. Er behauptet sich in der Gesellschaft, indem er Kritik, Bestrafung und Abwertung seiner Person möglichst zu vermeiden sucht. Durch Anpassung findet er Anerkennung, er begibt sich also in Gefangenschaft, um relativ unbehelligt von Angst zu sein, und er vermeidet die Selbstentfaltung in Freiheit aus Angst vor Strafe, Ausstoßung aus der Gesellschaft und damit vermuteter finanzieller Not. Er orientiert sich an den anderen, die sich reibungslos einzufügen versuchen und glaubt, wenn sich so viele Menschen einfügen und anpassen, wissen sie, was sie tun. Er ist kleinmütig und denkt im Stillen: Kann ich denn so vermessen sein, ein anderes Leben leben zu wollen, wenn die Mehrzahl meiner Mitmenschen damit zufrieden ist? Bin ich denn klüger, es besser zu wissen?

Der Selbstbehauptungswille ist nach wie vor vorhanden, die Sehnsucht nach der Freiheit lebt, sie kommt immer wieder an die Oberfläche. «Selbstverständlich möchte ich frei sein, unabhängig, selbstbestimmend mein Leben führen, aber ich trau mich nicht. Ich habe Angst davor, unterzugehen, unter die Räder zu kommen und vor allem die Kritik oder den Spott der anderen auf mich zu ziehen wie der Schneider von Ulm, der mit seiner Flugmaschine über die Donau fliegen wollte, aber vor den Augen aller ins Wasser stürzte.»

Wir sollten über die Ulmer lachen, nicht über den Schneider, der mutig einen Traum verwirklichen wollte. Jeder, der sich selbst zu verwirklichen sucht, hat unseren Respekt und unsere Anerkennung verdient. Wir haben Angst vor der Freiheit, weil dann ein Unglück geschehen könnte. «Es gäbe aber vielleicht gerade ein Glück!», sagt Hermann Hesse. In der Unfreiheit liegt sicherlich ein gutes Stück Sicherheit, und in der Freiheit liegt das Unbekannte, sowohl das Unglück als auch das Glück.

Wir sind verzagt. Wir gehen lieber in den Käfig und lassen uns füttern, anstatt uns hinaus in die Freiheit zu wagen. Im Käfig erwarten uns Eintönigkeit, Stumpfheit, Langeweile und die Pflicht zu gehorchen, in der Freiheit erwartet uns das Unbekannte, das Abenteuer, das Neue, das uns zwar reizt, wovon wir träumen, ohne den Schritt hinaus zu wagen. Wir liegen hinter den Gitterstäben, blinzeln hinaus in die Sonne und träumen von einem freieren, abenteuerlicheren, interessanteren Leben, weil unser Mut gebrochen ist, einfach hinauszugehen. Die Sehnsucht ist da, aber die Angst ist größer als der Mut.

Wir müssen die Angst abbauen, damit der Mut gekräftigt wird. Die Angst steckt nicht nur von Kindheit an in der Seele einprogrammiert, sie wird erneut gegenwärtig, wenn wir unsere Sehnsucht anderen zu erkennen geben: «Sei nicht so dumm, du wirst damit keinen Erfolg haben, das ist doch Träumerei, du hast ja Flausen im Kopf, die Härte der Realität wird dir diese Flausen austreiben.»

Uns verbindet ein unsichtbares Band mit unseren Kontaktpersonen, Freunden, Bekannten, Ehepartnern, die wir um Rat fragen – und wieder sind wir abhängig von der Fremdbestimmung ihrer Meinung und Lebensphilosophie. Wir wagen es nicht, uns aus ihrem Kreis zu lösen, weil wir Angst davor haben, plötzlich alleine dazustehen. Wir können es nicht ertragen, alleine zu sein, es ist zu schmerzlich; wir suchen die Geborgenheit der Gruppe, die uns Sicherheit vermittelt.

Der entscheidende Schritt in die Freiheit ist der Schritt der Loslösung von unseren Kontakt- und Beziehungspersonen. Wir müssen erkennen, dass wir von ihnen getrennt sind, dass unser Leben von ihnen unabhängig ist. Das heißt nicht, dass wir mit ihnen Streit anfangen sollen, dass wir sie verachten oder verurteilen sollen. Wir müssen erkennen, dass wir von ihnen losgelöste Wesen sind. Es geht einzig und allein um mein Glück. Den Duft der Blume atme ich ein, unabhängig davon, ob der andere den Duft auch wahrnimmt. Ich empfinde den Duft, ohne den anderen zu verurteilen, wenn er daran vorbeigeht. Das Leben ist meine Angelegenheit, mein Glück und Unglück, was hat der andere damit zu tun? Wir müssen uns radikal lösen, das ist der erste Schritt. Nur wer losgelöst ist, ist wirklich frei. Das Blatt muss sich vom Baum lösen, um fliegen zu können.

Was ist Entfaltung?

Entfaltung hat zwar etwas mit Lernen zu tun, aber nichts mit Zwang oder Drill. Wer sich ehrgeizig der Erreichung eines Zieles verschreibt und unter innerem oder äußerem Zwang ein Wissensgebiet einpaukt, der mag zwar informiert sein, viele Kenntnisse anhäufen, aber Entfaltung ist das nicht. Unter Entfaltung verstehe ich ein lebendiges Wachstum, wobei Impulse von außen mit Freude und Liebe aufgenommen werden. Wo Drill und Zwang herrschen, kann keine Liebe entstehen und damit auch keine lebendige Entfaltung.

Entfaltung kann dann beginnen, wenn der Ehrgeiz und Kampf, etwas zu werden, aufhört. Wenn ich danach strebe, etwas zu werden, dann stehe ich im Wettstreit mit anderen, ich will es besser machen und sie überflügeln. Die Folge ist, dass ich in Spannung liege mit meinen Mitmenschen; ich beginne, meine Leistung mit der Leistung anderer zu vergleichen, ich will etwas erreichen, ich strenge mich an, beginne mich zu vergewaltigen und zu überfordern, ich konzentriere mich also aufs Werden, aufs Habenwollen, und nicht aufs Sein.

Wenn ich ein Ziel erreicht habe, dann gibt es immer noch ein größeres Ziel, und das Streben nimmt kein Ende. Der Meister will Betriebsleiter werden, der Verkaufsleiter strebt nach der Position des Geschäftsführers, der Priester möchte Bischof werden, der Unternehmer strebt nach einem politischen Amt usw., das alles ist keine Entfaltung, sondern ein Anhäufen von Kenntnissen und Fertigkeiten, eine Gier nach Macht und Überlegenheit. Betrachtet man die Erfolgreichen, so blickt man meist in angespannte Gesichter, vom Stress gezeichnet, immer auf dem Sprung nach mehr Macht, unruhig, unausgefüllt und freudlos. Ein Mensch, der eine Begabung entfaltet, fühlt sich wohl im Entfaltungsprozess; er liebt das, was er tut, er ist mit Freude dabei, und er hat deshalb Zeit. Entfaltung gelingt niemals unter Zeitdruck mit Einsatz des Willens. Entfaltung kann nicht vom Intellekt durch ein Streben und Wollen herbeigeführt werden, sie braucht Ruhe, Gelassenheit und Zeit. Entfaltung ist wie das Aufblühen einer Blume, wir haben mit dem Willen keine Macht darüber. Je mehr wir das Ereignis durch aktives Wollen herbeiführen wollen, umso mehr entzieht es sich.

Wir müssen uns lange mit etwas in Zuneigung beschäftigen und mit tiefstem innerem Interesse, das ist die Nahrung für einen lebendigen Wachstumsprozess, bis die Zeit reif wird, damit sich die Blüte entfalten kann. Ein Maler muss viele, viele Bilder malen, bis seine Blütezeit gekommen ist, dann tritt die Entfaltung in Erscheinung. Wird die Entfaltung als Ziel direkt angepeilt, ist die Anspannung und Verkrampfung zu groß, und es tritt Ermüdung ein.

Man muss warten können, ohne das Warten als einen Vorgang des Wartens zu empfinden. Der Beerenstrauch wartet nicht darauf, bis er im Spätsommer Früchte bekommt, es geschieht einfach, denn jeder Tag ist gleich wertvoll und wichtig. Der Strauch wertet seine Existenz nicht, nur der Mensch giert nach den Früchten und vergisst dabei die Wurzeln und Blätter. Dem schöpferischen Künstler fällt die Entfaltung seiner Begabung oft gar nicht auf, er empfindet den Tag, an dem die Entfaltung zum Vorschein kommt, nicht anders als die früheren Tage, er fühlt sich vielleicht reifer, wohler, freudiger, erfüllter, wenn er spürt, dass sein Sein sich erfüllt. Die Entfaltung kann wieder verschwinden, wenn man zu sehr auf sie achtet. Wenn die Entfaltung nur zu einem ehrgeizigen Plan wird, dann entgleitet sie, und man fällt in den Zustand der Spannung und Müdigkeit.

Die Lebensenergie kann nur frei fließen, wenn sie nicht zum Fließen gezwungen wird. Jeder Zwang erfordert zu viel Kraft. Nur unter Zwanglosigkeit kann ich reibungslos aktiv sein, ohne vorschnell zu ermüden. Ich erinnere mich an die Zeit, als ich für das Abitur Mathematik paukte. Ich hatte kein Interesse daran, ich war nicht innerlich beteiligt, sondern erfüllte nur eine Pflicht, «um das Abitur zu schaffen», um ein ehrgeiziges Ziel zu erreichen. Die Folge davon war, dass ich nach zwei Stunden Mathematik total ermüdet war, ich gähnte und fühlte mich elend, meine Nackenmuskulatur war verspannt.

Ganz anders war meine innere Verfassung nach zwei Stunden Beschäftigung mit Literatur, Malerei und Ästhetik. Ich konnte mich auch stundenlang meiner Schmetterlingssammlung widmen und Fachliteratur über Schmetterlinge lesen und fühlte mich hinterher manchmal sogar erfrischt, oder aber die Müdigkeit war angenehm. Die Lebensenergie fließt nur aus Freude zu unserem Wohl. Wenn sie unter Zwang eingeübt wird, richtet sie sich sogar gegen uns, sie wird zum Feind, sie führt zur Muskelanspannung und psychosomatischen Erkrankung. Es muss Liebe vorhanden sein zu allem, was ich tue. Wo keine Liebe ist, entsteht auf die Dauer Abwehr, Unlust und Hass, aber niemals Entfaltung, denn die Energie richtet sich dann gegen die Ausreifung, sie schädigt den gesamten Organismus, sie macht müde und krank.

Der Wille kann nicht befehlen, etwas zu lieben. Wenn das Über-Ich Liebe befiehlt, dann kann ich mir lange Zeit zwar etwas vormachen, ich betrüge und belüge mich, ich gebe vor, etwas zu lieben, und doch wächst von Tag zu Tag nur die Verachtung.

Liebe ist Zuneigung. Wenn ich meinen Neigungen nachgehe, dann bin ich mit meiner Energie im Einklang, dann erschöpft mich der Energieverbrauch nicht, dann möchte ich meine Energie sogar verschwenden. Entfaltung geschieht zwanglos, absichtslos, im Einklang mit meinem Sein, also fühle ich mich glücklich und sinnvoll. Ein ehrgeizig erstrebter Erfolg mit großem Kraftaufwand gegen meine innere Freude ist sinnlos, sinnleer. Ich fühle mich dabei eher depressiv, weil ich spüre, dass keine innere Reifung damit verbunden ist. Das im Abiturzeugnis schließlich geschaffte «Ausreichend» in Mathematik hat mich innerlich nicht mit Freude erfüllt, weil ich wusste, dass mein Weg nicht in diese Richtung führt. Die ehrgeizig nur mit dem Willen und ohne Liebe erbrachte Leistung ist bedeutungslos, sie ist Energieverschwendung.

Innere und äußere Freiheit

Wenn von der Freiheit gesprochen wird, sollten wir unterscheiden zwischen innerer und äußerer Freiheit. Die Revolutionsideale «Freiheit, Gleichheit, Brüderlichkeit» waren vor allem auf die äußere Freiheit bezogen. Freiheit von Zwängen, von gesellschaftlichen Normen, Freiheit von Ausbeutung der herrschenden Klasse gegenüber der Mehrheit der Bevölkerung.

Im Laufe der letzten 30 Jahre wurde in den europäischen Gesellschaftssystemen einiges für die Freiheit des Bürgers getan; es wird z. B. samstags nicht mehr gearbeitet, die 40-Stunden-Woche setzte sich durch, der Wohlstand stieg an und damit auch die finanziellen Möglichkeiten des Einzelnen, sich freier zu bewegen, die Ausbildungsmöglichkeiten wurden vermehrt. Heute kann jeder seinen Beruf freier wählen als früher; das Bildungssystem ist durchlässiger und ermöglicht mehr Freiheit der Entscheidung.

Freiheit von gesellschaftlich auferlegten Zwängen, Pflichten, Reglementierungen bezeichne ich mit äußerer Freiheit. Die höchste äußere Freiheit genießt ein Mensch, der im Reichtum heranwächst, der keinerlei finanzielle Begrenzungen kennt, der reisen kann, wann und wohin er will, genügend Wohnraum zur Verfügung hat, seinen Hobbys nach Herzenslust nachgehen kann usw. Die äußere Freiheit wird durch finanzielle Mittel möglich, sie ist ganz sicher nicht zu verachten.

Ich beobachte jedoch immer wieder, dass diese äußere Freiheit nur wenig wert ist, wenn die *innere*, d. h. die seelisch-geistige Freiheit nicht erreicht wird. Äußere Freiheit erzeugt sehr rasch Langeweile, Überdruss und Gefühle der Unerfülltheit, wenn die Seele unausgereift bleibt. Ich möchte damit nicht Geld und finanziellen Bewegungsspielraum grundsätzlich abwerten und behaupten, Geld wäre sinnlos; es wäre gar besser, in «Sack und

Asche» herumzulaufen, alles zu verschenken und auf äußere Freiheit zu verzichten. «Eher geht ein Kamel durch ein Nadelöhr als ein Reicher ins Himmelreich», soll Jesus Christus gesagt haben. Christus legte selbst auf Geld und Reichtum keinen Wert, und er sagte sinngemäß: «Verschenke alles, was du hast, und folge mir nach.» Er wollte damit zum Ausdruck bringen, dass Geld und Reichtum nicht viel wert sind, um ein sinnerfülltes Leben zu leben.

Armut und Verachtung von Geld und finanzieller Unabhängigkeit sollten jedoch nicht zum Selbstzweck werden. Es ist ganz sicher falsch zu glauben, dass Armut zwangsläufig der Weg zur seelischen Freiheit und zum «Himmelreich» ist. Wenn der Psychoanalytiker Erich Fromm die Habenmentalität verurteilt und dagegen die «Seinsmentalität» in den Vordergrund stellt, meint er damit nicht, dass man alles, was man besitzt, wegwerfen und in Armut leben soll. Fromm möchte bewusst machen, dass äußere Freiheit weniger wert ist als innere Freiheit. Es ist wichtiger, innere Freiheit zu verwirklichen, als sich ans Haben zu klammern.

Entscheidend ist, ob das Herz am Haben hängt. Warum soll ich nicht in einer geräumigen Wohnung leben, die natürlich mehr Miete kostet als 20 qm Wohnfläche, wenn ich mich nicht auf diesen Zustand fixiere. Warum soll ich nicht einen Pelzmantel anziehen, um mich gegen die Kälte zu schützen? Kein Weiser sagt: Du sollst frieren, du sollst dich auf 20 qm zurückziehen und eine größere Wohnfläche verachten.

Entscheidend ist, dass mein Herz nicht auf Besitz fixiert ist. Der Besitz darf nicht wichtiger werden als meine seelische Freiheit. Ich soll meine Seele nicht an den Besitz verkaufen, ich soll nicht für den Besitz leben, sondern für die Verwirklichung meiner seelischen Bedürfnisse. Christus will sagen: Strebe nicht nach Reichtum, Besitz und materiellem Haben, sondern kümmere dich um dein seelisches Wohlbefinden, sei nicht auf materielles Streben fixiert.

Seelische Freiheit ist Unabhängigkeit von äußeren Meinungen und Zwängen. Wer nach Besitz giert, wird von diesem Streben absorbiert; seine Energie wird für die Erreichung eines materiellen Zieles aufgebraucht, sodass nur noch wenig für die Entfaltung der Seele übrig bleibt.

Glücklich wird ein Mensch nur, wenn er innere Freiheit verwirklicht, Glückseligkeit erlangt niemand durch Besitz. Äußere Freiheit durch Geld und Besitz taugt nicht viel, wenn die innere Freiheit nicht erreicht wird. Wer viel Besitz erworben hat und sich an diesen Besitz klammert, ist ein Gefangener seines Besitzes; er sitzt fest, er ist nicht mehr flexibel.

Kein Besitz taugt etwas, auch nicht der Besitz einer Idee oder Lebensphilosophie. Innere Freiheit ist nur durch Loslösung von allen Konventionen, Ideen, Idealen, Zielen, Wünschen, Meinungen, Ideologien, Religionen, Lebensphilosophien möglich. Wenn Wissen zu einem Besitz wird, der gehortet wird, dann ist sogar Wissen hinderlich und schädlich.

Innere Freiheit ist nur möglich durch totale Unabhängigkeit. Es ist gleichgültig, ob ich in einer Villa lebe oder in einem Gefängnis. Wirklicher innerer Freiheit kann Äußeres nichts anhaben; weder Reichtum kann eine korrumpierende Wirkung ausüben noch die Isolation des Gefängnisses. Beide Mal treffen gefährliche äußere Reize auf mich: Der Reichtum verführt mich dazu, mich an das Haben zu klammern, die Isolation des Gefängnisses verführt mich dazu, mein Selbst zu verachten.

Ein seelisch freier Mensch kann die unmenschlichen Zustände der Armut durchstehen, weil sein innerer Kern und Wert dadurch nicht angetastet wird. Es ist weder erstrebenswert, sehr reich zu sein, noch in Armut zu leben, aber beides ist nur lebenswert in innerer Freiheit, wenn mein Kern davon wirklich unberührt bleibt. Beides sind extreme Erfahrungen und Prüfungen seelischer Reife, die ich natürlich niemandem wirklich wünsche.

Äußere Unfreiheit ist mit innerer Freiheit zu ertragen. Äußere Freiheit ist mit innerer Unfreiheit ein großes Problem. Äußere Unfreiheit und innere Unfreiheit, das ist die Hölle. Äußere Freiheit und innere Freiheit, beides zusammen ergeben das Paradies. Vorläufig müssen wir uns mit mehr oder weniger äußerer Unfreiheit abfinden und innere Freiheit gewinnen und bewahren.

Soll man für äußere Freiheit kämpfen?

Geld ist für die meisten Menschen kein Selbstzweck, sondern es steht dahinter eine tiefer gehende Motivation, z. B. ein Motorrad kaufen, die Wohnung neu gestalten, ein Haus bauen, Winterurlaub und Skifahren. Geld ist kein Selbstzweck, sondern Mittel für die Erfüllung eines seelischen Bedürfnisses, das oft ein Stück seelische Freiheit realisieren helfen soll. Wir streben ehrgeizig nach finanziellem Erfolg, um die Freizeit genießen zu können. Man kauft sich äußere Freiheit, um auf diese Weise auch ein Stück innere Freiheit zu erleben.

Mit Geld kann man sicherlich viele oberflächliche Wünsche erfüllen, aber Geld allein und das Kaufen von Freizeitvergnügungen und Freizeitfreiheit macht nicht glücklich. Der Kampf um den finanziellen Erfolg, um sich dadurch innere Freiheit zu erlauben, lohnt sich nicht. «Die gesellschaftlichen Verhältnisse sind aber nun mal so beschaffen, dass ich mir äußere Freiheiten nur erlauben kann, wenn ich sie bezahlen kann», sagte mir ein Student der Soziologie. Und er ergänzte: «Man bekommt eben nichts geschenkt, auch Freiheit kostet letztlich Geld.»

Ich entgegnete: «Die wirklich wichtigen Dinge im Leben des Menschen sind kostenlos. Die Augen sehen kostenlos die Sonne, den Mond und das Glitzern der Tautropfen. Die Ohren hören kostenlos das Zwitschern der Vögel im Morgengrauen. Die Nase schnuppert kostenlos den Duft der feuchten Blätter im Herbstwald. Ein Mensch sieht dich mit strahlenden Augen an, er erzählt dir von seiner Zuneigung für dich, ganz kostenlos. Liebe ist nicht käuflich, höchstens Sex. Die Gedanken sind frei und kostenlos, du überlegst dir etwas, ein anderer auch, und ihr erzählt euch gegenseitig davon, das geschieht kostenlos. Die Schönheit des Augenblicks mit allen Sinnen zu erfahren kostet keinen Pfennig. Der Mensch hat mit seinem Kostendenken sehr viel vergiftet. Nicht nur die Flüsse und die Nahrung sind vergiftet, auch das Denken. Das Streben nach Geschäft, nach persönlichem Vorteil und Gewinn auf Kosten von anderen, das ist die Vergiftung des Denkens. Wenn das Denken vergiftet ist, wird mein Verhalten zu Gift. Ein Mensch, dessen Denken vergiftet ist, dessen Worte und Verhalten sind vergiftet, er begegnet dir, spricht mit dir, und seine Sprache ist Gift. Worte, denen eine ehrgeizige, egoistische Lebensphilosophie zugrunde liegt, sind Gift. Worte können dich krank machen, sie sind ‹kränkend›, wenn sie aus einem vergifteten Denken kommen.

Erkenne das Gift, erkenne das Falsche als falsch. Es hat keinen Sinn, vor den Mitmenschen mit giftiger Philosophie davonzulaufen, du kannst nicht entfliehen. Es geht darum, das Gift zu erkennen. Wer den giftigen Pilz erkannt hat, wird ihn nicht essen.

Es hat keinen Sinn, um äußere Freiheit zu kämpfen. Kämpfe nicht gegen den Unterdrücker, gegen denjenigen, der Zwang und Macht über dich ausüben will. Kämpfe nicht gegen die Gesellschaft, *erkenne* sie. Jeder Kampf, jede Aggression, erzeugt nur neue Aggression. Wenn du Gewalt anwendest, kommt Gewalt umso stärker zurück.

Du kannst nur bestehen, wenn du dich aggressionsfrei mit der Gewalt auseinander setzt, deine Seele muss aggressionsfrei sein, wenn du dich wehrst. Du musst innerlich frei sein, du darfst nicht auf einen Erfolg achten. Es hat keinen Sinn, etwas zu wollen, es muss sich ergeben, es muss wachsen und reifen. Du kannst niemand deine Erkenntnis aufzwingen, wenn er diese Erkenntnis nicht selbst erkennt. Jede Art von Gewalt ist sinnlos, körperliche Gewalt bringt dich an den Rand des Todes, und geistige Gewalt bringt dich aus deiner Gelassenheit und Mitte.

Es hat keinen Sinn, um äußere Freiheit zu kämpfen. Es hat keinen Sinn, auf die Barrikaden zu gehen, die Gewalt mit Gegengewalt zu fördern. Wenn du etwas vernichten willst, wirst du selbst vernichtet. Gib allen Kampf auf, das ist das Geheimnis der wirkungsvollen Selbstbehauptung. Sei einfach nur frei, ohne um diese Freiheit zu kämpfen. Versuche niemand für dich zu gewinnen, sei einfach nur derjenige, der du bist. Wenn du kämpfst, dann hast du in diesem Augenblick schon verloren, wenn du aber ohne Aggression so bist, wie du eben bist, ganz ehrlich und wahrhaftig, ohne etwas erreichen zu wollen, dann hast du gewonnen, ohne dass es eines Beweises für diesen ‹Sieg› bedarf. Du wirst nur etwas erreichen, wenn du nicht darauf erpicht bist, etwas erreichen zu wollen. Je mehr du etwas willst, umso mehr wirst du die Kräfte herausfordern, die sich deinem Willen entgegenstellen.

Ein arabisches Sprichwort lautet sinngemäß: ‹Lass die Hunde bellen, die Karawane zieht weiter.› Sei wie die Karawane und zieh deiner Wege, kümmere dich und kränke dich nicht um das Bellen der anderen, sei einfach nur innerlich frei. Sei unabhängig, sei einfach nur du, dann kann dich niemand daran hindern, sie können es versuchen, aber es hat keine Bedeutung. Messe den anderen keine Bedeutung bei, geh davon unabhängig deinen Weg, und sie werden ihre Bedeutungslosigkeit erkennen. Gleichgültig, wie viele Worte und Lärm sie machen, es hat keine Bedeutung. Was kümmert die Sonne das Wortgeklingel der Menschen, die Sonne kämpft nicht gegen das Geschrei der Menschen. Du bist als Einzelner genauso bedeutungsvoll wie die Sonne. Du bist die gleiche Bereicherung des Kosmos, du bist nicht weniger und nicht mehr. Sei wie die Sonne, geh jeden Morgen auf und gehe abends wieder unter. Die Sonne kämpft nicht gegen eine Bürokratie, sie ist einfach nur da und verschwendet ihre Energie. Halte deine Energie nicht zurück, sondern verschwende sie, aber nicht in einem egozentrischen Kampf gegen eine egozentrische, kleinkarierte, engstirnige Lebensphilosophie. Lass dich nicht auf Aggression ein, Aggression verengt dein Bewusstsein, weil du dann nur darauf bedacht bist, Recht zu behalten, und du drehst dich kleinlich um dein kleines Recht.

Es geht im Leben nicht darum, vor anderen Recht zu behalten. Nimm dir, was du brauchst, es ist alles kostenlos in großer Fülle da. Über die Sinne ergießt sich der gesamte Reichtum des Lebens. Lass dich nicht einengen auf kleinliche Dinge deiner Umwelt.

Die innere Freiheit ist von äußeren Zwängen unberührt. Du kannst in Würde arm sein, weil du dich selbst immer reich beschenkst, und du kannst im Reichtum arm sein, wenn du von deiner inneren Erlebnisoffenheit abgekommen bist. Ist das so schwer zu verstehen? Solange du dagegen kämpfst, ist es nicht zu verstehen; wenn du nicht verstehen willst, kann ich nichts dagegen tun, vor allen Dingen nichts Aggressives. Jede Art von Aggression schädigt nur das, was damit erreicht werden soll.»

Sehnsucht nach Gelassenheit

Äußere Freiheit ist nicht zu erzwingen, wir können den äußeren Gegebenheiten nur mit innerer Freiheit gegenübertreten. Was ist unter dieser inneren Freiheit zu verstehen? Es gibt zwei schöne Wörter, die innere Freiheit kennzeichnen: Gelöstheit und Gelassenheit. Ein Mensch, der gelöst und gelassen reagiert, wirkt ausgeglichen, mehr als das: Er ist gelockert, frei und unabhängig.

Wir haben lieber gelöste und gelassene Menschen um uns als verkrampfte und innerlich angespannte Menschen. Die gelöste Stimmung wirkt unbeschwert und heiter, sie ist angenehm und ansteckend. Wir suchen deshalb ganz unbewusst eher die Nähe von gelösten, unbeschwerten Personen als von Menschen, die angespannt, verkrampft und problembeladen sind. Das ist keine Oberflächlichkeit, sondern eine ganz natürliche Sehnsucht nach entspanntem und gelassenem Kontakt.

Wir sollten also das Geheimnis von Gelöstheit und Gelassenheit untersuchen, um der Lebenskunst auf die Spur zu kommen. Psychologisch gesehen ist Gelöstheit ein Zeichen für seelische Gesundheit. Das Ziel des Lebens ist generell betrachtet Gesundheit und nicht Krankheit. Was ist das Geheimnis dieser Gesundheit, dieser Kunst, das Leben ausgeglichen und gelassen zu leben?

Gelöstheit bedeutet, sich gelöst haben, und Gelassenheit heißt, die Dinge lassen, sie so lassen, wie sie sind. Um in den Zustand der Gelöstheit und Gelassenheit zu gelangen, muss man sich also zuvor lösen und loslassen, also von etwas frei werden, sich befreien. Wer befreit ist, ist gelöst, er hat losgelassen.

Das Loslösen (-lassen) muss zuerst erfolgen, dann erst ist die seelische Befindlichkeit der Zustand der Gelöstheit. Ich kann mir nicht befehlen, gelassen zu sein, mich gelassen zu verhalten.

Ich kann mich nicht zur Gelassenheit zwingen, das wäre ein Widerspruch, denn je mehr sich jemand dazu zwingt, gelassen zu sein, desto verkrampfter fühlt er sich innerlich und desto ungelöster wirkt er auch auf andere. Der sensible Mensch erkennt sehr rasch, dass Gelassenheit etwas Erstrebenswertes ist, und versucht sich dazu zu zwingen; das Ergebnis ist aber geradezu niederschmetternd negativ. Der Sensible verfällt über diesen Misserfolg oft in tiefe Depressionen, weil er nicht erreichen kann, was er sich so sehnlichst wünscht. Bevor die Gelöstheit wirklich eintreten kann, muss die Loslösung erfolgen. Nicht gelöst sein bedeutet, noch gebunden zu sein, gebunden an etwas, das man besitzen, festhalten oder erreichen will.

Gelöst ist man erst dann, wenn man das Festhalten aufgibt und nichts erreichen will, wenn man nichts erwartet. Wenn ich etwas von anderen erwarte, kann ich nicht gelöst sein, denn ich binde mich an die Erwartung. Jede Bindung an etwas Vergangenes muss aufgelöst sein, jede Erwartung einer Zukunft muss aufhören, erst dann ist Gelöstheit in der Gegenwart möglich.

Wenn man sich die Mühe macht, wirklich tief über Gelöstheit nachzudenken, dann stößt man schnell auf ängstigende Widerstände. Wenn ich erkenne, was Gelöstheit wirklich bedeutet, nämlich völlige Loslösung von allem Gestrigen, von jedem Besitz und Festhalten, dann wird mir die Tragweite und Schwierigkeit bewusst. Ich erkenne, wie ich mich festkrallen will, z. B. an meinen Status, an meine Ehre, an einen Erfolg, an einen Besitz, an eine Meinung oder Ideologie, an eine Bequemlichkeit, an eine Vergünstigung, und ich stelle fest, dass Gelöstheit nur möglich ist, wenn ich das alles wirklich loslasse.

Ich beobachte auch, wenn ich mich unvoreingenommen und ehrlich betrachte, dass ich Erwartungen habe, dass ich etwas beabsichtige, etwas erreichen will, ein Ziel, eine Idealvorstellung auf die Zukunft bezogen verfolge. Es wird mir klar, dass ich auch das aufgeben und loslassen muss, um den Zustand der Gelöstheit zu erreichen.

Gelöstheit ist also nur dann möglich, wenn ich mich nicht mehr an irgendetwas binde, nicht an die Lebensvorstellungen meiner Erziehungspersonen, nicht an die Meinung und Lehre von Vorbildern, nicht an Lebensmaximen, Erfolgslehren und Verhaltensregeln. Ich stehe plötzlich ganz allein da, halte mich an nichts mehr fest, und nichts Gelerntes gibt mehr einen sicheren Halt. Erst wenn ich die Vergangenheit loslasse, wenn alles, was mir sicher erschien, bedeutungslos wird, bin ich wirklich gelöst. Wenn ich alle Erwartungen an die Zukunft aufgebe, wenn ich nichts mehr erreichen will, erst dann bin ich gelöst von meinem Streben nach der Erreichung eines Ziels. Wenn ich nicht mehr enttäuscht werden kann, bin ich gelöst und sorgenfrei, dann drückt mich nicht mehr die Sorge vor dem Morgen und nicht die Bindung an das Gestern, dann bewege ich mich gelöst in der Gegenwart, und der Augenblick wird zum freien Ereignis, frei von Gestrigem, frei von Zukunftserwartungen, bin ich in innerer Freiheit geöffnet. In diesem Moment ist auch kein Platz mehr für Angst – ich bin angstfrei und kann das Leben so erleben, wie es sich mir offenbart, ohne Bindung, ohne Erwartung, ohne Angst, ich bin gelöst und damit auch erlöst. Dieser Zustand ist die höchste Seinsstufe, die der Mensch erreichen kann, er ist gelöst im Sein, es entfaltet sich nur das Sein selbst.

Solange ich an etwas gebunden bin, daran festhalte, bin ich geprägt von der Bindung, die Angst vor dem Verlust liegt auf der Lauer, und schnell ist es aus mit der Gelöstheit. Die Schwierigkeit der Lebenskunst besteht also darin, alle Bindungen aufzugeben.

Das Wort «Bindungslosigkeit» hat einen sehr negativen Beigeschmack. Das Denk- und Wertsystem ist abgesichert, wir sind verhaftet in der Bindung, sie wurde uns vermittelt, man wollte uns zur Bindung erziehen, nicht zur Freiheit und Gelöstheit. Um die Gelöstheit zu erreichen, die Lebenskunst zu erlernen, sind also viele Widerstände zu überwinden. Wir müssen uns über unsere Bindungen und Erwartungen klar werden, um sie endlich loslassen zu können. Wir müssen den Mut haben, Ballast abzuwerfen. Wer frei sein will, steht am Ende mit leeren Händen da. Was zählt, ist nur er selbst, nicht das, woran man sich binden könnte, sondern das, was er ist. Sein ist erst möglich durch Freiheit von Bindung. Bindungslosigkeit ist also das Geheimnis, das der Gelöstheit zugrunde liegt: alles Vergangene loslassen, alles Zukünftige außer Acht lassen, ohne jede Bindung sein, ohne jegliche Erwartung das Leben so nehmen, wie es sich offenbart, das ist Lebenskunst.

3 *Zu sich selbst finden*

Ihr, die ihr wandert mit dem Winde, welch Wetterhahn soll euch den Weg weisen? Welch Menschengesetz soll euch binden, so ihr euer Joch brechet, ohne damit euren Nächsten dem Kerker preiszugeben? Welch Gesetz sollet ihr fürchten, so ihr tanzet, ohne gegen die eisernen Ketten eines andern zu stolpern? Und wer sollte euch vor Gericht schleppen, so ihr euer Gewand wegreißet, ohne es einem andern in den Weg zu legen?

Kahlil Gibran

Die meisten Menschen sind auf der Flucht vor ihrem Ich, sie sind sehr aktiv, nur um sich nicht mit sich selbst beschäftigen zu müssen. Die einzelnen Fluchtarten vor dem eigenen Ich habe ich in meinem Buch «Lassen Sie der Seele Flügel wachsen» sehr ausführlich beschrieben, und ich möchte deshalb hier nur einen kurzen Gesamtüberblick geben.

1. Flucht in die Aggression. Es wird einem anderen zugefügt, worunter man selbst leidet oder gelitten hat.
2. Flucht in die Arbeit. Die Arbeit lenkt vom eigenen Ich ab, man ist beschäftigt und fühlt sich als nützliches Mitglied der Gesellschaft. Durch Erfolge kann man das nach außen dokumentierte Ego stärken.
3. Flucht in die Sexualität. Die Sexualität steht im Vordergrund und nicht die Liebe. Sexuelle Lust wird konsumiert wie jeder andere oberflächliche Genuss; es geht darum, sich ein gutes Gefühl der Befriedigung zu verschaffen.
4. Flucht in den Egoismus. Der konkurrierende Ellenbogen-Egoismus strebt nach Stärkung des äußeren Ego, es geht dabei um Macht und Status, nicht um Stärkung der Selbsterkenntnis oder Individualität.
5. Flucht in den Progressionismus. Es werden große Ziele angestrebt, das Glück wird in der Zukunft gesucht. Es werden Pläne geschmiedet, Hoffnungen erzeugt und Luftschlösser gebaut.
6. Flucht in den Utopismus. Das «wahre Glück» wird in der Zukunft gesucht, wenn sich die gesellschaftlichen Verhältnisse

gewandelt haben oder wenn man den sozialen Aufstieg schafft. Auf diese Weise lenkt man ab vom eigentlichen Problem, nämlich der Gegenwart.

7. Flucht in den Hedonismus. Es wird nach Genuss gestrebt, um Leid oder Trauer zu überspielen. Im Vordergrund stehen Essen, Trinken, Geselligkeit, Spaß, Amüsement und Urlaub nach dem Motto: Solange ich genieße, kann es mir nicht schlecht gehen.

Neben diesen Fluchtmechanismen, die nach außen gerichtet sind, gibt es Fluchtmechanismen, die sich nach innen wenden, manchmal sogar gegen sich selbst:

8. Flucht in die Anpassung. Durch Anpassung versucht man Anerkennung zu gewinnen und möchte vermeiden, als «Außenseiter» aufzufallen.
9. Flucht in die Gefühlspanzerung. Gefühle werden als «Sentimentalität» abgewertet, und man versucht, die Verletzbarkeit zu vermeiden, indem man sich der «Gefühlswelt» gegenüber abkapselt.
10. Flucht in das Rollenspiel. Man strebt danach, eine Rolle zu spielen, um dadurch einen «sicheren Platz» in der Gemeinschaft zu finden.
11. Flucht in die Charaktermaske. Man hält sich an Grundsätze und legt mehr Wert auf einen so genannten «guten Charakter» als auf Persönlichkeitsentfaltung.
12. Flucht in die Beschuldigung. Die Mitmenschen werden ständig nach den verschiedensten Wertmaßstäben bewertet und benotet. Indem man andere kritisiert, wertet man das eigene Ego auf.
13. Flucht in die Nekrophilie. Man orientiert sich an Institutionen, Gesetzen, Eigentum, Tradition und Besitz. Erich Fromm: *«Kurz gesagt, die Dinge beherrschen den Menschen; das Haben beherrscht das Sein, das Tote beherrscht das Lebendige.»*

14. Flucht in die Enge vor der Offenheit. Die Offenheit, Freiheit und Unbestimmtheit werden vermieden, und man zieht sich in die Enge und Starrheit aus Sicherheitsgründen zurück. Die Sicherheit eines «Käfigs» wird aus Angst vor der Unsicherheit der schöpferischen Lebendigkeit vorgezogen.

Neben den 14 Fluchtwegen, die sich bei einem Menschen, der vor sich selbst auf der Flucht ist, gegenseitig ergänzen, spielen auch so genannte Abwehrmechanismen eine Rolle, die dazu dienen, den Kontakt mit der Wirklichkeit abzuwehren. Die Psychoanalyse unterscheidet u. a. folgende Abwehrmechanismen: Identifizierung, Verdrängung, Projektion, Symptombildung, Verschiebung, Sublimierung, Reaktionsbildung, Vermeidung, Rationalisierung, Betäubung, Abschirmung, Ohnmachtserklärung, Rollenspiel und Gefühlspanzerung. Die Abwehrmechanismen überschneiden sich teilweise mit den angedeuteten Fluchtarten.

Abwehrmechanismen und Fluchtweisen verdichten sich zu «Lebenslügen», die dazu dienen, nach außen hin vor sich selbst und anderen gut dazustehen. Man belügt sich selbst und die anderen, um jeder weiteren Diskussion aus dem Weg zu gehen, um seine Ruhe zu haben und sich einigermaßen sicher zu fühlen.

Ich unterscheide die folgenden acht prägnanten Lebenslügen:

1. «Charakter ist wichtiger als Gefühl.» Mit der Charakterfestigkeit wird eine Bastion gegen den Unsicherheitsfaktor Gefühl errichtet. Die Persönlichkeit soll sich im Charakter verfestigen, anstatt sich flexibel der Verletzbarkeit der Lebendigkeit auszusetzen.
2. «Der Mensch braucht Vorbilder und Ideale.» Vorbilder und Ideale als Leitideen sollen die vorgefundene Ordnung bestätigen, sie geben Halt und Sicherheit.
3. «Sicherheit geht vor, Freiheit führt zum Chaos.» Die Sehnsucht nach der Freiheit wird mit dem Sicherheitsdenken abgewehrt. Sicherheit, Sicherheit über alles.

Übersicht über die Angstabwehrarten

14 Abwehrmechanismen	8 Lebenslügen	14 Fluchtweisen
1. Identifizierung	1. «Charakter ist wichtiger als Individualität»	*Flucht nach vorn*
2. Verdrängung	2. «Der Mensch braucht Vorbilder und Ideale»	1. Aggression
3. Projektion	3. «Sicherheit geht vor, Freiheit führt zum Chaos»	2. Arbeitssucht
4. Symptombildung	4. «Jeder ist sich selbst der Nächste»	3. Sexualität
5. Verschiebung	5. «Die Menschen sind nicht gleich, es gibt Rang- und Wertunterschiede»	4. Ellenbogen-Egoismus
6. Sublimierung	6. «Intelligenz ist wichtiger als Gefühl»	5. Progressionismus
7. Reaktionsbildung	7. «Wer liebt, möchte besitzen»	6. Utopismus
8. Vermeidung	8. «Der Körper ist Mittel zum Zweck»	7. Hedonismus
9. Rationalisierung		*Flucht nach hinten*
10. Betäubung		8. Anpassung
11. Abschirmung		9. Gefühlspanzerung
12. Ohnmachtserklärung		10. Rollenspiel
13. Rollenspiel		11. Charaktermaske
14. Gefühlspanzerung		12. Beschuldigen
		13. Nekrophilie
		14. Enge

4. «Jeder ist sich selbst der Nächste.» Eine an sich richtige Aussage wird zur Rechtfertigung eines Egoismus des Leistungs- und Konkurrenzstrebens benutzt.
5. «Die Menschen sind nicht gleich, es gibt Rang- und Wertunterschiede.» Die vorgefundenen Verhältnisse werden kurzschlüssig als Naturgesetze interpretiert, und es wird verdrängt, dass der Mensch selbst der Schöpfer dieser Ungleichheiten ist.
6. «Intelligenz ist wichtiger als Gefühl.» Eine typische Lebenslüge der technisierten Industriegesellschaft, die z. B. einem Indianer nicht in den Sinn gekommen wäre. Es ist eine Rechtfertigung des bestehenden Intelligenzkultes und eine Abwehr der Angst vor der Emotionalität.
7. «Wer liebt, möchte besitzen.» Die Liebe wird an einen Partner gebunden, es wird exklusives Besitzrecht geltend gemacht, weil die Liebesbeziehung zu einer Lebens- und Wirtschaftsgemeinschaft geworden ist.
8. «Der Körper ist Mittel zum Zweck.» Der Körper wird als ein Werkzeug angesehen, über das der Geist triumphiert. Der Geist und die Intelligenz gelten als die Krone der Schöpfung, diese Wertung erlaubt erst die Unterbewertung des Körpers. Es wird verleugnet, dass der Körper die Basis für Geist und Seele ist.

Die Abwehrmechanismen, Fluchtweisen und Lebenslügen lassen sich nicht schematisch exakt voneinander trennen, sie hängen eng miteinander zusammen, sie sind ineinander verflochten und ergeben zusammen ein in sich geschlossenes Abwehrsystem. Betrachtet man dieses System, wird sichtbar, welche enormen Hindernisse zu überwinden sind, um zu sich selbst vorzudringen, sich in Freiheit, Gelöstheit und Lebendigkeit dem Leben als schöpferischer Mensch zu öffnen.

Der sozial geprägte Abwehrcharakter

Der Mensch, der die beschriebenen Abwehrarten und Lebenslügen praktiziert, entwickelt eine für ihn typische Eigenschaftsstruktur, die ich kurz beschreiben möchte. Für die Charakterisierung wähle ich eine männliche Person, weil Männer diese Struktur meist stärker ausprägen als Frauen.

Er wird rasch aggressiv, wobei er die Aggressivität nicht immer klar und offen zeigt, sondern häufig als Ironie, Zynismus und Spaß tarnt. Lächelnd und spaßig wird ein Angriff vorgebracht, der verletzen soll, aber jederzeit als «witzige Bemerkung» verharmlost werden kann: «Du verstehst wohl keinen Spaß?» Sogar diese Frage ist eine getarnte Aggression.

Er arbeitet fleißig und «geht in der Arbeit auf». Auch in der Freizeit wird rege Betriebsamkeit entfaltet, die Wohnung wird renoviert oder ein Hobby intensiv gepflegt. Er ist jedenfalls immer beschäftigt, und er spricht gern davon, dass er «immer im Stress» ist.

Die Sexualität spielt eine wichtige Rolle, er ist sexuell aktiv und jedem «Seitensprung» gegenüber aufgeschlossen. Er macht gerne «anzügliche» Bemerkungen und fühlt sich als ganzer Mann. Er legt Wert auf seinen Status und betont gerne, was er sich «geleistet» und was es gekostet hat. Er sieht nur sich selbst und ist stark auf seine Wirkung auf andere bedacht, denn er möchte Eindruck machen und bewundert werden.

Er hat große Pläne für die Zukunft, und er spricht gerne von den Dingen, die er noch kaufen möchte, und davon, was er beruflich noch alles erreichen kann. Sozialer Aufstieg ist für ihn überaus wichtig. Er möchte Karriere machen. Er ist ein geselliger Mensch, er hat gerne viele Menschen um sich und vermeidet es möglichst, alleine zu sein.

Er will kein Außenseiter sein, sondern passt sich in der Kleidung, in der Einrichtung seiner Wohnung an den gängigen Geschmack seiner Gesellschaftsschicht an. Er strebt nach gesellschaftlichem Aufstieg und ist jederzeit bereit, seine gesellschaftliche Stellung auch zu dokumentieren, indem er sich sofort an die neuen Verhältnisse anpasst und sich an den anderen, ihrer Lebensweise und ihrem Geschmack, orientiert.

Er kann seine Gefühle gut beherrschen. Er bezeichnet sich selbst eher als Rationalist und weniger als einen Gefühlsmenschen. Er spricht nicht gerne über Gefühle, und der spontane Gefühlsausdruck anderer ist ihm peinlich. Er zeigt sich nach außen hin nicht verletzlich oder sensibel, sondern als nüchterner, sachlicher, beherrschter Mensch. Über die Sensibilität anderer macht er gerne ironische Bemerkungen.

Er identifiziert sich mit den Rollen, die ihm übertragen werden. Er füllt die einzelnen Rollen so aus, wie es erwartet wird. Er betont, dass er einen guten Charakter hat und dass man sich auf ihn verlassen kann. Er bewertet gerne andere Menschen, er wertet sie vor allem gerne ab, und er kritisiert gerne, denn hierbei kann er seine Aggressivität ausleben und sein Selbstbewusstsein stärken. Selbstbewusstes Auftreten ist ihm sehr wichtig.

Er strebt nach Besitz, nach persönlichem Eigentum. Er bewundert Reichtum und strebt danach. Er akzeptiert die staatliche Macht, Institutionen jeder Art flößen ihm Respekt ein. Er akzeptiert, dass er sich einfügen muss; dass es Freiheit für ihn nicht geben kann. Er fühlt sich sicher, wenn alles reibungslos funktioniert. Er ist ein Perfektionist und hasst Unordnung jeder Art. Auf seine aufgeräumte Wohnung und die Sauberkeit seiner Frau ist er stolz. Die Wohnung muss aufgeräumt sein, wenn er nach Hause kommt; alles muss an seinem Platz liegen.

Es ist sich seiner selbst und seiner Rolle in der Gesellschaft sicher. Er fügt sich reibungslos ein, seine Verhältnisse sind geordnet, er fällt niemandem zur Last, er arbeitet viel und ist tüchtig, er sorgt für die Familie, hütet seinen Besitz und versucht ihn «für die Kinder» zu vermehren.

Er hat seine feste Meinung über den Menschen, die Ehe, die Religion, die Liebe, den Beruf, die Politik, die Kollegen und über Bekannte.

Er empfindet gegenüber anderen nicht viel Sympathie, denn er betont vor allem ihre Schwächen und Fehler. Gegenüber gesellschaftlich Höherstehenden empfindet er Respekt und Angst, von ihnen nicht ganz für voll genommen zu werden.

Er ist von den sozialen Rangunterschieden überzeugt und glaubt, dass der intelligentere und tüchtigere Mensch, der mehr kann als er selbst, zwangsläufig über ihm stehen soll. Die gesellschaftliche Struktur ist für ihn richtig und gerecht.

Sein Leben ist geordnet, er gibt sich einerseits mit dem zufrieden, was er hat, strebt aber andererseits danach, mehr zu erreichen, soweit es die Verhältnisse zulassen. Er hält sich für einen guten und gerechten Menschen, der mehr erreichen könnte, wenn er wollte. Er fühlt sich von anderen unterschätzt, sie können seinen wirklichen Wert nicht erkennen. Er zeigt durch ironische Bemerkungen, dass er sich durchsetzen kann und Selbstbewusstsein besitzt.

Ich erinnere mich, dass ich als Kind und Jugendlicher die Erwachsenen genau beobachtete und dass die meisten Erwachsenen auf mich unangenehm wirkten. Ich hatte oft das Gefühl, obwohl sie sich so sicher geben und so eindeutig ihre Rolle ausfüllen, kann da etwas nicht stimmen. Die Erwachsenen leben in ihrer Erwachsenenwelt, sie betreiben ernsthaft und wichtig ihre Geschäfte; sie sind gegenüber mir viel mächtiger, und sie sind reicher an Besitz, aber eigentlich bin ich in meiner Welt der Gefühle und des intensiven Erlebens viel reicher.

Wenn ich auf dem Nussbaum in unserem Garten am Fluss saß und der Onkel aus der Stadt auf Besuch kam, dann schaute er zwar imponierend gekleidet zu mir hinauf; er war ein gestandener Mann und ich ein Kind, aber ich fühlte mich ihm nur äußerlich unterlegen, nicht innerlich. Ich spürte, dass ich etwas besaß, was er verloren hatte, und er tat mir deshalb Leid. Seine Festigkeit und Mächtigkeit des Auftretens war für mich zwar interessant zu beobachten, aber ich konnte nichts damit anfangen. Sein Wesen war mir fremd, es zog mich nicht an, stieß mich auch nicht ab, aber ich fühlte, so wollte ich nicht werden. Lieber kein Haus in der Stadt, lieber nur ein Vogel sein, der von Ast zu Ast fliegt, lieber nur ein Eichhörnchen sein, das nachts in den Zweigen schläft, als so ein «Onkel in der Stadt» zu werden.

Ich wusste damals noch nichts über Psychoanalyse und Sozialpsychologie, und doch war mir ganz spontan klar, dass mit der Psyche meines Onkels etwas nicht stimmte. Heute kann ich es genauer ausdrücken, heute kann ich mit Begriffen der Psychologie darüber reden, das Gefühl in Worte fassen, aber geändert hat sich dadurch an den Tatsachen nichts. Der Onkel hat sich selbst im Gestrüpp der Sozialisation verloren, er ist zu einer Charaktermaske geworden, um an Macht, Status und Prestige zu gewinnen. Er klammerte sich an seine extreme Sicherheit und Ordnung, für diesen Besitz hatte er das verloren, was ich noch hatte und was mir ein Gefühl innerer Wärme und Geborgenheit gab.

Ich hätte sein Haus und sein Auto schon gerne gehabt, aber nur oberflächlich, weil es etwas Neues gewesen wäre, aber ich hätte meine Lebensweise und Erlebensweise dafür nicht aufgeben wollen. Ich hätte mich dafür nicht angepasst, ich hätte nicht seine Kleider angezogen, ich wäre nicht in sein Büro gegangen, ich hätte nicht mit seiner Frau, meiner Tante, leben wollen, ich wäre zurück auf meinen Nussbaum geklettert, hier hatte ich mehr Erlebnisse als er in der Stadt, er war für mich ein Eingesperrter in seinem Charakter, in seiner «Persönlichkeit» und in den Verhältnissen, die er um sich herum schuf und ertragen musste.

Ehrlichkeit zu sich selbst – das Gegenteil des Abwehrcharakters

Nun möchte ich im Gegensatz zum beschriebenen Abwehrcharakter einen Menschen darstellen und vorstellen, der nicht auf der Flucht vor sich selbst ist, keine Abwehrmechanismen anwendet und sein Leben nicht an «Lebenslügen» der Selbstbelügung und Belügung anderer ausrichtet. Auch für dieses Persönlichkeitsbild wähle ich wieder einen Mann, um die Einheitlichkeit zu wahren.

Er ist nicht aggressiv und neigt nicht dazu, durch verbale Äußerungen seine Mitmenschen zu verletzen. Er hat keine Freude daran, ironische oder zynische Bemerkungen zu machen, und er vermeidet es, seine Mitmenschen zu verletzen. Dieses Verhalten resultiert nicht aus einer Verdrängung der Aggressivität, sondern aus einer Einstellung der mitfühlenden Zuneigung. Er besitzt kein Bedürfnis, Aggressivität auszuleben, weil er nur selten verärgert oder wütend ist. Er ist anderen gegenüber tolerant, das bedeutet nicht, dass er sich nicht behaupten könnte, wenn er angegriffen wird. Er wehrt sich gegenüber verbalen Attacken durch sachliche Erläuterung seiner Position, ohne aggressiv zu reagieren, also verletzen zu wollen.

Er flüchtet nicht in die Arbeit und ist nicht süchtig nach Arbeit und Beschäftigung. Er ist kein Workaholic, der in der Arbeit aufgeht. Er akzeptiert Arbeit als eine notwendige Gegebenheit, den Lebensunterhalt zu verdienen, aber sucht nicht Arbeit, um sich von sich selbst abzulenken. Er verwirklicht sich gleichwertig in der Arbeit wie auch in der Freizeit. Sein Motiv zu arbeiten ist nicht das Geld, sondern die Befriedigung, durch Arbeit anderen nützlich zu sein, sich in der Arbeit selbst zu erkennen. Er klammert sich deshalb nicht an ein bestimmtes Gebiet, sondern ist jederzeit bereit, etwas anderes zu machen, wenn es ihn interessiert und sich die Möglichkeit bietet. Arbeit belastet ihn auch nicht im Sinne eines Drucks und Zwangs, weil er keine ehrgeizigen finanziellen Erwartungen verfolgt.

Im zwischenmenschlichen Kontakt steht die Liebe im Vordergrund, nicht die Sexualität. Die Sexualität ist für ihn eine Ausdrucksmöglichkeit, Liebe auszutauschen. Er strebt also nicht primär nach sexuellem Genuss, sondern nach Realisierung der Liebe in körperlichem Ausdruck, wobei ihm der seelische Austausch wichtig ist. Sexualität ist für ihn Realisierung von Liebe, und kein Selbstzweck. Er heuchelt also keine Liebe vor, um danach leichter ein sexuelles Erlebnis zu erzielen, sondern es kristallisieren sich sexuelle Erlebnisse aus der Liebe unmittelbar von selbst heraus.

Er versucht nicht, sich in Form eines Ellenbogen-Egoismus durchzusetzen. Er verwirklicht sich selbst, ohne hierbei die Entfaltung eines anderen zu beeinträchtigen. Es geht ihm also nicht darum, seine eigene Freiheit auf Kosten anderer zu verwirklichen. Äußere Macht und gesellschaftlicher Status interessieren ihn nicht. Er strebt nicht danach, seinen Status zu betonen und sich in selbstbezogener Weise, also egozentrisch, in den Mittelpunkt zu stellen. Er strebt nicht danach, sein Ego vor anderen herauszustellen oder zu stärken, sondern er möchte von seinen Mitmenschen als gleichwertiger Mitmensch behandelt werden.

Er strebt keine zukunftbezogenen Ziele an. Er schmiedet keine Pläne für ein zukünftiges Leben, sondern er geht in der Gegenwart auf. Er nährt in sich nicht die Hoffnung auf zukünftige gesellschaftliche oder politische Änderungen, sondern er lebt das, wofür es sich für ihn lohnt zu leben, ohne andere hierbei in ihrer Entfaltung zu beeinträchtigen.

Er ist kein Utopist, der sein Leben für eine Utopie opfert. Er erkennt die Schwächen und Fehler der Gesellschaft sehr wohl, aber er wird nicht zum fanatischen Kämpfer einer Revolution.

Dafür besitzt er zu wenig Aggression (Kampfgeist) und ein zu starkes Bedürfnis nach Lebensfreude und Individualität.

Trotz seiner Lebensfreude neigt er nicht zur Genusssucht. Er genießt zwar den Augenblick, in jeder Phase und Ausprägung, mit allen Sinnen, aber er ist kein Hedonist. Er versucht nicht die Phasen von Trauer, Leid, Angst, Not und Misserfolg durch oberflächliches Amüsement zu überspielen. Er versucht nicht, den Genuss um jeden Preis zu erreichen, er will nicht Lebensfreude inszenieren, wenn es eigentlich darum geht, die Erfahrung einer Traurigkeit über einen Verlust zu machen. Er ist leidensfähig, weil das Leiden genauso zur Verwirklichung gehört wie die Freude.

Er respektiert und toleriert seine Mitmenschen, aber er strebt nicht danach, sich ihnen anzupassen. Er möchte seine eigene Auffassung von Lebendigkeit, Freude, Kommunikation und Arbeit realisieren. Er möchte kein Insider einer Gruppe sein, es kränkt ihn nicht, «Außenseiter» zu sein, obwohl er auch nicht geltungssüchtig nach einer «Außenseiterrolle» strebt, um aufzufallen oder etwas Besonderes zu sein. Er sucht nicht nach Anerkennung und auch nicht nach Absonderung, um eine Sonderstellung zu erzielen. Er strebt danach, sich selbst zu finden, ohne sich abzusondern.

Er hat ein positives Verhältnis zu seinen Gefühlen. Er neigt nicht dazu, die eigenen Gefühle zu unterdrücken oder zu verbergen, und die Gefühle der anderen sind ihm nicht peinlich. Er akzeptiert die Gefühle als eine Erscheinungsform, wie die Wirklichkeit optischer Eindrücke, Gerüche, Geräusche usw. Gefühle sind für ihn nichts Negatives oder Positives, sondern Gegebenheiten, die man betrachtet und in ihrer Seinsweise als Realität aufnimmt. Die Schönheit der Gefühle ist genauso real wie die Schönheit einer Blume. Vor seinen eigenen Gefühlen verschließt er sich nicht, sondern sie sind für ihn ein Ereignis, das zur Lebendigkeit gehört. Er liebt und beachtet seine Gefühle genauso, wie er seinen Körper liebt und dessen Reaktionen beachtet. Er hat keine Angst vor den eigenen Gefühlen, und er ist auch nicht gefühlsselig auf sie fixiert.

Er strebt nicht danach, in der Gesellschaft eine Rolle einzunehmen, um durch die Gesellschaft eine Absicherung seiner Person zu bekommen, da er sich als Individuum sieht. Er ist bereit, aus dem Augenblick heraus eine Rolle oder Funktion zu übernehmen, wenn sie danach wieder erlischt. Er möchte sich nicht auf eine Rolle festlegen lassen und seine Person an ein Rollenklischee binden.

Er möchte sich nicht in eine Typenetikettierung zwängen lassen. Er strebt also nicht danach, sich selbst zu definieren oder von anderen definiert zu werden. Er möchte sich nicht auf ein Charakterbild festlegen lassen und selbst festlegen.

Er neigt auch nicht dazu, seine Mitmenschen zu bewerten oder gar zu beschuldigen. Er möchte niemanden kritisieren, sondern jedem die Möglichkeit einräumen, sich so zu verwirklichen, wie er es für richtig hält, sofern er niemanden anderes dabei unterdrückt oder in seiner Entfaltung einschränkt.

Er möchte niemand bewerten und auch selbst nicht bewertet werden. Er möchte nicht durch Abwertung der anderen sein eigenes Ego aufwerten, und er möchte nicht durch Aufwertung von anderen, als Bewunderer einer Idee oder eines Idols, selbst abgewertet werden. Er hat keine Idole und möchte selbst auf keinen Fall ein Idol sein oder von anderen bewundert werden. Wenn er sich selbst verwirklicht, so tut er es nicht, um von anderen dafür gelobt zu werden, oder gar, um ein Vorbild für Selbstverwirklichung zu sein.

Er orientiert sich nicht an Institutionen, Gesetzen, Eigentum oder Tradition. Systeme und Institutionen sind für ihn etwas Totes. Er strebt nicht danach, Institutionen zu beseitigen und neue Institutionen zu schaffen. Ihn interessiert die Lebendigkeit, nicht das System. Ihn interessiert der Prozess als solcher, aber nicht die Festschreibung in Form eines Gesetzes oder einer Regel. Er sieht nichts festgelegt, sondern alles lebendig und flexibel in einem Wandlungsprozess. Er möchte keinen Staat oder eine Religion gründen, keine Schule aufbauen.

Er findet keine Beziehung zu allem, was starr und reglementiert ist. Er liebt alles, was in Veränderung ist, was sich wandelt. Er strebt deshalb nicht nach Besitz, den es zu hüten und zu schützen gilt, sondern nach der Verwirklichung seines Selbst ohne Fixierung auf Materie oder Geist. Eine Lebensphilosophie ist für ihn Fixierung auf eine Denkweise. Er möchte sich weder an Materielles noch an Geistiges binden.

Er möchte nicht von Besitz, Ideologien, Philosophien oder Idealbildern beherrscht werden. Er möchte nicht Sklave von etwas Totem sein, weil die Lebendigkeit und die Wandlung ihm wertvoller sind.

Er sucht die Offenheit und meidet Enge des Denkens und enge soziale Strukturen oder einengende Regeln, Besitzverhältnisse und Bindungen. Er lebt lieber in Unsicherheit und Unbestimmbarkeit als in der Sicherheit eines «Käfigs». Er vermeidet es deshalb, sich längere Zeit festzulegen, z. B. durch bindende Verträge. Er gibt sein Wort nur dann, wenn er sicher ist, dass er dazu auch noch nach Ablauf einiger Zeit wirklich stehen kann. Er legt sich deshalb nie gerne fest, dies ist keine Entscheidungsschwäche, sondern Einsicht in den Wandlungsprozess eines freien und schöpferischen Lebens.

Er neigt nicht dazu, sich mit einem System zu identifizieren. Er ist kein Nationalist oder Rassist. Er möchte nicht Mitglied eines Vereins oder einer Institution sein. Er identifiziert sich nicht mit einem ästhetischen Stil und auch nicht mit einer Gesellschaftsschicht. Er sieht in einer Identifizierung eine Festlegung aus Schwäche oder Angst vor Unsicherheit.

Er neigt nicht dazu, seine Gefühle zu verdrängen. Er steht zu auftauchenden Emotionen, auch den «unangenehmen», wie Angst, Trauer, Wut, Unruhe, Unsicherheit, Minderwertigkeit, Schuld, Neid usw. Er bekennt sich zu diesen Gefühlen und lässt sie zu.

Er projiziert keine eigenen Gefühle in andere hinein, weil er andere klarsichtig betrachtet, ihnen in Ruhe zuhört und nicht das hören will, was ihm angenehm ist oder gerade nützen könnte. Er verharmlost deshalb aggressive Menschen nicht, und er bewundert auch nicht ihre Stärken, weil er selbst gerne so sein würde. Er projiziert also weder seine Angst in andere noch seine eigene Schwäche oder Größenphantasie. Er ist kein Idealist und Ästhetizist, sondern Realist.

Er neigt nicht dazu, aufgrund von seelischen Vorgängen wie z. B. unterdrückter Wut psychosomatische Symptome auszubilden. Er ist frei von Herzrhythmusstörungen, Magenbeschwerden, Kopfschmerzen, Handschweiß, Schlaflosigkeit, um einige dieser Symptome zu nennen. Er ist psychisch gesund und fühlt sich frisch, lebendig und voller Tatendrang und Energie. Er genießt seine Ermüdung nach der Arbeit genauso wie seine vitale Frische nach einem Schlaf.

Er versucht nicht, persönliche seelische Probleme in einer wissenschaftlichen oder künstlerischen Tätigkeit zu sublimieren. Wenn er in irgendeiner Form künstlerisch tätig ist, dann aus reiner Freude am Musizieren, Malen oder Schreiben. Er versucht dadurch nicht, von aktuellen Problemen abzulenken oder gar seinen Sexualtrieb dadurch zu bändigen, wie Sigmund Freud so treffend analysierte. Das überlässt er anderen, die sich damit zufrieden geben wollen, er selbst sieht in künstlerischer Tätigkeit keine Ersatzbefriedigung für ein erfülltes Sexualleben.

Er möchte nie etwas vermeiden, sondern er ist stets bereit, sich einem auftauchenden Problem, einer Schwierigkeit, einer auch unangenehmen Erfahrung zu stellen. Es würde ihm nie einfallen, einen Ort zu meiden, an dem er ein ängstigendes Erlebnis hatte. Wenn er vom Pferd fällt, steigt er sofort wieder auf, wenn ihm etwas nicht gelingt, dann versucht er es in Frische aufs Neue, ohne hierbei von fanatischem Ehrgeiz getrieben zu sein. Wenn ihn ein Mensch nicht liebt, wird er z. B. nicht versuchen, ihn zu bedrängen, er wird allerdings auch nicht den Kontakt total abbrechen oder die Gegenwart des anderen in Panik meiden.

Er bezeichnet nicht die Trauben als sauer, wenn sie ihm zu hoch hängen. Er möchte die wahren Gründe für einen Misserfolg herausfinden, nicht beruhigende Scheingründe vorschieben; er wird deshalb eine Kündigung nicht nur mit einer «allgemeinen Entlassungswelle» rationalisieren, sondern auch seine eigenen Schwächen und Fehler sehen. Er wird die Schuld für ein verlorenes Tischtennisspiel nicht auf den Schläger schieben, sondern auch aufgeschlossen sein, sich seine eigenen Fehler erklären zu lassen. Die Schuld für eine gescheiterte Ehe sieht er nicht nur beim Partner, sondern auch bei sich selbst. Persönliche seelische Probleme sieht er nicht nur in der «verkorksten» Gesellschaft, sondern auch in seiner mangelnden Flexibilität und Individualität, hierauf entsprechend zu reagieren.

Er möchte sich nicht durch Alkohol oder Drogen betäuben, denn er will die Wirklichkeit so erfahren, wie sie ist, nicht in vorübergehendes rosarotes Licht getaucht, durch Stimmungsaufheller oder Psychopharmaka. Er ist zwar kein fanatischer Gegner von Alkohol und Drogen, aber er misst diesen «Enthemmern und Highmachern» für sich selbst keine große Bedeutung bei. Er will sich vor der Realität nicht abschirmen, nicht in ein Traumglück flüchten, sondern mit Bewusstsein die Realität erleben.

Er erklärt sich selbst nicht für ohnmächtig und hält sich nicht für ein winziges Rädchen im Getriebe. Er weiß, dass selten jemand wirklich ohnmächtig ist. Eine Ausrede für die eigene Bequemlichkeit sucht er nicht. Er fühlt sich nicht als Opfer, sondern spürt in sich die Kraft der Lebendigkeit und Gestaltung. Er kann also gar nicht ohnmächtig sein, wenn er sich selbst verwirklicht.

Er möchte seine Gefühle nicht abpanzern, sondern sie zulassen. Er hat keine Angst davor, seine Gefühle zu zeigen, er möchte hemmungslos weinen und lachen, wenn es ihm im Innersten danach zumute ist. Er möchte aber keine Gefühle vorheucheln, wenn sie nicht vorhanden sind.

Er will sich selbst nicht belügen und keine Lebenslüge leben, deshalb lässt er seine Gefühle zu, und damit auch Verletzbarkeit. Er versteckt sich nicht hinter einer Charaktermaske, um unverletzlich zu sein, sondern er gibt seine Verletzbarkeit offen zu erkennen. Er macht kein unberührtes «Pokerface», wenn er verletzt ist und sich unsicher fühlt. Er gibt zu, dass er unsicher und verletzbar ist. Seine Verletzbarkeit ist seine Würde. Wenn er die Verletzbarkeit zur Schau trägt, hält er den Mitmenschen einen Spiegel ihrer Aggression und Rohheit vor Augen. Er kann nur Kontakt zu seinen Mitmenschen finden, wenn er sich selbst wahrhaftig und ehrlich fühlt und ausdrücken kann.

Er besitzt keine Vorbilder, denen er nacheifert. Er möchte nicht werden wie irgendein Vorbild. Er orientiert sich zwar an anderen, versucht jedoch nicht, ihnen nachzueifern oder sie gar zu imitieren. Er richtet sich auch nicht nach Idealen oder nach einer großen Leitidee.

Er strebt nicht nach Sicherheit, das heißt, dass er sich selbst und seinen Lebensweg nicht einengen und begrenzen möchte. Er setzt sich natürlich nicht mutwillig unnötigen Gefahren aus. Sicherheit nicht anzustreben bedeutet nicht, Unsicherheit und Gefahr zu suchen, also das andere Extrem in den Vordergrund zu stellen. Er ist weder auf Sicherheit noch auf Gefahr fixiert, sondern sucht die lebendige Selbstentfaltung, die Sicherheit und Unsicherheit integriert. Freiheit ist für ihn nicht Chaos und Unordnung, sondern flexible Lebendigkeit.

Er möchte zu seinen Mitmenschen nicht in Leistungskonkurrenz treten. Er sieht sich als eigenständiges Individuum und respektiert gerade deshalb die Individualität der anderen. Er möchte sich nicht auf Kosten anderer oder gegen andere verwirklichen, im Sinne einer egoistischen Aggression, sondern unabhängig von anderen. Er möchte niemand für seine Zwecke missbrauchen, weil er sich selbst nicht manipulieren lässt.

Er macht keine Rang- und Wertunterschiede zwischen den Menschen, er betrachtet jeden Menschen als gleichwertig, obwohl er in der Sozialstruktur die sozialen Hierarchien und Gesellschaftsklassen deutlich sieht. Klassenunterschiede sind für ihn bedeutungslos, deshalb interessiert ihn auch nicht das Streben nach Sozialprestige. Auch die psychische Reife eines Menschen sieht er nicht als eine Leistung, die einen Menschen qualifiziert oder deklassiert.

Was er liebt, möchte er nicht besitzen. Da er selbst Freiheit leben möchte, will er den Liebespartner nicht in Unfreiheit binden. Er möchte also keine Exklusivrechte ausüben, sondern die Individualität des anderen akzeptieren und respektieren. Nur durch diesen Respekt bleibt die Liebe frisch und lebendig.

Er lebt nicht allein nach Plänen und Vorstellungen der Vernunft, sondern erkennt auch die Bedeutung seines Körpers. Er lässt die Bedürfnisse des Körpers genauso zu ihrem Recht kommen wie die Bedürfnisse des Geistes. Er vergewaltigt nicht den Körper, weil der Intellekt «der Boss» ist. Er lebt in Einheit mit Körper, Seele und Geist, aus der Mitte seines Selbst heraus. Der Kern weiß in jedem Augenblick, welche Nahrung die Einheit braucht. Kommt jeder Teil in jedem Augenblick zu seinem Recht, hört die Zwiespältigkeit und Zerrissenheit auf.

Mit den Abwehrtechniken der anderen bewusst umgehen

In der Kommunikation geht es in erster Linie darum, die Wirklichkeit von der Täuschung zu unterscheiden, zu erkennen, wann man uns manipulieren will und wann wir selbst die anderen manipulieren wollen. Im Alltag ist davon auszugehen, dass wir häufiger auf Menschen treffen, die Abwehrtechniken anwenden und sich selbst belügen, als auf Personen, die frei von Abwehr und Selbstbetrug kommunizieren.

In der Kommunikation geht es dem Abwehrcharakter darum, sich selbst zu bestätigen, er sucht nach Anerkennung, Aufrechterhaltung und Bestätigung seiner Charaktermaske. Er verfolgt das Ziel, seine Denkhaltung und Einstellung weiter zu festigen und versucht, andere in diesem Sinne zu manipulieren. Er reagiert getarnt aggressiv, z. B. mit Spaß und Ironie, denn er möchte sein Ego stärken und seine Rangposition verstärken.

Es geht also im Kontakt vor allem darum, als Individuum standzuhalten, ohne Fixierung oder Starrheit. Standhalten heißt, sich nicht hin- und herreißen lassen von Meinungen, Drohungen, Schmeicheleien, sich nicht verwirren lassen, also stets wissen, wer man ist. Das ist nur möglich, indem man in jedem Moment ganz bewusst beobachtet, was geschieht, ohne Angst vor der Aggression des anderen und ohne Angst davor, nicht «freundlich» genug oder sympathisch genug zu wirken. Es ist im Kontakt ein großer Fehler, unbedingt Anerkennung zu suchen oder geliebt werden zu wollen, denn wer geliebt werden möchte, ist nur zu schnell bereit, die Wirklichkeit nicht scharf genug sehen zu wollen, z. B. eine Aggression zu entschuldigen, sie nicht ernst zu nehmen, sondern den «Spaß» burschikos, charmant lächelnd aufzugreifen.

Es geht im Kontakt darum, eine Täuschung als Täuschung zu erkennen, also bei der Wirklichkeit zu bleiben, ohne davor zu fliehen. Der Abwehrcharakter möchte aggressiv sein, ohne die Aggression offen zu erkennen zu geben, er möchte seine falsche Lebenseinstellung weitervermitteln, in «flotten Sprüchen», und hierfür Beifall erhalten. Er möchte den Kommunikationspartner zum Komplizen machen, um sich seiner zu versichern, auch hier geht es ihm um Sicherheit, er möchte den anderen ängstigen und sich ihm gegenüber als der Stärkere fühlen. Er versucht unmerklich, den anderen auf seine Seite zu ziehen. Wenn er sagte: «Ich sehe, in diesem Punkt sind wir einer Meinung», dann stellt er diesen Konsensus nur her, um den anderen in Vertrauen und Sicherheit zu wiegen. Er wendet diese Methode der Manipulation zur Eingemeindung oder Unterwerfung des anderen an, weil er sich nur auf diese Weise sicher und wohl fühlen kann. Offene Distanz und Unterschiedlichkeit kann er nicht ertragen, sie erzeugt Spannung in ihm, die ihn in Frage stellt.

Der Abwehrcharakter versucht seine Kontaktpartner also immer auf seine Seite zu ziehen, er sagt deshalb auch oft fragend: «Habe ich nicht Recht?» «Habt ihr verstanden?» «Weißt du, was ich damit sagen will?» Er sucht auf suggestive Weise Zustimmung zu erreichen, immer wieder, bis der höfliche Partner nicht mehr weiß, ob er wirklich zustimmt oder ob er nur Streit vermeiden will. Die Gefahr ist groß gegenüber dem dominant auftretenden Abwehrcharakter, der Angst vor ernsthafter Auseinandersetzung aufbaut und mit Komplimenten und Lob bei Zustimmung lockt, in die defensive Rolle der Zustimmung zu geraten. Darauf legt er es an, er manipuliert so die Anerkennung seiner Person und einer Kommunikation, die darauf abzielt, sich gegenseitig zu verstehen, wobei nur er verstanden werden will, aber nicht bereit dazu ist, den anderen zu verstehen.

Versucht man, sich mit dem Abwehrcharakter wirklich ernsthaft zu unterhalten, wird er versuchen,

- abzulenken oder das Thema zu wechseln oder einen Spaß zu machen, der durch Assoziationen auch zu einem Themenwechsel führen soll;
- in den Angriff überzugehen, durch Bemerkungen wie: «Musst du immer alles so problematisch und schwierig sehen?» Er versucht den Gesprächspartner, indem er ihn als «schwierigen Problematiker» hinstellt, davon abzuhalten, das Thema weiterzuverfolgen;
- in den Angriff überzugehen, indem er seine bisherige Meinung gereizter und lauter vorbringt, um zu erreichen, dass der Gesprächspartner jetzt eine weitere Auseinandersetzung und Vertiefung des Themas vermeidet, also aufgibt;
- in Komplimente zu verfallen über die Qualitäten des Gesprächspartners. Er wird sagen, dass er die Meinung schätzt, aber eben anderer Auffassung ist und es «zu weit führen würde, das heute auszudiskutieren».

Ein Standhalten gegenüber dem Abwehrcharakter ist nur möglich durch Wachsamkeit, Bewusstheit und Klarheit des Beobachtens, damit kein Ablenkungsmanöver vom Thema wegführen kann. Es geht in jedem Moment darum, zu erkennen, welche Tricks und Techniken der Manipulation angewendet werden, und man sollte hartnäckig immer wieder auf den Punkt zurückkommen, um den es eigentlich geht. Nur auf diese Weise gelingt es zu zeigen, dass man den anderen durchschaut hat und sich nicht manipulieren lässt. Erst durch dieses Standhalten mit Geduld und Wachheit bekommt der Abwehrcharakter Respekt, und man findet in ihm einen ernsthafteren Diskussionspartner, der sich öffnet – oder einen Feind. Wenn er sich öffnet, empfindet er sich leicht als «besiegt», und er nimmt diesen Sieg im Nachhinein oft übel, sodass er bei der nächsten Begegnung seine getarnte Aggression verstärkt.

Es ist also Selbstbewusstsein erforderlich, um die Kommunikation, die für ihn Kampf ist, durchzuhalten. Selbstbewusstsein heißt im Wortsinne, sich seiner selbst bewusst zu sein. In der Bewusstheit liegt die Kraft für die Selbstbehauptung, für das Standhalten. Wer ohne Angst genau das betrachtet, was geschieht, ohne die Aggression zu verharmlosen oder das Kompliment als Zuneigung auszulegen, der kann Selbstbewusstsein und Selbstbehauptung miteinander vereinen.

Es hat keinen Sinn, die Taktik des Abwehrcharakters ihm gegenüber selbst anzuwenden, also zu imitieren, dadurch potenziert sich nur die Verwirrung, Lüge und Entfremdung. Man geht nach dem Gespräch auseinander und weiß nicht mehr genau, um was es bei der ganzen Taktik eigentlich wirklich ging, es besteht nur ein Gefühl von Unzufriedenheit, Unbehagen, Unaufrichtigkeit – ein Spiel, in dem man nicht gewinnen kann, der Sieger freut sich nicht des Sieges, der Verlierer fühlt sich nicht unterlegen. Bei einer sinnvollen Kommunikation geht es nicht um Sieg oder Niederlage, sondern um gegenseitiges Verstehen, dann gibt es weder Sieger noch Besiegte. Bei ernsthaftem gegenseitigem Verstehen hört jeder Wettstreit auf.

Wer mit Bewusstsein den anderen zu verstehen, zu erkennen versucht, wird den Kampf aufgeben. Er wird erkennen, dass er sich mit dem Abwehrcharakter nicht in einem Kampf befindet, sondern dass er ja nur der Wahrheit auf die Spur kommen will. Wenn der Kampf aufhört, hört auch die Angst davor auf, zu verlieren. In diesem Moment kann das Bewusstsein sich selbst und den anderen erkennen, so, wie die Verhältnisse wirklich sind. Die Aggression des anderen wird bedeutungslos, sie ist nicht mehr mein Problem und kann keine Unterwürfigkeit oder Gegenaggression mehr provozieren.

Angst und Aggression

Angst und Aggression sind zwei elementare Gefühle, die für die Selbstfindung und Selbstentfaltung eine große Bedeutung haben. Sämtlichen beschriebenen Abwehrtechniken, Lebenslügen und Fluchtarten liegt, wie dargestellt, Angst zugrunde. Die Angst spielt in unserem Seelenleben eine ganz entscheidende Rolle, ihr fällt eine Schlüsselfunktion zu. Der amerikanische Psychotherapeut Alexander Lowen bringt das auf die Kurzformel: «Das Dasein der meisten Menschen ist von der Angst davor geprägt, ihr Leben voll zu entfalten.» Der Selbstentfaltung steht also die Angst davor entgegen.

Das Wort Angst ist ein sehr schillernder Begriff, denn es gibt verschiedene Arten von Angst. Wenn ein Auto auf mich zurast, springe ich in ganz konkreter Angst zur Seite. Diese Art von Lebensangst muss nicht weiter definiert werden, sie ist sofort verständlich. Angst entsteht jedoch nicht nur bei akuter Lebensgefahr, sondern auch bei drohendem psychischem Schmerz, wie z. B. Liebesverlust, Tadel, zum Außenseiter erklärt zu werden, Strafandrohung. Die Angst ist ein Erziehungsmittel und wird ganz bewusst zur Disziplinierung und reibungslosen Sozialisierung bei Kindern und Jugendlichen eingesetzt. Das folgende Schema zeigt den Weg in die Anpassung über drei Stufen:

So funktioniert der Anpassungsprozess

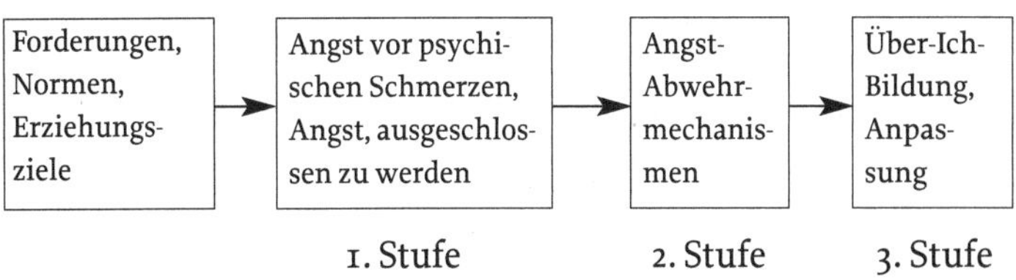

Durch die Anpassung soll zwar die Angst vor seelischem Schmerz beseitigt werden, aber es entsteht dadurch neue Angst, das eigene Leben voll zu entfalten und zu leben.

Mit Angstgefühlen ganz eng verknüpft ist die Aggression. Wenn man aus Angst heraus etwas unterlässt, was man gerne tun würde, entsteht gleichzeitig Wut auf denjenigen, der diese Angst verursacht, also auf die Erziehungspersonen, auf den Lehrer und auch auf denjenigen, der bereits angepasst ist.

Ich glaube nicht an die Existenz eines «Aggressionstriebes», wie er von Sigmund Freud beschrieben wurde, ich glaube also nicht, dass der Mensch von Natur aus in angeborener Weise einen Trieb zur Aggressionsentfaltung, wie den Sexualtrieb, bei Geburt mitbringt. Der Sexualtrieb ist an die Geschlechtshormone gebunden, es gibt z. B. keine damit vergleichbaren Aggressionshormone, die den Menschen dazu bestimmen würden, Aggressionen in gleicher Weise zu entladen wie sexuelle Spannung. Der Geschlechtstrieb ist an biologische Verhältnisse gebunden, nicht jedoch die Aggression, die deshalb kein Trieb ist, sondern durch Erziehung, Entwicklung und Sozialisation vermittelt wird. Die Entfaltung der Sexualität im Orgasmus ist ein körperliches, angeborenes Schicksal, die Entfaltung von Aggression ist kein unabdingbarer körperlicher Vorgang, sondern ein erziehungsbedingtes, also erworbenes seelisches Schicksal. Wer mit Angst erzogen wird, wird zwangsläufig auch mit der auftauchenden Aggression konfrontiert. Angst ist die Folge von Zwang, Unterdrückung oder Strafe, und Aggression ist die Folge dieses Prozesses. Die entstehende Aggression kann aber nicht offen ausgelebt werden, denn dadurch entsteht neue Angst vor Strafe, also wird sie zunächst unterdrückt, verdrängt, verborgen, wobei sie hierdurch aber nicht verschwindet oder sich in Luft auflöst. Die verdrängte und verborgene Aggression ist nach wie vor seelisch vorhanden und drängt danach, sich auszudrücken. Dieser Drang nach Aggressionsausdruck mag «triebhaft» wirken, aber ist dennoch kein biologisch angeborener Trieb wie der Sexualtrieb.

Die nach wie vor existente Aggression, die zunächst aus Angst nicht gezeigt oder ausgedrückt wird, richtet sich nach innen, also wirkt auf Körper und Seele ein, so entstehen psychosomatische Symptome und die seelischen Störungen der Neurose, im schlimmsten Fall die Psychosen (Geisteskrankheiten) oder auf psychosomatischem Weg der Krebs.

Aggression wirkt jedoch nicht nur nach innen auf Körper, Geist und Seele, sondern auch nach außen auf die Umwelt und die Mitmenschen. Verdrängte Aggression führt zu den beschriebenen Kommunikationsfolgen des Angstabwehrcharakters, also zu getarnter Aggression in Form von Ironie, Zynismus, Leistungsstreben, Konkurrenzverhalten, Ellenbogen-Egoismus, Status- und Machtstreben. Nach außen hin erscheint das Ergebnis der Aggression mitunter positiv in Form von Erfolgen und Statussymbolen. Es soll damit Neid erregt werden, und über das Erwecken von Neid wird in Wahrheit in getarnter Weise das tiefer liegende Aggressionsbedürfnis befriedigt. Wenn der Aggressionsverdränger über seine Erfolge und finanziell teuren Einkäufe prahlt, beobachtet er hierbei genau, ob seine Erfolgsschilderungen und Statusdokumentationen beim Zuhörer Neid erregen. Nach der Geselligkeit sagt der Aggressionsverdränger zu seiner Frau: «Hast du gesehen, wie Frau Knoll neidisch auf deinen Nerz war? Hast du beobachtet, wie versteinert der Müller geschaut hat, als ich von meinem Erfolg erzählte?» Erfolg und Konsum werden zu einem Kampfmittel, sich selbst aufzuwerten und andere abzuwerten, also zu einer Aggression. Der Nerz wird als Aggression eingesetzt; die anderen sollen neidisch sein und sich ärgern, dass sie nicht geschafft haben, was der Aggressionsverdränger geschafft hat.

Je mehr es gelingt, die Aggressionen nach außen hin abzureagieren, desto weniger ist der Mensch gefährdet, dass sie sich nach innen psychosomatisch auswirken. Wem aber die Aggressionsabfuhr nach außen nicht gelingt, richtet sie schließlich verzweifelt gegen sich selbst; er wird auf sich selbst böse und wütend, getarnt als psychosomatische Beschwerden und Neurosen, mit denen er auf Umwegen wiederum die Außenwelt traktieren kann. Der Krankheitsgewinn ist: «Schaut her, was aus mir geworden ist, das habt ihr nun davon, jetzt bin ich krank und unbrauchbar, jetzt bin ich schwierig, und ihr habt eure liebe Not mit mir.» Wer selbst das nicht wirkungsvoll dokumentieren kann, weil niemand zuhört, Mitleid oder Interesse zeigt, der bekommt Krebs, und er zerstört sich auf diese Weise selbst. Ein Leben, das durch die Angst ging, das keine Möglichkeit von Entfaltung der Aggression hat, weil entweder niemand die Aggression beachtet oder kein Mut zum Aggressionsdruck nach außen besteht, richtet die Aggression gegen sich selbst. Es handelt sich um einen verzweifelten Vorgang, der sich gegen das Leben und die Schöpfung richtet. Der Mensch wendet sich vom Biophilen ab und wird nekrophil, selbstzerstörerisch und fremdzerstörerisch, die Aggression wird zur *Destruktion.*

Angst erzeugt Aggression, und die behinderte Ausdrucksmöglichkeit der Wut wird zur Destruktion des eigenen Lebens oder des Lebens der anderen. Hinter jeder Destruktion steht Aggression, und hinter ihr liegt Angst verborgen. Jeder destruktive Akt einer Kriminalität führt uns in der Analyse zur Angst, und jeder destruktive Akt einer psychosomatischen Erkrankung oder Neurose führt uns gleichfalls zur selben Angst.

Angst, Aggression und Destruktion sind die großen Negativkräfte unseres Lebens. Angstfreiheit, Liebe und Kreativität sind dagegen die großen Positivkräfte unseres Lebens. Wir müssen von Angst frei werden, das Leben und uns selbst lieben und etwas Nützliches, Sinnvolles erschaffen, um glücklich zu werden. Die Negativkräfte führen in Kriminalität, Krankheit, Destruktion und getarnten Selbstmord; die Positivkräfte führen uns in Gesundheit, Liebe, Kreativität und lebendige Selbstentfaltung.

Befreiung von Angst und Aggression

Angst weckt automatisch auch Aggression, wobei die Verarbeitungsmöglichkeiten der Aggression das weitere Schicksal eines Menschen bestimmen. Der angepasste Abwehrcharakter wird durch Erfolge und besondere Leistung im Konkurrenzstreben seine Aggressivität kanalisieren. Wenn sich der Weg in die Anpassung durch äußere Umstände, z. B. niederes soziales Milieu, schlechte Schul- und Ausbildungsmöglichkeiten, Arbeitslosigkeit, gescheiterte Freundschaften und Liebesbeziehungen versperrt, wird sich seine Aggressivität, wie beschrieben, selbstzerstörerisch nach innen oder fremdzerstörerisch nach außen richten; beide Reaktionen sind destruktiv. Psychosomatische Erkrankung oder Kriminalität sind Zeichen von in Destruktivität umgewandelter Aggression. Wir müssen also ganz deutlich sehen, dass mit dem Erziehungsmittel Angst zwar angepasste, disziplinierte und gehorsame Mitglieder der Gesellschaft erzogen werden, aber damit auch das Risiko verbunden ist, dass die Aggression zur Destruktion werden kann, also Krankheit und Kriminalität entstehen. Krankheit und Kriminalität sind kein unabänderliches Potenzial, mit dem eine Gesellschaft durch biologische Erbverteilung zwangsläufig zu rechnen hätte, sondern sie sind eine negative Folge des Erziehungsstiles. Je angsterzeugender dieser Stil ist, mit desto stärkeren Aggressionsauswirkungen ist für die gesamte Gesellschaft zu rechnen.

Angst tritt nicht nur in der Kindheit, also während des Erziehungsprozesses auf, sondern natürlich auch im Leben des Erwachsenen nach der Adoleszenz. Der Erwachsene hat beispielsweise Angst, die an ihn gestellten Leistungsanforderungen nicht zu schaffen, von Bekannten und Freunden nicht geliebt und vom Partner verlassen zu werden. Die Hauptängste des Erwachsenen sind:

- Leistungsangst,
- Angst vor Konkurrenten,
- Angst davor, nicht anerkannt zu sein,
- Angst vor Liebesverlust,
- Angst vor Ablehnung und Ausstoßung aus der Gesellschaft, also ein Außenseiter zu sein,
- Angst vor Krankheit und Tod,
- Angst vor Verlust des materiellen Besitzes,
- Angst vor Krieg und Katastrophen.

Auf Angst folgt zwangsläufig die Aggression.

- Leistungsangst erzeugt starken Ehrgeiz und erhöhte Leistungsanstrengung. Leistung wird zur Aggression im Sinne von: «Ich werde euch zeigen, was ich kann und wer ich bin!»
- Angst vor Konkurrenten führt zur Ellenbogen-Aggression und zum Intrigantentum. Der Konkurrent muss niedergerungen und besiegt werden. Die Aggression fließt in diesen Kampf um Selbstbehauptung.
- Angst davor, nicht anerkannt zu sein, führt zum aggressiven Streben nach Statussymbolen und finanziellem Erfolg. Status und Geld sollen Achtung und Respekt erzeugen und natürlich Neid hervorrufen.
- Angst vor Liebesverlust führt zu unterdrückendem, autoritärem Verhalten gegenüber dem Liebespartner, der überwacht und in seiner Freiheit beschränkt wird. Es wird Macht demonstriert und der Liebespartner zur Einhaltung von Regeln in getarnter Weise gezwungen. Es wird versucht, ihn abhängig zu machen.
- Angst davor, ein Außenseiter zu sein, führt zur extremen Anpassung an die Regeln der Gesellschaft. Die Aggression richtet sich auf das eigene Selbst, man verhält sich besonders diszipliniert und ordnungsbewusst. Die eigene Freiheits-

sehnsucht wird niedergerungen. Abweichungen anderer werden besonders hart verurteilt.

- Angst vor Krankheit und Tod führt zur aggressiven Ablehnung von Krankheit. Krankheit und Tod werden bei anderen ignoriert und verleugnet. Krankheit wird als Lebensunfähigkeit verurteilt, und der Tod wird im Bewusstsein nicht zur Kenntnis genommen. Das ist eine Aggression gegen die eigene Erkenntnisfähigkeit.
- Angst vor Verlust des materiellen Besitzes führt zu Geiz und egozentrischem Besitzstreben. Der Geiz richtet sich gegen andere, und das Festklammern an Besitz ist eine Aggression gegen sich selbst, weil die eigene Freiheit dadurch beschränkt wird.
- Angst vor Krieg und Katastrophen führt zu einer aggressiven Genusssucht; die eigene gegenwärtige Lust steht im Vordergrund, und das Mitleid mit anderen wird reduziert.

Die gesamten Ängste eines erwachsenen Menschen addieren sich zu einem Aggressionspotenzial, das von hoher Stärke ist. Der geängstigte Mensch in unserer Industriegesellschaft ist ein in hohem Grade aggressiver Mensch, der mit der Aggressionssumme zum Feind des Mitmenschen wird und jederzeit auch destruktiv reagieren kann.

Wenn wir die einzelnen Menschen genau beobachten, stellen wir fest, dass hinter der angepassten Maske des umgänglichen, braven und gut funktionierenden Zeitgenossen ein gereizter Mensch steckt, der schnell bereit ist, in Streit zu geraten. Je mehr jemand streitet und mit «Wut im Bauch» sich selbst behaupten und verteidigen will, desto größer ist seine Angst.

Was können wir dagegen tun? Wenn wir unsere eigene Aggression abbauen wollen, müssen wir uns fragen, wovor wir Angst haben. Wir müssen klar und bewusst unsere Angst betrachten. Wenn wir unsere eigene Aggressivität abbauen wollen, müssen wir uns zunächst unseren Ängsten stellen, um frei zu werden von diesen Ängsten, denn Angstfreiheit führt automatisch zur Aggressionsfreiheit. Selbstfindung ist also zunächst ein Prozess der Angstauffindung. Verleugnen und Verdrängen führt uns ganz sicher in die Aggression und ihre unangenehmen Folgen für uns selbst und die anderen. Der erste Schritt ist zu akzeptieren und anzuerkennen, dass wir Leistungsangst, Angst vor Konkurrenten, Angst vor Liebesverlust usw. haben. Wir müssen uns dieser Ängste total bewusst sein, wir müssen uns dazu bekennen, die Ängste nicht abstreiten, sie offen und ehrlich vor uns selbst und anderen zugeben. Wenn wir eine Angst klar sehen und zugeben, ist der direkte Weg in die Aggression zunächst unterbrochen. Ich erkenne, dass ich zuerst mit der Angst fertig werden muss und die Wut auf die Angst im Grunde eine kindliche, unreife Reaktion ist. Wenn das Kind sich vor dem heißen Ofen fürchtet, weil es sich verbrannt hat, dann schlägt es den Ofen mit einem Stock, oder es tyrannisiert die Mutter. Wenn ein Erwachsener sich am Ofen verbrennt, hat er genug Erfahrung und Erkenntnis, um zu wissen, dass ein Schlagen des Ofens lächerlich ist. Er wird den Ofen also nicht schlagen, sondern sich mit der Qualität des Ofens anfreunden. Er wird Geduld und Toleranz mit dem Wärmespender aufbringen. Er weiß, dass die Dinge so sein müssen, wie sie sind.

Er wird sich nicht über das Wetter aufregen und aggressiv werden, weil es draußen regnet. Er weiß, dass die Ereignisse kommen und gehen; er weiß, dass nach dem Sonnenschein Regenwolken heraufziehen, nach dem Tag die Nacht kommt, nach dem Sommer der Winter und nach dem Frühling, in dem die Pflanzen erwachen, der Herbst, in dem die Pflanzen wieder sterben, um erneut erwachen zu können.

Warum sehen wir die Menschen und ihre Probleme nicht genauso gelassen wie das Wetter? Wir betrachten die Klimaverhältnisse in der Regel ohne Angst und Wut, weil wir die Gegebenheiten so nehmen, wie sie sind, in Gelassenheit. Wenn aber ein fremder Mensch nicht in unserem Sinne handelt, uns nicht mit Zuneigung anerkennt, dann reagieren wir mit Angst und Aggression und schaden damit in erster Linie uns selbst. Zum Schutz gegen das Wetter ziehen wir uns in ein Haus zurück und warten gelassen ab. Warum ziehen wir uns gegenüber einem Menschen oder der Gesellschaft nicht genauso in unser Selbst (in unser seelisches Haus) zurück und warten gelassen ab?

Unser innerer seelischer Kern ist unsere Sicherheit, wenn wir uns ihm anvertrauen. Es gibt dann keinen Grund, sich zu ängstigen und damit auch keinen Grund, aggressiv zu werden; lassen wir einfach geschehen, was geschieht, denn der innere Kern bleibt davon unberührt, dann verschwindet die Angst und damit die Aggression gegen andere oder uns selbst. In diesem Moment können wir aus dem Kern heraustauchen, wir lieben uns selbst und die anderen. Mit der Zuwendung in Liebe hören Angst und Aggression auf. Wo Liebe ist, kann keine Angst sein, und wo keine Angst ist, gibt es keine Aggression. Liebe aber kann nur sein, wenn ich in Klarheit aus dem Kern meines Selbst mich nach außen öffne.

Schöpferisches Erleben und Handeln

Angst und Aggression erzeugen Spannung. Unter Angst möchte man einer Gefahr ausweichen oder davor zurückweichen, während die Aggression ein Schritt zur Aktivität ist. Angst führt zu defensivem Verhalten, Aggression dagegen sucht die Offensive. Entsteht Angst vor der Aggression, besteht eine Spannung zwischen Zurückweichen und offensivem Angreifen. Dieser Spannungszustand äußert sich körperlich als Muskelanspannung und -verkrampfung.

Auch auf geistig-seelischem Gebiet wirkt sich die Spannung aus. Das Erleben ist beeinträchtigt, die Wahrnehmung verengt, es besteht eine leichte Schreckhaftigkeit. Sicherlich haben Sie schon beobachtet, dass man bei einem plötzlich auftretenden lauten Geräusch an manchen Tagen heftig zusammenzuckt, aber an anderen Tagen dagegen nur ganz leicht erschrickt. Je mehr man geistig-seelisch unter Spannung steht, umso stärker und heftiger ist das Zusammenzucken; man ist auf Gefahr unbewusst eingestellt und projiziert die eigene innere Angst-Aggressionsspannung in die Außenwelt hinein, man ist verstärkt wachsam und fühlt sich doch unangenehm gelähmt.

Auch auf die Entfaltung des Geistes und Intellekts wirkt sich Angst-Aggressionsspannung negativ aus. Die intellektuelle Leistungsfähigkeit reagiert sehr sensibel auf seelische Gespannt- oder Entspanntheit. Psychologische Untersuchungen haben ergeben, dass die Leistungsfähigkeit durch zu großen Ehrgeiz schädlich beeinflusst wird. In Prüfungssituationen tritt ganz konkrete Versagensangst auf, die bei starkem Ehrgeiz (getarnte Aggression) zu einer Angst-Aggressionsspannung führt, die den Gedankenfluss hemmt bis blockiert. So kann es dazu kommen, dass in einer Prüfung die einfachsten Fachbegriffe nicht mehr flüssig über die Lippen gehen, der Prüfling wirkt dann so gehemmt und geistig blockiert, dass er auf andere und sich selbst geradezu «dumm» wirkt. Die Gedanken können nicht mehr frei und locker fließen, und die Kreativität wird dadurch in starkem Maße beeinträchtigt. Gelerntes Wissen kann nur mit Mühe noch reproduziert werden, aber Flexibilität des schöpferischen Denkens ist nicht mehr möglich.

Körper, Seele und Geist sind eng miteinander verbunden, sie sind nur durch die analysierenden Begriffe voneinander getrennt, sind jedoch in Wirklichkeit eine Einheit. Eine Spannung durchdringt Körper, Seele und Geist, und auch die Entspannung wirkt sich auf alle Teile gleichzeitig aus. Körperliche Muskelentspannung im autogenen Training beeinflusst Seele und Geist wohltuend, genauso wie sich geistig-seelische Entspannung, z. B. durch Meditation, auf die Muskulatur und den Gesamtorganismus wohltuend auswirkt.

Jeder Teil sollte möglichst gleichgewichtig zu seinem Recht kommen. Es hat also wenig Sinn, nur den Körper gesund zu erhalten und zu trainieren, wenn der seelische Bereich durch Ehrgeiz ständig in Spannung gehalten wird. Körpertraining bringt dann zwar kurze Zeit eine Linderung der Anspannung, aber danach setzt zwangsläufig die Muskelverkrampfung wieder ein. Körper, Geist und Seele dürfen auf die Dauer keinen unterschiedlichen Belastungen ausgesetzt werden, weil die Teile sich in einer Einheit durchdringen. Seelische Dauerbelastung wird zwangsläufig den Körper schädigen, wie auch körperliche Dauerbelastung Seele und Geist schädigt. Angst-Aggressionsspannung ist eine seelische Belastung, die zwangsläufig auch den Organismus schädigt. Kein Teil darf auf Kosten der beiden anderen Teile überstrapaziert oder unterfordert werden.

Auch zu viel Entspannung ist auf die Dauer schädlich. Wenn der Körper sich zu häufig ausruht, dann erschlaffen die Muskeln und beginnen sich zurückzubilden, die allgemeine Vitalität, auch die seelische, nimmt ab. Wer sich zu viel entspannt, wird träge, energielos, vitalschwach, müde und depressiv.

Ein ständiger Wechsel von Anspannung und Entspannung ist gesund. Weder Spannung noch Entspannung dürfen zu einem Dauerzustand werden. Stress ist zur Gesunderhaltung erforderlich, aber kein Dauerstress. Jede Spannung muss sich durch Entspannung wieder lösen, um Bereitschaft für neue Spannung zu schaffen. Das Leben entfaltet sich in den Phasen zwischen Spannung und Entspannung. Im Phasengleichgewicht müssen auch Erleben und Handeln sein. Nach einer Phase des aufmerksamen Erlebens, der absoluten Wachheit, muss eine Phase der Ruhe oder des Schlafs folgen. Nach einer Phase des aktiven Handelns muss die Phase des Erlebens einsetzen, in der kein Zwang zum Handeln besteht. Es ist also weder richtig, sich nur auf das Erleben zu konzentrieren, ohne zu handeln, wie es auch nicht richtig ist, sich nur auf das Handeln zu verlegen.

Schöpferisches Erleben führt zu schöpferischem Handeln, eine Phase intensiver Erlebnisse sollte abgelöst werden von einer Phase intensiven Handelns und umgekehrt. Der schöpferische Mensch nimmt intensiv über die Sinne Erleben auf; er gewinnt Eindrücke, die seelisch und geistig verarbeitet werden und zum Ausdruck führen. Eindruck und Ausdruck müssen im Gleichgewicht zueinander stehen. Ich beobachte häufig Menschen, die viele Eindrücke in sich aufnehmen, aber nicht dazu in der Lage sind, ihre Eindrücke durch Ausdruck wieder aus ihrer Seele herauszubefördern. Der seelisch-geistige Prozess ist ein Eindruck-Ausdruck-Vorgang. Der Mensch besitzt ein Bedürfnis nach Eindrücken, aber auch ein Bedürfnis danach, sich auszudrücken. Fehlende Erlebnisse führen zur verstärkten Traumarbeit, wie wissenschaftliche Untersuchungen gezeigt haben. Wenn Eindrücke fehlen, produziert das Gehirn Halluzinationen. Sind dagegen genug Erlebnisse vorhanden, fehlt aber die Ausdrucksmöglichkeit, führt das zur Muskelanspannung, zur Depression oder Aggression. Depression ist ein Zeichen von Ausdrucksblockierung und Aggression ein Zeichen von Ausdruckswut bei fehlender Ausdrucksbefriedigung.

Der Mensch lebt erst dann schöpferisch, wenn er hellwach ohne innere Hemmung sich dem Erleben, dem aktuellen Eindruck hingibt und den Eindruck in Ausdruck umwandeln kann. Deshalb ist das Gespräch für die psychische Gesundheit so überaus wichtig. Es muss mitgeteilt, also ausgedrückt werden können, was erlebt wurde. Erst wenn Eindruck und Ausdruck stattgefunden haben, sich der Kreislauf dieser Einheit geschlossen hat, ist der Mensch ohne Spannung, also mit sich selbst und der Welt zufrieden.

Zu empfehlen ist, sich auch künstlerischer Ausdrucksmittel zu bedienen. Jeder sollte singen (Stimmenausdruck), tanzen (Körperausdruck), schreiben (geistiger Ausdruck), malen (visueller Gestaltungsausdruck), musizieren (akustischer Ausdruck), Theater spielen (sozialer Ausdruck). Deshalb wurden alle Ausdrucksarten in die Psychotherapie mit aufgenommen, weil Ausdruck Seele und Geist erleichtern, von den Eindrücken wieder befreien. Eindrücke werden zu Ballast, wenn sie nicht durch Ausdrucksumwandlung aus der Seele wieder hinausbefördert werden können. Ausdruck ist die seelische Verdauung, in der wir uns von seelischem Ballast wieder befreien, um wieder frei und offen für neues Erleben zu sein. Wenn dieser «seelische Stuhlgang» nicht stattfindet, wird der Mensch bedrückt, depressiv, und er erkrankt an diesem Ballast. Die Bedeutung des seelischen Ausdrucks für die psychische Gesundheit im Alltag wurde bisher noch nicht genügend erkannt. Ein Mensch ist erst dann wirklich glücklich und gesund, wenn er das Gleichgewicht zwischen Eindruck und Ausdruck erreicht hat.

Wir sollten also das Schwergewicht nicht zu sehr auf Eindrücke, auf Konsum von primären oder sekundären Erlebnissen (Film und Fernsehen) legen, sondern auch den schöpferischen Ausdruck fördern. Wir haben eine «Erlebnisvermittlungsindustrie», aber keine gleichwertige Ausdrucksindustrie.

Lebenskunst heißt, Erleben und Ausdruck in gleicher Weise zu berücksichtigen. Ein Erlebenskünstler sollte gleichzeitig auch ein Ausdruckskünstler sein. Kunst darf nicht in Ausdrucksmuseen erstarren, sondern sie muss täglich lebendig geschehen, denn jeder ist durch seinen persönlichen Ausdruck ein gestaltender Künstler, wir müssen den Ausdruck genauso wichtig nehmen wie den Eindruck, erst dann kann der Mensch wirklich schöpferisch und flexibel mit sich selbst, seinen Fähigkeiten und den Mitmenschen umgehen, erst dann ist Lebensfreude möglich, wenn Eindruck und Ausdruck miteinander in Einheit verbunden sind.

4 *Der Sinn des Lebens ist Selbstentfaltung*

Wir steigen in dieselben Flüsse, und tun es doch nicht. Man kann nicht zweimal in denselben Fluss steigen.
Alles fließt, nichts ruht. Alles vergeht, nichts dauert. Kaltes wird warm, Warmes wird kalt. Feuchtes trocknet und Trockenes wird feucht.
Durch Krankheit wird Gesundheit schön: durch das Schlechte wird das Gute gut: durch Hunger: Sättigung: durch Mühe: Schlaf.
Lebendig oder tot sein, schlafend oder wach, jung oder alt – alles ist eins. Das eine schlägt jeweils ins andere um, und umgekehrt – mit einer schnellen, unverhofften Wendung.
Alles kommt zu seiner Zeit.

Heraklit

Die Wirklichkeit wird über die Sinne erfahren, die Pforten der Wahrnehmung. Sinnliche Offenheit und Aufgeschlossenheit ist deshalb von großer Bedeutung; ich bezeichne die Offenheit der Sinne als Sensitivität. Wir müssen genau und wach beobachten, was geschieht, und dürfen nicht durch die Abwehrtechniken in eine «selektive Wahrnehmung» verfallen. Selektive Wahrnehmung filtert nur das heraus, was angenehm ist und ins eigene Lebenskonzept passt, und verschließt sich gegenüber Wahrnehmungen, die nicht in das augenblickliche Konzept hineinpassen.

Ein Beispiel: Herr M. unterhält sich mit einem Kollegen, der für einen außenstehenden Betrachter gereizt, leicht aggressiv und ironisch wirkt, aber Herr M. nimmt die Signale nicht objektiv zur Kenntnis, sondern überhört und übersieht sie, weil er von dem Konzept ausgeht, dass er ein harmonisches Verhältnis mit den Kollegen anstrebt. In diese Harmonieerwartung passt das Verhalten des Kollegen nicht hinein. Herr M. lügt sich darüber hinweg, indem er die Signale übersieht und ganz bewusst hierauf nicht klar und deutlich reagiert.

In neutraler Wahrnehmungsoffenheit (Sensitivität) sind die Signale deutlich zu erkennen, und es wäre angebracht, nach dem Realitätsbild zu handeln. Durch selektive Wahrnehmung wird die Bedeutung der Signale unterdrückt, und aufgrund des Harmoniekonzepts werden sie verschwommen und nicht in voller Deutlichkeit zur Kenntnis genommen. Es wird selektiv nur das gesehen, was man sehen möchte, und nicht das, was man bei objektiver Betrachtung sehen müsste. Unangenehme Wahrnehmungen werden «übersehen», und ins Konzept passende angenehme Wahrnehmungen werden besonders beachtet.

Selektive Wahrnehmung findet oft im Ehealltag statt. Das Konzept der Ehe beinhaltet die unausgesprochene Vereinbarung: «Wir leben zusammen, weil wir uns lieben.» Signale von Lieblosigkeit werden dann übersehen und entschuldigt und Signale von Zuneigung und Zärtlichkeit überbewertet. «Sie hat sexuellen Kontakt zu mir gesucht – also liebt sie mich noch.» «Er hat Eifersucht auf einen Berufskollegen gezeigt – also liebt er mich noch.» «Sie hat mich vor Bekannten lächerlich gemacht – das war bloße Situationskomik.» «Er hat mich angebrüllt und mit hasserfüllten Augen angeblickt – das lag daran, weil er im Büro so viel Stress hat und überreizt ist.»

Sensitivität heißt, die Realität ohne Erwartungskonzept so zu betrachten, wie sie sich wirklich darstellt, heißt das sehen, hören und fühlen, was im Moment wirklich geschieht. In Sensitivität erkenne ich eine Aggressivität als Aggressivität, also etwas Negatives als etwas Negatives, ohne es durch Entschuldigungen nach meinen Erwartungen zu verändern.

Oft verhalten sich die Menschen durch die selektive Wahrnehmung wie blind oder taub: Sie nehmen die Wirklichkeit wie im Traum wahr und können sich nach einem Ereignis nicht mehr erinnern, was wirklich geschah. Sie fragen dann: «Was hat er gesagt? Hat er das wirklich gesagt? Das glaube ich nicht. Das habe ich überhaupt nicht mitbekommen.»

Wenn Heraklit schreibt: «Kaltes wird warm, Warmes wird kalt», will er damit sagen, dass sich die Verhältnisse ändern. Selektive Wahrnehmung heißt dagegen, Warmes immer noch als warm wahrzunehmen, auch wenn es schon längst kalt ist. Wir suchen die Liebe, wo sie längst erkaltet ist, wenn das Denken wünscht, dass die Liebe sich nicht verändert. Sensitivität heißt, die Veränderung wahrzunehmen, auch wenn sie nicht in mein Denkkonzept passt. Liebe wird wahrgenommen, wenn sie da ist, und Lieblosigkeit wird genauso beobachtet, wenn sie sich zeigt.

«Feuchtes trocknet, und Trockenes wird feucht», sagt Heraklit. Wir dürfen uns nicht darauf versteifen, dass das Feuchte von gestern heute gleichfalls feucht ist. Er möchte darauf hinweisen, dass wir zur Kenntnis nehmen sollen, wenn das Feuchte heute trocken ist, denn wir steigen zwar immer wieder in dieselben Flüsse, «und tun es doch nicht».

Die Sensitivität muss realitätsbezogen sein, damit wirkliche Erkenntnis besteht, denn erst durch realitätsbezogene Erkenntnis kann richtiges Handeln erfolgen. Selbstentfaltung ist mit Sensitivität und Erkenntnis eng verknüpft. Selbstentfaltung heißt Handlung und Aktivität aus dem Kern des Selbst heraus. Wenn die Eindrücke falsch sind, muss der Ausdruck, also die Aktivität, auch falsch sein. Nur aus Sensitivität heraus kann sich richtige Aktivität entfalten. Sensitivität als Erkenntnis dessen, was wirklich geschieht, bedingt eine Aktivität, die in Einklang steht mit der Erkenntnis; ich bezeichne diese Aktivität als *Aktivnis.* Sensitivität als Erkenntnis macht erst erkenntnisbewusstes Handeln möglich.

Handlungen sind erst dann richtig, also im Einklang mit der Realität, wenn sie aus der Sensitivität und Erkenntnis geboren werden – dann wird bloße Aktivität zur Aktivnis, dann werden Erkenntnis und Aktivität eins. Die Einheit von Wahrnehmung und Handlung führt zur Selbstentfaltung. Wenn Erleben und Ausdruck ineinander überfließen, in sich wahr und aufrichtig sind, erst dann ist das Selbst mit der Wirklichkeit im Einklang.

Das ist nicht schwer zu verstehen. Wenn in meinem Zimmer Feuer ausbricht, sehe ich das Feuer; ich erkenne, dass es kein Traum ist, es ist wirkliches Feuer, und ich springe auf, um das Feuer zu löschen, das ist Aktivnis, Sensitivität und Aktivität stehen miteinander in Einklang, es klafft keine Distanz zwischen Wahrnehmung und Handlung. Die Wahrnehmung ist klar und bedingt eine klare Aktivität, kein störendes Konzept steht selektierend dazwischen. Ich erkenne die Gefahr als Gefahr und deute sie nicht als unterhaltenden Hokuspokus. Meine Selbstentfaltung ist in Einklang mit der Realität der Wahrnehmung. An diesem drastischen Beispiel wird klar, was Bewusstheit, Klarheit der Wahrnehmung und Sensitivität in Verbindung mit dem Handeln sind.

Verfälschung entsteht, wenn sich das Denken dazwischenschaltet. Das Denken, das Konzepte, Ideen, Philosophien und Luftschlösser aufbaut, unterbricht den elementaren Kontakt zwischen Eindruck und Ausdruck.

Sensitivität sollte also ohne Denkkonzept, ohne Philosophie in Aktivnis übergeführt werden. Wir müssen sensitiv sein, damit wir in jedem Augenblick das Richtige tun und Selbstentfaltung geschieht. Das Denken mag dazwischengeschaltet sein, wenn es darum geht, eine Rechenaufgabe zu lösen. Im Kontakt mit der Wirklichkeit gibt es aber kein intellektuelles Problem. Die Wirklichkeit erfordert klares Sehen dessen, was ist, und klares Reagieren auf das, was ist. Es geht dann nicht darum, was *sein sollte.* Das Denken beschäftigt sich allzu gerne mit dem, was sein sollte, und übersieht das, was wirklich ist. Es zählt aber das, was ist, und nicht das, was sein sollte. Wer das sehen möchte, was sein sollte, mag sich in die Welt des Traums zurückziehen, aber er sollte sich dessen bewusst sein, dass er träumt. Die Realität schafft Tatsachen, ohne Rücksicht auf unsere Überlegungen für das, was sein sollte. Die Tatsachen sind zu erkennen, das führt zu Erkenntnis und Erleuchtung. Nicht die Träume sind in der Wirklichkeit zu suchen, das ist Phantasterei und das Gegenteil von Erleuchtung, also Verdunkelung der Realität. In Verdunkelung ist keine Selbstentfaltung möglich, das sollte eigentlich ein-«leuchten».

Die Realität aus«schöpfen»

Selbstentfaltung ist die Entfaltung der eigenen Person, nicht im Sinne eines vorgegebenen Persönlichkeitsprogramms, sondern in Freiheit von Augenblick zu Augenblick. Das schöpferische Potenzial des Menschen entfaltet sich nur in Freiheit, nicht unter Zwang. Wer sich selbst aus der Enge von vermittelten Denkkonzepten entlässt, findet zur eigenen schöpferischen Kraft.

Diese schöpferische Kraft befindet sich in jedem Menschen, wenn er bereit ist, ihr zu vertrauen. Die Erziehung vermittelt durch Tadel und Strafe das Misstrauen gegenüber dem eigenen Selbst, und man versucht deshalb, das durch Erziehung vermittelte Konzept zu verinnerlichen und zu imitieren, aus Angst vor der eigenen Unzulänglichkeit, mit dem Ergebnis, dass man den inneren Schatz der schöpferischen Kräfte übersieht oder gar davor flieht.

Die schöpferischen Kräfte können sich dann entfalten, wenn das Erleben sensitiv ist und der Ausdruck damit in unmittelbarer Verbindung steht, wenn Erleben und Handeln eine Einheit bilden, also Aktivnis besteht. Schöpferische Kräfte sind die Energien, die das Handeln vom bloßen Reagieren zum wirklichen Handeln machen. Ein «gut erzogener» Mensch reagiert in angepasster Weise, wie man es ihm lehrte. Reagieren ist keine schöpferische Aktivität, sondern Reproduktion oder Imitation. Schöpferisches Handeln ist vitales Handeln aus der bestehenden Situation heraus, dieses Handeln ist eine Gestaltung des Augenblicks, wobei nicht etwas Künstliches auf die Wirklichkeit aufgepfropft wird, sondern die Wirklichkeit selbst lebendig das Handeln bestimmt. Die schöpferischen Kräfte entfalten sich dann, wenn das Handeln von der Sensitivität bestimmt wird. Der sinnliche Eindruck wird in den Ausdruck des Handelns mit einbezogen, in diesem Moment ist Selbstentfaltung möglich.

Wenn der Fischer mit dem Netz im Wasser steht, beobachtet er die Fische, und er lässt das Netz ins Wasser fallen, wenn die Sensitivität die Aktivität nahe legt. Seine Handlung ist nicht von den Sinnen entfremdet, und die Sinne sind nicht unabhängig von der Handlung; es gibt keine Spekulationen, und kein Teil tappt im Dunkeln. Die Sinne machen sich über das Denken nichts vor, und das Handeln geschieht nicht unabhängig von den Sinnen als eine automatische Handlung, die nicht im Einklang mit der Wirklichkeit stehen würde.

Angst und Aggression sind, wie beschrieben, so hinderlich für die Selbstentfaltung, weil sie die Wirklichkeit verzerren. Angst verführt zu selektivem Sehen oder zum Sehen von «Gespenstern», Aggression führt zu Handlungen, die nicht angebracht wären. Ein aggressiver Mensch reagiert auch gereizt und aggressiv, wenn gar kein Grund dafür besteht. Der Ehemann schnauzt seine Ehefrau an, wenn er Ärger im Büro hatte; dieses Verhalten ist unschöpferisch und keine gelungene Selbstentfaltung.

Wir müssen uns entspannt in Vertrauen auf die Tiefe unserer Person, auf unsere Lebendigkeit einlassen, damit Selbstentfaltung geschehen kann, damit das Verhalten in Einklang mit der Wirklichkeit steht. Wenn die Wirklichkeit erfordert, dass ich meinen Standpunkt, meine persönliche Auffassung erkläre, dann ist das keine Aggression. Wenn mich jemand mit dem Beil angreift und ich diesen Angriff abwehre, dann ist das kein aggressives Verhalten. Wenn ich jedoch aus Angst davor, nicht akzeptiert zu werden, andere Menschen kritisiere oder verbal zu verletzen versuche, dann ist das Aggression.

Die Abwehr eines Angreifers geschieht als schöpferische Handlung, in Einklang mit der Realität. Aggressives Kritisieren und Herabsetzen der Mitmenschen ist keine schöpferische Handlung, die im Einklang mit der Realität steht. Das Schöpferische kann sich entfalten, wenn ich in Vertrauen zu mir selbst mich auf mein Selbst verlasse, dann geschieht die Handlung aus der Mitte meiner Person heraus, ich bin im Einklang mit mir und der Welt, ich entfalte mich in schöpferischer Weise, ich schöpfe aus mir, aus dem frischen Reservoir der Lebendigkeit.

«Alles kommt zu seiner Zeit», sagt Heraklit. Wer sich selbst entfaltet, schöpferisch aus seiner Mitte heraus, steht nicht unter Zeitdruck, denn er spürt, dass nichts zu erzwingen ist; dass sich alles so entwickelt und entfaltet, wie es für den Augenblick richtig ist. Wenn das Haus brennt, sollte man nicht nach der Nummer des Versicherungsscheins suchen. Es ist viel wichtiger, alles zu seiner Zeit zu tun, zur richtigen Zeit, nicht früher und nicht später. Zur richtigen Zeit zu handeln geschieht mühelos, ohne übertriebenen Energieaufwand. Zur falschen Zeit das intellektuell Richtige zu tun, ist unschöpferisch und mühsam, es wird Energie verbraucht, die an anderer Stelle sinnvoller einzusetzen wäre. Wer beim Fischen über das Jagen der Elche nachdenkt, verschwendet wertvolle Kraft, und er verliert an Bewusstheit, die der Augenblick benötigt; er verpasst die Zeit, die jetzt die ganze Person erfordert.

Wer liebt, sollte jetzt lieben, nicht die Liebe auf einen späteren Zeitpunkt verschieben. Wer die Zeit der Liebe in einer konkreten Situation verpasst, kann sie später nicht herbeizaubern, weder mit Geld noch mit Intelligenz. Alles kommt und geht zu seiner Zeit. Das Denken versucht die Zeit vorwegzunehmen oder sie hinauszuschieben, aber das ist unschöpferisch. Das Leben geht in seiner Lebendigkeit darüber hinweg. Wer den Augenblick voll aus«schöpft», ist wirklich schöpferisch, nämlich in Einklang mit sich und den Ereignissen, das Bewusstsein ist ungetrübt und frisch.

Selbstentfaltung heißt nicht, etwas Besonderes zu sein

Die Beschreibung der Zusammenhänge von Angst, Aggression und Destruktion zeigte den Weg in die Selbstentfremdung; die Beschreibung von Sensitivität, Aktivnis und Bewusstheit machte den Weg zur Selbstfindung deutlich. Wer sich ganz in die Sensitivität begibt und das Denken von Lebensphilosophien, Morallehren, Ideologien, Erziehungsregeln und durch die Sozialisation vermittelten Lebensmaximen leer macht, wird frei für die Konzentration auf das eigene Selbst, er lässt alle Abwehrtechniken und Lebenslügen los und erfährt auf diese Weise unmittelbar sich selbst, das ist der Weg in die Individualität; der Schweizer Psychoanalytiker C. G. Jung gebrauchte den Begriff Individuation.

Selbstwerdung ist nur möglich durch Loslassen alles dessen, was Anpassung oder Imitation ist. Individualität ist Eigenständigkeit, Autonomie des Denkens, Fühlens und Handelns von vermittelten Richtlinien. Individualität heißt Losgelöstheit von gesellschaftlichen Rollenklischees und so sein, wie man ist, auch wenn man anders empfindet als die anderen und anders handelt, als die anderen erwarten.

Anders sein kann auch ein Kokettieren sein mit der Rolle des Außenseiters. Wer sich durch «Individualität» interessant machen möchte, strebt nicht nach wirklicher Individualität, sondern er möchte nur «etwas Besonderes» sein. Wer Individualität als gesellschaftliche Außenseiterrolle anstrebt und nach außen hin demonstrativ dokumentiert, ist nicht auf dem richtigen Weg.

Individuation bedeutet nicht, etwas Besonderes zu werden. Wer sich von seinen Mitmenschen distanziert und etwas Besonderes sein will, strebt in Wahrheit nicht nach wirklicher Individualität, sondern danach, durch seine Besonderheit aufzufallen und dadurch Anerkennung zu erhalten.

Wer etwas Besonderes sein will, ist entweder aggressiv, er möchte die anderen durch sein Anderssein schockieren, oder er ist ehrgeizig und möchte durch seine Sonderstellung über andere dominieren, oder er ist geltungssüchtig, möchte auffallen, beachtet werden und für seinen Mut, anders zu sein, Beifall erhalten. Vor allem junge Künstler verfallen dem Reiz, durch Besonderheit aufzufallen, um beachtet zu werden. Der Grundgedanke ist richtig: Erfolg ist nicht möglich durch Anpassung und übliches Verhalten; von einem Künstler wird etwas anderes, etwas Besonderes erwartet. Wenn Besonderheit jedoch als Besonderheit angestrebt und kultiviert wird, ist der Weg in die echte Individualität verfehlt. Die Besonderheit wird angezogen wie ein Kostüm, aber sie ist dann nur eine Maske oder Masche. Die Autonomie muss authentisch sein, sie darf nicht einem Ehrgeiz entspringen.

Selbstentfaltung und Individualität gelingen nicht mit Vorsatz. Ein Kontrast zur Norm ist noch keine Individualität. Wenn der Normalbürger unkommunikativ ist, dann verhält sich der Nonkonformist besonders kommunikativ. Wenn die Gesellschaft besonders religiös ist, wird das Kontrastbild der Gotteslästerung dargestellt. Wenn die Gesellschaft konsum- und besitzorientiert ist, dann wohnt der Nonkonformist in einer Wohnung, die mit Apfelsinenkisten möbliert ist, er trägt eine abgeschabte Jeanshose, die möglichst zehn Jahre alt ist, er wäscht sich einmal im Monat mit Kernseife und brüstet sich damit, dass er nichts besitzt und alles teilt. Er gebärdet sich als Bürgerschreck, als Nonkonformist, in provozierender Weise, aber er ist nicht wirklich frei. Das Gegenbild ist nicht frei, weil es sich an einem vorgefundenen Schema orientiert. Das Gegenbild ist genauso zwanghaft wie das Rollenbild. Wenn der Bürger ein Neurotiker ist, ist der Nonkonformist (der Gegenbürger) auch ein Neurotiker. Wer auf «die Spießbürger» schimpft und den Spießbürgerschreck spielt, ist kein Individualist; er hat zwar das Falsche als falsch erkannt, aber hat nicht das Richtige aus dieser Erkenntnis gemacht. Das Gegenbild des Konformismus ist nicht automatisch gelungene Selbstentfaltung, der Schritt in eine Gegenkultur ist nicht der Sprung in die Individuation.

Wer in abgewetzten Jeans und Parka an der Theke steht und stolz darauf ist, keinen Mercedes zu fahren, sondern eine Ente, wer auf die «Geldsäcke des Systems» schimpft, aber insgeheim hofft, durch sein Anderssein eine «Alternativkarriere» als Alternativunternehmer mit einem Alternativladen zu schaffen, ist nicht anders als die anderen, er benutzt nur eine andere Tür zum gleichen Ziel. Es geht in der Selbstentfaltung nicht darum, etwas Besonderes zu sein, sondern das ganz Alltägliche ganz gewöhnlich zu leben. Es darf keine Angst vor dem Normalen und Gewöhnlichen und Einfachen bestehen. Wer das Einfache kompliziert macht, strebt das Besondere an, er stilisiert das Einfache zu etwas Besonderem, um sich dadurch zu profilieren.

Der Individualist, der sich selbst entfaltet, möchte sich nicht profilieren, er will im Gegenteil ganz einfach nur er selbst sein, ganz offen und ehrlich derjenige, der er ist, ohne eine angepasste oder nonkonformistische Rolle spielen zu müssen.

Ich beobachtete immer wieder, dass individuelle Menschen, die sich selbst gefunden haben, unauffällig auftreten, weder besonders «geschmackvoll» noch «ausgeflippt» gekleidet sind, weil sie auf Äußerlichkeiten dieser Art überhaupt keinen Wert legen, weil ihnen das aus tiefstem Herzen unwichtig ist. Sie wollen nicht auffallen, weder durch Eleganz noch durch ein Gegenbild der Eleganz. Sie drängen sich nicht danach, zu Wort zu kommen, und ihre Sprache ist einfach; sie versuchen nicht krampfhaft, intelligent zu erscheinen, und sie wollen auch nicht das Gegenbild in Form einer proletarischen Vulgärsprache aufbauen. Sie suchen nicht den Status der Angepassten, Erfolgreichen und auch nicht den Gegenstatus des Vulgärnonkonformisten. Der Individualist drückt sich einfach und ehrlich so aus, wie er in der momentanen Situation fühlt, er redet so schnell und so langsam, so intellektuell oder so unbeholfen, wie es der Moment ergibt, er ringt um Worte, ohne Rücksicht auf Effekte, ohne auffallen zu wollen.

Er will weder klug noch dumm erscheinen, diese Bewertungen sind ihm nicht wichtig, weil er auf den Inhalt achtet und nicht auf die Verpackung. Individualität ist keine Frage der Verpackung, sondern ein Problem der Nähe zu sich selbst, also der Ehrlichkeit und Wahrhaftigkeit. Das Einfache mag mitunter schwierig und kompliziert erscheinen, aber es ist nie kokettierend einfach. Ehrlichkeit ist Herzlichkeit, Besonderheit dagegen ist Stilisierung und Geltungssucht. Ehrlichkeit ist deshalb nie verletzend, sondern immer warm, weil immer liebevoll gemeint, wogegen «Ehrlichkeitsfanatiker» aggressive Menschen sind, die ihre Aggressivität durch die positive Aufwertung «Ehrlichkeit» tarnen wollen.

Selbstentfaltung und Liebe

Das Kind, das sich sensitiv der Umwelt gegenüber aufschließt, lernt zu lieben, ohne entwickelte Sexualität. Die Liebesfähigkeit und Bereitschaft zur Liebe bildet sich schon sehr früh heraus. Das Kind lernt die Liebe nicht nur durch Zuneigung zu den Eltern. Natürlich erleichtern liebevolle Eltern die Entwicklung der Liebesfähigkeit, weil das Kind sich dann geborgen fühlt und nicht gegen Angst und Aggression ankämpfen muss.

Das Kind beobachtet genau, wie die Eltern miteinander umgehen, und es spürt die gegenseitige Zuneigung, Gleichgültigkeit oder Abneigung. Die Kontaktweise ist ein Modell für die Kommunikation, wenn sie kämpferisch ist, wird sich das Kind gleichfalls auf Kampf einstellen, wenn sie aber harmonisch und voll gegenseitiger Zuwendung ist, wird sich das Kind vertrauensvoller aufschließen, Gefühle zeigen und sich Eltern, Geschwistern und Spielkameraden unvoreingenommen und herzlicher zuwenden.

Das Kind entdeckt die Liebesfähigkeit bei sich selbst, wenn es den Wunsch verspürt, sich in Zuwendungsbereitschaft zu öffnen. Allgemein ausgedrückt: Wenn sich das Kind in Ruhe und innerer Ausgeglichenheit einer Sache oder eines Menschen mit allen Sinnen und allem Verstehen in Zuwendung annimmt, dann entdeckt es in sich die Atmosphäre der Liebe. Es kann die eigenen Eltern nur dann lieben, wenn es sich ihnen in dieser Offenheit zuwenden kann und nicht zurückgestoßen wird. Das Kind bringt bei Geburt nicht automatisch «Elternliebe» als Naturgesetz mit, sondern nur eine Bereitschaft als Gabe, die jedoch durch das Verhalten der Eltern gesteuert werden kann. Von viel größerer Bedeutung ist für die Psyche des Kindes, geliebt zu werden, als selbst zu lieben. Die Fähigkeit zu lieben muss sich erst langsam entfalten.

In einer Atmosphäre der Angst vor Strafe und Tadel verschließt sich das Kind, es probiert die Aggression aus, um die Liebe der Eltern zu testen. Angst und Aggression sind die stärksten Widersacher der Seele, denn Angst verengt die Wahrnehmung, und Aggression schränkt die Handlungsfähigkeit ein. Liebesbereitschaft ist zwar bei jedem Kind vorhanden, aber die Entwicklung zur Liebesfähigkeit muss erst erfolgen.

In der Pubertät reift die Sexualfunktion aus. Der Mensch wird geschlechtsreif, also fortpflanzungsfähig, um seine biologische Aufgabe zu erfüllen, aber er wird damit nicht automatisch psychisch liebesfähig. Liebe und Sexualität sind voneinander zu unterscheiden. Sexualität kann ohne Liebe als reine Aktion ausgeübt werden, sie ist ein physisches Ausdrucksmittel, das auch ohne Liebe funktioniert. Ich möchte damit sagen, dass ein sexuell ausgereifter Mensch nicht automatisch auch liebesfähig ist. Die Bezeichnung «Liebe machen» für sexuelle Betätigung ist falsch. Liebe kann man nicht machen, sondern nur als seelisches Geschenk erleben. Wenn die Liebesfähigkeit voll entwickelt ist, steht die Liebe im Vordergrund, und die Sexualität folgt als körperlicher Ausdruck bereichernd nach. Sexualität erzeugt keine Liebe, aber Liebe verschönt und steigert die Sexualität. Sexualität ist ein physisches Geschehen, während Liebe ein psychischer Vorgang ist. Wenn beide Bereiche voneinander getrennt sind, besteht Gespaltenheit in Körper und Seele, wenn beide sich vereinen, wird die Spaltung aufgehoben. Das Erlebnis der Einheit ist beglückend und befriedigend, während Spaltung unbefriedigend ist. Wer nur nach Liebe strebt und Sexualität (z. B. als etwas Schmutziges) abspaltet, wird nicht glücklich werden, wer nur nach sexueller Triebbefriedigung sucht, ohne Beteiligung der Seele (ohne Liebe), wird gleichfalls nicht glücklich sein, weil Körper und Seele nicht in Einklang miteinander stehen.

Die beiden Teile Körper und Seele sind dennoch nicht gleichgewichtig zu sehen. Das Seelische besitzt eine größere Bedeutung als das Physische, besonders für den körperlich ausgereiften, erwachsenen Menschen. Wenn die körperliche Entwicklung abgeschlossen ist, wird der Körper stärker durch die Seele bestimmt als die Seele durch den Körper. Die Seele steuert den Körper und nicht umgekehrt, obwohl beide Teile eine Einheit sind. Die seelische Liebesfähigkeit ist für die Ausgeglichenheit und das Glückserleben von größerer Bedeutung als die körperliche Geschlechtsreife. Das Körperliche ist in ausgereifter Form vorhanden, aber was damit geschieht, hängt von der Psyche ab. Ein ausgereifter Körper ohne Seele ist ein Roboter. Der Körper ist die Basis, der Resonanzboden, aber das Lied, das auf diesem Körper erklingt, wird von Geist und Seele gespielt.

Sexualität entspringt der Biologie des Körpers, Liebe aber entspringt der Seele. Die Seele gestaltet das Leben mit Hilfe des Körpers, der Körper ist das Material, der Ton, aus dem der Schöpfer Seele, das Kunstwerk, die Persönlichkeit gestaltet.

Die Liebesfähigkeit macht die körperliche Sexualität erst schön und beglückend. In der Liebesfähigkeit liegt die Selbstentfaltung verborgen, nicht in der Sexualfunktion. Was ist Liebesfähigkeit, was ist diese seelische Energie, der der Körper als Werkzeug zur Verfügung steht?

Ein Tier muss sich über diese Vorgänge keine Gedanken machen, denn es lebt in körperlich-seelischer Einheit. Der Mensch ist durch seine Gehirnentwicklung aus dieser Einheit herausgefallen, ihm ist die Spaltung bewusst, und er kann dieser Spaltung zum Opfer fallen. Der Mensch muss nach Bewusstwerdung der Spaltung wieder zur Einheit zurückfinden. Was ist Liebesfähigkeit? Sie ist das Öffnen der Sinne, entgegen aller Angst. Sensitivität, als Offenheit der Sinne, führt zur Zuwendung. Ich gebe mich der Zuwendung hin ohne Barrieren der Angst und Aggression. Ich gehe durch die Landschaft und betrachte die Blumen, Gräser und Bäume, in dieser offenen Sensitivität offenbart sich die Liebe für die Natur. Ich treffe auf Menschen und betrachte ihre Gesichter, ihre Verhaltensweisen, und in dieser offenen Sensitivität offenbart sich die Liebe für den Menschen. Das Geheimnis der Liebe liegt in dieser Zuwendung, in diesem sensitiven Aufnehmen des anderen, das Fremde wird vertraut und wandelt sich um in Sympathie und Liebe. Liebe ist das Phänomen der positiven Aufnahme. Je mehr ich bereit bin, das Fremde aufzunehmen, umso mehr kann ich es lieben. Liebe ist Aufnahme von Energie, und damit ist das Problem von Nehmen oder Geben gelöst. Wer nehmen will, spaltet sich vom Geben ab und blockiert damit die Liebesfähigkeit. Wenn Liebe Aufnahme von Energie ist, dann ist damit das Bekommen eingeschlossen. Lieben heißt, sich zuwenden und durch Zuwendung etwas bekommen. Wer das Gefühl der Liebe in sich fühlt, hat bereits genug bekommen, Energie ist in ihn eingeströmt und hat die Liebe erzeugt. Wer liebt, ist reich beschenkt, er muss nicht darüber hinaus nach mehr suchen. Die Liebesfähigkeit selbst ist das Geschenk, Liebe wurde erzeugt, das genügt. Wer nun das, was er liebt, auch noch besitzen will, will zu viel. Man kann nichts besitzen, denn alles verändert sich.

Wenn du einen Menschen liebst, dann liebst du ihn in Freiheit, aus dem sensitiven Augenblick heraus. Wenn du ihn besitzen willst, kannst du ihn nicht mehr so sehen wie zuvor. Die Blaumeise, in Freiheit betrachtet, ist eine andere Meise als der gefangene Vogel im Käfig. In freier Selbstentfaltung ist der Vogel schön und ein lebendiges Ereignis, im Käfig aber ist er gedemütigt. Die Blaumeise in Freiheit rührt die Seele positiv an, sie macht mich glücklich, im Käfig aber macht sie mich traurig. Sensitivität erfüllt mich mit Energie der Liebe, aber der Besitz dieser Energie als Konserve ist nicht möglich. Ich kann «die Meise» nicht besitzen.

Der Weg aus dem Dilemma zwischen sensitiver Liebe und Besitz ist das Aufgeben jeglichen Besitzes. Wir dürfen das, was wir lieben und so gerne besitzen wollen, nicht in Besitz nehmen, wie wir auch selbst nicht in Besitz genommen werden wollen von denen, die uns lieben. Wenn wir nach Selbstentfaltung streben und Liebe entfalten wollen, dürfen wir nicht die Selbstentfaltung eines anderen und seine Liebe beeinflussen. Liebe ist ein Geschenk des Moments, sie ist psychisch nicht konservierbar. Das widerspricht dem Ideal: den *Einen* kennen lernen, ihn lieben und mit ihm bis in den Tod in Liebe alt werden. Das ist eine bezaubernde, romantische Vorstellung des Denkens. In dem einen Moment der Liebe, in dem Ewigkeit und Erfüllung herrscht, ist das eine glückselige Vorstellung, weil alles eins ist, weil Ewigkeit aufblitzt, aber diese kurze mystische Verbindung mit dem Kosmos bleibt nur einen Moment erhalten, der eine Vorstellung von einer anderen Dimension vermittelt.

Ewigkeit besteht auch im Auf und Ab, im Rhythmus von hell und dunkel, jetzt und jetzt nicht, Hunger und Sättigung, Spannung und Entspannung. Wenn Entspannung besteht, scheint die Spannung weit weg, und wenn Spannung besteht, erscheint die Entspannung unerreichbar. Wenn die Liebe besteht, scheint Gleichgültigkeit nicht möglich, und doch wechseln sich beide ab. Liebe zu dem Einen ist nicht durchzuhalten, sie darf nicht zum Ideal werden. Wenn ich Liebe zum Ideal stilisiere, schlägt sie um in Hass, und wenn ich ganz tief dem Hass verfallen bin, stelle ich fest, dass ich den Menschen, den ich hasse, wieder liebe. Liebe darf kein Ideal sein, und aus dem Hass sollte ich kein Prinzip machen. Was ich liebe, werde ich hassen, wenn daraus Enge wird, und was ich hasse, hasse ich nur, weil ich es liebe.

Die Liebe darf nicht auf ein Einzelding oder Individuum beschränkt sein. Die Liebe hat nur einen Sinn, wenn sie liebende Einstellung ist, Liebesfähigkeit, in absoluter Freiheit. Je mehr ich liebe, desto mehr sollte ich fähig sein, das, was ich liebe, loszulassen, und je mehr ich geliebt werde, desto mehr muss ich das Gefühl haben, gelassen zu werden. Andere loszulassen und selbst losgelassen zu sein, das ist das höchste Maß an Erfüllung und Glückseligkeit. Selbstentfaltung heißt, mich von den anderen zu entfernen, um ihnen dadurch in Freiheit näher zu kommen. Fremde Menschen können sich deshalb im Augenblick oft näher sein als Vertraute, die sich jahrzehntelang kennen.

Der Sinn von Introversion und Extraversion

Die Persönlichkeitsforschung unterscheidet zwei Persönlichkeitstypen, den extravertierten und introvertierten Menschen. Der Extravertierte ist kontaktoffen, er geht mit Initiative auf seine Mitmenschen zu, er zeigt seine Gefühle, packt Probleme mit Aktivität an, er liebt die Geselligkeit und die Möglichkeit, sich auszudrücken, er diskutiert gerne, tanzt und zeigt seine Stimmungen; wenn er fröhlich ist, lacht er ungehemmt und laut, wenn er traurig ist, schämt er sich nicht seiner Tränen, und wenn er wütend ist, macht er keinen Hehl aus seinem Ärger. Der extravertierte Mensch ist der Umwelt zugewandt, er schließt sich auf und drückt das auch sichtbar aus. Er betätigt sich gerne selbständig unternehmerisch, er muss immer aktiv sein und strebt danach, sich nach außen sichtbar zu verwirklichen.

Der Introvertierte ist der Gegenpol der Extraversion, er ist nicht sehr kontaktaktiv, er zeigt seine Gefühle nur ungern und wirkt deshalb in sich verschlossen und selbstbeherrscht. Wenn er fröhlich ist, wirkt seine Fröhlichkeit verhalten und kontrolliert, wenn er traurig ist, versucht er diese «Missstimmung» zu verbergen. Ärger und Wut unterdrückt er, denn er möchte vor allem sachlich und emotionslos erscheinen. Der Introvertierte betätigt sich nicht gerne in Berufen, die Aktivität und Dynamik erfordern, er widmet sich lieber Tätigkeiten, die Geduld, Genauigkeit, Ruhe und innere Stille ermöglichen.

Die introvertierte als auch die extravertierte Verhaltensweise sind für sich selbst betrachtet weder positiv noch negativ zu sehen. Erst dann, wenn ein Mensch zu einer besonders tendiert und sich einseitig auf die extravertierte oder introvertierte Richtung hin entwickelt, also eine Verfestigung nach einer Seite eintritt, bestehen Bedenken.

Beide Verhaltensweisen haben mit Angst und Aggression zu

tun. Der Extravertierte bewältigt seine Angst und Aggression durch offensiven Ausdruck und Aktivität. Der Introvertierte versucht für sich dasselbe Problem durch Abkapselung, Grübelei und Rückzug zu bewältigen. Der Extravertierte zeigt seine Aggressivität, wenn er auf die Umwelt trotzig und dynamisch zugeht, während der Introvertierte durch Unterdrückung der Angst und Aggression eher depressiv wird und sich von der Umwelt mit der Absicht des Selbstschutzes zurückzieht auf Positionen, die ihn weniger ängstigen. Der Extravertierte fordert das Leben heraus, während der Introvertierte die offene Herausforderung meidet und ein möglichst windstilles Plätzchen sucht, an dem er grübeln und vor sich hin tüfteln kann.

Jeder Mensch besitzt extravertierte als auch introvertierte Reaktionsweisen. Der Introvertierte bewahrt sich z. B. ein Stück Extraversion in seinem Hobby und der Extravertierte schätzt auch mitunter Stunden der Ruhe und Inaktivität.

Die psychisch gesunde Reaktionsweise ist weder zu extravertiert noch zu introvertiert. Beides wechselt sich harmonisch miteinander phasenartig ab, wie die Phasen Eindruck und Ausdruck, wie Wachen und Schlafen. Auf eine Phase der Extraversion sollte also eine Phase der Introversion folgen und umgekehrt, wie sich jeder Eindruck in einen Ausdruck verwandeln sollte, so sollte auch jede Umweltzuwendung in eine Umweltabwendung übergehen, um sich danach wieder in eine Extraversion zu verwandeln. Jede Geselligkeit erfordert wieder ein Alleinsein, und jedes Alleinsein ist die Vorbereitung für einen neuen Kommunikationsprozess.

Wer das Alleinsein, das introvertierte Hineingehen in die eigene Innenwelt, vermeidet, ist auf der Flucht, wie auch derjenige, der sich von der Außenwelt zurückzieht und den seelischen Ausdruck oder Kontakt vermeidet. Sowohl die Flucht vor der Innenwelt als auch vor der Außenwelt verhindern beide die optimale Selbstentfaltung.

Wer sich selbst verwirklichen möchte, sollte sich weder in

die Abgeschiedenheit eines Klosters zurückziehen noch in den Elfenbeinturm einer Spezialisierung, er sollte aber auch nicht von extravertierter Betriebsamkeit und Aktivität aufgesogen werden. Die Lebensphilosophien lehren mitunter zu einseitige Wege, die östlichen lehren vor allem die extreme Versenkung in sich selbst, und die westlichen Lebensphilosophien sind die Lehren der Aktivität, des Konsums, des materiellen Besitzes und des Genusses. Beide Wege führen den Menschen in Abhängigkeit.

Die Nähe zu sich selbst sollte in der Betriebsamkeit genauso vorhanden sein wie in der Abgeschiedenheit und Stille. Selbstentfaltung braucht beide Bereiche, benötigt den Wechsel, den lebendigen Rhythmus zwischen Extraversion und Introversion. Der Tanz und der Kontakt zu allen Ausdrucksformen des Lebens ist genauso wichtig wie die Ruhe danach. Betriebsamkeit und Aktivität sind der Kontrast zur Entspannung und Passivität, das eine braucht das andere, Figur und Hintergrund müssen sich miteinander abwechseln, der Tanz ist beglückend nach der Versenkung, und das Alleinsein ist beglückend nach Geselligkeit und Kontakt.

Auch die Liebe zu einem Partner benötigt diesen rhythmischen Wechsel, damit sie lebendig bleiben kann. Das Paar findet sich im Wechsel, nicht in der Einseitigkeit. Auch die Liebe benötigt Phasen des Ausdrucks, der Zuwendung, aber auch Phasen des Schweigens. Das Zusammensein muss durch Alleinsein abgelöst werden und umgekehrt. Zu viel gesellige Nähe stumpft ab, erst der Wechsel erhält die Wahrnehmung frisch. Auf Annäherung muss Entfernung folgen, damit wieder eine Annäherung möglich wird. Auf Nähe muss Weite folgen, damit die Nähe wieder an Bedeutung gewinnt. Lebenskunst bedeutet, sich dem Rhythmus der Phasen hinzugeben, sich niemals an eine Phase klammern, keine Phase festhalten wollen, das ist Gelöstheit. Wer den Wechsel akzeptiert und mit dem Rhythmus mitschwingt, fühlt sich in jedem Moment lebendig. Wer sich an einer Phase festzuklammern versucht, muss scheitern und unglücklich werden, weil er sich gegen den lebendigen Rhythmus wendet. Wer im Wasser gegen den Strom schwimmt, wird eher ertrinken als derjenige, der sich vom Strom treiben lässt und sich wachsam auf eine Strömung vorbereitet, die an Land führt.

Der Extravertierte und der Introvertierte, sie versuchen beide auf ihre Art, das Leben durch einen Verhaltensstil zu bezwingen, aber das Leben ist nicht zu bezwingen, es muss sehr behutsam von Augenblick zu Augenblick neu betrachtet werden. Der Rhythmus ist nicht berechenbar, keine Phase hat eine genaue Dauer, und kein Wechsel ist vorhersagbar. «Alles kommt zu seiner Zeit», sagt Heraklit. Alles hat seine Zeit. Es ergibt sich von selbst. Es ist nichts zu tun, außer die Zeit zu erkennen, jede Zeit auszuleben, ohne Widerstände dagegen zu entwickeln, also introvertiert und extravertiert.

Was ist Erleuchtung?

Liebesfähigkeit ist die entwickelte Gabe, sich sensitiv nach außen hin zu öffnen und mit den sinnlich erfahrbaren Erlebnissen vertraut zu werden. Wer häufig durch die Natur wandert und sich Gräser, Blumen und Bäume betrachtet, wird schließlich sagen: «Ich liebe die Natur», wogegen ein «Bücherwurm und Stubenhocker» bekennt: «Mit der Natur kann ich nicht viel anfangen, ich liebe meine Bücher.»

Was wir häufig mit den Sinnen aufnehmen, beginnen wir allmählich zu lieben. Wer unvermittelt als Kind mit Symphonien von Beethoven konfrontiert wird, empfindet zunächst in der Regel Fremdheit, erst durch häufigere Beschäftigung mit dieser Musik wird die Liebe geweckt. Liebe entsteht also nicht immer spontan, «auf den ersten Blick», sondern sie entfaltet sich oft langsam.

Liebe ist nicht nur auf einen Menschen des anderen Geschlechts bezogen, sondern ein genereller Vorgang der Zuwendung zu allem, was mich umgibt. Je mehr ich mich der Umwelt in Liebe aufschließe, umso reicher werde ich beschenkt und umso wohler und glücklicher ist meine seelische Verfassung.

Wer eine Wanderung durch die Natur macht, selbst bei Regen und Gewitter, und dabei auf alle Geräusche, Gerüche und das Sichtbare achtet, wer also versteht, aufmerksam zu hören, zu riechen und zu sehen, fühlt sich danach zwar eventuell körperlich müde, aber nicht erschöpft, denn er erhält eine Bereicherung seiner Seele durch sinnliche Erfahrung. Er erhält einen Energiezufluss, der zwar nicht vergleichbar ist mit physikalischer Energie, aber dennoch der Seele Kraft und Vitalität vermittelt. Diese seelische Energie ist über die Sinne eingedrungen. Die Außenwelt und die Innenwelt sind miteinander in Kontakt getreten, und es ist Liebe entstanden.

Der Kontakt der Seele mit den Signalen der Außenwelt kann schwach oder sehr intensiv sein. In besonders intensiven Momenten nimmt der Mensch mehr wahr als nur Sinnenreize, er fühlt sich in Verbindung mit allen Lebewesen und Pflanzen, mit dem Himmel, der Erde und dem Kosmos. Er fühlt die Einheit allen Lebens und empfängt ein besonders starkes Glücksgefühl der Liebe, er fühlt sich geborgen in der Welt und empfindet Liebe und Verständnis für die gesamte Schöpfung – dieser Moment ist Erleuchtung.

Erleuchtung ist mehr als nur eine intellektuelle Erkenntnis, es ist eine umfassende Erhellung der eigenen Bedeutung und des Sinns alles Lebendigen. Erleuchtung ist unbeschreibbar, sie ist kein intellektueller Denkvorgang, der in Worte gefasst werden könnte, sondern ein seelisches Ereignis der Liebe und des Angenommenseins der eigenen Existenz in Liebe. Im Zustand der Erleuchtung ist jede Spannung aufgehoben, es existieren weder Angst noch Aggression. Das Denken kann sich von der Logik lösen, Gegensätze und Paradoxien werden einbezogen, das Denken wird heraklitisch. Alles fließt, nichts ruht, alles vergeht, nichts dauert.

Im Zustand der Erleuchtung werden diese Sätze in tiefer Bedeutung erlebt, und sie sind keine intellektuelle Spielerei. Die Einheit wird zur Bewusstheit: «Lebendig oder tot sein, schlafend oder wach, jung oder alt – alles ist eins. Das eine schlägt jeweils ins andere um, und umgekehrt – mit einer schnellen, unverhofften Wendung. Alles geschieht zu seiner Zeit.» Im Zustand der Erleuchtung wird die Wahrheit und Bedeutung dieser Worte unmittelbar sichtbar.

Mit der Erleuchtung ist eine Tür aufgegangen in die Freiheit. Im Alltag leben die meisten Menschen in Gefangenschaft ihrer Träume, Wünsche, Erwartungen, Ideologien, sie sind gebunden an Besitz, an Meinungen, an den Wunsch, etwas zu erreichen, eine Vorstellung zu verwirklichen, sie sind Gefangene, weil sie sich an etwas festklammern, sie sind gebunden an das, woran sie sich klammern. Die Gefangenschaft, die Gebundenheit, ist dem Einzelnen mehr oder weniger bewusst, sie äußert sich als ein allgemeines Unbehagen, als eine Last, die man mit sich herumschleppt, die auf die Brust, den Kopf oder das Herz drückt. Es wird körperlich gefühlt, dass man sich selbst in eine Gefangenschaft eingesponnen hat, und man sucht mehr oder weniger verzweifelt nach einem Ausweg aus dieser Misere. Man hofft, den Ausgang in die Freiheit in der Zukunft zu finden:

- wenn ich erst verheiratet bin,
- wenn ich das Studium abgeschlossen habe,
- wenn ich das Geschäft aufgebaut habe,
- wenn ich reich und angesehen bin,
- wenn ich zehn Jahre älter bin,
- wenn ich den richtigen Lebenspartner gefunden habe,
- wenn ich die wissenschaftliche Formel entdeckt habe,
- wenn sich die politischen Verhältnisse geändert haben,
- wenn ich Freunde gefunden habe.

Alle diese in der Zukunft als Rettung erwarteten Ereignisse mögen eintreffen, aber sie öffnen doch nicht die ersehnte Tür in die Freiheit. Der Schatten der Unfreiheit liegt nach wie vor über der Seele, denn das Erlebnis der glückseligen Freiheit bleibt aus, der empfundene Druck mag zwar durch Ablenkungen verdrängt werden, aber er lastet dennoch auf der Seele. Manche machen sich bewusst auf die Suche nach der ersehnten Freiheit, sie sammeln Erkenntnisse über das Leben und die Gesetze der Psyche, aber Informationen, die im Gedächtnis gespeichert werden, regen nur das Denken an, sie fördern die Artikulierbarkeit – das Denken dreht sich im Kreis, es wendet die Kenntnisse über die Seele um und um, aber die Tür hinaus in die Freiheit öffnet sich nicht, solange die Erleuchtung ausbleibt.

Mit der Erleuchtung ist die Freiheit schlagartig da, und damit die Glückseligkeit der Verbundenheit und Geborgenheit. Im Zustand der Erleuchtung wird alles bisherige Streben bedeutungslos, das Loslassen tritt ein, es ist nicht schmerzlich, sondern befreiend und erleichternd. Man atmet auf, die Atmung wird frei und leicht. Man wirft einen Blick in die Freiheit – und geht oft doch wieder zur Tagesordnung über. Der gewohnte Lebensrhythmus nimmt einen wieder auf. Man erinnert sich an den herrlichen Zustand der Erleuchtung, möchte ihn wieder herbeiholen und stellt fest, dass er sich nicht mit dem Willen herbeiziehen lässt. Je mehr man danach strebt, desto weniger tritt er ein, weil das Denken seine Macht und Möglichkeit überschätzt, wenn es glaubt, der Zustand könnte mit Hilfe des Intellekts herbeigeführt werden, wie ein Rechenproblem gelöst wird.

Das Denken muss beiseite geschoben werden, weil es nur ein Teilbereich ist, Erleuchtung aber nur durch Ganzheit des Erlebens möglich ist. Das Denken muss aufhören, zur Ruhe kommen, und die Sinne und seelische Aufgeschlossenheit müssen wach und aufmerksam sein, dann kann die Energie einströmen, Liebe entstehen, und damit Erleuchtung. Loslassen, Gelassenheit und Offenheit fließen ineinander, und die Liebe wird sichtbar: Die Freiheit ist unmittelbar da. Auch das Individuelle wird unwichtig, das Selbst löst sich auf, es geht auf in der Liebe, in der Wendung nach außen. Wenn die Loslösung vom Selbst eintritt, erst dann ist die Freiheit da, und es besteht Leichtigkeit. Die Gebundenheit an das Selbst ist eine genauso starke Gebundenheit wie die Bindung an einen Besitz. In der Erleuchtung tritt das Selbst zurück, die letzte Phase der Selbstentfaltung wird erreicht, das Selbst lässt sich los, es erkennt die eigene Bedeutungslosigkeit und wird zum Teil eines Ganzen. Die Liebe fließt durch das Selbst hindurch und breitet sich aus, diese Liebe ist nicht egoistisch oder besitzgierig, sie ist rein und frei. Dieses Glück ist nicht an einen Erfolg oder ein erreichtes Ziel gebunden. Das Selbst löst sich in diesem Glück auf.

5. *Aus der Praxis des Psychologen*

Es wurde mir klar, daß die Menschheit eigentlich an einer Geisteskrankheit leidet, an einer Wahnidee, an einem Irrglauben, der darin besteht, zu meinen, nur das habe reale Existenz, was sich in der Terminologie der exakten Naturwissenschaften ausdrücken und mathematisch quantifizierend beweisen läßt.
Dieser Glaube ist zweifellos dadurch bewirkt, dass die Technik ihre Macht den exakten Naturwissenschaften verdankt, die wiederum auf einer analytischen Mathematik fußt, und dann ist natürlich nur das wahr, was sich mathematisch verifizieren läßt. Menschliche Freiheit, Würde, Freundschaft, alles das, was einen wirklichen Wert repräsentiert, ist nicht in der Terminologie der exakten Naturwissenschaft ausdrückbar und auch nicht verifizierbar. Das heißt: Alles Emotionale, alle menschlichen Werte werden damit zu Illusionen erklärt.

Konrad Lorenz

Die folgenden 14 Gespräche mit Ratsuchenden zeigen, dass sich die Lebensprobleme immer wieder um Fragen der Einstellung und Lebensphilosophie drehen. Als beratender Psychologe unterliege ich natürlich der Schweigepflicht. Die Gesprächsausschnitte beziehen sich deshalb auf Teile, die von allgemeiner Bedeutung sind, sodass die Identifizierung einer Einzelperson nicht möglich ist und die Vertraulichkeit voll gewahrt bleibt. Sämtliche Namen sind deshalb geändert.

«Ich werde nicht für voll genommen»
Gespräch mit Fred, 27 Jahre, geschieden, von Beruf Journalist.

Fred: «Ich habe den Eindruck, dass meine Mitmenschen mich nicht für voll nehmen. Gerade als Journalist komme ich viel unter Menschen, ich verhalte mich freundlich und kann auch charmant sein, aber die Menschen sind dennoch neutral zu mir, sie finden mich nicht besonders sympathisch; ich besitze offenbar keine Autoritätsausstrahlung. Meine Kollegen können sich besser durchsetzen und werden deshalb mehr beachtet. Ich habe den Eindruck, dass man mich übersieht, mich übergeht, mir ins Wort fällt, meine Meinung und auch mich nicht für voll nimmt.»

«Du solltest sehen, dass du als Journalist einen Beruf ausübst, den die Mitmenschen besonders beachten. Wenn du ein Interview führst, dann haben deine Interviewpartner zunächst einmal Angst vor dir, sie wollen sich profilieren und sich deiner Zeitung gegenüber ins rechte Licht setzen. Sie bringen also in Gesprächen bewusst viel Selbstbewusstsein ein. Die Angst vor der Presse und die Angst zu versagen macht sie dir gegenüber aggressiver, als sie es in einer gewöhnlichen Situation wären.»

Fred: «Aber ich habe den Eindruck, dass ich auch bei den Kollegen keine besondere Autorität besitze.»

«Du sagtest, dass du freundlich auftrittst – du bist höflich und diplomatisch, du bist in deiner gesamten Wesensart nicht aggressiv-extravertiert, sondern eher defensiv-introvertiert. Auch du hast Angst vor deinen Mitmenschen, nicht nur sie vor dir. Weil du Angst hast, versuchst du dich durch besondere Freundlichkeit und Höflichkeit einzuschmeicheln, denn du willst Auseinandersetzungen und Konflikte vermeiden. Du bist freundlich und willst durch deine Freundlichkeit ohne Umwege sympathisch und nett erscheinen, aber dennoch respektiert werden.

Ich sage nicht, dass Freundlichkeit etwas Negatives ist. Ich begrüße es, wenn Menschen freundlich und höflich miteinander umgehen, aber die Freundlichkeit muss echt sein und aus dem Herzen kommen, da du aber Angst hast, kommt deine Freundlichkeit nicht aus dem Herzen, sondern sie ist ein *Trick*, die Angst zu bewältigen; das spüren die anderen, und sie nehmen die Freundlichkeit deshalb nicht ernst, sie erkennen die Fassade, und manche erkennen auch die Angst, die dahinter steht.

Autorität besitzt nur ein Mensch, der angstfrei ist oder zumindest so erscheint, weil er seine Angst gut tarnen kann. Die meisten Personen mit Autoritätsausstrahlung sind nicht gespielt freundlich, sondern sie gehen extravertiert, dynamisch und leicht aggressiv auf ihre Mitmenschen zu; ihre Angst verbergen sie hervorragend hinter zur Schau gestellter Vitalität und Standfestigkeit.

Du aber bist wankelmütig, unsicher und ängstlich-freundlich. Wirkliche, also nicht gespielte Autorität, entsteht durch innere Festigkeit und Sicherheit. Ein innerlich fester Mensch, der zu seinem Kern gefunden hat, der vor sich selbst zu sich selbst steht, biedert sich nicht durch Freundlichkeit an, er will nicht von allen sympathisch gefunden werden, er hat keine Angst davor, auf Widerstände zu stoßen, angegriffen zu werden oder nicht für voll genommen zu werden. Er nimmt sich selbst für voll, er akzeptiert sich so, wie er ist, er ist dabei nicht eitel oder geltungsbewusst, er sucht nicht nach Selbstbestätigung und Beifall von außen und lässt sich nicht erschüttern oder verunsichern durch Kritik an seiner Person, er sucht nicht die Beachtung, deshalb kann seinem Selbstwertgefühl auch Missachtung nichts anhaben. Weil er Beachtung nicht anstrebt, kann ihn Nichtbeachtung nicht verunsichern.

Das eitle Streben nach Geltung und Anerkennung entspringt der besonderen Beachtung des eigenen Ego. Wer das Streben nach äußerer Egostärkung aufgibt, kann zu seinem inneren Selbst finden. Es geht darum, zunächst einmal Zugang zu sich selbst zu finden, sich selbst zu akzeptieren und anzuerkennen, bevor man Kontakt mit anderen aufnimmt.

Wenn die anderen sich aus Angst ständig profilieren müssen, mit Freundlichkeit oder Aggressivität um Beachtung ringen, so ist das ihr seelisches Problem. Sie nehmen nur denjenigen für voll, der ihnen Widerstand entgegensetzt, der ihnen Angst und Respekt einflößt. Den ‹netten› Menschen, der um Anerkennung ringt, nehmen sie nicht für voll, über ihn gehen sie uninteressiert hinweg.

Viele Menschen sind innerlich so unsicher und so wenig von sich selbst überzeugt, sie schätzen ihren Wert so gering ein, dass sie einen freundlichen Menschen, der ihnen mit Zuneigung entgegentritt, gerade deswegen ablehnen. Sie denken: Wie kann der so freundlich zu mir sein, sich mir zuwenden, da ich doch so wenig wert bin, so unzuverlässig, ungerecht, aggressiv, ängstlich und schurkisch.»

Fred: «Heißt das, dass ich weniger freundlich sein soll, also aggressiver auftreten muss?»

«Wenn deine Zuneigung und Freundlichkeit wirklich aus

dem Herzen kommt, also nicht einer Angst entspringt, wenn sie wahrhaftig ist, dann wird sie sich automatisch frei zu erkennen geben, wie auch die gespielte Freundlichkeit sich früher oder später als gespielt verrät. Du sollst nicht weniger freundlich sein, wenn dir wirklich danach zumute ist, wenn du Sympathie oder gar Liebe empfindest, aber du sollst dich auch nicht zur Freundlichkeit aus taktischen Gründen zwingen. Zuerst musst du deine Angst vor den Mitmenschen erkennen. Mache dir diese Angst bewusst, gestehe vor dir selbst offen und ehrlich ein: Ja, ich habe Angst vor meinen Mitmenschen, ich habe Angst vor ihrer Kritik, Angst davor, von ihnen nicht genügend beachtet zu werden oder durch Abweisung verletzt zu werden.

Die Sensibilität und Verletzlichkeit ist nichts Negatives, sie ist eine Tatsache. Der Mensch ist verletzlich. Aber die Angst davor, wenn sie verdrängt oder versteckt wird, führt dich in seelische Spannung und macht dein Verhalten gespielt und unehrlich. Auch ein innerlich unehrlicher Gesprächspartner hat eine Antenne für die Ehrlichkeit des anderen.

Solange du dir deine Angst nicht eingestehst und sie verbergen oder vertuschen willst, bist du angespannt und verkrampft. Wenn du dich zu der Angst bekennst, wenn du sie vor dir selbst und anderen zugibst, erst dann wirst du frei, dann bist du nicht mehr der Sklave der Angst. Ändere also die Einstellung zur Angst, sage ja zu ihr. Gestehe dir die Angst ein, erlebe sie voll und ganz, und du wirst feststellen, dass sich in dir etwas verändert. Dein Blick wird offener, du fühlst dich leichter. Ja, ich habe Angst! Erst wenn du so ehrlich zu dir selbst bist, kannst du auch ehrlicher zu anderen sein. Die Flucht vor der Angst in Aggression und Durchsetzungsgebaren oder in Freundlichkeit und sympathische Nettigkeit bringt dich nur in unnötige Schwierigkeiten. Aggression erzeugt bei den Mitmenschen Angst und Gegenaggression, und gespielte Freundlichkeit führt zu Skepsis und auch dazu, dass man dich nicht für voll nimmt.

Standfestigkeit zeigt sich weder durch Aggression noch

Freundlichkeit, sie entsteht dann, wenn du in jeder Sekunde ehrlich zu dir selbst bist und zu den anderen, wenn du, ganz ohne etwas Besonderes sein zu wollen, individuell und autonom bist. Vor Autonomie haben die Menschen Respekt. Sie versuchen die Autonomie zwar auf ihre Ehrlichkeit hin zu testen, durch Kritik oder Schmeichelei, aber deine Individualität bleibt davon unberührt.»

«Ich liebe einen anderen Mann»
Karin, 28 Jahre, 7 Jahre verheiratet, Hausfrau.

Karin: «Ich habe mich in einen anderen Mann verliebt, den ich bei meiner Freundin traf. Schon seit einigen Jahren lebe ich ziemlich gleichgültig neben meinem Mann. Anfangs war ich noch als Sekretärin berufstätig, aber dann wurde mein Mann immer erfolgreicher, er ist selbständig, Immobilienbranche, und es war nicht mehr nötig, dass ich arbeitete. Also habe ich aufgehört. Das war mir eigentlich ganz recht, denn meine Arbeit hat mich nicht befriedigt.»

«War eure Eheschließung eine Liebesheirat?»

Karin: «Ja, wir haben uns wirklich geliebt, und sexuell war auch alles in Ordnung. Aber die Liebe nahm in den Jahren immer mehr ab. Mein Mann hängt sehr an mir, und ich glaube, dass er mich gerne hat, aber die Leidenschaft der Liebe ist dahin. Er ist sehr gleichgültig mir gegenüber, obwohl er meine Gegenwart braucht, er fühlt sich wohl, wenn er müde nach Hause kommt. Ich glaube, er braucht abends meinen Trost und meine Fürsorge, er hat dagegen kein Ohr für meine Probleme, weil er seine Probleme und Kämpfe und Schwierigkeiten für viel bedeutender hält als meine. Er fühlt sich so richtig als Mann und Pascha, um den sich letztendlich alles drehen muss.»

«Du bist also unausgefüllt, es fehlt dir jemand, der dir ernsthaft zuhört, der auf dich voll eingeht, und du warst deshalb bereit, dich neu zu verlieben, wenn dir jemand diese Beachtung schenkt.»

Karin: «Das ist richtig. Ich habe den Eindruck, dass mich der Georg, mein Freund, ernst nimmt. Er will mich auch heiraten, wenn ich mich scheiden lasse. Aber ich weiß nicht, ob ich mich scheiden lassen soll, denn Georg ist Angestellter bei einer Versicherung, er kann mir nicht diesen Lebensstandard bieten, den ich jetzt habe, und deshalb ist für mich eine Scheidung ein Risiko, ich müsste sicherlich wieder arbeiten.»

«Was sagt dir dein Herz? Mit wem bist du lieber zusammen, mit deinem Mann oder mit Georg?»

Karin: «Meine Zärtlichkeit gehört Georg. Auch sexuell empfinde ich bei Georg viel mehr als bei meinem Mann, es ist so wie früher bei meinem Mann.»

«Dein Problem ist also das Dilemma zu entscheiden zwischen Ehe, Sicherheit, Bequemlichkeit und Gewohnheit oder Georg, Liebe, aber Unsicherheit und Unbequemlichkeit. Du müsstest aus der Geborgenheit und finanziellen Sicherheit heraus, um neue Liebe und Zärtlichkeit zu gewinnen. Und du hast keine Garantie dafür, dass diese Liebe durch Trott, Routine und Gewohnheit nicht wieder erkaltet. Dann stehst du in ein paar Jahren vor demselben Problem. Du wägst also ab und befindest dich in einem Konflikt.

Sicherlich ist es nicht schön, mit einem Mann zusammenzuleben, der seine Energie und Vitalität im Beruf verbraucht und abends erschöpft nach Trost und Ruhe sucht, denn du bist abends nicht genauso erschöpft wie er, da du keiner Berufstätigkeit nachgehst, also viel sparsamer mit deiner Energie umgehst und deshalb abends zwangsläufig frischer, ausgeruhter und erlebnishungriger bist als dein Mann.

Mach dir einmal Gedanken darüber, ob sich der Konflikt ergeben hat, weil ein viel tieferes Problem noch nicht gelöst ist. Du hast die eigene Selbstentfaltung noch nicht in Betracht gezogen, du überlässt die Entfaltung deinem Mann, er verwirklicht im Beruf seine Fähigkeiten und Talente, während du den Haushalt machst und dich dabei ein bisschen langweilst. Dein Leben ist in erster Linie ausgerichtet auf den Mann, der dir Geborgenheit und Bequemlichkeit verschafft. Aber zu viel Geborgenheit und Bequemlichkeit ist schädlich. Du wirst nicht mehr herausgefordert, dein Leben ist langweilig, du verwirklichst nicht deine volle Persönlichkeit, du hast kein Hobby, keine Freizeitbeschäftigung, die dich wirklich interessiert und erwartest die Erfüllung deines Lebens darin, von deinem Mann geliebt, von ihm versorgt und verwöhnt zu werden.

Ich möchte deine Tätigkeit als Hausfrau damit nicht herabwürdigen oder zu gering einschätzen. Aber es genügt nicht, für einen Mann ein Heim zu schaffen, einem Mann seine Ruhe und Ordnung wie eine Mutter zu geben. Es fehlt dir etwas – die Entwicklung deiner eigenen Persönlichkeit bleibt auf der Strecke. Du drehst dich im Kreis der Routine und entwickelst dich nicht weiter. Du spürst kein Wachstum und kein Reifen. Du drehst dich im Kreis, hast keine aufregenden Eindrücke und deshalb auch keine Befriedigung dabei, dich auszudrücken. Es fehlt dir die lebendige Selbstentfaltung.

Du solltest also, bevor du aus der Liebe zu Georg ein Problem machst, darüber nachdenken, wie du vermeidest, mit Georg wieder in dasselbe Dilemma zu geraten. Du musst also aufwachen aus dem Kreislauf der Routine und zu dir selbst finden, nicht dein Selbst in die Hände von Georg legen, weil es in den Händen deines Mannes nichts Neues mehr gibt.

Bevor du dich mit Georg liierst, solltest du erst einmal zu dir selbst finden, dich auf deine beiden eigenen Beine besinnen und darauf zu stehen lernen. Vielleicht ist der Georg für dich dann gar nicht mehr so interessant, vielleicht wird dein Mann dann wieder viel interessanter – oder ein ganz anderer Mann, an den du jetzt im Moment noch gar nicht denkst, den du dir auch nicht vorstellen kannst.

Du musst dein Leben jetzt in deine eigene Hand legen und

unabhängig werden von deinem Mann und allem, was er dir bietet und auch unabhängig von der Liebe zu Georg. Du solltest Distanz gewinnen, damit sich herausstellen kann, wen du wirklich liebst, und ob überhaupt Liebe ist, was du für Liebe hältst.»

Karin: «Ich habe Angst vor dieser Idee, Abstand zu nehmen und mich auf mich selbst zu besinnen, mich also unabhängig zu machen.»

«Unabhängigkeit ist ein ganz wichtiges Wort mit sehr wichtiger Bedeutung. Du begibst dich lieber in Abhängigkeit, um die Angst vor der Unabhängigkeit zu vermeiden. Die Angst vor der Unabhängigkeit sollten wir einmal genauer betrachten. Unabhängig sein heißt frei sein, ungebunden selbst und individuell sein. Wenn du das erreicht hast, erst dann bist zu zufrieden mit dir selbst und kannst dich richtig entscheiden. Das erscheint dir im Moment sehr fremd und schwierig, weil die Angst dagegen Widerstände aufbaut. Du hast auch Angst davor, deine Bequemlichkeit aufzugeben, du musst hinaus ins Leben, du musst dich Schwierigkeiten aussetzen, und du hast Angst, sie nicht zu bewältigen.

Wenn man im warmen Zimmer sitzt, und draußen regnet es stürmisch, dann möchte man am liebsten bequem im Zimmer sitzen bleiben, man döst wohlig warm und entspannt vor sich hin. Das mag einige Zeit schön sein, aber dann beginnt man sich zu langweilen. Wenn man hinausgeht in den Regen, muss man zunächst einen Widerstand überwinden. Sobald man jedoch draußen ist, wird man durch viele Reize und Erlebnisse entschädigt, der Wind bläst ins Gesicht, die Sinne werden aktiviert und wach, man bewegt sich, Regen prasselt auf den Schirm, man beobachtet den Wind in den Zweigen, man fühlt sich plötzlich frisch, und Energie durchströmt den Körper, man ist lebendig und kommt nach einiger Zeit ‹frisch und belebt› ins Haus zurück. Das Erlebnis war schön. Du musst jeden Tag erneut die Widerstände der Angst durchbrechen, die Bequemlichkeit und Geborgenheit verlassen, damit dein Leben erlebnisreich, glücklich und sinnvoll wird. Das Problem der Liebe und die Entscheidung für einen Liebespartner ergibt sich dann von selbst; der Konflikt löst sich auf. Du löst den Konflikt nicht durch Grübeln, sondern durch aktive Selbstentfaltung. Du musst heraus aus der Bequemlichkeit, und das für dich Richtige ergibt sich von selbst, weil du mehr Klarheit über das erhältst, was dir wichtig ist.»

«Warum bin ich oft so depressiv?»
Egon, 35 Jahre, Graphiker, verheiratet.

Egon: «Als Graphiker habe ich einen Beruf, um den mich viele beneiden. In der Werbeagentur bin ich angesehen, und ich habe schon viele erfolgreiche Dinge gemacht. Der Arbeitsdruck ist allerdings groß, und die Hektik geht mir oft auf die Nerven, ich meine, das geht auf Kosten meiner Kreativität. Seit 7 Jahren bin ich mit einer Lehrerin verheiratet; wir haben ein Kind, eine Tochter. Nach außen hin sieht bei mir alles ganz positiv aus, und meine Freunde meinen, ich könnte zufrieden sein. Ich fühle mich aber innerlich überhaupt nicht zufrieden. Ich werde schnell müde, bin nicht mehr so unbeschwert wie früher und habe oft Depressionen, dann bin ich tief niedergeschlagen, und nichts macht mir mehr richtig Freude. Ich würde mich am liebsten in mein Zimmer verkriechen, ich habe dann weder Lust, ein Buch zu lesen, noch ins Kino zu gehen oder etwas zu malen. Es wird mir auch bewusst, dass ich meine Frau nicht mehr liebe, und darüber werde ich dann noch trauriger. Ich freue mich nicht auf den Urlaub und nicht auf eine Einladung bei Freunden. Alles ist mir eine Last. Dieser Zustand besteht nun schon etwa ein Jahr, so kann ich doch nicht weiterleben.»

«Du bist in deiner gesamten Physis ein sehr kräftiger und vitaler Mensch. Du besitzt eine starke Lebenssehnsucht, du bist hungrig nach Erfahrungen und nach Verarbeitung dieser Erfahrungen.»

Egon: «Davon merke ich zurzeit überhaupt nichts, denn ich bin sehr schnell erschöpft, alles ist mir zu viel. Vor zehn Jahren allerdings war ich lebenslustiger und vitaler. Warum habe ich diese Vitalität verloren?»

«Du hast dich zu einem Lebensstil gezwungen, der dir nicht entspricht. Du hast berufliche Erfolge über den Weg der Disziplin erreicht, sie sind dir nicht leicht gefallen, denn du hast dich dabei selbst zu oft unterdrückt.»

Egon: «Ich wollte eigentlich freischaffender Künstler werden, aber ich habe das finanzielle Risiko gescheut; das war vielleicht ein Fehler, sicherlich wäre ich dann glücklicher geworden.»

«Wie erklärst du dir, dass die Liebe zu deiner Frau nachgelassen hat?»

Egon: «Ich wollte meiner Frau treu sein, ich glaube, auch da habe ich mich zu etwas gezwungen, was mir eigentlich nicht liegt. Treu sein ist etwas Schönes, ein moralischer Wert für mich, aber ich bin ein optischer Mensch, wenn ich eine hübsche Frau sehe, ihre Figur und ihren Busen, ein Lachen, einen grell geschminkten Mund, eine originelle Frisur, dann bedaure ich, dass ich nicht frei und ungebunden bin, dass ich mir ein erotisches Erlebnis versagen muss.»

«Du hattest Angst vor dem Risiko, Künstler zu werden, du hattest Angst, deiner Frau untreu zu werden, aus Angst hast du dir die Neigung zur künstlerischen Entfaltung und die Neigung zur Erfüllung erotischer Bedürfnisse versagt. Ängste dieser Art erzeugen Aggression, Aggression erzeugt wiederum Angst, deshalb hast du dir auch die Entfaltung deiner Aggression versagt, zumindest nach außen hin. Die Aggression richtete sich nach innen, du wurdest depressiv. Ungelebtes Leben, unterdrückte Entfaltung, unausgelebte Aggression, das zusammen verdirbt dir natürlich die Freude am Leben. Du verbrauchst viel Energie, deine Energie im Zaum zu halten; deshalb bist du so schnell müde und erschöpft. Depression und Erschöpfung hängen zusammen, dieser Zustand macht dich erneut traurig, und du fragst dich zu Recht, was das soll, wohin das führt, welchen Sinn dein Leben hat. Du bist mit deiner Weisheit am Ende.»

Egon: «Das ist wahr, ich habe mir sogar schon überlegt, ob ich Selbstmord begehen soll, weil es so mit mir nicht weitergeht.»

«Bevor du das tust, solltest du dir jedoch überlegen, wer stärker ist, die Angst oder deine Selbstentfaltung. Ist es nicht lächerlich, dass die Angst so viel Macht ausüben kann, dass sich die Aggression gegen dich selbst richtet und du entweder freudlos dahinsiechst oder dein Leben selbst beendest? Ist das der Sinn des Lebens? Du bist ein kreativer und vitaler Mensch. Besinne dich also auf deine Kreativität und Vitalität, lass die Energie heraus und erschöpfe dich nicht damit, die Energie auszusperren und zu tarnen.

Die Depression ist schlagartig überwunden, wenn du deiner Aggression zum Ausdruck verhilfst. Beginne wieder zu malen, lasse deine ganze Aggression in die Bilder fließen, in den optischen Ausdruck, und du erleichterst dich, du wirst dadurch lebendiger und fühlst dich wieder frischer. Wenn die Aggression herauskommt, dann stellst du dich deiner Angst, die der Aggression zugrunde liegt. Male deine Angst und spreche mit Freunden und deiner Frau über deine Angst.

Deine Angst ist die Angst vor finanziellen Sorgen und Problemen. Du wirst erkennen, dass du vieles, wonach du gestrebt hast, gar nicht brauchst. Wirf alles Streben nach Konsumgütern und Besitz auf ein Bild und verbrenne danach dieses Bild; du wirst dann erkennen, dass du weder Besitz noch das Bild brauchst. Das Einzige, was für dich wichtig ist, bist du selbst.

Und dann stellst du dich der Beziehung zu deiner Frau. Du wirst erkennen, dass du in einer Wirtschaftsgemeinschaft lebst und nicht in einer Liebesgemeinschaft. Du musst deine Frau wieder so sehen, wie sie ist, ein für dich unerfassbarer fremder Mensch mit einer von dir und der Wirtschaftsgemeinschaft unabhängigen freien Seele. Du wirst feststellen, dass du deine Frau plötzlich mit anderen Augen siehst, du erkennst das Fremde und siehst nicht mehr nur das Vertraute. Je fremder dir deine Frau wird, umso interessanter wird sie für dich. Du musst überprüfen, ob diese Interessantheit ein Fortbestehen der Beziehung – aber als Liebesbeziehung – für dich ermöglicht. Du hast viele Aufgaben vor dir, du hast viel zu tun, erledige das alles, bevor du Selbstmord begehst, und du wirst keine Lust mehr dazu haben, weil du nicht mehr depressiv sein wirst.»

Egon: «Vielleicht wird das alles meiner Frau nicht gefallen, sondern wehtun. Davor habe ich Angst.»

«Was hat deine Frau von einem depressiven Mann, der sich in sein Zimmer verkriecht und zu nichts Lust hat? Glaubst du, dass deine Frau mit einem seelisch kranken Mann glücklich ist? Wenn du depressiv bist, dann beeinträchtigst du damit auch die Lebensfreude und Entfaltung deiner Frau. Wenn du Selbstmord begehst, was wird dann aus deiner Frau? Ist es dann nicht besser für euch beide, wenn du deiner Frau in Freundschaft verbunden bleibst und ihr deine Probleme und Konflikte erklärst, ihr deine erotischen Gefühle zu anderen Frauen erklärst, dann lernt sie dich viel besser kennen und verstehen. Wenn du dich verkriechst vor dem Leben, dann könnt ihr beide nicht reifen und wachsen. Reifung ist mit Schmerzen verbunden. Fliehe nicht vor diesen Schmerzen. Wenn du ehrlich zu dir und deiner Frau bist, dann werdet ihr beide reifer durch diese Erfahrung. Wenn du die Enge durchbrichst und deiner Frau Schmerzen zufügst, dann wird deine Frau dadurch angeregt, eine wichtige Erfahrung zu machen. Sie wird etwas erfahren und lernen über die Vitalität eines Mannes, und diese Erfahrung wird entweder dir selbst oder einem anderen Mann zugute kommen. Du solltest dich deinen Gefühlen stellen und darfst nicht mehr so tun, als gäbe es sie nicht, das hilft auch deiner Frau nicht weiter. Du hast Angst davor, sie der Angst auszusetzen. Warum soll sie weniger Angst haben als du? Warum willst du vermeiden, dich dir und ihr zu stellen? Was ist daran wirklich so schwierig? Du hast schon viele Probleme gelöst in deinem Leben, jetzt bewältige auch dieses Problem. Stelle dich dir selbst, und du wirst feststellen, dass sich die Angst mehr und mehr reduziert. Es ist für eine Frau ein positives Erlebnis, wenn du ein ehrlicher Partner bist, sie wird aber unsicher und krank, wenn du weiterhin unehrlich zu ihr bist.»

«Ich fühle mich so allein»
Marianne, 28 Jahre, unverheiratet, von Beruf Hauptschullehrerin.

Marianne: «Ich bin eine emanzipierte Frau, wenn man darunter berufliche Unabhängigkeit und Freiheit vom Mann versteht. Für mich ist das etwas Selbstverständliches, ich bin jedoch keine kämpferische Frauenrechtlerin, die auf die Männer wettert und hinter jedem Mann einen bösen Pascha vermutet, der die Frau unterdrücken will. Ich sehe auch die Probleme der Männer, auch ihre Unterdrückung im Beruf und verstehe, dass die gesellschaftlichen Verhältnisse auch für die Männer schwierig sind.»

«Es ist gut, dass du als Frau auch die Schwierigkeiten der Männer siehst, das erleichtert es dir, die Männer besser zu verstehen.»

Marianne: «Ich kann über Männer nichts Schlechtes berichten, wenigstens nicht über die Männer, die ich persönlich kennen lernte, sie waren immer höflich und bemüht um mich; ich hatte den Eindruck, dass sie sich viel Mühe mit mir geben, ich musste immer wieder ihre Anträge abwehren, ich wollte mich noch nicht für einen Mann entscheiden, für ein Leben zu zweit. Ich sehe den Sinn meines Lebens nicht unbedingt in einer bürgerlichen Ehe und darin, gemeinsam ein Haus zu bauen und zwei Kinder großzuziehen. Ich bin sehr neugierig auf das Leben und möchte noch viele Männer kennen lernen, Erfahrungen sammeln und ungezwungene Erlebnisse haben. Die meisten Männer sind ja sehr eifersüchtig, sie versuchen, mich exklusiv für sich selbst in Besitz zu nehmen.»

«Und das gefällt dir nicht, das kann ich gut verstehen – wo liegt also das Problem?»

Marianne: «Ich habe eigentlich kein klar definierbares Problem. Ich möchte so weiterleben, wie ich bisher lebte, es gefällt mir ganz gut, weil ich über mich selbst frei bestimmen kann. Ich glaube, dass ich einen sehr wachen Verstand habe und alles, was um mich herum vorgeht, sehr klar erkenne. Ich kann mich mit nichts wirklich identifizieren und fühle mich deshalb heimatlos und allein. Ich bin nicht einsam, denn abends klingelt bei mir ständig das Telefon, und ich werde eingeladen, von männlichen Bekannten, sie wollen mit mir essen und danach natürlich mit mir ins Bett gehen. Ich habe aber auch viele Freundinnen, mit denen ich mich treffen kann, ich bin also überhaupt nicht einsam, und doch fühle ich mich so allein, und es überkommt mich häufig Angst vor diesem Alleinsein. Ich habe mehrfach schon versucht, mit einem Mann zusammenzuleben, aber mein inneres Gefühl des Alleinseins bleibt auch dann.»

«Wenn du mit jemand zusammenlebst, bist du zwar nicht mehr isoliert, du lebst in einer Gemeinschaft, aber du empfindest nach wie vor, dass du allein bist, ein Einzelwesen. Und das ist ja auch eine Tatsache, du bist allein, du kannst nur Brücken des Gefühls und der Kommunikation schlagen – du bleibst jedoch allein; wenn dir das klar und deutlich bewusst wird, hat diese Erkenntnis zunächst etwas Erschreckendes.»

Marianne: «Auch die Sexualität, die eine starke körperliche Verbindung schafft, kann mir das Gefühl des Alleinseins nicht nehmen; hinterher, wenn sich der Mann auf die Seite dreht und einschläft, fühle ich keine Verbundenheit mehr, sondern umso stärkeres Alleinsein.»

«Kontakt ist die eine Phase, und Alleinsein ist die andere Phase, nach der Extraversion folgt die Introversion, und danach schlägst du wieder eine Brücke zur Extraversion usw. Geselligkeit kann eine Flucht vor dem Alleinsein sein, aber danach wird dir das Alleinsein umso deutlicher bewusst, man sollte deshalb nie in die Geselligkeit fliehen. Du solltest sowohl die Geselligkeit als auch das Alleinsein genießen, denn beide Phasen sind notwendig, sie ergänzen sich gegenseitig zu einer Einheit.»

Marianne: «Wäre das anders, wenn ich einen Mann lieben würde? Ich glaube manchmal, dass ich nicht richtig liebe.»

«Was heißt richtig lieben? Lieben heißt, sich in Zuwendung öffnen für einen anderen, aus dem Alleinsein heraus, nicht um das Alleinsein zu überwinden. Liebe ist dann möglich, wenn du dir deines Alleinseins bewusst bist und dich der Fremdheit eines anderen Wesens, das genauso alleine ist wie du, zuwendest. Wenn in der Fremdheit plötzlich Vertrautheit aufleuchtet, dann hat die Kommunikation eine begehbare Brücke geschlagen. Liebe darf nicht verwechselt werden mit Begehren und Sehnsucht nach Selbstbestätigung, das sind oberflächliche Beweggründe. Es darf also nicht darum gehen, geliebt zu werden, begehrt zu werden und danach sich sicherer und weniger allein zu fühlen. Du darfst die Verliebtheit nicht herbeiwünschen, weil es so üblich ist, dass eine achtundzwanzigjährige Frau eben geliebt werden sollte und möglichst verheiratet ist.

Das Gefühl, allein zu sein, sollte dich nicht in Panik versetzen, die ‹richtige Liebe› herbeizuzwingen, damit dieses Gefühl aufhören soll. Liebe sollte nicht zu einem Selbstbetrug werden. Die Tatsache des Alleinseins lässt sich auch durch Liebe nicht beseitigen. Natürlich ist es schön, geliebt zu werden, darin liegt viel Trost und Beruhigung, aber es bleibt bestehen, dass du ein unabhängiges, von anderen getrenntes Einzelwesen bleibst.

Du solltest allerdings nicht in einer Phase des Alleinseins dieses Alleinsein als etwas Unangenehmes durchleben, sondern das Positive des Alleinseins erfassen. Alleinsein ist kein Negativzustand im Vergleich zum Positivzustand Geselligkeit, wie viele annehmen. Alleinsein ist notwendig, um zu sich selbst zu gelangen, um kreative Kräfte zu entfalten. Dein Problem ist deshalb nicht das Alleinsein, sondern die Tatsache, dass du daraus nichts machst, dass du die positive kreative Möglichkeit dieser Phase noch nicht erkannt hast. Du hast mir erzählt, dass du Literatur liebst und selbst gerne schreibst. Schau dir die Dichter an, sie waren meist viel allein und unverstanden, und sie nutzten diese Zeit des Alleinseins, sich sprachlich auszudrücken.

Ich empfehle dir zu schreiben, ohne an eine Veröffentlichung zu denken und natürlich auch ohne kommerzielle Erwägungen. Schreibe deine Gedanken auf, fasse sie in Worte, und entwickle deine eigene Prosa und Lyrik. Eine Frau glaubt oft, sie würde ihr schöpferisches Potenzial durch Schwangerschaft erfüllen, das ist jedoch ein großer Irrtum. Frauen können genauso schöpferisch auf den Gebieten Malerei, Literatur, Musik und Wissenschaft sein, wenn sie sich zur Entfaltung ihrer Energie auf diesen Gebieten entscheiden. Nutze die Phasen des Alleinseins, dich schöpferisch mit der Gestaltung von Worten und Sätzen zu beschäftigen. Du wirst feststellen, dass du im Alleinsein eine Möglichkeit der Selbstentfaltung findest, die unabhängig ist von der Anwesenheit eines konkreten Menschen. In der Gestaltung bist du allein, und dieses Alleinsein erhält plötzlich Sinn, und es wird schön. Im Alleinsein liegt ein besonderer Wert, ein großer Reichtum, die Entfaltung einer für dich neuen Dimension.

Du hast bisher die Phasen des Alleinseins in Bequemlichkeit und Langeweile vergeudet, weil du die Schätze nicht gesehen hast, die dir nur im Alleinsein zuwachsen können. Wenn du dich diesen Schätzen widmest, dich in der Betrachtung dieser Schätze verlierst, bekommt auch die Geselligkeit eine neue Bedeutung. Wenn du die Phase des Alleinseins voll ausschöpfst, wird auch die Phase der Geselligkeit für dich schöner, weil du neue Impulse für die Geselligkeit aus der Tiefe deiner Seele aufgeschlossen hast.»

«Ich leide unter einer Sprechhemmung»
Gunther, 36 Jahre, Physiker, verheiratet.

Gunther: «Ich leide darunter, dass ich mich sprachlich nicht frei, locker und ungezwungen unterhalten kann. Ich weiß nicht, woran das liegt, denn ich besitze keinen Sprachfehler. Wenn ich mich beim Sport unterhalte, dann fließt meine Sprache leichter über die Lippen. Es liegt auch nicht an einem Intelligenzmangel, denn ich habe mein Studium mit guten Noten absolviert.»

«Wann beobachtest du die Sprachhemmung? Tritt sie auch im Beruf auf oder nur im Privatbereich?»

Gunther: «Sowohl beruflich als auch privat, meist dann, wenn ich direkt oder indirekt nach meiner Meinung gefragt werde.»

«Hast du den Eindruck, dass du nichts zu sagen hast, glaubst du, dass nicht wert ist mitgeteilt zu werden, was du denkst?»

Gunther: «Nein, so ist es nicht. Ich habe eine eigene Meinung, ich bilde mir sehr stark eine eigene Meinung, ich habe also keine intellektuellen Hemmungen und ganz und gar nicht das Gefühl, dass meine Meinung dumm oder uninteressant sei. Ein Beispiel: Wenn die anderen über Emanzipation diskutieren und sich bei diesem Thema heftig engagieren, hätte ich eigentlich auch etwas Eigenes dazu zu sagen, aber ich bin innerlich blockiert. Nicht, dass ich mich nicht trauen würde, das ist es auch nicht. Ich halte mich zurück, weil ich mich nicht einmischen will, vielleicht ist es das.»

«Du hast also kein verringertes Selbstwertgefühl, du bist blockiert, wenn du sprechen könntest oder gar solltest, weil du aufgefordert wirst, oder weil man erwartet, dass du deine Meinung äußerst. Eine Redeangst scheidet aus, auch Minderwertigkeitsgefühle und mangelnde Intelligenz. Du staust deine Meinung innerlich an, du hortest sie wie einen Besitz, wie einen Schatz.»

Gunther: «Das Wort Schatz löst etwas in mir aus. Ich glaube, ich hätte viel zu sagen, aber ich meine oft, es ist wie Perlen vor die Säue werfen.»

«Sprechen heißt etwas geben, eine Meinung von sich geben, den inneren geistigen Reichtum preisgeben. Glaubst du, dass die Mitmenschen es nicht wert sind, von deinem inneren Reichtum etwas zu bekommen?»

Gunther: «So arrogant bin ich eigentlich nicht. Ich möchte meine Mitmenschen nicht abwerten und mich selbst dadurch aufwerten.»

«Fällt es dir auch schwer, Fachkenntnisse weiterzugeben?»

Gunther: «Auch das fällt mir schwer, ich lasse die Kollegen sich streiten und halte mit der Lösung des Problems zurück und ärgere mich über meine Hemmung, diese Schwelle zu überwinden.»

«Sprechen, sich ausdrücken, das ist ein Vorgang des Gebens. Wissen, Erkenntnisse und Erfahrungen sind vergleichbar mit einem Besitz, du kannst materielle Dinge wie Möbelstücke, Bücher, Autos usw. besitzen, kannst aber auch Wissen und Kenntnisse besitzen. Wenn du dein Geld festhältst und davon nichts abgeben willst, auf dein Geld gierig starrst, jede Ausgabe dir innerlich wehtut, dann bist du geizig. Wie manche mit Geld geizig umgehen, es fanatisch festzuhalten versuchen, so kann man auch mit Wissen und Meinungen geizig sein. Du versuchst geizig und besitzgierig deine Meinung für dich zu behalten, und deine Ausdrucksflüssigkeit ist dadurch blockiert. Du gibst keine Sprache von dir, du drückst dich nicht aus, weil du geistig geizig bist. Wie im materiellen Bereich Geiz auftritt, kann er auch im seelisch-geistigen Bereich auftreten. Deine Intelligenz und Kreativität sind zwar innerlich tätig, aber du gibst davon nichts nach außen ab, deine Sprachhemmung ist eine Gebehemmung.

Du kannst geistige Ergebnisse deiner Kreativität und Intelligenz innerlich horten, aber du wirst dadurch nicht glücklich, denn du hältst krampfhaft an deinem geistigen Besitz fest, und das Ergebnis ist, dass deine Kommunikationsfähigkeit dadurch erheblich gestört ist. Ein Mensch, der sich zu interessanten Themen immer nur ausschweigt, macht sich dadurch nicht sonderlich beliebt, das ist dir sicher schon aufgefallen.

Auch rein psychisch betrachtet ist diese Blockierung für dich nicht gut, weil du nur Eindrücke sammelst, sie aber nicht durch Ausdruck wieder herauslässt. Dein seelisch-geistiger Verdauungsprozess ist dadurch gestört, und du fühlst dich zu Recht nicht wohl in diesem Stauungszustand.

Du solltest also deinen geistigen Besitz loslassen und dein Wissen, deine Meinung und deine Erkenntnisse einfach verströmen, du solltest das Sperrventil öffnen und dich dem geistigen Ausdruck frei hingeben. Der erste Schritt besteht darin, dass du alles aufschreibst, was sich in der Zwischenzeit angesammelt hat. Du wirst feststellen, dass es eine große Erleichterung sein wird, wenn du dich dem Ausdruck hingibst. Der Widerstand, es auf Papier zu bringen, ist zunächst nicht so groß wie der mündliche Ausdruck gegenüber den Mitmenschen. Der menschliche Kontakt ist, wenn er reibungslos funktioniert, ein ständiges Geben. Wer seine Meinung sagt, wer sich ausdrückt, etwas erzählt, diskutiert, ein Thema weiterspinnt, der gibt etwas von sich selbst, er ist nicht geizig, sondern freigebig.

Der gesunde Lebensprozess ist ein Gleichgewicht von Eindruck und Ausdruck. In das seelische Gefäß strömt etwas ein, und kurz danach, mitunter fast gleichzeitig, fließt das Gefäß über und gibt wieder etwas ab. Du bekommst von außen viel Energie, sie fließt durch dich hindurch, du verarbeitest sie, und du gibst sie auf deine subjektive Weise als Ausdruck wieder ab. Wer viel bekommt, kann auch viel geben, vor allem ein intelligenter und kreativer Mensch.

Warum also zurückhalten? Wem nützt es, wenn du dich zurückhältst? Gehe jetzt ins Extrem, ströme über von Ausdruck, verströme dich, bis zur Erschöpfung, bis du innerlich eine Leere fühlst. Diese Leere weckt den Hunger nach neuen Erlebnissen, nach neuen Eindrücken. Je mehr du dich ausdrückst, umso leichter fließen neue Eindrücke nach, je mehr du also gibst, umso mehr bekommst du. Die Seele unterliegt nicht den engen Gesetzen der Ökonomie. Wenn du viel Geld ausgibst, strömt nicht automatisch mehr Geld nach. Wenn du aber im geistig-seelischen Bereich viel durch Ausdruck ‹ausgibst›, dann strömt umso mehr nach, weil ein lebendiger Prozess angeregt wird. Das sind für dich jetzt nur abstrakte Theorien, du musst deshalb selbst ausprobieren und überprüfen, ob ich Recht habe: Je mehr du dich ausdrückst, umso leichter und schneller kommen neue Eindrücke auf dich zu. – Du lebst intensiver, erfüllter und fühlst dich freier und glücklicher.»

«Vor meinen Mitmenschen habe ich meist Angst»
Franz, 34 Jahre, Maler und Graphiker, geschieden.

Franz: «Seit meiner Kindheit habe ich Angst vor meinen Mitmenschen. Ich hatte zwar immer Freunde, aber ich konnte mich nur anschließen und ungezwungen verhalten, wenn mir jemand bekannt und vertraut war. Die Angst vor anderen Menschen hat bis heute angehalten. Durch meine Arbeit als Maler und Graphiker kann ich mich einerseits gut in mein Atelier zurückziehen und alleine sein, aber wenn ich eine Ausstellung mache, dann muss ich an der Vernissage anwesend sein; das belastet mich jedes Mal fürchterlich.

Die Menschen gehen nach meinen Beobachtungen sehr roh und aggressiv miteinander um. Freilich, ich bin sehr sensibel, ist das ein Nachteil? Ich leide unter meiner Sensibilität.»

«Sensibilität heißt Empfindsamkeit, alles, was geschieht, aufmerksam und bewusst wahrzunehmen. Wer aufmerksam ist und sich selbst nichts vormacht, der erkennt hinter der Maske der Freundlichkeit die versteckte Aggression, den Neid und eventuell auch die Missachtung. Der Sensible mogelt sich nicht mit Verdrängung, Verleugnung und aufgesetzter Fröhlichkeit über diese Aggressionen und die Lieblosigkeit der Mitmenschen hinweg; er wird damit konfrontiert. Es entsteht Angst, und er hat verschiedene Möglichkeiten, hierauf zu reagieren. Du bist vor allem ein aufmerksamer Beobachter, du legst mehr Gewicht auf die Beobachtung als auf die Reaktion.»

Franz: «Ich beobachte und gehe in der Beobachtung auf, die dann entstehende Angst kann sich steigern bis zu einem inneren Entsetzen. Ich denke dann: Das ist doch nicht möglich, das kann doch gar nicht sein! Glücklicherweise habe ich meine Malerei, in der ich alles ausdrücken kann, was ich unter den Menschen empfinde. Ich reagiere mit Zeitverzögerung, zuerst staue ich alles in mir auf, und dann entlade ich mich in meinen Bildern, das erleichtert mich, macht mich mitunter richtig glücklich.»

«Warum fällt es dir schwer, einen Eindruck in der jeweiligen Situation sofort zu einem Ausdruck zu gestalten?»

Franz: «Weil ich mich dann sofort zur Wehr setzen müsste und weil dann Spannung, Missstimmung, vielleicht sogar Streit entstehen würden, und davor habe ich Angst. Ich will mich nicht immer wehren, ich suche Verständnis, eine gegenseitige Wellenlänge, und wenn ich die nicht finde, will ich nicht darum kämpfen. Ich glaube, mit Kampf und Aggression entsteht noch mehr Verwirrung und Distanz.»

«Es ist gut, die Mitmenschen aufmerksam und distanziert zu beobachten. Wenn du negative Aspekte wie Zynismus, Ironie, Aggression, Neid, Missverstehen, Missachtung beobachtest, also eine Abwehrhaltung oder schwächer ausgedrückt eine Distanzhaltung gegenüber deiner Person, dann solltest du dir bewusst sein, dass es sich hier um die Probleme deiner Mitmenschen handelt, dir gegenüber, also nicht um deine Probleme. Gut, die Ironie und Aggression richtet sich gegen dich, du wirst gemeint, du bist angesprochen, es wird eine Antwort von dir erwartet. Deine Antwort kann viele Gestaltungen annehmen, du kannst z. B. mit Distanz antworten, du gehst dann nicht auf eine Aggression ein, du bleibst innerlich ruhig und unberührt. Du kannst auch auf eine Aggression mit Gegenaggression antworten. Toulouse-Lautrec hörte in einer Ausstellung eine Dame sagen: Dieses Bild ist schamlos, die Frau zieht sich vor den Augen eines Mannes aus, der Mann schaut sie mit gierigen Augen an, wie kann ein Maler nur ein so unmoralisches Bild malen. Das Bild sollte entfernt werden. Toulouse-Lautrec antwortete sinngemäß: Madame, die Frau zieht sich nicht aus, sondern an. Der Mann im Hintergrund ist ihr Ehemann, mit ihm ist sie seit 20 Jahren verheiratet, und sie will heute Abend auf einen Ball gehen, nicht das Bild ist schamlos, sondern Ihre Phantasie. Nicht das Bild sollte entfernt werden, sondern Sie sollten die Ausstellung verlassen.

Das ist ein Beispiel für selektive Wahrnehmung, in die deine innere Einstellung einfließt. Wenn du das Prinzip der subjektiven Wahrnehmung begriffen hast, dann beobachtest du das Verhalten und die Ausdrucksweise deiner Mitmenschen ganz anders, du erkennst ihre Subjektivität. Wenn dir jemand aggressiv gegenübertritt, dann solltest du fragen: Warum ist er aggressiv? Nicht ich bin die Ursache dafür, ich als nach Liebe und Zuwendung der anderen verlangendes Wesen, sondern in ihm liegt die Ursache. Wenn jemand neidisch auf dich ist und dich deshalb versucht zu verkleinern, so liegt das Problem in ihm und nicht in dir. In seiner subjektiven Wahrnehmung bist du groß, und er wird neidisch auf dich. Du kannst dich verteidigen, du kannst dich z. B. klein machen und sagen: Es gibt keinen Grund, auf mich neidisch zu sein, auch ich habe Sorgen, auch ich bin manchmal traurig, auch ich arbeite hart, bis ein Bild schön ist, auch ich werde nicht von jeder Frau begehrt, die ich begehre.

Wenn du einem Menschen begegnest, der ein hinkendes Bein besitzt, lahmst du dann auch? Anhand dieses Beispiels leuchtet ein, dass es nicht richtig ist, vor dem Lahmen als Gesunder auch zu lahmen. Es ist absurd, dem Blinden gegenüber zu bekunden, dass auch du mitunter blind bist.

Wenn dir die Mitmenschen mit Lieblosigkeit und Aggression begegnen, ist das auch eine Behinderung, eine Störung, eine Krankheit, dann ist es nicht gut, wenn du dich auf die gleiche Stufe stellst, wenn du ihnen mit Lieblosigkeit und Aggression antwortest. Deine Angst vor den Mitmenschen ist auch die Angst, von ihnen auf ihre Stufe, die sie dir anbieten, gezogen zu werden. Diese Angst verstehe ich sehr gut. Wenn die anderen neidisch, aggressiv und lieblos sind, so willst du ihnen nicht neidisch, aggressiv und lieblos antworten. Du siehst zwar als Antwort auf eine Aggression die Gegenaggression, aber die Gegenaggression schreckt dich, also verkrampfst du dich, du bist gelähmt, weil dich zwei Pole hin- und herreißen, die Gegenaggression, die du verachtest, und die Liebe und Verständnisbereitschaft, die du in diesem Moment für deplatziert hältst. Die Spannung zwischen diesen beiden Polen lähmt dich, du bist fasziniert von der Beobachtung, also angezogen, und gleichzeitig abgestoßen, und dazwischen stehst du. Dich fasziniert der Ausdruck von Aggression, und er entsetzt dich zugleich.

Du entkommst dieser Lähmung nur durch Selbstbewusstsein, das heißt, dass du total und ohne jede Einschränkung zu dir selbst stehen musst. Wenn du dich unter die Mitmenschen begibst, dann sollte jede Angst aufhören. Solange du Angst hast, stehst du nicht völlig zu dir selbst. Wenn du dich ganz auf dich selbst konzentrierst, dir selbst vertraust, dann hört die Angst auf. Wenn du zu der Liebe zu deinen Mitmenschen stehst, wenn das wirklich deine Einstellung ist, dann kann dir Ironie, Zynismus, Neid und Aggression nichts mehr anhaben, dann zerfällt die Angst, dann kannst du vor dem Lahmen tanzen und vor dem Blinden von deinen Bildern schwärmen. Du sollst keine Angst vor deinen Mitmenschen haben, du sollst nicht auf ihre Probleme starren und sie dir zu Eigen machen. Wenn sie dich missachten, was hat das mit deiner Achtung für dich selbst zu tun? Frage nicht nach der Meinung der anderen. Wenn der Uninformierte dich nicht versteht, dann zieh dich nicht vor ihm zurück oder spiele ihm Uninformiertheit vor, damit er eine Verbindung und Wellenlänge zu dir entfalten kann, sei dem Uninformierten gegenüber informiert, sei dem Ängstlichen gegenüber mutig, sei dem Aggressiven gegenüber sanftmütig, sei dem Hassenden gegenüber einfühlsam und liebevoll, sei dem Blinden gegenüber sehend, sei dem Antiästheten gegenüber ästhetisch, sei dem Proleten gegenüber voll höflicher Freundlichkeit, stell dich nicht auf eine Stufe mit den Gestörten und Kranken, sei dem Depressiven gegenüber optimistisch und lebensfroh, sei dem Paranoiden gegenüber vertrauensvoll, sei dem Ängstlichen gegenüber voller Zuversicht, lass dich nicht von der Störung, von der Aggression und dem Neid der anderen aggressiv und neidisch machen, begegne dem Aggressiven nicht mit Kampf, begegne dem Beleidiger nicht mit Beleidigung, begegne dem Tauben nicht mit Taubheit, dem Atheisten nicht mit Verachtung von Religion, wenn du anders denkst und fühlst.

Du hast Angst vor deinen Mitmenschen, weil du sie beobachtest, aber nicht weißt, wie du richtig darauf reagieren sollst. Reagiere mit Selbstbewusstsein, reagiere mit deinem Ich. Habe den Mut, so zu sein, wie du bist, ohne etwas zu erwarten. Suche nicht ihre Anerkennung. Suche nicht die Anerkennung des Lahmen, wenn du tanzt. Suche nicht die Zustimmung des Verkrampften, wenn du frei und entspannt bist. Mach dich nicht kleiner, als du bist, vor dem Kleinen, und mache dich nicht größer vor dem Großen.»

«Ich möchte gut sein, ein Menschenfreund»
Kurt, 32, unverheiratet, abgebrochenes Philosophiestudium, Kerzenhersteller.

Kurt: «Ich habe Philosophie studiert, um die Menschen besser zu verstehen, aber das Studium war mir zu theoretisch. In mir steckt auch ein Praktiker, eine handwerkliche Begabung, und deshalb habe ich mich als alternativer Handwerker selbständig gemacht. Ich bin ein Aussteiger aus der bürgerlichen Gesellschaft, Konsumgüter und Leistung sind mir unwichtig. Ich möchte mich als Individuum selbst verwirklichen, das Wichtigste ist mir hierbei, ein guter Mensch zu sein, ein Humanist und Menschenfreund, also den Mitmenschen helfen, für sie da sein, ein offenes Ohr für ihre Probleme haben. Ich möchte die Liebe und das Gute verwirklichen, nicht studieren, was Liebe und das Gute sind, sondern beides praktisch leben.»

«Warum suchst du das Gespräch, was ist dir unklar?»

Kurt: «Mein Ziel ist mir klar, aber ich entdecke, dass sich das Gute so schwer verwirklichen lässt. Niemand glaubt mir, man misstraut mir, außerdem wird mein Bestreben nach dem Guten als Schwäche ausgelegt.»

«Du musst dir darüber klar werden, dass der Eigennutz, der materielle Egoismus, der Neid, die Eifersucht, die Aggression und der Kampf in unserer Gesellschaft die Regel sind.»

Kurt: «Das ist mir bewusst. Ich bin auch aus diesem Grund ein Aussteiger, weil man nur anders sein kann, wenn man von Grund auf ein anderes Leben führt. Da mich die Mitmenschen nicht ernst nehmen und mein Verhalten als Schwäche interpretieren, frage ich mich, ob ich vielleicht wirklich schwach bin und das Gute suche, weil mir für das Böse die Stärke oder der Mut fehlt. Vielleicht gehe ich den einfacheren Weg. Ich bin unsicher geworden.»

«Deine Unsicherheit ist verständlich. Was heißt gut sein, und was ist böse? Was ist die Natur des Menschen? Ist er geboren, um gut zu sein, oder ist er zwangsläufig gut als auch böse, oder ist er von Grund auf böse? Das sind schwierige Fragen. Wenn du das Verhalten beobachtest, wenn du siehst, wie die Menschen miteinander umgehen, wie sie sich gegenseitig betrügen und austricksen, wie sie sich gegenseitig ärgern und zu unterdrücken versuchen, dann überwiegt das Böse in der Realität. Wenn du nach den Ursachen fragst, stellst du fest, dass Angst dahinter steht, die Angst zu unterliegen, der Schwächere zu sein, besiegt zu werden; also wollen sie Stärke zeigen, um durch Stärke ihre Angst zu besänftigen. Die Menschen sind, wenn du dich umschaust, voller Angst, Ärger und Aggression, sie versuchen das zu verbergen, sie wollen nicht direkt zeigen, dass sie Angst haben, verärgert sind und Aggression aufgestaut haben – aber in ihrem Verhalten, in ihrer Sprache, in der Art, wie sie Kontakte aufnehmen, können sie ihre seelische Verfassung gegenüber einem genauen Beobachter nicht verbergen. Sie lauern ständig auf eine Gelegenheit, ihrem Ärger und Aggressionsbedürfnis Luft zu verschaffen, mitunter nur durch eine schnell dahingesagte ‹böse Bemerkung›, die den anderen treffen soll, ohne dass direkt großes Aufsehen erregt wird; blitzschnell wird ein kleiner, spitzer Pfeil abgeschossen, die Mimik wird kurz angespannt, aber sofort erscheinen wieder ein Lächeln und ein freundliches Gesicht.

Das Böse ist in vielen Kleinigkeiten in jedem Moment allgegenwärtig. Ein sensibler, sehender und hörender Mensch, wie z. B. du, nimmt es ständig wahr.

Wenn du bei dir selbst Ärger und Aggression erkennst, dann wird dir die Ursache des Bösen in dir selbst bewusst. Du kannst diese Emotionen als böse ablehnen und dich theoretisch zum Guten bekennen und diese Theorie auch praktisch zu verwirklichen versuchen, wenn du dich dabei anstrengst, dir Mühe gibst, dann schaffst du es sicherlich einige Zeit, das Gute zu tun und Angst, Aggression und Ärger niederzuhalten.

Die anderen werden deine Güte testen, sie werden sagen, es sei Schwäche und dich damit verunsichern, denn du fühlst selbst, dass das nur intellektuell herbeigewünschte Gute Schwäche ist, solange du durch das Gute nach Anerkennung suchst.

Der Durchschnittsmensch macht es sich erst gar nicht so schwer, er nimmt sich nicht vor, ein guter Mensch, ein Menschenfreund zu sein, er versucht, der Stärkere zu werden und schöpft daraus sein Selbstgefühl und seine Selbstachtung. Du suchst Selbstachtung, Beachtung und Anerkennung von deinen Mitmenschen durch Gutsein. Das ist der schwerere Weg, sofern du dein Inneres verleugnest, denn du betrügst dich dann selbst und auch die anderen. Eine aufgepfropfte Güte ist keine wirkliche Güte.

Wenn du also wirklich gut sein willst, musst du tiefer gehen. Der Mensch ist von Natur aus nicht böse, er ist allerdings böse geworden durch die Gesellschaft, in die er hineingeboren wurde, durch den Erziehungsprozess, der in ihm Angst, Wut und Aggression erzeugt hat. Wenn du also gut werden willst, musst du dich auf deine Angst, Wut und Aggression besinnen, dich diesen inneren Kräften und Energien zum Bösen stellen. Erkenne deine eigene Angst, Wut und Aggression. Du hast Angst vor deiner Angst und vor deiner Aggression, du spürst, dass in dir zerstörerische Kräfte am Werk sind, dass das Böse in dir ist – du kannst nicht durch einen Willensakt dieses Böse aus der Welt schaffen und jetzt schnell gut sein. Finde zunächst einmal heraus, wovor du Angst hast, was dich wütend macht und wann du Aggression in dir aufsteigen fühlst.»

Kurt: «Ich habe Angst, nicht anerkannt zu werden. Ich suche nach Liebe und Zuneigung anderer, und es macht mich wütend, wenn das nicht eintrifft. Ich habe Angst davor, von der Frau, mit der ich zusammenlebe, nicht geliebt zu werden, wie mich meine Mutter liebte.»

«Es ist sehr gut, dass du diese Angst aussprichst, dass sie dir bewusst geworden ist. Du erwartest Anerkennung und Liebe; solange du das erwartest, wirst du von der Angst nicht loskommen, und du kannst nicht gut sein, sosehr du das auf theoretisch-philosophischem Weg auch versuchen magst. Die Theorie ist richtig, aber der Weg zu ihrer Verwirklichung war bisher falsch, denn du hast dich angestrengt, dich beherrscht und angespannt und doch dein Ziel nicht erreicht.

Lass alle Anstrengung los, konzentriere dich nicht auf das Gute, sondern erkenne deine Angst, also das Problem Anerkennung und Liebe. Du erhältst keine Anerkennung und Liebe durch deine Willensanstrengung zum Guten.

Überprüfe deine Erwartung. Brauchst du wirklich Anerkennung und Liebe? Du wirst sagen: Jeder Mensch braucht Anerkennung und Liebe. Aber was geschieht, wenn du nicht erhältst, was du angeblich brauchst? Du stirbst nicht davon, du wirst feststellen, dass du auch ohne Anerkennung und Liebe leben kannst, du machst dich frei davon, du lässt das Streben danach einfach fallen, du löst dich davon, weil du es nicht brauchst. Ich sage damit nicht, dass Anerkennung und Liebe etwas Unnötiges sind, sie sind schön, wenn sie da sind, aber du solltest nicht danach streben und sie nicht festhalten, wenn sie eintreten, du sollst nicht gierig werden nach Anerkennung und Liebe, nur dann hört die Angst auf und die negativen Folgen, die mit der Angst verbunden sind.

Wenn du nicht nach Anerkennung und Liebe strebst, dann ist dein Verhalten näher beim Guten. Das Gute ist nicht gut aus Angst, es strebt nach keinem psychischen Lohn wie Anerkennung oder Liebe. Wenn du frei bist von Angst, Wut und Aggression, dann ist das Gute rein und klar und über jede Kritik erhaben, dann geschieht es nicht aus Schwäche, denn dann bist du frei. In dieser inneren Freiheit liegt Stärke, ohne dass es eines Beweises der Anerkennung und Liebe bedarf. Die Entfaltung des Guten allein ist wichtig, ungestört durch ein ängstliches Streben nach Anerkennung vor Menschen oder Gott.»

«Warum bin ich so eifersüchtig?»
Claudia, 34 Jahre, geschieden, Sachbearbeiterin.

Claudia: «Ich bin geschieden und lebe zurzeit unverheiratet mit einem Mann zusammen. Ich ließ mich scheiden, weil mein Mann sexuelle Seitensprünge machte, obwohl er sagte, dass er mich liebte. Ich konnte diesen Vertrauensbruch jedoch nicht ertragen, ich habe ihm nachspioniert, er fühlte sich eingeengt, und es gab immer häufiger Streit. Nun glaube ich, beginnt das Gleiche wieder von vorne, mein Freund möchte einmal in der Woche alleine ausgehen, allein oder mit Freunden. Ich bin sicher, dass er dann mit anderen Frauen flirtet. Wenn ich mit ihm ausgehe, beobachte ich, dass er hübsche Frauen anschaut und sie manchmal auch anlächelt. Er beruhigt mich, wenn ich mich dann aufrege, mit Beschwichtigungen wie: Das zeigt doch nur, dass ich ein aufgeschlossener, offener Mensch bin. Warum soll ich meine Sympathie für andere Menschen verbergen?»

«Du verurteilst nicht seine Kontaktoffenheit, sondern du fühlst dich in diesem Moment nicht mehr als Einzige, es wird dir bewusst, dass der Zufall euch zusammengeführt hat und dass eure Beziehung labil ist, nichts Festes, nichts unumstößlich Garantiertes. Glaubst du, dass dein Freund dich liebt?»

Claudia: «Ich bin sicher, dass er mich sehr gerne hat und sich mit mir wohl fühlt, wir haben nie Streit, außer wenn ich eifersüchtig bin. Sexuell verstehen wir uns gut, aber ich habe den Eindruck, dass er neuen sexuellen Erfahrungen wie Gruppensex mit meiner Freundin und mir nicht abgeneigt wäre. Ich glaube, er traut sich nicht, das mir gegenüber offen einzugestehen.»

«Er spürt sicherlich, dass das für dich aufgrund deiner Eifersucht niemals in Betracht kommen würde.»

Claudia: «Er spürt es wohl und hat Angst davor, unsere Beziehung zu gefährden.»

«Du solltest mit deinem Freund ein Vertrauensverhältnis aufbauen, damit er die Angst abbauen kann, dir seine Vorstellungen, Wünsche, Ideen und Probleme zu erzählen. Es ist nicht gut, mit einem Menschen zusammenzuleben, dem man etwas verbergen muss, das fördert innere Anspannung und Aggression. Das Problem der meisten Partnerschaften liegt nicht in der einseitigen Eifersucht des einen, meist sind beide eifersüchtig. Dein Freund wäre genauso eifersüchtig, wenn du ungeniert in seiner Gegenwart mit anderen Männern flirten würdest.

Das Problem der Partnerschaft liegt darin, dass aus einer Liebesgemeinschaft sehr schnell eine Wirtschafts- und Lebensgemeinschaft wird, die sich einspielt und verfestigt. Am Anfang einer Liebesbeziehung besteht großer Respekt vor dem anderen, der Partner wird in seiner Fremdheit und Individualität akzeptiert und begehrt. Hat er in dieser Anfangsphase noch eine Freundin, wird das toleriert, das steigert nur umso mehr das Begehren, diesen Mann zu erobern, um ihn exklusiv zu besitzen. Ist diese Exklusivität erreicht, wird die Beziehung meist schon wieder ein bisschen langweilig, wenn man sich nicht auf geistig-seelischem Gebiet viel zu geben hat.

Wenn man den anderen in Besitz genommen hat, möchte man diesen Besitz festhalten, denn man glaubt, man hätte jetzt ein Recht dazu. Wenn der Partner nicht darauf eingeht, dann trennt man sich, und das gleiche Spiel beginnt erneut.

Die meisten haben nicht die seelische Reife, einen anderen Menschen, ohne Ansprüche zu stellen, zu lieben. Wir wollen ihn besitzen und auf keinen Fall loslassen. Wenn du das Problem Eifersucht bewältigen willst, wenn du es wirklich willst und nicht nur ein Trostpflästerchen suchst, dann musst du bereit sein, seelisch zu reifen, einen schmerzlichen Wachstumsprozess zu bejahen. Du musst dir darüber klar sein, dass du niemand besitzen kannst und dass Liebe kein Prozess des Besitzens ist. Liebe ist etwas Lebendiges, etwas, das nicht in einen Käfig gesperrt werden kann, du kannst Liebe nicht konservieren. Die Liebe zu deinem Freund ist lebendig im Wandel: Mal ist sie stärker, ein andermal ist sie schwächer, sie hat sich verflüchtigt, und du fragst dich, ob du wirklich liebst oder ob nicht alles Einbildung war, weil du jetzt nichts davon fühlst. Ich sehe dir an, dass du verstehst, was ich meine.

In Vertrautheit entsteht Freundschaft, Kameradschaft, Geborgenheit, das ist die Stärke der Vertrautheit. In Abstand und Fremdheit aber entsteht Liebe und das Bedürfnis nach Zuwendung, das ist die Stärke des Abstands. Nähe und Abstand, Vertrautheit und Fremdheit müssen miteinander abwechseln. Du darfst den Menschen, den du liebst, niemals in Besitz nehmen;

wenn du das seelisch-geistig erkennst, dann wirst du reifer für Liebe und Partnerschaft. Nähe und Vertrautheit strebst du an, aber Abstand und Fremdheit willst du vermeiden, das ist für dich zu schmerzlich. Du solltest durch diese Schmerzen hindurch und erkennen, dass sie zur Liebe gehören.

Wie du nach Nähe strebst, genauso solltest du auch nach Trennung und Fremdheit streben. Wehre dich nicht gegen diesen lebendigen Vorgang, sondern gehe mit ihm. Wenn sich dein Freund von dir entfernt, dann lass ihn sich entfernen, akzeptiere diese Phase, er braucht Abstand, um dich wieder mit neuen Augen zu sehen. Auch du brauchst diesen Abstand, bleibe immer du selbst, versuche dich nicht deinem Freund anzupassen, verwirkliche dich selbst, richte dein Leben nicht nach ihm aus, sondern nach dir, das ist ganz natürlich und richtig.»

Claudia: «Aber das ist nicht die Regel. Normalerweise macht ein Paar doch alles gemeinsam.»

«Schau nicht auf die ‹Norm› und darauf, wie es die anderen machen. Paare, die alles gemeinsam machen, das zeigt die Praxis, sind gelangweilt, sie werden zu Freunden, zu Kumpeln, aber von der Liebe, die einmal entflammte, ist nicht mehr viel übrig. Betrachte die Paare in deinem Bekanntenkreis kritisch und ohne romantische Sentimentalität; beurteile die Paare an der Liebe, die sie als Paar ausstrahlen, und nicht an der Kumpelgemeinschaft, die sie dir vorführen. Wenn dir die Liebe wichtig ist, dann hüte dich vor der zu großen Vertrautheit und Geborgenheit des sich gegenseitig Inbesitznehmens.

Die meisten suchen Geborgenheit und Sicherheit in einer Wirtschaftsgemeinschaft, sie wollen das alles besitzen, aber sie wissen nichts von der Liebe. Sie sagen dir vielleicht, sie seien zufrieden, aber Liebe ist diese Art Zufriedenheit nicht. Wenn du sie in Diskussionen hierüber verwickelst, dann weichen sie aus, sie erzählen von ihren Plänen, von ihrem Haus, das sie bauen wollen, von dem Urlaub, den sie planen, aber nichts von Gefühlen der Liebe.

Ich sage dir das, weil ich glaube, dass du die Liebe suchst, dass dir das das Wichtigste ist, und dir deine Eifersucht dabei im Weg steht. Die Eifersucht hört auf, wenn du dich auf dich selbst besinnst, wenn du durch die Schmerzen des anfänglichen Alleinseins hindurchgehst, wenn du dazu stehst, dass du du bist und die anderen dir fremd sind. Wenn du durch diesen dunklen Tunnel gehst, steht deine eigene Eigenheit und die Fremdheit deines Freundes in seiner Eigenheit in strahlendem Licht, und die Liebe wird möglich. Halte die Liebe niemals fest, nicht in dir und nicht in ihm, lass ihn gehen und gehe du, und wenn ihr euch trefft, dann ist die Freude wirkliche Freude. Diese Freude kannst du nicht konservieren, sie ist eine Sache der Gegenwart. Sei glücklich, wenn du die Fremdheit zur Nähe umwandelst, aber sei dir bewusst, dass du diese Nähe nicht in ein Aquarium sperren kannst. Die Liebe stellt sich nicht pünktlich um 19.00 Uhr ein, wenn dein Freund nach Hause kommt, wie bei einem Bahnwärter, der sicher sein kann, dass um 19.00 Uhr der Zug durchkommt.»

Claudia: «Also kann ich nicht sicher sein, dass er mich liebt?»

«Er liebt dich nicht dann, wenn du es erwartest, weil er von dir unabhängig ist, er liebt dich vielleicht gerade dann, wenn du es nicht erwartest, und du liebst ihn, wenn er mit etwas ganz anderem intensiv beschäftigt ist. Das sind die Tatsachen, man kann sie nicht ändern. Vertraue darauf, dass der Augenblick immer wieder kommt, an dem ihr euch in Nähe findet, wenn die Fremdheit überwunden wird, aber mach kein Problem daraus.»

«Ich habe zu wenig Selbstsicherheit»
Elvira, 32 Jahre, geschieden, Konstruktionszeichnerin.

Elvira: «Ich möchte mehr Selbstbewusstsein besitzen, möchte von anderen nicht so leicht verunsichert werden. Ich habe bisher viel versucht, war in einer Gruppentherapie, auf einem Rhetorikseminar, erlernte Joga und autogenes Training. Das alles hilft ein bisschen, auf seine Art; z. B. durch die Gruppentherapie lernte ich zu verstehen, dass die Mitmenschen alle auch ihre Probleme haben, nicht nur ich. Das Rhetorikseminar verbesserte meine mündliche Ausdrucksfähigkeit, durch Joga fühle ich mich frischer, und durch autogenes Training wurde ich ruhiger und spannungsfreier. Aber meine Selbstsicherheit ist nicht gewachsen.»

«Jede Methode, die du aufzähltest, hat ihren Sinn, sie bietet eine Möglichkeit, sich selbst besser kennen zu lernen. Es gibt keine Spezialmethode, die umfassend nur die Selbstsicherheit aufbaut und stärkt. Selbstsicherheit ist ein eigenartiges Phänomen, du kannst dir nicht mit dem Willen befehlen: Jetzt bin ich selbstsicher! Je mehr du es mit dem Willen versuchst, umso mehr verkrampfst du dich, und du erreichst das Gegenteil, du wirst innerlich noch angespannter, unspontaner und unsicherer, weil du dich über diesen inneren Zustand nicht mit aufgesetzter Fröhlichkeit oder Selbstsicherheitsgehabe hinwegmogeln kannst. Auch wenn du anderen Selbstsicherheit vorspielst und sie sich vielleicht von dir täuschen lassen, kannst du aber dir selbst nichts vormachen, denn es ist dir hinter der Maske bewusst, dass du spielst, dass dein äußeres Verhalten nicht mit deiner inneren Verfassung in Einklang steht. Du kannst diese Tatsache verdrängen, verleugnen oder rationalisieren, aber sie wird nie gänzlich ausgelöscht, sie wird dir immer wieder deutlich, z. B. in Situationen, die du nicht erwartet hast, beim Erwachen nach einem traumreichen Schlaf oder beim Wandern in der Natur.

Die Selbstsicherheit hat etwas mit der Einstellung zu sich selbst zu tun. Wenn du glaubst, dass du nicht liebenswert, intelligent, tüchtig, schön, wortgewandt usw. bist, dann achtest du darauf, wie deine Mitmenschen auf dich reagieren. Jedes Mal, wenn jemand an deiner Intelligenz Kritik übt, verstärkt sich deine intellektuelle Unsicherheit, du achtest zu sehr darauf, wie deine Intelligenz ankommt, das ist der Fehler, die Intelligenz wird zu einem wunden Punkt, sie wird überbewertet, und vorbei ist es mit der Sicherheit.

Umgekehrt geht es jemand, der bezüglich seiner Intelligenz ein gutes Selbstbewusstsein besitzt, der sich also für besonders intelligent hält; er wird seine Intelligenz den Mitmenschen besonders darstellungsbewusst präsentieren und immer wieder Bestätigung und Anerkennung durch Neid, Schweigen oder Zustimmung suchen. Eine Kritik an seiner Intelligenz wird er nicht beachten, sie nicht für wichtig halten, denn er ist ja besonders überzeugt von sich.

Beides verfälscht die Wahrnehmung, die Meinung, man sei beachtenswert intelligent, und auch die Meinung, man sei dumm. Weder eine betonte Selbstsicherheit ist gut, noch eine schwache Selbstsicherheit. Du solltest dir über deine Selbstsicherheit überhaupt keine Gedanken machen, sondern einfach nur so sein, wie du im Moment bist. Du solltest dir deiner selbst bewusst sein, das ist Selbstbewusstsein. Selbstbewusstsein ist mehr als Selbstsicherheit.

Wenn du dir eine Meinung von dir gebildet hast, dass du z. B. nicht intelligent genug seist, dann wirst du auf die Reaktionen deiner Mitmenschen mit der Angst starren, dass sie dich nicht für intelligent genug halten, und du wirst deshalb auch oft das, was du beobachtest, subjektiv verfälschen. Wenn jemand zu dir sagt: ‹Ich denke ganz anders über dieses Problem›, dann wirst du sofort erschreckt glauben, es würde auf versteckte Weise an deinem Intelligenzgrad Kritik geübt. Die Folge ist, dass du dich entweder getroffen in dich selbst zurückziehst oder partout Recht behalten willst, du wirst deinen Standpunkt vehement verteidigen, versuchst mit vielen Argumenten deine Meinung zu begründen und zu begründen, bis der andere dir genervt Recht gibt, ohne wirklich überzeugt zu sein, er hat eben nach wie vor eine andere Meinung, das hat nichts mit Intelligenz zu tun.

Innere Selbstsicherheit entsteht erst dann, wenn du aufgibst, nach Selbstsicherheit zu streben, wenn du dich mutig zu dir selbst bekennst und einfach so bist, wie du bist. Streben nach Selbstsicherheit ist ein ständiger Kampf, ein ständiges Lauern und Ringen um Sieg oder Niederlage, weil du dich ständig selbst bewertest und auf die Bewertung der Mitmenschen achtest.

Bewerte dich nicht mehr nach Maßstäben von Wert und Unwert, Leistung oder Minderleistung, nicht nach Idealen. Du brauchst überhaupt keine zur Schau gestellte Selbstsicherheit, um glücklich zu werden, du kannst ruhig auch unsicher sein. Schau dir die Kinder an, die in freier Natur mit freier Erziehung aufwachsen, sie wissen nichts über Religion, Philosophie, Psychologie, Kunst, Politik, Wirtschaft, Emanzipation, sie sind keine klugen oder wissenden Gesprächspartner im Sinne eines Erwachsenenmaßstabs, und doch sind sie sich ihrer selbst faszinierend sicher, auch wenn sie sich ängstigen. Das Kind macht sich keine Gedanken über seine Selbstsicherheit, denn es lebt einfach, es geht in seiner Spontaneität voll und lebendig auf, es ist natürlich. Kinder besitzen Selbstbewusstsein, sie sind mal sicher, mal unsicher, ohne sich hierüber Gedanken zu machen, sie gehen einfach im Augenblick auf, sie wollen nichts Besonderes sein. Sie sind nicht unsicher im Sinne von gehemmt, sondern unschuldig. Sie zucken nicht schuldbewusst zusammen, wenn sie etwas nicht wissen, sie sind dann einfach nur interessiert und neugierig. Sie lernen durch die Faszination des Augenblicks, für sie ist etwas Neues kennen zu lernen schön, etwas nicht zu wissen ist gleichfalls schön, mitunter sogar noch schöner, weil es die Sinne, die Wachsamkeit, das Interesse aufweckt. Das Kind ist neugierig, es möchte durch alles angeregt und geweckt werden. Wachsein heißt etwas erfahren, etwas lernen, etwas Neues mit Staunen und Unschuld aufnehmen, das ist Selbstbewusstsein.

Ein Kind achtet nicht auf seine ‹Schönheit›, es hat noch keinen Geschmack und keine ästhetischen Ideale. Erst mit dem Eintritt in die Pubertät achtet der Jugendliche auf seine äußere ‹Schönheit› oder ‹Hässlichkeit›; er orientiert sich an den Geschmacksmustern und Moden der Erwachsenenwelt, er strebt danach, ein Ideal zu erreichen, und damit beginnt die Unsicherheit, die Gehemmtheit, er fällt aus dem unschuldigen Selbstbewusstsein plötzlich heraus, wird rot und verkrampft sich innerlich, fühlt sich von allen angestarrt, aufgewertet oder abgewertet. Der Jugendliche fällt aus seinem Selbst heraus, er achtet auf die Außenwelt, fühlt sich gespiegelt von den Mitmenschen und verliert dadurch seine Spontaneität und Unschuld – er verliert das seelische Paradies seiner Kindheit. Das Paradies ist unschuldiges Sein, einfach nur Bewusstsein und hemmungsloses Aufgehen in diesem Bewusstsein. Die meisten Erwachsenen bleiben nach dem Abschied aus der Kindheit für immer gestört, sie finden in das seelische Paradies nicht mehr zurück.

Du strebst nach Selbstsicherheit, das ist nur möglich, wenn du in den seelischen Bewusstseinszustand eines Kindes zurückgehst. Dieser Weg ist dem Erwachsenen keineswegs verschlossen. Nur, du darfst nicht die üblichen Trainingsmethoden anwenden, die fast alle aus der Erwachsenenmentalität entspringen. Der Erwachsene versucht es mit Logik und Intelligenz; mit intellektuellen Tricks findest du den Weg nicht.

Du musst wieder auf dich selbst vertrauen, wie ein Kind. Vertraue dir und dem Augenblick, bleibe innerlich ruhig, still und unschuldig, und du fühlst dich sicher und geborgen. Sobald du im psychischen Bereich etwas willst, weicht es zurück, du kannst es nicht erreichen. Man kann wollen, dass das Auto repariert wird, dass im Zaun ein Pfahl ausgewechselt wird, im materiellen Bereich kann man planen, Ziele setzen, etwas anstreben, nicht jedoch im seelischen Bereich. Hier heißt es zu vertrauen, nichts wollen und anstreben, damit sich der innere Reichtum entfalten kann und seelisches Wachstum angeregt wird. Dein seelisches Wachstum ist mit Eintritt in die Pubertät stehen geblieben, weil du Selbstsicherheit erzwingen wolltest, du hast dich dadurch selbst behindert. Du weißt viel mehr als ein Kind, dein Kopf ist voll von Dingen, die ein Kind nicht kennt, denn du bist erwachsen, aber bezüglich des Selbstbewusstseins ist dir ein

Kind überlegen. Du musst an diesem Punkt wieder anknüpfen, an dem du dein Selbstbewusstsein verloren hast, an dem die kindliche Seele gestört wurde, weiterzuwachsen. Die Nachreifung ist möglich, aber nicht durch autogenes Training, Joga oder Rhetorikkurse. Du musst vor allem wieder spontan und natürlich werden – es gibt keinen Kursus und kein Trainingsseminar, das dir Spontaneität oder Natürlichkeit antrainieren könnte. Du musst selbst die gespeicherten Wertmaßstäbe aus deinem Gehirn hinauswerfen, den Plunder als Plunder erkennen. Wenn du frei bist von äußerer und innerer Bewertung, wird der Blick auf dein Selbst frei – du wirst ohne Anstrengung ganz von selbst selbstbewusst.»

«Ich glaube, ich träume zu viel»
Manfred, 33 Jahre, unverheiratet, Dozent für Psychologie an der Universität.

Manfred: «Ich schreibe die Träume, die mir morgens noch einfallen, alle in ein Traumtagebuch. Ich habe erkannt, dass meine Träume meine Konflikte in verschlüsselter Form wiedergeben. Meine Träume sind Angstträume, Aggressionsträume und auch Wunschträume. Die eigene Deutung meiner Träume hilft mir jedoch nicht weiter, denn ich entdecke in ihnen nur die Probleme, die ich auch im Wachzustand habe. Eine Lösungsmöglichkeit geben sie mir nicht.»

«Träume sind die Fortsetzung der Realität, nur auf einer anderen Ebene, eben auf der Traumebene. Das Gehirn und Nervensystem schaltet im Schlaf nicht ab, auch das Herz schlägt weiter, und die Atmung setzt sich automatisch fort, so bleiben auch der Geist und die Seele im Schlafzustand weiter aktiv. Die Sinne nehmen im Schlaf weniger auf, die bewusste Wachheit der Sinne ist abgeschaltet, aber Seele und Gehirn sind nach wie vor aktiv, es steigt das auf, was dich belastet und was du dir wünschst, Unerledigtes arbeitet weiter, es ist ein Gestaltungsprozess, der offene Kreis drängt danach, sich zu schließen.»

Manfred: So weit ist mir alles klar. Ich komme zu dir, weil du als freiberuflicher Psychologe außerhalb des Universitätsbetriebes arbeitest, und weil du, das geht aus den Büchern hervor, kein Anhänger der Freud'schen Traumtheorie bist. Die psychologische Traumforschung ist in der Zwischenzeit nicht viel weitergekommen, es gibt zwar einige neue Erkenntnisse der Gehirnphysiologen, aber das hat mit tiefenpsychologischer Traumdeutung nichts zu tun. Ich versuchte mich in der Vergangenheit über meine Traumwelt besser kennen zu lernen, meine Tiefen zu erfahren, aber hier hilft mir die Freud'sche Theorie nicht weiter, deshalb hoffe ich vielleicht von dir mehr hierüber zu erfahren.»

«Ich habe nichts gegen Träume und schon gar nichts gegen die Meditation über Trauminhalte, du solltest ruhig damit fortfahren, ein Traumtagebuch zu führen. Das Traumtagebuch ist jedoch nicht der einzige Weg zu dir selbst. Du solltest dich vor allem dann erkennen, wenn du wach bist, also in Bewusstheit. Versuche nicht nur, zu dir zu finden, indem du das Unterbewusste in dir ausfindig machen willst, sondern auch durch Bewusstsein im Wachbewusstsein. Wichtiger noch als das Unterbewusste ist das Bewusste. Seit Sigmund Freud, Alfred Adler und Carl Gustav Jung starrt die Psychoanalyse und Tiefenpsychologie zu sehr auf das Unterbewusste und Unbewusste. Freuds Entdeckung ist eine großartige Leistung, sie soll nicht verkleinert werden oder gar geringschätzig als unwichtig abgetan werden. Es ist sinnvoll, auch das Unterbewusste in sich selbst zu erkennen, es aufsteigen zu lassen, und zwar dann, wenn das Bewusstsein hellwach ist. Werde zuerst bewusst, damit das aufsteigende Unterbewusste von dir betrachtet werden kann.

Das Unbewusste (im Gegensatz zum Unterbewussten) bleibt unbewusst, das Unbewusste kann nicht ins Bewusstsein aufsteigen, denn dann ist es nicht mehr unbewusst. Das Unbewusste sollte unbewusst bleiben. Es ist Zeitverschwendung, ins Unbewusste vorstoßen zu wollen, um dadurch etwas zu gewinnen, um sich selbst dadurch näher zu kommen. Kümmere dich also nicht um das Unbewusste, lass es ruhen, denn alle Mühe und Anstrengung wäre umsonst.

Das Allerwichtigste ist Bewusstheit. Die meisten Menschen sind auch, wenn sie wach sind, nicht bewusst. Wenn du etwas automatisch machst, dabei mit deinen Gedanken ganz woanders bist, dann bist du nicht bewusst. Ein drastisches Beispiel: Wenn du dich mit deiner Freundin der Sexualität hingibst, aber dabei an die Lösung eines intellektuellen Problems oder an deine Steuererklärung denkst, dann bist du nicht voll bewusst. Die meisten Menschen sind nur selten ganz bewusst; sie träumen, während sie durch die Straßen gehen, sie sind nicht wirklich hellwach. Das Sexbeispiel zeigt, wie wichtig Bewusstheit ist. Wenn du nicht das, was du tust und erlebst, bewusst erlebst, dann stimmt etwas nicht, dann gehst du als Traumwandler durch die Welt, du hörst nicht die Geräusche, du siehst nicht, was geschieht, du bist nicht völlig bei Sinnen. Das ist Verrücktheit, wenn du träumst, bist du ‹verrückt›, entzückt, von der Realität weggerückt.

Wenn du vor dich hin träumst, also deinen Gedanken und Phantasiebildern nachhängst, siehst du nicht, was um dich herum wirklich geschieht, denn du bist nicht sensitiv, du bist nicht aufmerksam, also nicht bewusst, und du erkennst eine Gefahr nicht rechtzeitig, denn du bist realitätsabgewandt, nach innen gewendet, du bist introvertiert, wenn Extraversion erforderlich wäre.

Alles muss zu seiner Zeit erfolgen. Wenn du wach bist und handelst, dann ist die Zeit der Sensitivität und Extraversion, wenn du zu Hause in deinem Sessel sitzt und die Tagträume auf dich einstürmen, wenn du meditierst, dann ist die Zeit der Introversion, und wenn du schläfst, dann ist die Zeit des Traums.

In der Zeit, in der du handelst und wach bist, solltest du bewusst sein, kümmere dich dann nicht um Tagträume. Du findest nicht im Traum zu dir selbst, sondern in der Phase der Bewusstheit. Wenn du die Bewusstheit voll ausschöpfst, dann nehmen die Tagträume ab, und die Nachtträume verlieren für dich an Bedeutung.

Was du bist, bist du in Bewusstheit, das ist das reale Leben, die Nachtträume sind nur eine verzerrte Widerspiegelung des Tages. Die Eindrücke des Tages begegnen dir in der Traumwelt. Sind die Tageseindrücke bewusst, dann verändern sich die Nachtträume, sie verlieren z. B. ihren Angst- und Wunschcharakter. Ein bewusster Mensch braucht z. B. weniger Schlaf, und seine Träume sind unbelasteter. Ein unterbewusster Mensch, der am Tag viel vor sich hin träumt, braucht auch nachts viel Schlaf; er ist immer müde, er lebt mehr in seinen Träumen als in der Wirklichkeit.

Ich habe nichts gegen das Hinhören auf die eigenen Gedanken, auf die Bilder, Geräusche und Erinnerungen, die im Gehirn produziert werden, wenn es bewusst erfolgt. Schau ganz bewusst auf deine Tagträume, betrachte sie dir hellwach, und du wirst sehen, dass sie sich auflösen. Bewusstes Tagträumen, das ist eine Form von Meditation. In der Meditation löst sich der Traum auf, und du wirst auf die Realität verwiesen. Meditation ist *Tagtraumauflösung* durch Bewusstheit, deshalb ist Meditation so gesund und erfrischend. Unbewusstes Tagträumen ist dagegen nicht erfrischend, du schläfst darüber ein, du döst nur vor dich hin, eingelullt in der Wärme deiner sich im Kreis drehenden Gedanken. Deshalb darf man Grübeln nicht mit Meditation verwechseln. Wer grübelt, dreht sich im Kreis; wer meditiert, wird dagegen wach und bewusst, er betrachtet, was das Gehirn und die Seele produzieren, das ist ein Unterschied, er beobachtet klar und frisch, was in ihm hochsteigt, er beobachtet es wie eine Blume auf der Wiese, es ist für ihn ein Gegenstand. Der Tagträumer und Grübler beobachtet nicht hellwach, er döst vor sich hin, er erkennt nicht, er ist dumpf und stumpf, weil er sich selbst gegenüber nicht bewusst ist. Er ist ein steuerloses Schiff, das von den Wellen hin- und hergeschaukelt wird, weil niemand da ist, der die Richtung erkennt.

Der Traum ist ein Stück Realität, das du ganz bewusst betrachten kannst. Der Traum ist genauso bedeutungsvoll wie ein Eindruck aus der Außenwelt, er ist eine verzerrte Spiegelung der Außenwelt aus der Innenwelt, zurück zu deinem Bewusstsein, aber nicht mehr. Betrachte die Spiegelung, aber sei dir darüber klar, dass der Spiegel nicht die Wirklichkeit selbst ist. Der Traum ist nur eine verzerrte Reflexion. Die Wirklichkeit wird im Traum phantasievoll, kreativ reflektiert, du kannst das malen, in einem Gedicht wiedergeben, dann entsteht eventuell ein Kunstwerk. Kunst ist nicht die Abbildung von Wirklichkeit, sondern eine schöpferische Reflexion der Realität. Du bist der Spiegel. Ein Eindruck gestaltet sich nun zu einem Ausdruck. Der Ausdruck ist niemals die Wirklichkeit selbst, sondern etwas Neues. Du kannst eine neue Ausdruckswirklichkeit schaffen, wenn du dir darüber bewusst bist.

Du musst aber wieder in die Wirklichkeit zurückkommen, damit neue Eindrücke in dir Resonanz erzeugen können; das ist nur durch Bewusstheit möglich. Die meisten Menschen geben sich einer längst vergangenen Wirklichkeit viel zu lange im Nachhall des Traumes hin, während die Wirklichkeit draußen weiterläuft. Geh mit der Wirklichkeit und reflektiere sie als lebendigen Ausdruck, verweile nicht zu lange bei deinen Träumen, das wollte ich die ganze Zeit sagen: Nicht zu lange bei den Träumen verweilen, sondern Eindruck und Ausdruck bewusst leben, dann bringt auch der Schlaf die erforderliche körperliche und seelische Erfrischung.

Wer Eindrücke bewusst zum Ausdruck werden lässt, befreit sich davon in der Verfassung der Bewusstheit; die Folge ist, dass er anders träumt, denn er ist innerlich rein und klar. Große Künstler sind keine Träumer. Picasso zum Beispiel war kein Träumer, er durchlebte den Eindruck und Ausdruck ganz bewusst. Malerischer Ausdruck war für ihn kein Tagträumen, sondern ein schöpferischer Gestaltungsvorgang, eine Veränderung der Wirklichkeit, ganz bewusst, mit hellwacher Absicht. Picasso war ein bewusster Ausdruckskünstler, kein Träumer, er muss einen festen, erfrischenden Schlaf gehabt haben. Er hat jeden Tag alles, was ihn beschäftigte, erledigt, es blieb kein Rest von Angst, Aggression oder Wunschvorstellung, er war jeden Tag mit dem Tag fertig. Wenn du jeden Tag die Eindrücke des Tages ausdrückst, sie seelisch und geistig verarbeitest, dann ist dein Schlaf erquickend, und die Träume können dich nicht beunruhigen, du brauchst sie nicht, um dich selbst besser kennen zu lernen, denn du kennst dich.

Wer sich tagsüber nicht ausdrückt, wer die Eindrücke innerlich aufstaut, wird nachts von den Eindrücken verfolgt, denn der Traum holt nach, was am Tag nicht mit Bewusstheit geschehen ist. Wenn die Nacht dafür nicht ausreicht, dann träumst du auch am Tag, du verlierst dich in einem seelisch-geistigen Prozess, der dich ermüdet.

Werde ganz bewusst, und du fühlst dich frisch, vital und gesund. Eindruck und Ausdruck müssen ein einheitlicher Lebensvorgang werden, es darf keine Störung oder Unterbrechung geben, damit du mit dir selbst in Einklang bleibst. Der Traum ist ein Nachholvorgang seelischer Verarbeitung; verarbeite deshalb alles, was geschieht, sofort und bewusst, dann bist du frei, nichts belastet dich mehr, du bist am Tag wach und frisch, und in der Nacht schläfst du fest und traumbedeutungslos wie ein Tier. Die Traumhäufigkeit in der Nacht nimmt zwar nicht ganz ab, aber die Trauminhalte belasten oder bedrücken dich nicht mehr, sie nehmen eine gesündere Qualität an. Du brauchst dich nicht mehr in deinen Träumen kennen zu lernen, wenn du dich in Bewusstheit kennst.»

«Was ist die richtige Erziehung?
Ich erziehe manchmal autoritär, dann wieder unautoritär»
Klaus, 35 Jahre, Betriebswirt, verheiratet, 2 Kinder, 10 und 6 Jahre alt.

Klaus: «Ich möchte mir Rat zur Erziehung meiner beiden Söhne einholen, in der Hoffnung, dass es noch nicht zu spät ist. Die Kinder machen mir große Schwierigkeiten, besonders der Älteste, er ist einerseits ängstlich, aber auch sehr aggressiv, er widersetzt sich, er besteht manchmal nur aus Protest, und weder im Guten noch durch Zwangsmaßnahmen oder Bestrafung ist er lenkbar. Vielleicht habe ich den Fehler gemacht, einerseits nachgiebig zu erziehen, dann aber wieder streng und autoritär.»

«Das war sicherlich grundfalsch. Ein Kind, das einerseits Freiheiten erhält, die es ausleben kann, aber andererseits Freiheiten streng beschnitten bekommt, wird unsicher. Die Eltern sollten einen einheitlichen Erziehungsstil praktizieren. Ich halte nicht viel von autoritärer Erziehung, die mit Zwang, Disziplinierung, mit Geboten und Verboten auf das Kind einwirkt, aber es ist besser, wenn ein Stil konsequent praktiziert wird, als ein ständiger Wechsel zwischen Zwang und Nachgiebigkeit. Das Kind möchte sich orientieren, es will wissen, woran es ist, es sucht nach Klarheit und Eindeutigkeit. Eine autoritäre Erziehung schafft Eindeutigkeit, das Kind hat die Möglichkeit, sich der Disziplin aus Angst vor Strafe zu unterwerfen, oder es kann dagegen rebellieren; selbst wenn es ständig dagegen rebelliert, ist das besser, als wenn es ständig schwankt, weil es sich auch aus der Rebellion entwickeln kann, sich selbst dabei intensiv kennen lernt.

Der autoritäre Erziehungsstil eignet sich dafür, einen angepassten Menschen (aus Angst) oder einen Rebellen (offene Aggression als Folge der Angst) heranzuziehen. Angst und Aggression sind die seelischen Probleme autoritär erzogener Menschen. Der autoritäre Stil bringt für das erzogene Kind und die

Gesellschaft große Probleme mit sich, die von den meisten nicht erkannt werden.

Die unautoritäre Erziehung lässt dem Kind mehr Freiraum und Spielraum, sich selbst und die Umwelt zu erfahren. Dieser Erziehungsstil ist für die Eltern viel unbequemer, weil das Kind viele Erfahrungen selbst sammeln muss und die Eltern anschließend wissbegierig danach fragt, was richtig und falsch ist. Das Kind möchte sich orientieren. Eine Erziehung durch Gebote und Verbote ist einfacher, es gibt keine Diskussion, Fragen werden nicht beantwortet, es geht um Gehorsam, basta, anderenfalls wird bestraft. Eine Erziehung ohne Zwang und Druck, ohne Bestrafung, führt dazu, dass das Kind alles selbst ausprobiert, zwangsläufig viele Fehler macht und viele Fragen stellt, das ist den meisten Eltern lästig, weil sie nicht genug Geduld und Zeit für ihre Kinder haben.

Die beste Erziehungsweise ist eine Erziehung mit viel Liebe. Wenn man sein Kind von Herzen liebt, dann besitzt man automatisch die erforderliche Aufmerksamkeit, die das Kind braucht. Liebe ist geduldig und tolerant. Durch Liebe ist es möglich, dem Kind die Freiheiten zu gestatten, die es braucht, um sich selbst zu finden und sich selbst zu erfahren, auch in gefährlichen Situationen. Das Leben ist gefährlich, Gefahren lauern überall, man kann nicht alles verbieten, nur um das Kind zu schützen. In einer sterilen, gefahrlosen Umwelt kann das Kind nichts über sich und das Leben lernen. Das Kind sollte sich so entfalten, wie es ihm gemäß ist, nicht so, wie man selbst es sich erträumt, dass es sein sollte. Man darf nicht den eigenen Ehrgeiz auf das Kind projizieren, damit es ein Renommierkind wird, damit man mit ihm angeben kann. Ein Kind sollte nicht ‹brav› sein, sondern natürlich. Es ist natürlich, dass Kinder neugierig sind, alles kennen lernen wollen. Kinder kennen keine Tabus, sie sind im höchsten Maße schöpferisch, viel schöpferischer als die meisten Erwachsenen, die ihre Kreativität durch Konvention und Anpassung geknebelt, unterdrückt und versteckt haben.

Das Schöpferische des Kindes ist für den Erwachsenen anstrengend. Ein natürliches, frei erzogenes Kind hat aus dem Augenblick heraus unerwartet eine spontane Idee, mit der der Erwachsene nicht rechnet; er muss sich wach und bewusst auf ständig Unvorhergesehenes einstellen. Das freie Kind ist undiszipliniert, es kennt keine Routine. Der disziplinierte Erwachsene ist in einem Routinekreislauf erstarrt, er fühlt sich von der Schöpferkraft des Kindes überrollt und bedroht. Er wehrt sich gegen das Kind, kraft seiner Autorität Liebe zu geben oder zu entziehen, das Kind zu loben oder zu bestrafen, es in Sicherheit zu wiegen oder ihm Angst zu machen. Diese Autorität ist *Gewalt*.

Das Schöpferische des Kindes wirkt auf den disziplinierten Erwachsenen anarchisch, und er hat Angst vor dieser Spontaneität. Angst fördert nicht Liebe, sondern Aggression. Der autoritäre Erziehungsstil ist ein aggressiver Stil.

Um die schöpferische Energie des Kindes akzeptieren und mögen zu können, ist viel Liebe erforderlich, eine Liebe, die ich in meinem Buch ‹Die Liebe› beschrieben habe. Die meisten Eltern sagen natürlich: ‹Ich liebe mein Kind.› Sie sind entrüstet, wenn man ihnen sagt: ‹Du hast Angst vor deinem Kind, du liebst es nicht wirklich.› Das kann man so unverblümt keiner Mutter und keinem Vater ins Gesicht sagen, obwohl es die Tatsache ist. Es bricht sofort ein Sturm der Entrüstung und der aggressiven Verteidigung los.

Du solltest dir weniger Gedanken um den Erziehungsstil machen, sondern deine Kinder lieben. Nur aus der Liebe heraus ist es möglich, die Unbequemlichkeit auf sich zu nehmen, die schöpferische Seele des Kindes zu verstehen. Verständnis erwächst nur aus Liebe. Ein Kind, das ich nicht liebe, soll sich möglichst still und ruhig in eine Ecke verziehen, damit ich es nicht wahrnehme. Empfinde ich jedoch wirkliche Liebe für mein Kind, dann beobachte ich es aufmerksam, mit Freude, ich verfolge seine positiven und negativen Erfahrungen, und ich fühle mit seiner sich entwickelnden Seele mit. In Liebe ist Erziehung faszinierend, etwas Schönes, eine Bereicherung, bei fehlender Liebe ist Erziehung eine Belastung, ein großer Stress.»

«Ich habe Karriere gemacht»
Helmut, 37 Jahre, verheiratet, 1 Kind, Versicherungskaufmann.

Helmut: «Ich habe mich im Beruf gut entwickelt. Meine Ehe ist in Ordnung; meine Frau ist eine gute Hausfrau und Mutter, sie unterstützt mich in meinem beruflichen Ehrgeiz. Wir haben vor 7 Jahren ein Haus gebaut und uns die letzten Jahre neu eingerichtet. Ich bin in leitender Position und stehe zum Leistungsprinzip. Ich arbeite sehr viel, um meiner Familie den erforderlichen Lebensstandard zu geben, ich bin stolz darauf, dass ich das geschafft habe. Trotzdem bin ich innerlich sehr angespannt und verkrampft. Ich fühle mich ständig unter innerer Spannung, ich bin pedantisch, und die Gedanken kreisen im Kopf um berufliche Probleme. Ich kann nur sehr schwer abschalten. Es fällt mir schwer, mich zu freuen, zu lachen und einfach ganz natürlich fröhlich zu sein, darunter leide ich, und das möchte ich gerne ändern. Ich glaube, es liegt bei mir eine seelische Störung vor, die ich jedoch nicht benennen kann. Es ist etwas nicht in Ordnung mit meiner seelischen Verfassung, und ich kann es nicht ändern, obwohl es mir bewusst ist.»

«Du hast jahrelang ehrgeizig dein berufliches Ziel verfolgt, nun hast du es erreicht, und es wird dir bewusst, dass du über deine eingesetzte Arbeitskraft hinaus einen Preis bezahlt hast, der sich als Veränderung an deiner Seele bemerkbar macht.

Der äußere Wohlstand und das Ansehen im Beruf sind gewachsen, aber dein seelisches Wohlbefinden ist dadurch nicht zwangsläufig mitgewachsen. Jetzt willst du auch seelisches Wohlbefinden erreichen, möchtest auch innerlich glücklich sein, nicht nur oberflächlich. Die Neider sehen nicht in deine Seele, denn du hast gelernt, deine Seele vor ihnen zu verbergen, niemand weiß von deinem inneren Unglück, außer du selbst und deine Frau.

Das ehrgeizige Streben nach Erfolg und materiellem Besitz erscheint am Anfang einer Karriere so harmlos, man ahnt nichts Böses, denn man will ja etwas Positives. Erfolg und Besitz sind in unserer Gesellschaft positive Werte. Aber schon der Grieche Demokrit warnte: ‹Das Glück wohnt nicht im Besitze und nicht im Golde, das Glücksgefühl ist in der Seele zu Hause.› Die moderne Psychologie und Psychoanalyse kann diese alte Erkenntnis nur bestätigen. Wenn das Glücksgefühl nicht durch Besitz und Gold erzeugt werden kann, also nicht durch materielle Werte, dann musst du es in deiner Seele suchen. Du warst bisher so damit beschäftigt, deinen Ehrgeiz zu befriedigen, dass du zu einem Streber nach materiellen Ehren wurdest und den Reichtum deines Seelenlebens beiseite geschoben hast. Kein Wunder, dass du immer freudloser und verkrampfter wurdest. Was hilft es dem Menschen, wenn er sich die ganze Welt untertan macht, aber Schaden an seiner Seele nimmt? Was hilft dir deine Karriere, dein Haus, deine Position, wenn deine Seele dabei verkümmert und du dich unglücklich fühlst?

Du sagst, dass du dich innerlich angespannt fühlst. Du bist verkrampft und pedantisch. Das ist nicht dein angeborener Charakter, du bist so geworden, du hast dich selbst zu einem verkrampften Pedanten absichtlich hinentwickelt – das fällt dir jetzt auf. Du erkennst den seelischen Preis, den du bezahlt hast.

Gut, du hast ihn bezahlt. Du musst ihn nicht weiter bezahlen, wenn du deinen Ehrgeiz und dein Streben nach Besitz fallen lässt, wenn du die Einseitigkeit deiner Einseitigkeit erkennst, wenn du jetzt der Seele gibst, was der Seele gebührt. Du bestehst nicht nur aus Körper und Kopf. Ein nur vom Kopf gesteuerter Körper ist ein Roboter. Das Glück kommt nicht aus dem Kopf und dem Körper, es kommt vor allem aus deiner seelischen Existenz. Widme dich deiner Seele, und du kannst dich wieder freuen. Die Theorie ist einfach, aber die Praxis ist schwer.

Du musst als Erstes deine ehrgeizige Verkrampfung aufgeben. Du musst alles, wonach du bisher gestrebt hast, innerlich loslassen. Der Kopf wird sich dagegen sträuben, denn er hat in deinem Leben die Macht übernommen. Dein Kopf ist der Diktator, er hat deine Seele versklavt. Die versklavte Seele rebelliert, und der Kopf wehrt sich gegen diese Rebellion. Wie kannst du da glücklich sein, wenn solche Spannungen und Kämpfe in dir sind?

Du bist mehr als Kopf und Körper. Entmachte den Kopf, stürze diesen Diktator. Er wird sich natürlich heftig zur Wehr setzen. Der Kopf verteidigt seine Machtposition mit Argumenten wie: Sei nicht so dumm, lass dir deine bisherigen Erfolge und deinen Besitz nicht ausreden. Du brauchst Besitz, um im Leben bestehen zu können. Die anderen verlangen von dir Repräsentation, sonst verlierst du deine Geltung. Hör nicht auf den Psychologen; woher willst du wissen, dass er die Wahrheit sagt, dass seine Analyse über die Ursachen deiner Störung richtig ist, vielleicht ist alles nur ein Stoffwechselproblem, also die Folge einer falschen Diät.»

Helmut: «Da bringst du mich erst auf das Argument. Woher soll ich wissen, dass nicht eine chemische Störung vorliegt, also eine organische Krankheit, ein Mangel an Vitaminen oder Hormonen? Du gehst das Problem psychologisch an, mit einer Lebensphilosophie. Wenn das so einfach wäre, warum streben dann die anderen auch nach Besitz und Erfolg?»

«Sie streben danach, weil sie im Elternhaus und in ihrer Erziehung nichts anderes gehört haben. Die ganze westliche Gesellschaft ist durchsetzt von der Leistungsideologie: Leistung, Besitz, Aufstieg, Erfolg, Ehre, Konsum, nichts anderes hörst du. Ich habe nichts gegen Leistung, wenn sie aus deinem Herzen kommt. Jeder Mensch möchte etwas leisten, er will etwas tun, er will nützlich sein. Aber die Leistung muss aus dem Inneren kommen, du musst dich damit identifizieren können. Leistung ist schön, aus Freude an der Leistung, wenn du aber dafür materiellen Besitz einhandelst und dich deshalb zur Leistung zwingst, dann verliert die Leistung an Spontaneität, Schönheit und seelischer Erfüllung. Wenn du aus Ehrgeiz heraus andere Menschen unterjochst, sie knechtest und ausbeutest, dann hast du zwar die Ehre und Anerkennung, eine leitende Person zu sein, aber du kannst dich dabei nicht glücklich fühlen. Wenn du deine gesamte Lebensenergie und Vitalität darauf setzt, dann wirst du zum Fanatiker, zum Pedanten, zum freudlosen Leistungsmenschen, du verlierst alle Gelassenheit und seelische Freiheit. Du musst dein ganzes bisheriges Streben aufgeben, deinen Besitz, deinen Stolz loslassen, dann bist du gelassen und seelisch frei, und du kannst dich als gesamte Person endlich einmal wieder richtig entspannen. Entspannung heißt loslassen, die Dinge lassen, mit dem Kopf keinen Einfluss mehr nehmen.»

Helmut: «Wie soll ich wissen, dass das stimmt?»

«Das kannst du nicht *wissen*, denn du hast es bisher nicht praktiziert. Erst wenn du es selbst ausprobierst, kannst du wissen, ob es stimmt. Aber schon vor dem Ausprobieren hast du Angst. Ich kann es dir nicht beweisen; ich kann dir keine mathematische Berechnung vorlegen: Loslassen = Entspannung = seelische Freiheit = Glücklichkeit.

Du könntest der Seele ein Korsett von Zahlen und Computerberechnungen überwerfen, dann sähe es wissenschaftlich aus, aber dann würdest du fragen, woher soll ich wissen, dass der Computer sich nicht geirrt hat?

Es gehört viel Mut dazu, sich der eigenen Seele anzuvertrauen, den Besitz, die Karriere, die Leistung nicht wichtig zu nehmen und ganz einfach auf die Selbstentfaltung zu vertrauen. Du brauchst Mut. Wenn es eine Mutspritze gäbe, würde ich sie dir geben. Aber die chemischen Stoffe würden vom Körper absorbiert wie Alkohol, und danach würde nur ein Kater übrig bleiben, der Mut aber wäre wieder verflogen.

Der Mut muss aus dir selbst kommen, nicht aus einer chemischen Verbindung. Du musst dich endlich mit deinen 37 Jahren zu deiner Seele bekennen, zu deiner Gesamtheit und den Kopf entmachteten. Ich kann dich nicht überreden und schon gar nicht zwingen. Die Initiative muss aus dir kommen, ich kann dich nur unterstützen, indem ich deine Fragen beantworte und dir die Richtung zeige. Den Weg musst du gehen, nicht ich, es ist dein Weg. Ich sage auch nicht wie ein Guru: ‹Wirf alles weg, lass alles los, und folge mir.› Ich sage: Wirf alles weg, lass alles los und folge niemand nach, sei einfach du selbst. Gönne dir, du selbst zu sein, das ist das größte Glück, viel mehr wert als Gold und Besitz. Prüfe das nach, du sollst nichts einfach nur glauben, aber überprüfe es wenigstens.»

«Ich weiß nicht, wer ich eigentlich bin»
Frank, Journalist, 38 Jahre, geschieden.

Frank: «Ich war schon dreimal verheiratet und bin dreimal geschieden. Die Partnerschaften haben nie so funktioniert, wie ich es mir vorgestellt habe. Nach einiger Zeit kehrte die Routine ein, und wir hatten uns nichts mehr zu sagen. Nach der Trennung erlebte ich dann immer schreckliche Phasen von Liebeskummer. Zuerst wollte ich die Partnerschaft beenden, und danach litt ich unter der Trennung. Ich bin so widersprüchlich. An einem Arbeitsplatz halte ich es auch nicht lange aus. Ich war bisher in 12 Redaktionen tätig und zwischenzeitlich einmal 2 Jahre selbständig. Jetzt versuche ich, mich wieder selbständig zu machen, ich bereite zurzeit den Absprung von der Redaktion vor. Ich schreibe einen Roman über einen Kölner Künstler, der mit seiner Umwelt und dem Kunstbetrieb nicht zurechtkommt. Ich glaube, dass ich dabei versuche, meine eigenen Probleme zum Ausdruck zu bringen. Ich bin voller Widersprüche und habe manchmal Angst, das könnte der Anfang einer Geisteskrankheit sein. Mitunter weiß ich überhaupt nicht, wer ich eigentlich bin. Manchmal bin ich fürchterlich wütend, rege mich wahnsinnig auf, und dann bin ich wieder äußerst sanft und gutmütig, sodass ich mich selbst für einen Trottel halte. Manchmal träume ich von finanziellem Erfolg, von Status und Reichtum, und andererseits verabscheue ich die Streber und Ehrgeizlinge und die Spießer in ihren Villen. Ich fühle mich unter Ausgeflippten wohl, die nur die paar Mark für ihr Bier in der Tasche haben, und dann verbringe ich einen vierwöchigen Winterurlaub in Zermatt und haue zehntausend Mark auf den Kopf. Ich bin nicht konsequent und weiß nicht, was ich will. Ich will etwas und will es doch nicht. Das ist ein komischer Zustand, alles zerrinnt mir irgendwie zwischen den Fingern. Ich habe keine Festigkeit. Ich weiß nicht, wer ich bin.»

«Zunächst einmal muss ich dir sagen, dass du nicht unter einer beginnenden Geisteskrankheit leidest. Du bist dir selbst und anderen gegenüber offen, du bist leicht zu begeistern, für das eine wie auch für das andere, für dies und das, und so kann es auch geschehen, dass das eine im Widerspruch zum anderen steht, und dann fragt die Vernunft: Was will ich eigentlich? Und danach folgt die Frage: Wer bin ich?

Du verliebst dich in eine Frau; du heiratest sie. Nach einiger Zeit wird die Beziehung zur Routine; ihr trennt euch, und wenn die Trennung vollzogen ist, dann leidest du unter der Trennung. Oberflächlich gesehen, ist das ein Widerspruch, man strebt die Trennung an und leidet dennoch, obwohl man logischerweise froh sein sollte. Die Phase der Liebe ist schön, sie macht dich glücklich, aber die Phase der Routine und Trennung ist nicht schön. Beobachte dich genauer, und du erkennst, dich schmerzt die verlorene Phase der Liebe. Die Trennung ist kein Widerspruch in dir selbst, sie gehört dazu. Liebe, Routine und Trennung sind ein einheitlicher Prozess, sie gehören zusammen. Die Liebe ist für dich das Positive und die Trennung das Negative, du verlierst etwas, und Verlust schmerzt. Du verlierst etwas Vergangenes und trauerst um die Schönheit, das Glück der Vergangenheit. Dein Schmerz über die Trennung ist kein Widerspruch in dir selbst, er ist etwas ganz Natürliches. Du musst das Ganze, die Einheit akzeptieren, das Auf und Ab, das Hell und Dunkel, den Wechsel. Du kannst nicht nur im Zustand der Liebe leben, das ist unmöglich, das gibt es nicht, auf die Liebe folgt die Phase der Nichtliebe. Die Liebe ist plötzlich da, sie ist plötzlich wieder weg, und spontan stellt sie sich wieder ein. Da du geheiratet hast, wurde die Liebe in ein Beziehungssystem gezwängt, und du hast, nachdem die Liebe weg war, auch das Beziehungssystem verlassen. Du hättest z. B. auch abwarten können, ob sich die Liebe wieder ereignet. Du trauerst der Vergangenheit nach, weil sich nicht mehr genau das ereignet hat, was du für wichtig und wertvoll hältst. Eine neue Frau hat dir wieder diesen Impuls gegeben, das verloren gegangene Gefühl in dir wieder zu erzeugen, aber auch das ließ sich nicht festhalten, du hast dich wieder getrennt und wieder getrauert. Und das Ganze noch einmal. Derselbe Vorgang wird sich immer wiederholen, das ist kein Widerspruch. Es geschieht etwas ganz Normales.»

Frank: «Aber wo liegt der Fehler, wo ist etwas falsch?»

«Es ist nichts falsch. Wenn auf den Tag die Nacht folgt, fragst du nicht: Wo ist hier der Fehler? Wenn die Blume sich der Sonne entgegenreckt und abends ihre Blätter schließt, fragst du auch nicht: Was ist daran falsch? Wenn du liebst und dann wieder nicht liebst, fragst du: Was mache ich falsch? Wenn die Blumen nachts trauern würden, weil sie ihre Blätter geschlossen haben, wenn sie sich hierüber grämen würden, das wäre falsch, dann wäre mit den Blumen etwas nicht in Ordnung. Du musst den Wechsel einfach akzeptieren. Das Pendel schwingt hin und her, du kannst es nicht festhalten. Äußerlich kannst du so tun, als hättest du es festgehalten, du kannst andere täuschen, aber nicht dich selbst. Du kannst Liebe vortäuschen, aber nicht dir selbst. Du brauchst mehr Geduld und innere Ruhe, das ist alles. Lass dich auf den lebendigen Wechsel ein, akzeptiere den Zustand der Liebe und sei dir dessen bewusst, dass er kein Dauerzustand ist, darin besteht kein Widerspruch. Der Wechsel ist eine Einheit, der eine Pol und der andere, sie gehören zusammen, sie sind Ausdrucksformen einer Einheit.

Genauso ist es mit dem Arbeitsplatzwechsel. Zuerst ist die neue Tätigkeit interessant, du musst wach sein, um dich einzuarbeiten, du fühlst dich lebendig und vergisst die Zeit, dann schleicht sich mit der Gewohnheit die Routine ein, die Zeit wird dir bewusst, es entsteht Langeweile, und du schaust nach einem neuen Arbeitsplatz. Du machst dich selbständig, eine neue Situation, deine Sinne sind wieder wach und angespannt, du vergisst die Zeit, alle Langeweile ist verflogen.

Manchmal bist du wütend, du platzt vor Wut, du drückst deine Wut aus, und dann bist du wieder sanft und innerlich ruhig, ganz gelassen. Auch das ist kein Widerspruch. Du bist einfach nur lebendig, das ist alles. Warum soll man mitunter nicht wütend sein?»

Frank: «Ich stelle mir vor, dass ein weiser Mensch nicht wütend wird. Ein abgeklärter Mensch, der weiß, wer er ist, regt sich nicht mehr auf.»

«Ein weiser, ein seelisch ausgeglichener Mensch wird auch wütend. Sogar Christus, der Gewaltlosigkeit predigte, der sich als Sohn Gottes bezeichnete, einer der großen Erleuchteten, wurde auch wütend. Er stürzte die Tische der Händler um. Warum soll man nicht wütend sein? Auch erleuchtete Meister werden wütend, aber sie sind nicht innerlich voller Wut, Aggression und Groll. Die Aggression taucht auf, sie wird ausgedrückt, und damit ist es erledigt.

Kein Weiser drückt die Aggression in sich hinein und lässt sie scheibchenweise versteckt und getarnt wieder heraus durch zynische Bemerkungen, durch verbale Pfeile, die den anderen treffen sollen, ohne dass eine offene Auseinandersetzung stattfindet. Kein Weiser drückt die Wut so tief in sich hinein, aus Angst davor, sie zum Ausdruck zu bringen, dass er damit seine Seele vergiftet. Er richtet die Wut nicht gegen sich selbst und wird vor lauter unausgedrücktem Zorn depressiv und seelisch krank.

Kein Weiser leidet unter Magengeschwüren, Herzschmerzen oder Schlafstörungen. Die verdrängte Wut und die gespielte Sanftmütigkeit sind die Krankheit. Spontan ausgedrückte Wut, spontane Liebe und Güte zeigen die seelische Gesundheit. Wenn du wütend bist, dann ist etwas geschehen, das dich wütend macht, warum sollst du das verleugnen?»

Frank: «Es gibt aber Menschen, die sich über alles aufregen und wütend werden, das ist doch nicht normal.»

«Über *alles* kann man nicht wütend werden. Wer immer nur wütend reagiert, hat ‹eine Wut im Bauch›; er ist über etwas für ihn Schwerwiegendes wütend, das er noch nicht ausgedrückt hat. Er hat eine heimliche Wut, die er nicht zu erkennen gibt, und deshalb regt er sich über Kleinigkeiten auf, die es eigentlich nicht wert sind. Er macht aus einer Mücke einen Elefanten, weil der wirkliche Elefant ganz woanders sitzt. Den versteckt er, und deshalb muss die Mücke herhalten; sie wird zum Stellvertreter für den verborgenen Elefanten. Deshalb ist es gut, dass du einen Roman schreibst, vielleicht stößt du dann auf den Elefanten. Wenn er herauskommt, stört dich nicht mehr die Mücke, dann bist du davon befreit, Kleinigkeiten aufzublasen.

Du lebst in einer Gesellschaft mit krassen Klassenunterschieden. Die einen sind froh, wenn sie ein paar Mark für einen Kneipenbummel haben, und die anderen vergnügen sich mit zehntausend Mark in St. Moritz. Wenn du danach strebst, viel Geld zu verdienen, wenn du dich dafür selbst verleugnest, dich selbst dafür versklavst, ist das schädlich für deine Seele. Der Mensch, der sich ein ganzes Jahr unterdrückt und beherrscht hat, um 3 Wochen Whisky in Zermatt zu trinken, der ist ein armer Tor. Du aber hast nicht hart dafür gearbeitet, das Geld ist dir durch eine Auftragsarbeit, die dich nicht viel Zeit gekostet hat, durch deine journalistische Erfahrung zugefallen. Du bist nicht in Widerspruch zu dir selbst, wenn du das Geld wieder ausgibst. Du sagtest: ‹Alles zerrinnt mir zwischen den Fingern. Ich habe keine Festigkeit. Ich weiß nicht, wer ich bin.›

Warum willst du Festigkeit haben? Die Umwelt und die Lebensweise der anderen macht dich ganz irre. Lass dich nicht beirren. Sei einfach nur du. Wenn dir die Zeit, das Geld und deine Erlebnisse zwischen den Fingern zerrinnen, so sagst du etwas Wichtiges ganz treffend. Das Leben zerrinnt dir zwischen den Fingern, du kannst nichts festhalten, es bleibt nichts übrig. Das Vergangene ist vergangen, sei froh, dass nichts übrig bleibt, an das du dich klammern könntest. Warum soll etwas übrig bleiben? Was willst du mit dem Plunder? Das alles würde dich doch nur behindern. Wenn du sagst, du weißt nicht, wer du bist, willst du damit sagen, dass du kein ‹Wer› bist. Du bist nicht festgelegt, du bist offen. Du bist nicht abgestempelt, du bist kein Sklave einer Rolle, du bist nicht festgelegt und bestimmt, du bist frei und unbestimmt. In diesem Zustand herrscht Schönheit und Freiheit. Der Wind weht durch dich hindurch. Du bist kein Turm in der Landschaft, du bist ein lebendiges Wesen.»

Frank: «Aber ich will mich finden, mich nicht im Unbestimmten verlieren.»

«Wenn du bestimmt bist, dann gibt es Widersprüche zu deinem Bestimmtsein. Wenn du aber unbestimmt bist, dann löst sich jeder Widerspruch auf. Wenn du so bist, wie du wirklich fühlst, dann gibt es keinen Widerspruch mehr, dann fühlst du den Pendelschwung, das Hin und Her, den Wechsel, als die vollkommene Einheit. Du bist der Wechsel. Wenn der Wechsel aufhört, wenn du bestimmt bist, dann bist du ein Sklave oder tot. Mit dem Tod hört aller Wechsel auf, mit dem Leben gibst du dich dem Wandel hin.»

«Ich bin Artist, aber kein Künstler»
Udo, 34 Jahre, Kunstmaler.

Udo: «Ich kann von meiner Malerei gut leben. Im Vergleich zu anderen Malern, denen es zum größten Teil sehr dreckig geht, habe ich es geschafft. Aber der letzte Durchbruch ist mir noch nicht gelungen. Ich spüre genau, dass meiner Malerei noch etwas fehlt, und ich vermute, das liegt im seelischen Bereich. Meine Bilder sind technisch perfekt, daran liegt es also nicht, sie sind vielleicht zu glatt, zu perfekt. Ich bin in meinen Bildern nicht voll enthalten, deshalb ist für mich Malerei richtige Arbeit, wäre meine Seele stärker beteiligt, wäre es weniger Arbeit, es würde leichter gehen. Aber wie kann ich meine Seele stärker beteiligen? Deswegen bin ich hier. Ich habe einige deiner Bücher gelesen, habe aber für mein Problem keinen richtigen Anhaltspunkt gefunden.»

«Du bist zu sehr Techniker, du beachtest geradezu pedantisch die technische Perfektion, deshalb wird für dich die Malerei zu einem Problem. Wenn du eine Sprache erlernst, dann achtest du zuerst auf die Grammatik und die richtige Wortwahl, aber darunter leidet zu Anfang der freie Fluss des Ausdrucks. Je mehr du die Grammatik beherrschst, umso weniger achtest du auf Perfektion, sondern auf den Inhalt, den du ausdrücken willst.

Die Technik ist dir vertraut, du kannst dich jetzt von ihr lösen. Du musst frei werden von der Beachtung technischer Probleme. Und dann habe ich beobachtet, dass du krampfhaft einen Stil beibehältst, für dich ist also auch die stilistische Einheitlichkeit ein Problem. Du achtest auf viel zu viele Regeln. Du hast dich selbst in einem System gefangen. Du bist zwar selbständig, freischaffend, und doch bist du ein Sklave deiner dir auferlegten Regeln und Stilprinzipien. Es ist verständlich, dass für dich deine künstlerische Tätigkeit zur belastenden Arbeit wird. Du bist freischaffend, aber du fühlst dich nicht wirklich frei.»

Udo: «Ich nenne mich zwar Künstler, aber ich spüre genau, dass ich noch kein wirklicher Künstler bin. Ich male technisch ausgereifte Bilder, aber das Künstlerische fehlt.»

«Du bist ein Artist, du verblüffst die Galeriebesucher mit artistischen Leistungen, sie bewundern dein Können, deine Ästhetik, deine stilistische Eigenart, aber du wirst dabei nicht als Mensch sichtbar. Künstlerisches Schaffen erschöpft sich nicht in Artistik und Ästhetik. Wie du glücklicherweise selbst spürst, muss noch mehr hinzukommen. Dieses Mehr ist nicht etwas besonders Schwieriges, sondern eigentlich etwas sehr Einfaches. Du musst dich rückhaltlos zu dir selbst bekennen. Bisher versteckst du dich selbst hinter Artistik. Du erhältst Bewunderung für deine Leistung, aber das ist zu wenig.

Du musst hervorkommen hinter der ästhetischen Maske des Artisten, und dich selbst ausdrücken. An diesem Punkt bist du angelangt, und hier kannst du niemand mehr um Rat fragen. Niemand kann dir raten, drücke dies aus oder jenes, widme dich diesem oder jenem Motiv, hier bist du ganz auf dich selbst gestellt. Du musst dich zu dir bekennen, zu deinen ureigensten Problemen. Wenn dir jemand rät, stell doch das dar oder jenes, dann ist das sein Problem, und du erledigst eine Auftragsarbeit, das ist wieder Arbeit. Wenn du aber ganz aus dir selbst schöpfst, aus der Tiefe deiner Seele heraus, dann wird die Arbeit zum Spiel, dann ist die Arbeit nicht mehr Arbeit, sondern Selbstverwirklichung. Wenn du dich selbst verwirklichst, ist der Schweiß, den du hineinsteckst, keine Arbeit mehr. Wenn van Gogh gemalt hat, dann war es für ihn kein Job, sondern Selbstverwirklichung. Niemand konnte van Gogh einen Rat geben, es wäre lächerlich gewesen, ihm Ratschläge zu erteilen, er malte aus sich selbst heraus. Er war sein eigener Ratgeber, niemand konnte sich einmischen, es wäre eine Verfälschung geworden, das wusste van Gogh. Das weiß jeder Künstler – er erreicht einen Punkt, an dem er nur noch sich selbst folgen kann, seiner inneren Selbstentfaltung.

Jeder Mensch erfährt über die Sinne Eindrücke, und er gestaltet sie zum Ausdruck. Die meisten Menschen halten sich in ihrem Ausdrucksverhalten an bestimmte Regeln, sie gestalten den Ausdruck z. B. so, dass sie von anderen verstanden werden. Der Künstler hat den Vorteil, dass der psychohygienische Ausdrucksprozess sein Beruf ist. Der Künstler hat die Möglichkeit, sich jeden Tag erneut von seinen Eindrücken zu befreien. Er geht weiter und weiter, und schließlich wird auch sein Ausdruck frei, ganz individuell, ganz ihm gemäß; er gestaltet sich selbst, er verwirklicht sich total in dem Vorgang ‹Eindruck – Ausdruck›.

Wenn du diesen Punkt erreicht hast, dann fragst du nicht mehr nach Artistik, Verständlichkeit, Stil, Ideologie, Verkäuflichkeit. Vor diesem Sprung in die Freiheit haben die meisten Angst.

Du hast Angst, denn du kannst etwas verlieren. Du weißt nicht, ob du noch ankommst, ob deine Bilder noch verkäuflich sind, wenn du den Sprung in die Freiheit deiner Individualität machst. Deinen Bildern fehlt die Seele, das ist richtig, du hast Angst davor, deine Seele, dich selbst voll einzubringen. Du könntest dabei auf Unverständnis stoßen; es geschehen unvorhergesehene Dinge, wenn du dich auf dich selbst einlässt. Es könnte sein, dass du dann deinen bisherigen Stil fallen lässt, weil du dich davon befreist. Du machst dann nur noch das, was dich wirklich bewegt, der Eindruck wird ein Ausdruck, und du kannst dann deinen angelernten Stil nicht mehr beibehalten.

Du beginnst zu experimentieren, du lässt alles Angelernte los, und das Neue beginnt – das ist der schöpferische Vorgang der Kunst. Wenn du ein Künstler werden möchtest, dann musst du das Schöpferische in dir zulassen, dann geschieht das Unvorhergesehene, du betrittst Neuland, das ist eine Revolution in dir selbst. Du klammerst dich an das Bekannte und Vertraute in dir, deshalb bist du bis heute nur ein Artist, aber kein Künstler.

Wenn du alles bisher Gelernte fallen lässt und dich einfach nur ausdrückst, und zwar das ausdrückst, was dich wirklich bewegt, dann kannst du keinen Stil mehr gebrauchen, dann wirfst du das Korsett, das Stilsystem weg und machst etwas ganz anderes. Der Ausdruck wird zum Abenteuer. Du weißt vorher nicht, was dabei herauskommen wird; du lässt das Schöpferische in dir sich entfalten, dann wird der Ausdruck zum schöpferischen Prozess deiner Individualität – dann kann Kunst entstehen. Das Abenteuer dieses Vorgangs ist ehrlich. Wenn du einem Stil nachjagst, verlierst du die Ehrlichkeit. Du magst dann ein guter Handwerker und Techniker sein, aber du bist kein Künstler. Deine Werke sind schön, aber tot. Ein Kunstwerk ist niemals tot, es ist lebendig, es ist spontan, unvollkommen, unartistisch, unpedantisch, es besitzt deshalb eine ganz eigene Schönheit, eine Schönheit, die man nicht definieren und berechnen kann. Es ist die Schönheit des Lebendigen und Spontanen.

Du gehst deinen eigenen Weg, du wirst individuell, du bist allein, du entfaltest deine Einzigartigkeit, das führt zur Schönheit des Kunstwerks. Die Schönheit des Stilisten ist dagegen kühl, reserviert und distanziert. Wenn du den Mut hast, ganz ungehemmt und frei in dich selbst hineinzugehen, dich und nur dich, ohne einen Blick auf andere Stile, zu verwirklichen, dann strahlst du dieses ‹Mehr› aus, das bisher fehlt. Du darfst nicht etwas Besonderes machen wollen, sondern das ganz Gewöhnliche, das in dir ist, dann wird das Gewöhnliche schön, weil es wahr und ehrlich ist. Ehrlichkeit ist direkt, ohne Umwege und Umschweife, ohne Stilisierung. Werde du selbst, und der Ausdruck wandelt sich in deinen Ausdruck, er wird ehrlich, atmet deine Seele, und Kunstwerke entstehen.

Wenn du den Sprung geschafft hast, dann lachst du über deine jetzigen Skrupel, dann weißt du, dass du Kunstwerke schaffst, es ist plötzlich ganz selbstverständlich, und es ist dir ein Rätsel, wie du jemals andere um Rat fragen konntest. Alles ist bereits in dir, es bedarf keiner Schulung mehr, es bedarf keiner Stilisierung, drücke dich selbst aus, dann kommt es hervor. Konzentriere dich auf das, was dich wirklich bewegt, und der künstlerische Prozess nimmt kein Ende, er fließt aus dir heraus.»

«Ich bin auf der Suche nach Gott»
Hans, 51 Jahre, selbständiger Unternehmer,
verheiratet, 2 Kinder.

Hans: «Man hat oft zu mir gesagt, ich sei der Hans im Glück, weil ich im Leben viele Erfolge hatte. Ich besitze eine wunderschöne Villa am Waldrand und eine Ferienvilla in Saint-Tropez an der Riviera. Seit einigen Jahren habe ich mich aus dem Unternehmen mehr und mehr zurückgezogen und die Leitung einem Geschäftsführer übertragen. Ich bin nur noch pro Tag zwei bis drei Stunden da, um die wichtigsten Dinge zu besprechen und abzustimmen.

Ich habe erkannt, dass Geld und Besitz mich nicht glücklich machen, auch die Ehe und meine beiden Kinder nicht. Es ist entschieden zu wenig, wenn der Ehemann nur für eine ausreichende Menge Geld sorgt und die Konsumwünsche seiner Frau und seiner Kinder erfüllt. Ich wollte für meine Familie auch als Person häufiger da sein und musste feststellen, dass meine Frau gar nicht nach mir verlangte, sie zeigte mir deutlich, dass sie ihr eigenständiges Leben, wie z. B. Freundinnen besuchen, Tennisspielen usw., nicht aufgeben wollte. Sie hat also kein Verlangen, mich schon nachmittags zu sehen. Auch die Kinder wollten ihre eigenen Wege gehen, sie waren über meine Anwesenheit nicht begeistert, sondern fühlten sich kontrolliert. Man stieß mich zurück und gab mir zu verstehen, ich solle doch wieder nachmittags in die Firma gehen. Da erkannte ich, dass ich mich von der Familie bereits ziemlich irreparabel entfremdet hatte und auf mich selbst gestellt war.

Ich machte mir Gedanken über den Sinn meines Lebens, und so stieß ich zwangsläufig auch auf die Religion. Ich bin katholisch getauft, hatte aber bisher mit der Institution Kirche nicht viel im Sinn. Ich wollte meinen eigenen Weg finden und kaufte mir Bücher über die verschiedenen Weltreligionen, um die Hintergründe zu studieren und den Sinn meines Lebens im Göttlichen zu finden. Ich war die Jahre davor reiner Materialist und will mich jetzt mit geistigen Problemen auseinander setzen, mit den Fragen der unsterblichen Seele, mit dem Leben Christi und mit der Bedeutung Gottes für den Menschen. Meine Familie erklärte mich für übergeschnappt. Ich möchte deshalb die Frage stellen: Was kann ein Psychologe über die Unsterblichkeit der Seele sagen?»

«Die Psychologie beschäftigt sich nicht mit der ‹unsterblichen Seele›, sondern mit dem Seelenleben in einem sterblichen Körper. Der Körper besteht aus Materie; er ist ein physikalisch und chemisch beschreibbarer Prozess. Der Tod vernichtet diese Materie nicht, sondern wandelt sie um, führt sie in einen anderen materiellen Zustand über, die Materie bleibt also erhalten, sie verwandelt sich in einem physikalisch-chemischen Vorgang.

Die seelisch-geistigen Phänomene sind zwar an die Materie des Körpers gebunden, aber sie sind andererseits auch frei davon. Das göttliche Prinzip ist in der Materie enthalten, und der Geist versucht, das zu erkennen und zu ergründen. Den naturwissenschaftlichen Methoden ist hier eine Grenze gesetzt, die Unsterblichkeit der Seele ist nicht zu messen und empirisch zu beweisen. Die Frage der Unsterblichkeit ist auch mit dem Geist alleine auf philosophischem Weg nicht zu lösen. Das Seelenleben fragt im Hier und Jetzt des Erlebens nicht nach seiner Unsterblichkeit, sie spielt im konkreten Augenblick keine Rolle, sie ist ohne Bedeutung für das Sein.

Wir sollten uns über die Sterblichkeit oder Unsterblichkeit der Seele keine Gedanken machen. Mit Denken und Grübeln kommen wir nicht weiter, sondern drehen uns im Kreis. Es hat für unser Leben keine Bedeutung, ob die Seele mit dem Körper stirbt oder ob sie in einer Pflanze, in einem neugeborenen Menschen weiterlebt, oder ob sie in ein ‹Paradies› überwechselt. Man kann viele Theorien darüber aufstellen, was mit der Seele nach dem Tod des Körpers geschehen könnte, es bleiben Theorien. Religionen stellen ein Theoriensystem auf, und die Gläubigen gehen davon aus, dass die Theorie richtig ist. Eine solche Theorie kann ängstigen, wenn man z. B. an die Existenz des Fegefeuers glaubt – das hat enorme psychische Auswirkungen auf die Gegenwart –, sie kann aber auch Hoffnung erzeugen auf ein schöneres und besseres Leben nach dem Tod, wenn die Gegenwart quälend und schmerzlich ist. Der Glaube an eine Theorie kann beruhigen, aber auch sehr beunruhigen.

Ich halte nicht viel davon, wenn sich jemand durch gute Taten den Himmel verdienen will, mit Gott also ein Geschäft macht: Schau her, was ich getan habe, dafür möchte ich nach dem Tod belohnt werden. – Du solltest also nicht aus dieser Motivation heraus nach Gott suchen, nachdem du materiellen Wohlstand erzielt hast, um noch rasch ein gutes Geschäft mit Gott abzuschließen, also noch für die Unsterblichkeit deiner Seele im Paradies vorzusorgen, um dir dort ein warmes Plätzchen zu sichern. Ich möchte dir diese Motivation auch nicht unterstellen, denn ich sehe, dass deine Motivation eigentlich anders aussieht. Nachdem du materiellen Wohlstand erreicht hast, willst du nun das seelische Defizit ausgleichen, das dadurch entstanden ist. Du spürst, dass du dich zu wenig um deine Seele gekümmert hast, ob sie unsterblich oder sterblich ist, sei dahingestellt, du lebst ja noch, möglicherweise noch 20 oder 30 Jahre, eine lange Zeit.

Die Suche nach Gott hängt mit der Erkenntnis zusammen, dass materieller Besitz allein nicht glücklich macht. Diese Erfahrung hast du gemacht. Gott ist nicht konkret fassbar, auch nicht in der Geschichte vom Leben Jesu, dem Sohn Gottes, der auf die Erde kam, um das Wort Gottes, seines Vaters, zu verkünden. Gott selbst hat sich nicht gezeigt, er sprach aus den Worten des Mannes, der sagte, dass er der Sohn Gottes sei. Ob du das nun glaubst oder nicht, spielt keine Rolle, ob du dich also als Christ oder Gottgläubiger bezeichnest, ist unwichtig.

Der Mensch fragt in erster Linie nach dem göttlichen Prinzip in Zusammenhang mit dem Sinn seines Lebens. Gott ist die schöpferische Energie, die den Kosmos und das Leben auf dieser

Erde ermöglicht. In den Gesetzen der Natur ist Gott verwirklicht, er ist etwas Abstraktes, kein menschenähnliches Wesen. Christus war nicht Gott, sondern das Medium Gottes, durch das er sprach.

Die gesamte Schöpfung ist ein Teil Gottes. Auch du bist ein Teil dieser Schöpfung, auch dein Körper, deine Seele und dein Geist. Gott verwirklicht sich ganz konkret in dir. Das heißt aber nicht, dass du ein Gott bist. Kein Mensch kann von sich behaupten, er sei Gott, auch Christus hat dies nicht von sich behauptet. Aber das Göttliche ist in dir, wie in jedem Menschen. Das Schöpferische der göttlichen Energie verwirklicht sich nach den göttlichen Gesetzen. Energie kann positiv oder auch negativ wirken. Auch das Negative ist im göttlichen Schöpfungsprinzip mitenthalten. Auch der Mörder ist ein ‹Geschöpf Gottes›, er lebt eine Möglichkeit, die das göttliche Prinzip nicht ausgeschlossen hat, wie die Realität zeigt. Es besteht deshalb kein Grund, im Krieg und seiner grausamen Realität an Gott zu zweifeln. Gott hat die Realität des Lebens offen gelassen.

Das Göttliche ist die Möglichkeit des schöpferischen Wachstums und der Reifung. Gott hat den Menschen als höchstentwickeltes Wesen auf dieser Erde nicht absolut festgelegt und nicht endgültigen Gesetzen unterworfen, sondern er hat ihm ein Stück schöpferischer Selbstentfaltungsmöglichkeit gelassen. Der Mensch besitzt mehr Freiheit als jedes andere Säugetier, sein Leben zu gestalten. Die Gestaltung kann positiv oder negativ verlaufen; hier hat sich Gott nicht festgelegt, er hat dem Menschen ein schönes Stück Freiheit gelassen, eine Freiheit, die auch in dir ist und die du empfindest. Sei dir dieser Freiheit bewusst, und du spürst, welche Aufgabe dir das Leben, die göttliche Energie für einen Zeitraum, in der dein Körper lebendig ist, geschenkt hat.

Gott hat dir nicht befohlen, ihn als eine Person ausfindig zu machen; er will nicht gesucht oder gefunden werden. Er hat dir die Möglichkeit deiner Existenz gegeben, er hat dir Freiheit eingeräumt, und du sollst das erkennen und dein Leben danach orientieren. Du bist keine Ameise im Insektenstaat, du bist kein Hund im Rudel, du bist kein Baum im Wald, sondern ein Mensch, also sollst du dich als Mensch verwirklichen und dich nicht an den Ameisen oder Hunden orientieren. Wir können das Leben der Tiere und Pflanzen naturwissenschaftlich erforschen, aber wir dürfen ihre göttlichen Gesetze nicht auf uns übertragen, wie das die Verhaltensforscher leider oft zu vorschnell tun.

Du findest das göttliche Vorhaben in dir selbst. Gott hat dem Menschen mehr Freiheit gegeben als jedem anderen Lebewesen auf dieser Erde, also ist es deine Aufgabe, diese Freiheit zu gestalten. Gestaltung als Gestaltungsfreiheit. Wenn du dein Leben frei gestaltest, dann erfüllst du deine Aufgabe als Mensch.

Atme diese Freiheit ein und lebe sie, und du fühlst, dass Gott in der Nähe ist, dass er mit dir ist. Gott will nicht die Destruktion, sondern das Schöpferische. Gott will nicht die Zerstörung und das Leid, sondern die Freude und die Glückseligkeit. Ein Mensch, der sich freut, der sein Leben, seine Freiheit glückselig wahrnimmt, der fühlt sich mit dem göttlichen Prinzip verbunden. Gott ist bei der Freude über die Entfaltung und Lebendigkeit. Wenn du dich ärgerst, aggressiv wirst, Wut in dich hineinfrisst und deine Freiheit und Lebendigkeit und Freude knebelst, dann entfernst du dich von Gott. Wenn du dich freust, Freude ausdrückst, Freude weitergibst, sie für dich und andere gestaltest, dann näherst du dich Gott und seiner Absicht.»

Hans: «Soll man mit Gott in Verbindung treten durch das Gebet?»

«Du bist in Verbindung mit Gott, wenn du dich selbst bewusst in Meditation betrachtest. Du kannst mit Gott sprechen, wenn du willst, du kannst ihn loben, ihm dankbar sein, für das Geschenk deiner Existenz. Du solltest Gott allerdings um nichts bitten und nicht auf die Erfüllung deiner Bitte hoffen. Gott ist kein Geschäftsmann, du solltest Gott nicht zu einem Menschen reduzieren, denn er ist die Einheit des Universums, du bist nur ein kleiner Teil davon. Beten hat nur einen Sinn, wenn dir durch das Gebet die Verbundenheit mit der Einheit bewusst wird. Du bist nur ein Teil, das ist allerdings kein Grund für Minderwertigkeitskomplexe. Der kleine Finger hat keine Minderwertigkeitskomplexe dem Daumen gegenüber, und deine Hand hat keine Komplexe gegenüber dem Gehirn. Jedes Teil ist Teil eines Ganzen, in der Einheit ist nichts weniger wert oder mehr wert. In deinem Daumen verwirklicht sich Gott genauso wie in deinem Gehirn. Er verwirklicht sich im Schmetterling, im Baum, im Fisch und in der Wolke. Alles, was dich umgibt, ist ein Teil Gottes, alles kommt aus dieser Einheit, alles ist einzigartig, aber doch nur ein Teil. In jedem Teil steckt das Ganze. Das Göttliche ist in dir, aber glaube nie, du selbst wärest Gott. Du kannst in der Erleuchtung die Einheit erkennen, aber du selbst bist nie die Einheit, du bleibst ein Teil. In tiefer Meditation über das Leben, das Sein und das Universum wird dir bewusst, dass die Einheit in dir ist, aber dass du selbst die Einheit nicht bist. Du wirst demütig, du musst dich dem Universalen, der viel größeren Energie beugen. Du erkennst, dass dein Streben, dein Hoffen und Wünschen nicht viel wert sind, wenn du dich nicht als Teil begreifst. Die Aufgabe jedes Teils ist es, in Einklang mit der Einheit zu sein.»

Hans: «Wie soll ich das verstehen: als Teil in Einklang mit der Einheit sein?»

«Wenn du z. B. den Tod nicht akzeptierst, bist du als Teil nicht in Einklang mit der Einheit. Die Einheit ist der Vorgang von Wachstum, Ausreifung, Alterung und Sterben. Wenn du mit Gott über den Tod haderst, wenn du ihn um ewiges Leben und ewige Gesundheit bittest, bist du nicht in Einklang. Du musst das Ganze sehen, dann bist du in Einklang. Du darfst dich nicht auf ein logisches Denken beschränken, du darfst dich als Mensch und Individuum nicht als zu wichtig sehen, du musst deinen egoistischen Kampf um dein Ego aufgeben, das heißt sich in Gottes Hand begeben, das heißt, nicht was ich will geschehe, sondern was du willst.

Als Individuum bist du dein eigenes kleines System. Du

fühlst dich manchmal mächtig und oft ohnmächtig. Sich in Gottes Hand begeben, das heißt, sich nicht mehr als mächtig aufspielen und sich auch nicht ohnmächtig fühlen. Das erscheint schwer zu verstehen, du bist nicht mächtig, aber auch nicht ohnmächtig, du bist kein Gott, aber Gott ist in dir. Die Tatsache ist nicht mit logischem Denken erfassbar, du kannst sie auch nicht mit den Sinnen erfassen, du kannst sie nur empfinden. Empfinden ist mehr als Sehen, Denken oder Wissen. Empfinden ist ein breites Erfassen deiner Situation, es ist mehr als nur Fühlen, es ist ein Erkennen, es ist eine Erleuchtung. Die Sprache kennt keine anderen Worte dafür. Du bist geschult im Wissen, im logischen Denken, aber niemand hat dir beigebracht zu erkennen, unabhängig von den Sinnen und dem Denken, etwas zu erkennen. Es gibt keine Erkenntnisschule und kein Erleuchtungstraining. Du betrittst ein Neuland, keiner zeigt dir den Weg; du gehst in unerforschtes Gebiet.

Im Bereich der Logik kannst du Mathematiker und Wissenschaftler fragen, im Bereich des Gefühls kannst du Psychologen fragen, im Bereich der Sinne wissen Physiologen Bescheid, aber im Bereich der Erkenntnis und Erleuchtung kannst du keinen Fachmann fragen. Jetzt bist du allein. Mit Erkenntnis kannst du in der Industriegesellschaft keinen Handel betreiben, Erkenntnis ist keine Ware, die verkauft werden könnte.»

Hans: «Die Theologen kann ich fragen, sie vermitteln die Erkenntnis über Gott.»

«Gut, dann frage sie. Theologen sind gebunden an ihr Glaubenssystem. Nach ihrem System ist das eine richtig und das andere falsch. Du musst an das System glauben, die Institution zwingt dir das System auf. Du musst es annehmen, oder du wirst verurteilt. Theologen erklären Gott innerhalb eines Systems, sie vertreten Meinungen und Theorien, aber sie verhelfen dir nicht zu deiner persönlichen Erkenntnis. Es werden Worte und Schlussfolgerungen vorgetragen, aber das hat nichts mit Erkenntnis zu tun.

Gehe hinaus in die Natur, gehe durch Regen und Schnee, stundenlang, mach deine Sinne weit auf, und du empfindest ganz unerwartet Liebe. Du beobachtest den Vogel, der im Laub scharrt, der Wind weht dir ins Gesicht, die Tropfen laufen an deiner Wange herunter, alles ganz banale Dinge, dein Denken dreht sich nicht mehr im Kreis, um dich selbst, du beobachtest das, was geschieht, und plötzlich hast du die Erkenntnis, was Natur ist, was es heißt, in dieser Natur ein Lebewesen zu sein, du erkennst, ohne dass du ein religiöses System brauchst, du erkennst etwas aus dir heraus, das du nicht in Worte kleiden kannst, denn die Erkenntnis ist unabhängig von Worten, sie geschieht nicht durch logisches Denken und nicht durch Wortspiele, sie erwächst aus einem Empfinden. Empfinden ist ein breites Erfassen der Ganzheit.

Die Naturwissenschaften sind vom Empfinden abgekommen, sie gehen analysierend ins Detail, ins immer kleinere Detail, und sie betrachten es von allen Seiten unter allen nur möglichen experimentellen Bedingungen. Du kannst Gott nicht unters Mikroskop legen, du kannst das Universum nicht in ein Reagenzglas gießen, das ist logisch, und doch ist Gott auch unter dem Mikroskop vorhanden, das aber kannst du nicht sehen, riechen, hören, fühlen oder wissen; du kannst es nur empfinden mit der Ganzheit deiner Existenz und deines Wesens. Du kannst nicht mit dem Verstand vollkommen erfassen, was ich jetzt sage und auszudrücken versuche. Die Worte sind dürr und dürftig, die Erkenntnis liegt zwischen den Worten von ihnen unabhängig in der Fähigkeit, es selbst zu erleben.

Wissen kannst du auswendig lernen, Erkennen nicht. Du musst selbst erkennen, niemand kann Erkenntnis im Film oder in Prosa als Lernstoff vorführen. Ich kann dir nur einen Vorgeschmack davon geben, dich anregen, dich neugierig machen, deine Erinnerung wecken. Du hast schon Erkenntnisse gehabt, sie sind durch den alltäglichen Denktrott zugedeckt, aber du kannst dich vielleicht durch meine Umschreibungen erinnern.

Du machst dich auf den Weg, sie neu zu erleben, ich kann sie dir nicht in Form von Wissen oder Lerninhalten zum Auswendiglernen vermitteln.»

6 *Was kommt nach der Selbstentfaltung?*

Glücklich der Mensch, der Bäume liebt, besonders die großen, freien, die wild wachsen an der Stelle, wo die unendliche Kraft sie gepflanzt hat, und die unabhängig geblieben sind von der Fürsorge der Menschen. Denn alles Unkultivierte, Natürliche ist näher dem Allbewusstsein als das durch Menschenwillen sklavisch gezähmte, verkünstelte, gezüchtete! Die freigeborenen Dinge atmen reiner den Geistesrhythmus des Unendlichen, daher strahlt ein Berauschendes, eine unbeschreibliche freie Freude auf uns über inmitten des Wildnatürlichen im Wald, auf Bergen, überall, wo keine Spuren menschlicher Arbeit sich finden. Wir atmen eine Emanation, die von Bäumen, Felsen, Vögeln – von jeder Form des Unendlichen – unaufhörlich ausströmt. Es heilt und erneuert. Es ist mehr als Luft! Eine psychische Kraft, die aus der Allbelebtheit fließt. Weder in Städten noch in kultivierten Gärten ist sie zu finden. Glücklich, wer eine lebendig starke und ernste Liebe zu den wilden Bäumen und Vögeln und Tieren fasst, wer sie als gleichgeboren mit sich selbst empfindet und weiß, dass auch sie ihm Wertvolles zum Tausche schenken für seine Liebe.

Prentice Mulford

Der Selbstentfaltung in innerer Freiheit steht die Angst vor der Freiheit im Wege. Die ängstliche Frage lautet: «Was geschieht mit mir, wenn ich frei bin? Werde ich dann in der Gesellschaft noch zurechtkommen, kann ich mich dann noch integrieren, oder bin ich als freier Individualist ein Außenseiter, der von den anderen verstoßen wird?»

Wer den Sprung in die Freiheit und Selbstentfaltung gewagt hat, stellt diese Frage nicht mehr, weil ihm deutlich ist, dass er etwas so Wertvolles gewonnen hat, dass die dadurch eventuell entstehenden Nachteile für ihn nicht von Bedeutung sind.

Die meisten sind dazu erzogen, immer nach der Meinung der anderen zu fragen, sie wollen stets von ihren Mitmenschen ein positives Urteil für ihr Verhalten hören. Wer dermaßen fremdorientiert ist, kann sich nicht vorstellen, dass ihn Selbstbestimmung zufrieden stellen kann. Er wird immer wieder versuchen, z. B. seinen Partner oder einen guten Bekannten zu fragen: «Was hältst du davon, wenn ich das oder das unternehme?» Freiheit beginnt dann, wenn die Meinung der anderen gleichgültig wird, wenn ich niemand mehr um Rat frage, weil ich erkannt habe, dass mir niemand einen Rat geben kann, weil er die Dinge auf seine subjektive Weise sieht. Damit soll nicht die Meinung anderer Menschen abgewertet werden oder gar empfohlen werden, über die Meinung anderer eiskalt und egoistisch hinwegzugehen. Wenn ich mit einem Mitmenschen etwas unternehmen möchte, muss ich ihn natürlich nach seinen Interessen fragen und seine individuelle Meinung respektieren, wie auch er meine Meinung zur Kenntnis nehmen soll. Wer innerlich wirklich frei ist, wird die Freiheit der Meinung und Entscheidung eines anderen nicht antasten.

Nach dem Sprung in die Selbstverwirklichung, Selbstbestimmung und Freiheit geschieht etwas sehr Positives: Streit nimmt ab, weil die Toleranz wächst. Nur ein freier Mensch kann wirklich tolerant sein, denn er ist gegenüber Kritik anderer an seiner Lebens- und Entfaltungsweise stabil, weil er sich bewusst ist, dass nur er über sich entscheiden kann, nur er die Motive seines Verhaltens wirklich kennt und kein anderer Einblick haben kann. Wer sich in intensiver Selbsterkenntnis z. B. dafür entscheidet, beruflich selbständig zu werden, fühlt sich immun gegenüber Kritik. Das liegt nicht daran, dass er ein dickes Fell hätte und seine Empfindlichkeit oder Wut besonders gut verdrängen könnte. Die Reizbarkeit ist verflogen. Ein fremdbestimmter Mensch dagegen ist reizbar, Kritik macht ihn wütend, er verteidigt sich und reagiert rechthaberisch.

Wer sich in Selbsterkenntnis und Selbstbestimmung entfaltet, ärgert sich nicht über Kritik anderer an seiner Entfaltung, denn er weiß, dass er nach seinem eigenen Kompass seinen eigenen Weg geht und zwangsläufig auch die Kritik der Mitmenschen herausfordert. Der Individualist ist losgelöst von der Meinung anderer, er versteht sich als Einzelwesen. Loslösung besagt nicht, dass er nun die Gesellschaft bekämpfen würde; es bedeutet aber, dass die Gesellschaft ihm nichts mehr anhaben kann. Er ist nicht mehr der Sklave einer sozialen Rolle und nicht mehr abhängig von der Meinung anderer Menschen. Er ist abgenabelt, er hat die Angst überwunden, alleine dazustehen, ein Einzelwesen zu sein; in diesem Moment ist er wirklich erwachsen geworden.

Er hat auch kein missionarisches Sendungsbewusstsein, andere von seinem Weg zu überzeugen, damit andere ihm Recht geben oder ihm folgen. Er möchte niemand seine Meinung aufdrängen, aber er scheut sich nicht, seine Meinung zu äußern. Er bekennt sich zu sich selbst und gibt das anderen gegenüber zu erkennen. Mehr nicht. Er glaubt nicht, ein allgemein gültiges Rezept zum Lebensglück gefunden zu haben, das er anderen aufzudrängen hat. Deshalb verringert sich sowohl Streit als auch Ärger.

Ein Individualist ist für andere natürlich eine Herausforderung. Sie versuchen zu prüfen, inwieweit er es ernst meint oder sich durch Individualismus nur interessant machen möchte. Ein Mensch, der sich selbst gefunden hat, fühlt sich innerlich ruhig und sicher, er ist sich bewusst, dass er für andere eine Herausforderung darstellt, er ist darauf vorbereitet, und er freut sich über den Kontakt, der sich dadurch ermöglicht. Er erhält auf diese Weise zu seinen Mitmenschen eine ernsthaftere Kontaktbasis, die über das übliche belanglose und oberflächliche Aneinander-vorbei-Reden hinausgeht. Der Kontakt wird intensiver und befriedigender.

Nach der Selbstentfaltung und dem Sprung in die Freiheit zieht man verstärkt Kritik auf sich, aber auch der Respekt wächst. Das gilt natürlich nur für aus dem Inneren kommende Selbstbestimmung, nicht für vorgetäuschte Individualität.

Das Bewusstsein, von der Meinung aller anderen abgenabelt zu sein, auf den eigenen Beinen zu stehen, authentisch zu sein, befreit innere Energie, die man bisher nicht kannte. Zuvor war man gespalten, nun empfindet man sich als Einheit. Der gespaltene Mensch ist unsicher, er schwankt hin und her, mal ist der Intellekt im Vordergrund, dann wieder der emotionale Teil, dann der Ehrgeiz, dann das Streben nach Geltung, dann die Abwehr von Angst usw. Das abgenabelte Individuum stellt keinen Teil in den Vordergrund, sondern erlebt und handelt aus dem inneren Kern des Ich.

Sigmund Freud hat mit seiner Analyse der Persönlichkeit in Form eines Instanzenmodells die Gespaltenheit aufgezeigt. Die Persönlichkeit besteht nach Freud aus Über-Ich, Ich und Es. Zur Analyse der Gespaltenheit ist dieses Modell tauglich. Einmal dominiert das Über-Ich, dann wieder die Es-Instanz. Der seelisch erwachsene, gesunde Mensch ist frei vom Über-Ich und von der Es-

Instanz. Der Kern des Persönlichkeitsmodells ist das Ich. Individualität heißt, dass das Ich im Zentrum steht, nicht das Über-Ich oder Es.

Das Über-Ich und das Es verlieren ihre Macht. Die Person ist nicht mehr gespalten in verschiedene Instanzen, die Macht ausüben. Erst dann ist Selbstbestimmung möglich. Gespaltenheit ist ein Zeichen von Krankheit. Das Erkennen der eigenen Einheit ermöglicht erst den Sprung in die seelische Gesundheit, alle Schizophrenie oder Trizophrenie hat ein Ende. Das ist der Gewinn der Selbstentfaltung und Freiheit. Es besteht kein Grund zur Angst, sondern zur Freude.

Ich sage immer wieder: Sei endlich du, bekenne dich zu deinem Kern, zum Ich. Sei losgelöst von anderen, sei ein Außenseiter, ein Einzelwesen, damit du dich selbst und die anderen akzeptieren und achten kannst. Du musst erst dich selbst erkennen und achten, bevor du in der Lage bist, andere zu erkennen und zu achten. Man kann das nur durch eigenes Erleben voll erfahren, nicht durch Spekulation und Phantasie darüber. Wir sollten nicht von der Autonomie und Freiheit träumen, sondern den Sprung wagen und überprüfen, was danach kommt. Es übersteigt das Vorstellungsvermögen. Man muss vom Dreimeterbrett ins Wasser springen, um zu erleben, dass die Angst davor unbegründet ist. Erst danach kann man lachen und sich über das Erlebnis freuen, nicht davor.

Was geschieht, wenn ich den Halt verliere?

Wenn man von innerer Freiheit und Selbstentfaltung redet, von Loslassen und Gelassenheit, von seelischer Gelöstheit, dann taucht sehr schnell die bange Frage auf: «Was ist aber, wenn ich den Halt verliere?» Wir wollen einerseits frei sein, aber andererseits inneren Halt nicht verlieren. Es ist aber unmöglich, frei zu sein und sich gleichzeitig an etwas festzuklammern.

Sich an etwas halten heißt Sicherheit und Beruhigung zu suchen. Wir halten uns an ein politisches System, halten es für gut, in der Meinung, damit wäre politische Stabilität gewährleistet. Wir halten uns an eine Religion, in der Hoffnung, wir hätten damit unser gutes Verhältnis zu Gott gesichert, er wäre dafür dankbar und würde unser Leben besonders schützen. Überall auf der Welt laufen die Menschen in «Gotteshäuser», Kirchen, Moscheen und Tempel, in der Meinung, sie stünden dann unter dem ganz besonderen Schutz Gottes. Auf die Frage, warum gehst du in die Kirche, warum bist du Christ, Hindu, Moslem, erhält man die Antwort: «Die Religion gibt mir einen Halt.» Ich frage dann zurück: «Was wäre, wenn du keine Religion hättest? Was würdest du anders machen?» Dann blicke ich in ein erstauntes, ratloses Gesicht. Ich habe noch keinen gehört, der mit Überzeugung sagte, er würde ohne Religion einen Mord begehen oder seine Mitmenschen bestehlen. Etwas beschämt gestehen aber nach einigem Nachdenken viele ein, der Halt wäre ein Trost in der Not, es wäre ein gutes Gefühl der Sicherheit und Geborgenheit, sich in einer Kirche aufzuhalten und nach den Geboten der Religion zu leben, außerdem wäre es beruhigend zu wissen, dass auch die anderen danach leben.

Wir halten uns gerne an eine Meinung, die andere auch vertreten, an eine Lebensphilosophie, die gerade modern ist, die von anderen auch vertreten wird. Wenn die anderen alle heiraten, eine Familie gründen und Kinder auf die Welt bringen, dann wollen wir es ihnen gleichtun. Wenn alle anderen ein Auto fahren, dann wollen wir auch ein Auto besitzen. Wenn alle nach einem Haus streben, streben wir auch danach, wenn die anderen nach Spanien in Urlaub fliegen, dann wollen wir selbstverständlich auch dahin, und wenn alle einen Videorecorder besitzen, müssen wir auch einen haben. Wir gehen mit der Mode; wenn in diesem Jahr rote Lederhosen «in» sind, dann kaufen wir eine rote Lederhose. Wenn alle über einen besonderen Film reden, dann müssen wir den Film auch sehen. Mit der Mehrheit mitzugehen, auch das gibt uns Halt, ein Gefühl von Sicherheit und Trost.

Wir suchen den Halt immer außerhalb unseres inneren Kerns, wir versuchen ständig, außen Anker zu werfen, uns festzumachen an einem äußeren Symbol, an dem, was andere für richtig halten, in der Hoffnung, dass die anderen wissen, was sie tun, dass sie sich nicht irren. Wir vertrauen auf ihre Philosophie, auf ihren Geschmack, auf ihre politische und religiöse Meinung. Das heißt, dass wir von uns selbst offenbar nicht viel halten, dass wir uns selbst nicht viel zutrauen und deshalb lieber auf die Wahl der Mehrheit vertrauen. Wir sind unsicher, und die Entscheidung der anderen gibt uns Sicherheit. Wir laufen den anderen einfach nur hinterher und glauben, wir hätten damit einen Halt.

Dieses Verhalten ist auf die Erziehung zurückzuführen. Wir mussten uns an die Gebote und Verbote der Eltern halten, dann an die Regeln der Schule und des Lehrherrn, dann an die allgemeinen Regeln der Gesellschaft. Man hat uns dazu angehalten, uns an aufgezwungenen Regeln und vermittelten Ratschlägen festzuhalten. Wir haben uns redlich bemüht, uns fest und fleißig an dem festzuhalten, was andere für richtig halten. Was wir selbst für richtig halten, danach wurden wir nicht gefragt, oder es wurde als Blödsinn abqualifiziert. Wie sollen wir aber uns selbst finden, wenn wir Halt immer außerhalb von uns selbst suchen? Wir haben uns so lange abgemüht, außen einen Halt zu finden, dass der Gedanke, dass der Halt nicht außen zu finden ist, sondern in uns selbst, uns zunächst fremd und neuartig erscheint.

Wenn ich sage: Du darfst deinen Halt nicht draußen suchen, es gibt keinen Halt, das alles ist nur Zeitverschwendung, es gibt nur eine einzige Stabilität, in der du Halt findest, das bist du selbst, werde ich ungläubig und gleichzeitig angstvoll betrachtet.

Äußeren Halt zu suchen ist falsch. Du kannst dich einer politischen Ideologie verschreiben, aber die nächste Revolution wischt alles vom Tisch. Du kannst dich an deinen Ehepartner klammern, aber die nächste Liebesaffäre verändert alles, und du stehst wieder alleine da. Du kannst den Halt in deinen Kindern suchen, aber sie verlassen das Haus und ziehen möglicherweise mit einer Rockband von Stadt zu Stadt. Du kannst Halt in deiner Eigentumswohnung suchen, an deinen gesammelten Kunstgegenständen, aber der nächste Krieg macht dich obdachlos und besitzlos. Du kannst Halt suchen in einer religiösen Gemeinschaft, aber du musst feststellen, dass der Systemgott deiner Glaubensfraktion dein Gebet nicht erhört. Du suchst Halt in der Sexualität, im Genuss der Geschlechtlichkeit, aber du stellst fest, dass dich sexuelle Lust nicht voll befriedigt. Du suchst Macht über Menschen und stellst fest, dass du zwar Macht ausübst, aber die Rebellion nicht zu beseitigen ist, sondern sich verstärkt. Du klammerst dich an das, was alle tun, und stellst fest, dass es dich weder wirklich glücklich macht noch tief innerlich befriedigt.

Die geschilderten Fälle aus meiner psychologischen Praxis haben gezeigt, dass das Suchen eines äußeren Haltes immer wieder nur die Brüchigkeit, die Vergänglichkeit und die Instabilität hervorbringt. Wer sich an einen äußeren Halt klammert, wird früher oder später mit leeren Händen dastehen und verzweifelt in die Kirche oder zum Psychologen laufen.

Wenn ein Mensch jeden äußeren Halt verliert, wacht er auf.

Wenn nichts Äußeres mehr vorhanden ist, an das er sich klammern könnte, dann besinnt er sich endlich auf sich selbst, und er erkennt, wenn ihm alles verloren geht, wenn nichts mehr hält, was es versprochen hat, dass er selbst allein übrig bleibt. Das ist die Chance, endlich zu sich selbst zu kommen.

Ich sage immer wieder: Halte dich nie an etwas fest, das außer dir ist, halte dich nur an dein Inneres. Frage nicht nach Ideologien, Philosophien, Regeln, Meinungen, Systemen, materiellem Besitz, halte dich nur an das, was in dir selbst vorgeht, du bist das Zentrum, du bist die Erfahrung, nur du selbst kannst wissen, was mit dir los ist, was du wirklich willst. Kein anderer kann dir erklären, was Selbstentfaltung und Glück sind, kein anderer kann dein Glück definieren, du musst in dich gehen, nicht aus dir heraus, der Halt ist in dir selbst.

Die Menschen laufen verzweifelt einem Halt hinterher und vergessen dabei, dass sie die ganze Anstrengung überhaupt nicht vollbringen müssten, denn sie sind bereits am Ziel. Ein Beispiel: Der junge Mensch läuft der Liebe hinterher, er möchte den Halt seiner Existenz an der Liebe festmachen; er geht hinaus in Cafés, in Discos und sucht der Liebe zu begegnen; er verliebt sich und strebt danach, wiedergeliebt zu werden. Der Sinn des Lebens, der Halt ist zu lieben und geliebt zu werden. Wer auf äußeren Halt bezogen ist, der strebt vor allem danach, geliebt zu werden, Anerkennung, Sympathie und Beachtung zu erhalten. Und schon ist er gefangen, denn Halt erhalten wollen ist Gefangenheit, ist Fixierung.

Wer sich auf sich selbst besinnt, will keinen Halt bekommen, sondern er möchte mit dem Eigenleben fließen. Wer nach innen geht, aus dem Selbst heraus handelt, hat den Halt im eigenen Verhalten gefunden. Halte dich an dich und verliere jeden äußeren Halt, um dich an dich selbst zu halten, dann ist dein Verhalten dein ureigenstes, individuelles Verhalten, dann hältst du dich an dich, dann bist du von allem Äußeren frei, dann bist du das Zentrum, dann ist dein Innerstes der Punkt, um den sich das

Leben dreht, dann bist du bei dir und nicht außer dir, dann bist du endlich angekommen und nicht dir selbst abhanden gekommen. Der einzige Halt, der wirklich verlässlich ist, bist du selbst, du hältst dich an dich selbst und nicht an etwas Äußeres. Wenn Selbstentfaltung geschieht, verlierst du jeglichen äußeren Halt, denn du hast inneren Halt. Du liebst mit innerer Haltung aus deinem Inneren heraus, der Halt ist deine Liebe – und sie braucht keinen äußeren Halt. Du wirfst keinen Anker, deshalb bist du unzerstörbar lebendig. Der Sturm kann toben, und du zerbrichst nicht, kein Fixpunkt kann an dir reißen, du gibst dem äußeren Sturm keinen Anhaltspunkt, du bist unzerstörbar, man kann dich töten, aber deine Individualität ist unzerstörbar. Deine Liebe braucht keine Erwiderung, sie ist unzerstörbar, sie kommt aus dir selbst, absichtslos, sie sucht keinen Halt, sie ist frei. Du bist gelassen, du hast alles losgelassen, das Zentrum ist nirgendwo draußen, es ist in dir selbst. Das Zentrum braucht keinen Halt, es ist Halt und Loslösung in einem.

Was geschieht, wenn ich Freunde verliere?

Wir haben Angst davor, unsere Abwehrmechanismen aufzugeben und uns ganz tief mit uns selbst einzulassen. Wir haben Angst vor uns selbst, deshalb suchen wir äußeren Halt und Trost, wir fragen: Was hältst du davon? Wie würdest du dich in meiner Situation entscheiden? Was ist deine Meinung dazu? Ich denke darüber so und so, glaubst du, ich habe Recht? Wir fragen andere nach ihrem Urteil und ihrer Meinung über Dinge, die sie nicht erlebt haben, die sie gar nicht betreffen und die sie deshalb überhaupt nicht beurteilen können. Wenn das Auto nicht mehr anspringt oder der Fernseher eine Bildstörung hat, dann ist es sinnvoll, einen Techniker zu fragen, weil es sich um ein Produkt außerhalb von uns selbst handelt, das wir nicht kennen.

Es ist aber ganz falsch, einen Lehrer zu fragen, welchen Beruf man ergreifen soll. Woher soll ein Lehrer wissen, wofür ich mich wirklich interessiere, wie soll er ein Gefühl dafür haben, wo mein Herz Feuer gefangen hat, wie soll er beurteilen können, ob ich zum Beruf des Schriftstellers, Holzschnitzers oder Musikers tauge? Woher soll er wissen, ob ich die Geduld für eine wissenschaftlich-forschende Tätigkeit mitbringe? Es ist auch falsch, die Eltern zu fragen, denn sie sind nicht frei von ehrgeizigen Prestigevorstellungen, sie wollen mit ihrem Kind angeben; der Vater erträumt sich seinen Sohn vielleicht als Manager, während dieser viel lieber mit voller Anteilnahme Blumengärtner wäre.

Kein anderer kann in meine Seele sehen, kann beurteilen, was hier vor sich geht. Auch kein Freund kann mir bei der Selbstfindung und Selbstentfaltung behilflich sein. Wie soll ein Freund die Frage beurteilen: Soll ich diese Frau heiraten, was hältst du davon? Er kann nur seine persönliche Meinung ausdrücken, die davon beeinflusst ist, ob er selbst die Frau heiraten würde. Wie soll ein Freund wissen, ob mein Herz die Frau wirklich liebt; das ist unmöglich, das kann er nicht. Ich kann mir nur selbst dessen bewusst sein, ob ich liebe, ob die Liebe meine Seele in Schwingung, in Glückseligkeit versetzt oder nicht. Viele Menschen sind so außenorientiert, sind ihrer Innerlichkeit so entfremdet, dass sie mitunter nicht einmal wissen, ob sie lieben oder nicht.

Wenn ich mich tief innerlich in mich selbst fallen lasse, wenn ich mich mit mir vertraut mache, wenn ich Selbstvertrauen habe, kann ich selbst, und nur ich selbst, beurteilen, was mit mir los ist, das ist der Weg in die Unabhängigkeit, aus der äußeren Abhängigkeit heraus in mein Inneres, in die Vertrautheit meines Wesenskerns. Selbstentfaltung heißt Abwendung und Distanz nehmen vom äußeren Halt, von allen möglichen Ratgebern, ich werde vertraut mit mir, werde zu meinem eigenen Freund, und die Frage «Soll ich mich mit dieser Frau einlassen?» wird lächerlich, weil ich dann weiß, dass niemand außer mir selbst diese Frage beantworten kann. Wenn ich selbst darauf keine Antwort weiß, dann ist auch das eine Antwort: Mein Innerstes ist nicht in Liebe entflammt, denn sonst wüsste ich Bescheid.

Wenn ich zur Selbstentfaltung gefunden habe, verlieren Freunde als Ratgeber ihre Bedeutung. Der Freund wird dann zu einem Menschen, mit dem ich mein Erleben teilen möchte, den ich als freie Person akzeptiere und respektiere. Ich stelle keine Forderungen an ihn, er ist da, um den Moment mit mir zu verbringen, ich bin nicht sein Ratgeber, und er ist nicht der meine. Freundschaften sind aber oft Abhängigkeitsverhältnisse. Ich gebe dir Lob, und du gibst mir dafür Bewunderung, oder ich gebe dir Ratschläge, und du gibst mir deinen Witz, oder ich gebe dir Tipps für deinen Job, und du gibst mir ein Alibi für freie Abende wegen einer zu eng gewordenen ehelichen Gemeinschaft, oder ich gebe dir seelische Kraft, und du gibst mir dein handwerkliches Geschick. Geben und nehmen ist in Ordnung, wenn sich darin Freundschaft nicht allein erschöpft. Ich sollte mich nicht als Freund missbrauchen lassen, weil der Freund einen Ratgeber, Geldgeber, Alibigeber oder Kraftspender braucht. Freundschaft ist mehr als geben und nehmen, Freundschaft ist die köstlichste und glückseligste Beziehung zwischen zwei Menschen, weil sie Liebe ohne Sexualität ist, sie ist reine seelische Liebe.

Wenn ich Angst davor habe, durch Selbstentfaltung einen Freund zu verlieren, dann muss ich mich fragen, ob mit dieser Freundschaft alles in Ordnung ist. Erst durch absolute Selbstentfaltung ist wirkliche Freundschaft möglich. Ich muss den Freund sich so entfalten lassen, wie es sein Innerstes ihm eingibt, und muss mich selbst so frei entfalten können. Freundschaft ist seelische Liebe und Verbindung, ohne dass der andere irgendetwas anderes erwartet als die Gegenwart des anderen.

Wenn ich durch Selbstentfaltung, durch authentisches Verhalten einen Freund verliere, dann ist es gut, dass es sich endlich herausstellt, dass es keine wirkliche Freundschaft war. Ich sollte froh sein, wenn der Freund sich abwendet, wenn ich mich so verhalte, wie ich wirklich bin, weil dann Klarheit besteht. Freundschaft heißt ja gerade, sich so verhalten zu können, wie man wirklich ist, also alle Masken fallen lassen, bei sich selbst ankommen und angenommen werden, angenommen sein mit allen Stärken und Schwächen. Wenn ich schwach sein kann, wenn ich weinen und losgelassen sein kann von allem Äußeren, wenn ich am Ende sein darf, wenn ich verzweifelt und deprimiert sein kann, wenn ich aggressiv sein kann, wenn ich meine Seele offenbaren darf, wenn ich glücklich sein kann und vor Glück das Glas an die Wand werfen kann, wenn ich wütend sein darf, aber auch ekstatisch vor Glück und der Freund beides akzeptiert und sich in beidem selbst wiederkennt, wenn er mich als Ganzes akzeptiert, dann ist er ein Freund, erst dann bin ich bei ihm wirklich geborgen. Wenn er aber verurteilt, kritisiert, lobt und abwertet, wenn er Einfluss ausüben möchte, wenn er gute Ratschläge erteilt, wenn er mich dirigieren will, dann ist er nicht reif für Freundschaft, und dann muss ich keine Angst haben, diese Freundschaft zu verlieren. Ich habe nichts verloren, wenn ich meine Freiheit gewonnen habe.

Ein Freund ist ein Vertrauter, im Gegensatz zu einem Fremden. Ein Freund ist ein Mensch, der mit meiner Selbstentfaltung vertraut wurde, Selbstvertrautheit und Freundesvertrautheit fließen ineinander. Liebe ist Anerkennung der Ganzheit, ist Vertrautheit mit der Gesamtheit. Der Freund rät mir nicht zu, und er rät mir nicht ab, er steht zu mir, er ist vertraut mit mir, egal wie ich mich entscheide. Auch wenn er sich selbst anders entscheiden würde, so versteht er meine Entscheidung, auch wenn er in diesem Moment nicht wütend wäre und in diesem Augenblick nicht lachen würde, so versteht und liebt er meine Wut und mein Lachen. Er bewundert mich nicht, er verachtet mich auch nicht, er lässt mich gewinnen und verlieren, weil er nicht anders kann, als sich mir zuzuwenden, so wie ich mich ihm zuwende. Freundschaft ist Liebe ohne Sexualität, der schönste menschliche Kontakt zwischen zwei individuellen Wesenskernen, den ich mir denken kann. Mann und Frau sollten Freundschaft schließen, sie sollten sich im Vertrauen gegenseitig zuwenden und öffnen, dann erscheint auch die Sexualität in einem anderen Licht.

Ändert sich meine Umwelt, wenn ich mich ändere?

Niemand sollte sich ändern, um dadurch die Umwelt zu ändern. Wer die Absicht hat, die Umwelt zu ändern, möchte Macht ausüben über die Umwelt und die Mitmenschen, er will durch sein eigenes Leben ein Beispiel setzen, er möchte den anderen vorangehen, er möchte die Führung übernehmen, er hält sich für etwas Besseres und möchte möglichst viele Menschen auf den «richtigen» Weg bringen, den auch er geht. Wer sich selbst ändert mit der Motivation, dass er dann ein Recht dazu hätte, auch die Mitmenschen zu ändern, begeht einen grundsätzlichen Fehler. Wenn der Anfang schon falsch ist, dann wird auch das Ende falsch sein.

Wir meinen immer, unser Lebensstil müsste auch von den anderen praktiziert werden, wenn wir uns selbst entfalten, wenn wir in die Freiheit gehen, wenn wir ein glücklicheres Leben anstreben. Tut jemand etwas Gutes, dann spielt er sich sofort auf und erwartet von den anderen das Gleiche. Wenn uns bewusst wird, dass die Gesellschaft krank ist, dass die Mehrzahl der Menschen unter Druck und Zwang dahinvegetieren, dann wollen wir selbst uns davon befreien. Das ist natürlich richtig, dagegen ist nichts einzuwenden, aber wir müssen dann bei uns selbst anfangen, wir müssen uns von dieser Gesellschaft lösen, denn wir können uns nicht mehr mit den allgemein gültigen Lebensregeln, Philosophien, Ideologien identifizieren. Der Vorgang der Loslösung ist ein Prozess der Individuation: Wir gehen in uns selbst, wir sagen uns von allem Äußeren los und entdecken, dass das Einzige, was wirklich zählt, was wirklich real ist, von dem aller Eindruck und Ausdruck seine Existenz und Wirklichkeit erhält, unser innerer Kern ist. Wir erkennen, dass wir uns nicht am Äußeren orientieren können, dass alles Äußere brüchig ist, dass ich mich an nichts festhalten kann, nicht an einem intellektuellen System, nicht an einem materiellen Besitz, weder an einer Ideologie noch an einem politischen System. Das alles unterliegt äußeren Moden, geschichtlichen Prozessen, die etwas aufbauen und wieder zerstören. Ich kann mich zwar an etwas Äußeres hängen und klammern, aber ich werde früher oder später von der Wandlung überrascht und muss erkennen, dass der äußere Halt nicht hält, was er versprochen hat. Unabhängig von allem äußeren Wandel bleibt einzig und allein mein Inneres, mein Kern erhalten. Die einzige Realität, die wirklich für mich verbindlich ist, bin ich selbst. Ein Mensch, der zu seinem Kern gefunden hat, der sich selbst in sich gefunden hat, der bei sich selbst ist, ist unzerstörbar; man kann ihm allen Besitz wegnehmen, er bleibt er selbst, man kann ihm seine Katze wegnehmen, die er liebt, er bleibt davon unberührt in seinem Innern, man kann ihn ins Gefängnis stecken, sein Inneres bleibt davon unberührt, man kann ihm Reichtum, Luxus und Geld zuschieben, er bleibt davon unberührt, unangetastet er selbst. Das heißt nicht, dass er ein dickes Fell hätte oder empfindungslos wäre. Wenn ihm der Freund genommen wird, dann trauert er und fühlt sich unglücklich, aber er ersteht aus der Trauer wieder auf, er ist nach wie vor das Zentrum, das unzerstörbar ist, das ist Individualität.

Freiheit heißt nicht Herzlosigkeit oder Emotionslosigkeit. Freiheit heißt zum eigenen inneren Kern vorstoßen, heißt die Gebundenheit an diesen Kern erkennen, heißt, sich nach dem eigenen Innern zu orientieren und nicht nach Äußerem.

Absolute Freiheit kann es nicht geben. Individualität ist keine absolute Freiheit, sie ist nur Freiheit von Fremdbestimmung. In der Bekennung zum eigenen Selbst, zur Individualität, zu dieser Bindung an das Zentrum, entsteht für den Menschen das Höchstmaß an Freiheit, das er als menschliches Wesen erreichen kann. Mehr Freiheit ist nicht möglich. Die absolute, die vollkommene Freiheit ist ein Ideal, ein theoretisches Konzept, das kein Mensch je erreichen kann; es ist deshalb sinnlos, danach zu streben.

Wir sind gebunden an unseren Körper und können deshalb nicht fliegen. Wir können nie die Freiheit erlangen, so zu schwimmen wie ein Delphin, so stabil und standfest zu sein wie ein Baum, so scharf zu sehen wie ein Adler, so kräftig zu sein wie ein Elefant, so schnell und geschmeidig wie ein Panther.

Wir sind gebunden an unsere biologischen Grenzen. Die Technik ermöglicht zwar den Vorstoß in neue Dimensionen, aber auch das ist keine absolute Freiheit, denn wir sind gebunden an mechanische Gesetze, die nicht vernachlässigt werden können. Absolute Freiheit ist unmöglich, sie ist ein Traum und keine Realität.

Wenn ich von individueller Freiheit spreche, meine ich nie absolute Freiheit, sondern immer nur die Freiheit, die dem Menschen im Rahmen seiner biologischen und existenziellen Bedingungen möglich ist. Diese Freiheit ist genug, mehr ist überhaupt nicht nötig. Wer vom Fliegen träumt, ist nicht wirklich frei, er bindet sich an den Traum. Wer von Liebe träumt, ist nicht frei, er bindet sich an den Traum. Wer von einer freien Gesellschaft träumt, ist nicht frei, er ist gefangen in seinem Traum.

Die Frage, die mir oft gestellt wird: «Ändert sich die Umwelt, wenn ich mich ändere?», fragt: «Kann ich damit etwas erreichen, wenn ich mich ändere? Wird die Gesellschaft dann besser, friedvoller, unneurotischer, gesunder, schöner?»

Ich antworte: Ändere dich, wenn du spürst, noch nicht individuell genug zu sein, wenn du erkannt hast, dass du noch nicht bei dir bist. Es gibt im Grunde nur eine einzige prinzipielle Änderung, nämlich die Abwendung vom Außenbestimmten. Wer sich in diesem Sinne geändert hat, wer wirklich individuell und authentisch ist, also zu sich selbst vorgestoßen ist, der fragt überhaupt nicht mehr danach, ob sich dann die Umwelt ändert – er hat sich geändert, er ist ausgetreten aus der Umwelt und tritt individuell wieder ein. Bei diesem Eintritt zerfällt alles Sendungsbewusstsein, jeder missionarische Eifer. Ein freier Mensch ist kein Revolutionär, der die Gesellschaft ändern will, er ist allenfalls ein Rebell, den die Gesellschaft ändern, wieder integrieren und eingemeinden will. Die Mitmenschen verstärken ihre Anstrengungen, den Individualisten wieder zu einem angepassten, fremdbestimmten Sklaven der Gesellschaft zu machen.

Ja, die Umwelt ändert sich, wenn ich individualistisch-selbstbestimmt werde, sie verstärkt ihre Anstrengungen, mich zurückzuholen, zur Anpassung zu zwingen; sie versucht sogar, mich auszustoßen, zu vernichten. Nichts stört angepasste Menschen mehr als ein Individualist, der «aus der Reihe tanzt». Der Außenseiter wird ausgestoßen, das ist die Reaktion der Umwelt. Die Umwelt ist reaktionär, sie kann keine Rebellion ertragen. Christus wollte das Gute, die Menschlichkeit, die Liebe, die Erkenntnis und Freiheit des Menschen in dieser Erkenntnis; er lebte die Nächstenliebe vor – und wurde ans Kreuz geschlagen. Vielleicht wollte Christus zu viel, er hatte zu viel Sendungsbewusstsein, er war vermutlich zu ehrgeizig, er wollte zu viele Jünger und Nachfolger um sich scharen und forderte dadurch die Gegenreaktion heraus. Christus war frei, er war erleuchtet, aber er wollte zu viel, er wollte auch seine Mitmenschen befreien. Christus war unbescheiden, vielleicht deshalb, weil er glaubte, als Gottes Sohn einen besonderen Respekt zu verdienen.

Als Psychologe sage ich: Sei nur frei für dich selbst, das genügt, frage nicht nach der Umwelt. Wenn du selbst frei und glücklich bist, dann versuche nicht, auch die anderen frei und glücklich zu machen. Sei ein Rebell, ein Außenseiter, aber sei niemals ein Revolutionär, der die gesellschaftlichen Verhältnisse ändern will. Wer wirklich frei ist, und das ist das Erstaunliche, ist auch frei davon, die Gesellschaft verändern zu wollen. In Freiheit ist die Erkenntnis so tief, dass alles Sendungsbewusstsein verfliegt. Das ist kein Egoismus, es ist Einsicht in einen größeren Zusammenhang. Freiheit ist Auflösung, während ein Revolutionär meint, er könnte etwas neu zusammenfassen. Ein Revolutionär schafft neue Richtlinien und neue Bestimmungen, er glaubt, er könnte dadurch die Menschen glücklicher machen.

Der Individualist glaubt daran nicht, er spürt mit jeder Faser seiner Existenz, dass er nur ein Einzelwesen ist, dass er keine Macht hat und will, er kann nichts zusammenfassen, im Gegenteil, je freier er ist, desto mehr fließt alles auseinander, er entfernt sich, indem er sich dem Leben und der Lebendigkeit nähert. Freiheit ist Nähe und Entfernung zugleich, Fremdheit und Vertrautheit fließen in eins. Je näher er an die Dinge herankommt, desto mehr entfernen sie sich, je glücklicher er wird, umso weniger will er dieses Glück weitervermitteln oder gar anderen aufoktroyieren.

Ein Individualist ändert nicht seine Umwelt, die Umwelt will ihn ändern. Ein Individualist, der Nachfolger sucht, ist kein Individualist, er ist ein Revolutionär. Revolution aber ist ein Verbrechen. Rebellion dagegen ist ein Sprung in die Freiheit, sie sucht keine Nachfolger. Die Umwelt soll nicht verändert werden durch Nachfolge, sie kann sich nur ändern durch den Prozess der Individuation jedes Einzelnen. Kein Revolutionär schrieb die Individualität auf seine Fahnen, aus gutem Grund, weil er die Gesellschaft und die Menschen ändern und befreien will, bevor er sich selbst geändert und befreit hat. Ich möchte damit sagen: Schielt nicht auf die Gesellschaft und die Mitmenschen, ändert euch selbst und fragt nicht danach, ob sich die anderen dadurch auch ändern. Ein gutes Beispiel hat noch nie geschadet, aber man sollte keine Ideologie daraus machen und um Gottes willen keinen Machtanspruch daraus ableiten.

Wie verläuft mein Leben, wenn ich mich der Selbstentfaltung wirklich hingebe?

Grundsätzlich kann festgestellt werden: Mein Leben verläuft anders, wenn ich mich der Selbstentfaltung hingebe, als es verlaufen würde, wenn ich es nicht täte. Ich frage zum Beispiel nicht mehr nach der Meinung anderer, wenn ich etwas unternehmen möchte. Wenn ich bisher fremdbestimmt lebte, dann gerät mein ganzes bisheriges Weltbild ins Wanken, ich sehe alles in neuem Licht; ich spüre, dass ein großer Umbruch bevorsteht, der mich einerseits ängstigt, aber andererseits auch lockt und anzieht. Je mehr es mir gelingt, mich auf mich selbst zu besinnen, mich nach mir selbst zu orientieren, desto glücklicher fühle ich mich, und dieses Glücksgefühl hat eine anziehende Wirkung.

Zuerst entdecke ich meine Selbstentfaltung vielleicht auf irgendeinem Spezialgebiet, z. B. in der Fotografie, beim Skifahren, beim Schnitzen von Figuren, beim Zeichnen, beim Musizieren, im Kontakt mit anderen Menschen oder beim Wandern. Ich war bisher ein fremdbestimmter Mensch, der sich nach außen orientierte, der andere nach ihrer Meinung fragte, der alles so machte, wie andere es auch machten, und plötzlich geschieht der Moment der Loslösung in einem gelebten Augenblick. Ich fotografierte bisher das, was andere auch fotografierten, ich orientierte mich an den Richtlinien eines Fotokursus, das ist plötzlich Vergangenheit; wenn ich das fotografiere und ausprobiere, was mir aus tiefster Seele heraus am Herzen liegt, gelange ich von der Fremdbestimmung zur Selbstbestimmung und entdecke die Loslösung und das Freiheitserlebnis, das mir diese Loslösung, dieses Bekenntnis zu mir selbst gibt.

Beim Skifahren orientiere ich mich zuerst an den Tipps des Skilehrers. Ich lerne Skifahren, indem ich den Stil des Lehrers imitiere. Solange ich mich zu einem Stil zwinge, ist Skifahren ermüdend und erschöpfend. Aber es kommt ein Tag, an dem ich alles vergesse, was mir beigebracht wurde; ich fahre so, wie es mir gemäß ist, ich entdecke mich selbst, meinen eigenen Stil, ich fühle mich losgelöst und frei.

Ich denke über Ehe, Familie und Kindererziehung wie alle anderen. Ich zwinge mich z. B. dazu, ein braver, treuer, gewissenhafter Ehemann zu sein, weil ich davon ausgehe, dass richtig sei, was ich bei meinen Eltern und anderen gesehen habe. Meine Frau betrügt mich mit einem anderen Mann, sie reicht die Scheidung ein, und ich werde gezwungen, über Ehe und Familie nachzudenken, mich selbst zu fragen, was mir das bedeutet, und ich stelle fest, dass ich eigentlich etwas ganz anderes will, dass ich mich die ganzen Jahre zu einem Lebensstil gezwungen habe, der überhaupt nicht meinen eigentlichen Wünschen entgegengekommen ist. Es wird mir bewusst, dass ich nicht an einen Partner und einen Ort gebunden sein will, dass ich reisen möchte, von Ort zu Ort, von Land zu Land, dass mich die Erforschung des menschlichen Verhaltens interessiert und mir dabei eine normale Ehebeziehung «die ganze Zeit über im Weg gestanden ist».

Ich erkenne, dass mein Leben meine ganz persönliche Angelegenheit ist, die mit keinem anderen Maßstab, der von außen kommt, gemessen werden kann. Den einen zieht es hinaus in die Welt: Er möchte jeden Morgen in einem neuen Bett aufwachen, der andere braucht Stabilität und Ruhe, er sucht das Alleinsein mit sich selbst und seinem Werk, er freut sich jeden Morgen auf seine Werkstatt, um an einem Experiment zu arbeiten, das sich über Jahrzehnte hinzieht. Der Maler, der Licht und Dunkel abbilden will, erlebt genug Abenteuer und Selbsterfahrung in seinem Atelier, er sucht z. B. Konstanz in seinen Lebensverhältnissen und nicht den Wechsel, weil die Konstanz die Basis ist, von der seine Entdeckungen ausgehen können. Wichtig ist, dass er das tut, was ihm gemäß ist. Kein Mensch kann einem anderen sagen, was er zu tun hat und wie er es zu tun hat. Jeder muss für sich selbst herausfinden, was für ihn richtig ist, um sich selbst zu verwirklichen.

Das einzige Kriterium ist die Frage: Hast du dich selbst gefunden, bist du bei dir selbst angelangt? Der Mensch, der bei sich selbst angelangt ist, ist am Ziel. Wer den äußeren Wechsel der Eindrücke braucht, ist durch den Wechsel am Ziel. Wer die Stabilität braucht, um sich auszudrücken, um sich im Augenblick zu finden, der ist mit Stabilität am Ziel. Wer die Liebe zu einem einzigen Partner sucht, wer sich in dieser Liebe verwirklichen möchte, der ist am Ziel. Wer sich nicht auf einen Partner konzentrieren möchte, ist auch am Ziel. Selbstentfaltung ist das einzige und wichtigste Ziel. Dieses Ziel liegt nicht in ferner Zukunft, es ist bereits in uns, wir sind mit einem einzigen Sprung jetzt, sofort am Ziel, wenn wir alle Fremdbestimmung abwerfen und uns an uns selbst orientieren. Jeder Mensch erfüllt auf seine individuelle Weise seine Aufgabe als einen Beitrag zur Gesamtheit.

Der ernste Mensch, der alle Dinge des Lebens sehr ernst, mit tiefer Andacht betrachtet, ist genauso wichtig wie der fröhliche Mensch, der nichts ernst nehmen kann, der über alles lachen muss, dem alles komisch erscheint. Der ernste Mensch drückt sein inneres Glück durch Ernst aus und der lachende Mensch durch Lachen. Selbstentfaltung heißt glücklich werden durch die innere Freiheit, das zu tun, was mir gemäß ist.

Der nörgelnde, unzufriedene, aggressive und ängstliche Mensch aber ist nicht am Ziel; er nörgelt, ist aggressiv und ängstlich, weil er noch nicht zur Selbstentfaltung gefunden hat. Der einzige Maßstab, an dem ein Mensch gemessen werden kann, liegt in der Beantwortung der Frage: Bist du am Ziel, bist du bei dir selbst angelangt? Der Aggressive ist nicht am Ziel. Der ehrgeizige Streber ist nicht am Ziel. Der Ehemann, der sich zur Ehe zwingt und seine Wünsche unterdrückt, ist nicht am Ziel. Der Angestellte, der seine Pflicht erfüllt, aber innerlich unglücklich ist, ist nicht am Ziel.

Der ernste Mensch aber, der mit tiefem Ernst und großer Anteilnahme die Natur, das Leben und die Dinge, die ihn umgeben, betrachtet, ist am Ziel. Der fröhliche Mensch, der tanzt und vergnügt lacht, aber von den «Scheinernsten» als oberflächlich bezeichnet wird, der ist am Ziel. Der Mensch, der alles anders macht als die anderen um ihn herum, der seine eigenen Wege geht, obwohl ihn alle anderen belächeln, ist am Ziel.

Freiheit heißt losgelöst von allem anderen bei sich selbst zu sein. Dafür ist so wenig erforderlich; alles, was man dazu braucht, ist bereits vorhanden, die Luft zum Atmen, die Sonne, der Regen, die Bäume, die Pflanzen, die Tiere, die anderen Menschen, die Musik, der Marktplatz, der einsame Ort, die stille Waldlichtung, das alles ist schon da, noch viel mehr, als sich unsere Vorfahren erträumen konnten. Das Telefon ist da, um mit jemand zu sprechen, um von anderen erreicht zu werden, das Auto, um schnell den Waldweg zu erreichen, den man liebt, das Flugzeug, um große Entfernungen zu überwinden, wann immer man möchte, das Radio, um Musik zu hören, der Plattenspieler, um die Musik zu hören, die man im Augenblick braucht, der Fernsehapparat, um Menschen zu beobachten, die man sonst nicht in solcher Nähe beobachten könnte. Man benötigt keine geschnitzte Madonna aus dem siebzehnten Jahrhundert an der Wand, um sich selbst zu entfalten. Man benötigt keine Grundstücke, keine teuren Pelzmäntel, keine Diamanten und keine Aktien, um zu sich selbst zu finden. Zu sich selbst zu finden ist das höchste Glück, ist das Ziel. Wer am Ziel ist, lässt alles andere fallen, er muss nicht mehr nach etwas streben; aller Zank und Streit hört auf.

Wenn ich am Ziel bin, dann bin ich innerlich ruhig und entspannt. Wenn Spannung mein Ziel ist, dann ist Spannung für mich beruhigend und entspannend, sonst aber ist Spannung erschöpfend und krank machend. Nichts ist entspannender als eine Spannung, die mit mir selbst in Einklang steht. Sogar Lebensgefahr ist beglückend, wenn sie frei gewählt ist. Wenn mir allerdings Lebensgefahr aufgezwungen wird, z. B. durch einen

Krieg, dann werde ich krank und neurotisch. Wenn ich mich aber durch eine lebensgefährliche Expedition in die Sahara verwirkliche, dann macht mich diese Gefahr nicht neurotisch, denn ich bin in Lebensgefahr am Ziel, bei mir selbst. Der Autorennfahrer will nicht nur das Rennen gewinnen, er will auch die Lebensgefahr erleben, die Gefahr erfrischt ihn, sie macht ihn glücklich. Wer aber unfreiwillig in einen Rennwagen hineingezwungen wird, wird vor Angst krank, er kann sich nicht glücklich fühlen.

Hingabe an Selbstentfaltung ist das höchste Glück. In mir selbst ist das Zentrum, der Kern, von dem alles ausgeht. Alles, was aus diesem Kern heraus erfolgt, macht glücklich. Es kann nicht von außen bewertet werden. Was der eine tut, mag für den anderen fremd erscheinen und umgekehrt.

Wenn ich mich der Selbstentfaltung hingebe, bin ich am Ziel, im Einklang mit mir selbst, ich bin glücklich und fühle mich in Ordnung. Keiner kann darüber ein Urteil abgeben, er kann nur die Schönheit des Vorgangs als Eindruck aufnehmen. Jede beobachtete Selbstentfaltung ist ein schönes Erlebnis, aber man muss frei sein von Vorurteilen. Der Ernst ist genauso schön wie das Lachen. Der Wechsel ist genauso schön wie die Konstanz.

7. Die Poesie der Freiheit

In meiner Kindheit kannte ich solche Tage in den Ferien. Da handelte es sich allerdings nicht ums Malen, sondern ums Angeln. Und auch angeln konnte man ja zur Not immer. Aber da gab es Tage mit einem gewissen Wind, einem gewissen Geruch, einer gewissen Feuchtigkeit, einer gewissen Art von Wolken und Schatten, da wußte ich schon gleich am Morgen genau und gewiß, daß es heute Nachmittag am unteren Steg Barben geben würde und daß am Abend bei der Walkmühle die Barsche beißen würden. Die Welt hat sich seither verändert, und mein Leben auch, und die Freude und satte Glücksfülle eines solchen Angeltages in der Knabenzeit ist etwas Sagenhaftes und kaum mehr Glaubliches geworden. Aber der Mensch selbst ändert sich wenig, und irgendeine Freude, irgendein Spiel will er haben, und so habe ich heute statt des Angelns das Aquarellmalen, und wenn die Wetterzeichen einen schönen, guten Maltag versprechen, dann spüre ich im alt gewordenen Herzen wieder einen fernen, kleinen Nachklang jener Knaben-Ferienwonne, jener Bereitschaft und Unternehmungslust, und alles in allem sind das dann meine guten Tage, deren ich von jedem Sommer eine Anzahl erwarte.

Hermann Hesse

Hermann Hesse ist ein rebellischer Dichter, der in seinem Werk oft persönliches Freiheitsempfinden beschreibt. Hermann Hesse ist ein zeitloser Poet, der aus der Enge eines konservativen, schwäbischen Elternhauses in Calw ausgebrochen ist und seine gesamte Existenz und seine schriftstellerische Arbeit dem Problem Selbstentfaltung gewidmet hat. Ich habe eine kleine Skizze diesem Kapitel vorangestellt, die dem Band «Die Kunst des Müßiggangs» entnommen ist, den Titel «Aquarell» trägt, 1926 von Hesse geschrieben wurde und dem Nachlass entstammt.

Hesse spricht von einem besonderen Tag, den er in der Kindheit in den Ferien erlebte. Ferien und Kindheit, das ist eine Kombination, in welcher der Mensch unvergessliche Tage der Freiheitsempfindung und Nähe zu sich selbst erlebt, nach denen er sich oft ein Leben lang sehnt. Diese Erinnerungen sind oft von großer Intensität, weil sie das beinhalten, wonach der Mensch sucht und wovon ihn die Realität mit ihren Zwängen oft abgebracht hat.

Hesse spricht von Tagen «mit einem gewissen Wind, einem gewissen Geruch, einer gewissen Feuchtigkeit, einer gewissen Art von Wolken und Schatten», die ihn stimulierten. Es gibt Tage, an denen man besonders empfänglich ist für sensitives Erleben, der Wind ist dann nicht einfach nur ein belangloser Wind, die Gerüche ziehen nicht unbemerkt vorbei, die Wolken und Schatten scheinen eine besondere Form zu haben, die unsere Wachheit steigert. Es sind Stunden besonders starker Empfänglichkeit für Eindrücke, in denen Sensitivität bewusster geschieht als sonst. In der Kindheit und vor allem in den Ferien ist diese Empfänglichkeit gesteigert. Was Hesse undeutlich mit «ein gewisser …» bezeichnet, entspringt seiner Seele, der psychischen Offenheit für Eindrücke und Empfindungen. Es sind nicht die Eindrücke, die dafür verantwortlich zu machen sind, es ist die seelische Verfassung der Offenheit und Sensitivität, welche die Eindrücke an uns heranlässt, wir sind aufgeschlossen, aufmerksam und durchlässig. Jeder Tag gibt in Fülle solche «gewissen» Reize, aber wir sind verschlossen, wir sind mit etwas anderem beschäftigt, wir sind nicht sensitiv genug, wir nehmen nicht bewusst auf, was jeden Moment geschieht. Jeder Moment ist so ein «gewisser» Moment! Es liegt an uns selbst, nicht an den äußeren Reizen.

Hesse sagt, dass sich seine Welt seither verändert habe und sein Leben auch, und er erinnert sich an «die Freude und satte Glücksfülle eines solchen Angeltages in der Knabenzeit» als an etwas «Sagenhaftes und kaum mehr Glaubliches». Besonders treffend ist die Bezeichnung «satte Glücksfülle». Die seelische Glücksfülle ist so groß, dass man sich seelisch satt fühlt, das seelische Erlebnisbedürfnis ist gesättigt. Es bedurfte nur ganz simpler Dinge, um dieses Glücksgefühl der Sättigung zu erreichen: Wind, Geruch, Feuchtigkeit, Wolken, Schatten und natürlich die Offenheit der Seele in der Knabenzeit an einem Ferientag – das Hinausgehen zum Angeln.

«Die Welt hat sich seither verändert und mein Leben auch», aber Hesse schränkt sofort ein: «Aber der Mensch selbst ändert sich wenig.» In diesem kurzen Satz befindet sich sehr viel Weisheit. Die Welt hat sich verändert, die politischen Verhältnisse sind andere geworden, ein Krieg ist hereingebrochen und vorübergezogen, man ist älter geworden, die Kindheit ist vorbeigegangen – «aber der Mensch selbst ändert sich wenig». Man wechselt den Wohnsitz, heiratet, geht einem Beruf nach, aber man ist immer noch der Gleiche, die Seele sucht «satte Glücksfülle». Das elementare Grundmuster des Menschseins verändert sich nicht, egal, was auch geschieht, Krieg, Pubertät, Adoleszenz, Liebe,

Partnerschaft, die Seele sucht in jeder Entwicklungsphase nach Selbstverwirklichung, nach Erlebnissen satter Glücksfülle. Die äußeren Verhältnisse mögen sich zwar ändern, aber das seelische Problem von Hunger und Sättigung bleibt unverändert.

Der Mensch selbst ändert sich wenig, sagt Hesse, und doch erkennt er eine Änderung: «Und wenn die Wetterzeichen einen schönen, guten Maltag versprechen, dann spüre ich im alt gewordenen Herzen wieder einen fernen, kleinen Nachklang jener Knaben-Ferienwonne.» Es sollte kein Nachklang sein, sondern die gleiche «satte Glücksfülle», es wäre traurig, wenn es nur ein Nachklang wäre, wenn die Seele nicht mehr fähig wäre, authentisch aus dem gegenwärtigen Augenblick heraus zur gleichen Sättigung zu gelangen wie in der Knabenzeit, Hesse präzisiert: «jener Bereitschaft und Unternehmungslust». Es ist die Bereitschaft, bewusst und offen zu sein. Das «alt gewordene Herz» ist in Wirklichkeit nicht alt geworden. Mit Herz meint Hesse nicht das Organ Herz, sondern die Seele. Die Seele altert nur dann, wenn sie sich verschließt, und bei den meisten Menschen hat sie sich durch den Vorgang des Erwachsenwerdens sehr verschlossen.

Der körperliche Alterungsprozess ist biologisch begründet, er ist irreversibel. Einen vergleichbaren seelischen Alterungsprozess gibt es nicht; die Seele kann ewig jung bleiben, denn sie ist von biologischen und materiellen Prozessen unabhängig. Eine «gealterte» Seele ist eine verschlossene Seele, sie ist nicht irreversibel verschlossen, sie kann sich in jeder Altersphase wieder öffnen, und dann ist sie so jung und frisch wie eh und je; man stellt mit Freude fest, die Sensitivität und Bewusstheit des Erlebens ist keinem Alterungsprozess unterworfen, es ist nur der Schritt zur «Bereitschaft und Unternehmungslust» erforderlich, dann geschieht die «satte Glücksfülle» erneut, und Hesse erkennt ganz deutlich, «alles in allem sind das dann meine guten Tage, deren ich von jedem Sommer eine Anzahl erwarte». Warum nur eine Anzahl? Hesse waren offenbar bis 1926 nur eine Anzahl dieser Tage möglich, er erreichte es nicht, dass für ihn jeder Tag voll «Glücksfülle» war, aber er erkannte die simplen Bedingungen, die dafür erforderlich sind, um der Seele und sich selbst diese Nahrung zu geben. Er spricht nicht von seinem Erfolg als Schriftsteller, von äußeren Ereignissen, wie Anerkennung und Geld, er spricht von einem gewissen Wind, Geruch, von Feuchtigkeit, Wolken, Schatten, von Bereitschaft und Unternehmungslust. Er spricht von «irgendeinem Spiel», ob es nun das Angeln ist oder das Aquarellmalen. Es genügt etwas so Unwichtiges im Vergleich zum Weltgeschehen wie Angeln und Aquarellmalen. Beides ist nur wenig miteinander vergleichbar. Angeln ist das Abenteuer, einen Fisch zu fangen, und Malen ist das Abenteuer der schöpferischen Gestaltung.

Sowohl beim Angeln wie auch beim Malen fühlte sich Hesse ganz gelöst, er ging in der «Bereitschaft und Unternehmungslust» voll auf, er war hingegeben, er konnte die Welt und sich selbst loslassen. Sein Kopf kam zur Ruhe, er ging im Moment auf, er war sensitiv und bereit, sich dem Abenteuer des Augenblicks total auszuliefern. Das war die «satte Glücksfülle» der Knabenzeit, etwas «Sagenhaftes», das dem «alt gewordenen Herzen» das gab, was es vermisste und später oft entbehrte.

«Alles ändert sich, jeden Moment»

Vor einigen Jahren erhielt ich einen schönen Brief, in dem mir Folgendes mitgeteilt wurde:

«Ich fühlte mich jahrelang wie im Gefängnis, je mehr ich über mich selbst und die anderen nachdachte, desto mehr sah ich, wie gefangen ich selbst war und die anderen daran arbeiteten, mich in Gefangenschaft zu halten, obwohl sie selbst auch Gefangene eines Ghettos waren. Jeder hat sein eigenes Ghetto um sich errichtet, und er wacht darüber, dass sich der andere, der Partner oder Freund, gleichfalls in einem Ghetto einnistet, es sich dort gemütlich macht und zu einem lieben, freundlichen und höflichen Zellenbewohner wird. Ab und zu besucht man sich auf vorgeschriebenen, ummauerten Wegen und erzählt sich einige Erlebnisse und Gedanken, vor allem Gedanken. Das eigentliche Thema, nämlich die Unfreiheit, die Depression über das Ghettodasein, wird peinlich vermieden.

Eines Nachmittags war ich mit dem Motorrad unterwegs, und diese Fahrt, an einem Herbsttag 1978, gab mir den Denk-Kick, der mich hinauskatapultierte aus dieser Ghettowelt und ihrem Kommunikationsmuster. Ich fuhr nicht schnell, auch nicht langsam, der Helm war hinten rechts mit einem Gurt angeschnallt. Wenn ich sage, ich fühlte mich gut, so drückt das nicht aus, wie ich mich wirklich fühlte.

Ich roch den Duft von Heu. Das Abfahren der kleinen Landstraßen in bäuerlichem Gebiet, durch Weideland und kleine Waldgebiete, an einem Nachmittag im September, wenn diese Straßen leer sind, bis auf ein paar Traktoren, die mit Heu beladen sind, gab mir plötzlich ein anderes Gefühl als sonst. Ich roch, ich schaute, ich fühlte und erlebte mich als Ganzes. Aber nicht nur das, das wäre nichts Besonderes. Dass man riecht, betrachtet und fühlt, ist nichts Außergewöhnliches, es ist ja etwas ganz Normales. Ich war hellwach. Ich dachte über nichts nach. Alle Alltagskonflikte, Berufsprobleme, Partnerprobleme waren wie weggeblasen. Ich war voll da, voll in diesem Augenblick, alles andere war weit weg. Die Vergangenheit war vergangen, die Zukunft existierte nicht, ich war ganz in der Gegenwart. Auch das ist nichts Aufsehenerregendes, und dennoch geschah für mich selbst etwas ungeheuer Aufregendes, das ich niederschreiben möchte und das mir dennoch unmöglich erscheint, in Worte zu fassen.

Was ich beschreiben möchte, geschah in einem Moment, in dem vieles zusammenströmte. Diese Vielzahl der Eindrücke war keineswegs verwirrend. Ich roch, sah, hörte, spürte und roch und fühlte, und das alles zusammengenommen ergab das Glücksgefühl, das mich durchströmte. Es waren keine Gedanken da, und doch war das Gehirn aktiv. Es schossen Gedanken und Ideen durch meinen Kopf wie Gerüche, die plötzlich da sind und dann wieder weg sind. Wie Licht, das von rechts kommt, dann wieder von links, von vorne, dann seitlich und von hinten, Licht und Schatten, und alle Nuancen wechseln sich ab. Dann das Gefühl der Wärme, die übergeht in Kälte, dann die Kurven, und die Straße führte hinunter in einen Laubwald, die Sonne ergoss ihre Strahlen, ihre Energie voll auf mich, und dann das Hineintauchen in die kühlere Luft des Waldes, die Sonne bleibt weg und kommt wieder, und dann dieses unbeschreibliche Lichtgeflacker, diese Sonnenstreifen auf der Straße, diese Schattenfelder und Lichtflecken, und dann plötzlich dunkel und kühl, dort wieder eine Lichtinsel, jetzt ein Schattenreich, ein Schmetterling von links, grünes Moos und Farn, wieder hinaus auf ein Stück Weideland rechts und links, ein gelber Freiluftballon am Himmel, es wird wieder warm, und dann steil hinauf zu einer Anhöhe.

Ich war aus dem Ghetto ausgebrochen. Ich war in die Änderung, in den ständigen Wechsel der Eindrücke hineingeraten. Es war wie ein Strudel, ein Sog, der mich erfasste, von dem ich mich erfassen ließ, ich hatte das Gefühl, in diesem Moment wirklich zu leben und glücklich zu sein. Ich war ich, ich war allein, niemand war nötig, ich war einfach nur ich, und ich empfand es als unvergleichlich schön, einfach nur ich zu sein.

Ich war aus dem Ghetto heraus, ich war plötzlich heraus, plötzlich frei, ich fühlte mich wohl, frei zu sein. Es gab kein Ziel und keinen Plan. Das Ziel war das Jetzt, das Leben ergoss sich in diesen einen, einzigen Moment, der floss und floss, von Moment zu Moment. Mein Gehirn wurde von diesem Erlebnisstoß durchgepustet, es fühlte sich frisch an, kein Druck mehr, keine Spannung, kein Anflug von Kopfschmerzen, nicht zu denken an Depression, Unlust oder Frustration. Ich wünschte, es würde nie aufhören. Ich war glücklich, und ich hätte in diesem Moment des Glücks sterben mögen. In dieser normalen und überhaupt nicht sensationellen Situation empfand ich unerwartet ein solches Glück, dass der Tod für mich uninteressant wurde. Nicht dass ich Todessehnsucht hatte, ich wollte nicht sterben, nein, warum auch? Aber es war mir klar, dass ich jetzt sterben könnte. Der Tod verlor seinen Schrecken. Der Tod wäre keine Niederlage gewesen, ich spürte, dass der Tod da war, in diesem Wechsel war er mit enthalten, ich meine nicht den Unfalltod, ich meine die innere Bereitschaft, den Tod zu akzeptieren. Zum ersten Mal war mir klar, wie eng Leben und Sterben zusammenhängen, beide Phänomene, die wir sonst trennen, flossen in eins. Leben und Tod waren ein und dasselbe. Es kommt, es geht, das Leben selbst ist ein ständiges Hineingehen in Kommen und Gehen, ständiges Werden und Sterben. Du kannst nichts festhalten, der Geruch verfliegt, die Strahlen der Sonne werden in Schatten umgewandelt, Wärme wird zur Kälte und wieder zur Wärme.

Der ständige Wandel wird zusammengefasst durch dein Glück. Du siehst dich als Kind, als Jugendlicher, als Erwachsener, als ausgereifter Mann, als Rentner und als Greis, alles in einem kurzen Moment, du siehst dich als schreiendes Neugeborenes, von der Hebamme gehalten und siehst dich als Neunzigjähriger im Rollstuhl, der Kreis hat sich geschlossen, das Licht taucht auf, und es verschwindet moosiggrün hinter einem bewaldeten Hügel, der Wechsel im Kleinen und der Wechsel im Großen. Du glaubst, du wärest das Große, der Schmetterling stirbt, von deiner Lenksäule getroffen, er vergeht im Glück des Augenblicks, und du glaubst, du wärest etwas Größeres und Besonderes. Es wurde mir klar, dass das meine Neurose ist. Die Neurose der anderen war mir plötzlich egal.

Ich war ganz bei mir, ‹ich bin ich› schrie ich heraus, ich lachte und schrie immer wieder ‹ich bin ich›. Ich bin wie der Bussard am rechten Waldhorizont. Ich bin ein Bussard, ein Adler, eine Gämse, ein Schmetterling, eine Ziege auf der Weide. Ich war heraus aus meinem Ghetto. Ich konnte nicht mehr zurück, ich konnte nicht mehr so leben wie bisher. Ich fuhr zwei Stunden durch diese Landschaft, die Sonne sank herab zum Horizont, ihre Strahlen wurden so schön schräg, und sie brachen sich an den Bäumen, den Häusern und den Hügeln. Ich warf auf der Straße einen langen Schatten.

Ich fuhr zurück in die Stadt, zurück ins Ghetto und besuchte meine Ghettofreunde, erzählte von meinem Erlebnis und scheiterte schrecklich daran, es in Worte zu fassen. Ich floss über, aber niemand konnte mir zuhören. Unbeholfenheit fordert Spott heraus. Ich war hier noch viel mehr allein, als mein Schrei ‹ich bin ich› ausdrückte. Sie wollten keine Worte hören, denn nur Tatsachen überzeugen. Du brauchst nichts davon erzählen, du sollst es tun, dachte ich.

Am anderen Tag kündigte ich meinen Job und machte mich selbständig.»

«Ich bin nie mehr allein»

Eine junge Frau (27) schickte mir im Sommer 1981 den folgenden Erlebnisbericht.

«Ich verbringe vier Wochen auf Kreta mit meiner Freundin Susanne. Am Morgen, der Himmel so blau, heute einige weiße Wolken. Die Luft, die ich atme, ist die Luft des Himmels – blau. Die Luft ist so klar wie das Wasser im Pool.

Ich bin mir selbst bewusst. Meine Schritte sind nicht mechanisch, unbemerkt, um irgendwo hinzukommen, in meinen Schritten selbst liegt das Ziel. Zum ersten Mal habe ich das Gefühl, dass im Gehen selbst etwas Schönes liegt. Das banale Gehen wird zu etwas Besonderem. Ich versuche, das Susanne zu erklären, vergeblich.

Das Wasser ist morgens kälter als um die Mittagszeit, ich fühle mich morgens anders im Schwimmbecken als mittags oder abends; morgens glitzern die Wassertropfen besonders frisch und optimistisch. Mittags ist das Becken von Schreien, Lachen und Geplätscher angefüllt. Die äußere Bewegtheit um mich herum verändert meine Gefühlslage; das Wasser wirkt wärmer und trüber. Abends habe ich das Gefühl von Leichtigkeit, ein schwebendes Schwimmempfinden.

Ich schwimme heute ins Meer hinaus. Susanne bleibt am Pool sitzen. Ich schwimme etwas auf den offenen Horizont zu und bin mit mir allein. Niemand ist da, mit dem ich reden oder lachen könnte – und ich bin froh darüber.

Geselligkeit ist für mich wichtig. Dieser Satz ist in meinem Kopf ein Leitsatz: ‹Der Mensch ist ein geselliges Wesen.› Ich weiß nicht mehr, wer diesen Satz in mein Denken gebracht hat und warum er eine so große Bedeutung für mich hat. Ich glaube, ich bin eine Marionette dieses Satzes. Immer sind Menschen um mich, ich bin so gut wie nie allein, weil ich diesen Satz für richtig halte. Immer ist irgendjemand da und erzählt etwas, und ich erzähle etwas.

Ich schwimme in langsamen Zügen, mein Körper ist von Kopf bis Fuß lebendig und aktiv, das macht mich glücklich. Jetzt bin ich allein und stelle fest, dass mir niemand fehlt. Ich fühle mich nicht allein, denn mein Körper ist bei mir, seine Erlebnisse geben mir Kontakt zu mir selbst, ich bin in Kontakt mit mir; wie kann ich mich also allein fühlen? Das Geschwätz eines anderen Menschen würde mich jetzt stören. Ich bin jetzt unansprechbar, denn ich spreche mit mir selbst, nicht mit Worten, sondern in Gefühlen, Bewegungen, Eindrücken, Aktivitäten. Das Meer spricht zu mir, die Sonne glitzert in den Wellen, die Wellen bewegen sich, die Sonne zersplittert in tausend Glitzerpunkte, das Wasser zerplatzt in Gischtschaum, das alles spricht zu mir. Wenn ein Mensch da wäre und jetzt mit mir reden wollte, könnte ich die Sprache des Meeres nicht verstehen. Sicher, das Wasser wäre trotzdem so, wie es ist, die Sonne würde davon unabhängig das gleiche Licht verbreiten, aber ich wäre abgelenkt, es würde geschehen, ohne dass ich es richtig bewusst wahrnehmen könnte.

Es ist mir plötzlich klar, dass ich mich viel zu viel mit Menschen beschäftigt habe, dass ich zu oft den Bekannten und Freunden zugehört habe und mein Körper ausgehungert ist, weil er nicht zu seinem Recht kam. Mein Körper ist glücklich, dass die Erlebnisse des Meeres auf ihn einwirken können, dass er mir diese Erlebnisse erzählen kann und dass ich ihm endlich einmal aufmerksam zuhöre. Mein Körper ist glücklich, und dieses Glück breitet sich aus. Der Kopf lässt dem Körper Freiheit, und das ist eine Wohltat.

Ich bin nie mehr allein, denn mein Körper ist bei mir, er spricht zu mir. Die Augen vermitteln das Licht und die Dunkelheit, die Ohren empfangen die Sprache des Windes, die Nase erhält die Melodie der Gerüche, und die Haut empfängt die Berührungen von Wasser, Luft und Sonnenwärme. Ich bin nicht allein, ich kann überhaupt nicht einsam sein.

Auch wenn keine Menschen um mich herum sind, auch wenn niemand einen Satz sagt, fehlt mir nichts. Ich glaubte bisher, dass immer mitmenschlicher Kontakt sein müsse, um einer gelebten Stunde Sinn zu geben. Das ist falsch. Geselligkeit lässt mich oft leer zurück, weil die meisten Menschen sich wiederholen; ich bin meist gelangweilt. Ich höre auf das, was das Meer zu meinem Körper sagt und bin jetzt ganz und gar nicht gelangweilt.

Ich werde nie mehr alleine oder einsam sein. Ich weiß, dass ich in Geselligkeit oft viel einsamer war. Menschen sind zwar anwesend, aber sie erzeugen Abstand, wenn sie nörgeln, kritisieren, aggressiv sind oder mich zu manipulieren versuchen. Ich lasse mich nie mehr manipulieren, um der bloßen Anwesenheit eines Menschen willen. Ich werde einen distanzierten Menschen wegschicken, weil mir seine Geselligkeit das Gespräch mit mir selbst und allem, was mich umgibt, raubt. Menschen nehmen dir häufiger etwas weg, als dir etwas zu geben. Ihre Anwesenheit gibt dir nichts, wenn sie nur geschwätzig sind, wenn du bei Beginn eines Gespräches schon weißt, was die nächste halbe Stunde gesagt werden wird. Das Meer ist abwechslungsreicher, seine Sprache ist vitaler, keine Welle ist wie die andere, du weißt nie, ob der Wind sich ändert; die Sonne geht hinter eine Wolke, und sie kommt wieder hervor, das ist viel schöner als das banale Geschwätz eines Menschen, der dir erzählt, was er gestern gegessen hat.

Ich habe die Gesellschaft der Natur entdeckt und sehe die Gesellschaft der Menschen nicht mehr als das Wichtigste an, Menschen standen bisher im Vordergrund. Alleinsein war mit der Abwesenheit von Menschen verbunden. Ich wollte ein menschengeselliges Wesen sein. Ich kann nicht mehr begreifen, wie ich bisher so geradezu dumm einseitig sein konnte. Eine neue Welt öffnet sich, die immer schon da war, aber ich bemerkte ihre Bedeutung nicht für mich. Ich ließ mir durch Geschwätz die Zeit stehlen, durch diesen Irrtum, dass der Mensch ein menschengeselliges Wesen sei. Wie konnte ich das nur so wichtig nehmen? Warum hat mir niemand gesagt, dass Menschen überhaupt nicht so wichtig sind? Jeder ist so eitel und glaubt, er wäre viel wichtiger für mich als das Meer, als Sonne, Wind, Schmetterlinge, Vögel, Gras, Bäume, Berge, Jasminduft, Zikadengezirp. Wie kann der Satz: ‹Ich war heute vormittags in Heraklion› für mich wichtiger sein als das Glitzern der Sonne in der aufsprühenden Gischt? Und doch war es bisher so, weil alle davon ausgehen, es wäre so. Niemand hat mir bis heute etwas anderes erzählt, ich habe es selbst entdeckt. Ich bin glücklich, denn ich kann nie mehr allein, einsam oder gar isoliert sein, es sei denn, ich werde in ein Gefängnis gesperrt.»

«Ich entfernte mich von den Mitmenschen und war ihnen näher als sonst»

Das folgende schöne Erlebnis wurde mir im Sommer 1981 erzählt.

«Ich hatte ein Jahr hinter mir, das voll angefüllt war mit Problemen mit meinen Mitmenschen. Meine Partnerschaft funktionierte nicht mehr richtig, und Hans suchte die Schuld dafür in meinem Verhalten. Meine Eltern nörgelten an meinem Lebensstil herum, als wäre ich gerade in die Pubertät gekommen. Die Arbeitskolleginnen versuchten mich in Intrigen gegen andere Kolleginnen mit hineinzuziehen. Menschlicher Kontakt wurde zu einer regelrechten Belastung. Ich verhielt mich neutral, denn ich wollte aus allen Problemen und Konflikten rausbleiben, und doch zogen mich alle in ein Gespinst von Aggressionen, Ängsten und Intrigen hinein.

Ich fühlte mich innerlich angespannt und unzufrieden. Ich wollte mit meinen Mitmenschen nichts mehr zu tun haben, ich wollte niemand kritisieren und von niemand kritisiert werden, und doch konnte ich mich davon nicht lösen. Ich fühlte mich ausgeliefert, jeder zerrte an mir herum oder wollte mich für seine mitmenschlichen Konflikte als Verbündeten gewinnen.

Ich bin 32 Jahre alt, also aufgrund meines Alters ein erwachsener Mensch. Wie weit bin ich gekommen? Wozu habe ich es gebracht? Was ist aus mir geworden? Ich meine das nicht im Sinn von Karriere. Was ist aus mir seelisch geworden? Welche Reife habe ich erreicht? Ich war den Tränen nahe, ich wusste keine sprachlich formulierbare Antwort auf diese Fragen, aber ich fühlte die Antwort in mir. Ich fühlte, dass einiges schief gelaufen war, dass ich mit mir, meinem Leben, meiner Umwelt, meinen Freunden, nicht glücklich war. Aber woran lag es?

Ich erinnerte mich an meine Kindheit und suchte nach vergangenen Tagen des Glücks. Wenn die Sonne schien und ich hinauswanderte in die Wiesen, mich an einen Bach setzte und dem Wasser zusah, die Vögel beobachtete, die Bienen summten, die Wolken zogen am Himmel schwer und weiß dahin, dann war ich glücklich.

Ich setzte mich ins Auto und fuhr etwa 100 km zu der Wiese meiner Kindheit. Ich erzählte niemand davon, ich fuhr ganz einfach los. Wem sollte ich das erklären, ohne lächerlich zu wirken. Ich setzte mich an den Bach, an dieselbe Stelle, an der ich vor 22 Jahren saß und mit mir allein glücklich war. Ich erinnerte mich an viele Details, aber hier saß nicht mehr dasselbe Kind, und doch war noch etwas in mir, tief in mir, das mir bewusst machte, dass es sich um ein und dieselbe Person handelte. Ich dachte: Du bist komisch, jetzt sitzt du hier, als Kind dachtest du, dass du als Kind klein, hilflos und dumm seiest im Vergleich zu den Erwachsenen, und nun denkst du, dass du als Kind viel größer, lebensfroher und glücklicher warst. Was ist bloß schief gelaufen?

Ich saß hier etwa zwei Stunden. Der Bach plätscherte dieses wunderschöne Wasserlied, das mir so vertraut war. Die Sonne lag schwer und warm in den Bäumen. Ein Bussard kreiste über mir. Ich dachte: Der Bach ist glücklich, die Blume ist glücklich, der Bussard ist zufrieden, und die Wolken am Himmel machen sich keine Sorgen. Sie alle denken nicht über sich nach. Die Wolke denkt nicht über den Bach nach, und die Blume grübelt nicht über den Bussard. Der Bach ist nicht eitel, er möchte keinen guten Eindruck auf den Stein hier machen, und die Blume ist nicht aggressiv auf den Baum, der sich dem Bach zuneigt.

Mein Problem sind die Mitmenschen und mein Verhältnis zu ihnen und ihr Verhältnis zu mir. Ich mache mir Gedanken über sie und sie über mich und so weiter, sie wollen mich ändern, und ich will sie ändern. Sie wollen mich beeinflussen und ich sie. Das Problem, unter Menschen zu leben und mich mit ihnen auseinander zu setzen, hat mich so sehr gefangen genommen, dass ich nicht mehr wahrnehmen konnte, was es sonst noch alles gibt. Als Kind waren die Erwachsenen seelisch und geistig so weit entfernt von mir, dass sie in meinem Leben und meinem Denken und Fühlen keine große Rolle spielten. Erwachsene waren Personen, die Macht ausübten, aber nicht mehr, sie konnten mich seelisch nicht wirklich antasten. Ich war gehorsam, wenn es nötig war, aber ansonsten bin ich meiner Wege gegangen und war frei. Ich war unabhängig von ihnen, ich machte mir keine Gedanken über sie, sie waren mir zu fremd, zu weit weg. Nun aber bin ich selbst erwachsen und werde mit ihnen tagtäglich viel stärker konfrontiert. Die Zeit ist zwischen Erwachsenen verplant, ich kann nicht einfach weggehen und frei sein und am Bach sitzen, zwischen Gras und Bäumen, ich komme heute als Erwachsener und nicht als freies Kind.

Und da hatte ich's. Heureka. Die Erwachsenen haben es geschafft, mich aufzusaugen, mich zu einem der ihren zu machen, sie haben mir die Freiheit genommen. Die Gefangenen haben mich gefangen genommen, die Gefangenen wollen keinen Freien unter sich dulden, der sie an die eigene Gefangenschaft schmerzlich erinnert. Ich musste mich anpassen, weil ich mich mit dem Erwachsensein eingelassen habe.

Eigentlich bin ich immer noch so frei wie als Kind, wenn ich mein Erwachsensein loslasse, wenn ich wieder ganz ich bin, wenn mich das alles nichts mehr angeht, erst dann kann es mich nicht mehr berühren. Wenn ich einer von ihnen sein will, dann berührt mich, was man über mich sagt, wie man über mich denkt. Ich darf nicht mehr einer von ihnen sein wollen, oder aus Protest etwas anderes sein wollen. Ich darf mich weder zuwenden, mit der Absicht, Anerkennung zu finden, noch darf ich mich abwenden, mit dem Empfinden, ein Gegner zu sein. Ich bin weder einer von euch, noch bin ich ein Gegner; ich gehe einfach meiner Wege, dann bin ich frei. Ich bin neutral, ich bin nicht für euch, aber auch nicht gegen euch. Ich bin ich, ich bin eine Welt für sich, ich bin eine Blume am Bach, oder ein Bussard am Himmel, oder eine Wolke, die darüber hinwegzieht.

Solange ich einer von euch bin, werdet ihr mich nie in Ruhe lassen, ihr werdet ständig einen Kommentar dazu abgeben. Selbst wenn ihr nichts sagt, ist euer Schweigen noch vielsagend. Ich will euren Kommentar nicht mehr, weder euer Wort noch euer Schweigen, ihr könnt reden oder schweigen oder Blicke austauschen, das hat mit meinem Innersten nichts mehr zu tun. Zustimmung ist mir genauso gleichgültig wie Ablehnung. Zustimmung macht mich nicht mehr gierig und Ablehnung nicht mehr ängstlich. Ihr könnt mich nicht mehr konditionieren und manipulieren, weil ich mich zu mir selbst bekannt habe. Ich bin so fern, so weit weg, und damit frei von eurem Zugriff und Machtbereich.

Ich nähere mich wieder von der ganz anderen Seite. Wenn du als Fremder kommst, wirst du zunächst als Fremder respektiert. Sie tasten dich ab, sie suchen einen Punkt, an dem du zu fassen bist, solange sie den suchen, sind sie höflich, freundlich, und sie respektieren dich als Fremden in seiner Freiheit, fremd zu sein. Wenn sie den Punkt gefunden haben, an dem sie dich greifen können, dann ziehen sie dich zu sich heran, und du bist in der Falle.

Meine Punkte waren Eitelkeit, Sehnsucht nach Lob und Anerkennung, das Bedürfnis, anerkannt zu werden, integriert zu werden. Jetzt will ich nicht mehr eitel sein und anerkannt werden. Ist die gelbe Blume am Bach eitel? Will sie in eine elegante Rosenthalvase? Sucht die Wolke Anerkennung, will sie vielleicht fotografiert werden und in das ‹Buch der schönsten Wolkenbilder› aufgenommen werden? Will der Bach integriert werden im ‹Verein der Bachfreunde e. V.›?

Ich fühle mich plötzlich ganz leicht und doch gleichzeitig ganz fest auf meinen beiden Beinen stehend. Ich fahre nach Köln zurück ohne das Bedürfnis, mein Erlebnis erzählen zu müssen. Alles wird jetzt anders, nicht in Worten, ich gehe meiner Wege, ich bin nicht für euch, ich bin nicht mehr gegen euch, ich muss endlich nach Hause kommen und mich um mich selbst kümmern. Ich muss es erledigen, nicht darüber diskutieren».

Jeder Augenblick ist schöpferisch

Im Herbst 1981 erhielt ich den folgenden schönen Text. «Die Sonne ist mal da und dann wieder nicht. Aber die Sonne ist auch da in der Pause. Wir wissen, dass sie wiederkommt, wir vertrauen ihr, das ist das Gute, du musst nicht darüber nachdenken, du musst dir keine Gedanken über sie machen, sie beschäftigt dich nicht, sie kommt und geht, das ist in Ordnung. Mit der Liebe habe ich mich viele Jahre beschäftigt, sie ging mir im Kopf herum, nicht nur Definitionen, also nicht die Frage «Was ist Liebe?», sondern mein persönliches Verhältnis zur Liebe, das immer schon sehr unkompliziert war und gerade deshalb so kompliziert wurde, sobald sich das Denken der anderen damit beschäftigte.

Ich will in die Liebe hineingehen, ich will in ihr aufgehen und mich voll Vertrauen hineinfallen lassen. Ich habe meinen Gefühlen immer vertraut, genauso wie der Sonne, meine Gefühle waren eine Tatsache, die keiner weiteren Erklärung mehr bedarf. Ich dachte: Lass die anderen doch erklären. Und doch hatte ich Schuldgefühle, die mich belasteten und behinderten.

Die Liebe, so leicht und unbeschwert wie ein Schmetterling, sie drückte wie ein schweres Gewicht auf meine Brust; sie war leicht und schwer zugleich, mal leicht, dann wieder schwer. Ich möchte erklären, wie ich das meine.

Ich gehe unter Menschen, und dann empfinde ich mich ganz frei und spontan. Ich bin seelisch sehr gesund. Ich fühle mich stark, vital und schöpferisch. Ich hatte nie Probleme, mit dem anderen Geschlecht Kontakte zu knüpfen. Ich bin gesellig, gesprächig, lustig und lebendig, ich lasse meine Gefühle sich so entwickeln und entfalten, wie sie sich aus dem Augenblick heraus entfalten. Genauso geschieht es dann auch mit der Liebe, sie entfaltet sich, wenn eine Frau meine Sinne anspricht; ich gehe frei auf sie zu und mache aus meinem Gefühl keinen Hehl. Die Frauen waren von meiner Spontaneität immer fasziniert, sie interessierten sich für mich und sie akzeptierten mein Verliebtsein. Was sie natürlich nicht akzeptierten und worüber sie traurig wurden, war meine Spontaneität, wenn die Liebe verfliegt. Ich kann der Liebe nicht befehlen, sie kommt und geht, sie kommt wieder, und sie geht aufs Neue. Ich konnte mein Gefühl nicht festhalten. Ich konnte niemand Treue versprechen, das ging mir nicht über die Lippen, und ich konnte mich nicht dazu zwingen. Ich wollte ganz unkompliziert lieben, wenn der Schmetterling Liebe sich auf meine Seele setzte, genauso plötzlich flog er wieder weg und setzte sich woanders nieder. Sie wollten den Schmetterling immer fangen und festhalten, und dabei zerdrückten sie ihn, er ist so zart und grazil, er darf nicht mit groben Händen berührt werden.

Ich hatte jedes Mal Schuldgefühle, denn ich dachte, ich wäre schuld an seinem Tod. Ich hätte es nie zulassen sollen, dass sie die Hände danach ausstrecken. Die Hände griffen nicht nur nach dem Schmetterling Liebe, sondern auch nach mir, nach meiner Person, nach meinem Charakter, nach meiner Zeit, sie wollten den Schmetterling fangen und mich dazu. Der Schmetterling war sofort tot, ich machte da schon mehr Schwierigkeiten. Die Schönheit des Augenblicks wurde zu einer quälenden Hässlichkeit.

Liebe ist zart und schön, aber das, was die Menschen damit tun, ist quälend, hässlich, dumm, zerstörend, vergiftend. Sie haben kein Vertrauen zur Liebe wie zur Sonne. Einer, der die Sonne festhalten will, würde für verrückt erklärt, aber einer, der die Liebe festhalten will, gilt als normal. Zuerst haben mich die Schuldgefühle belastet. Ich dachte, du kannst die Sonne, den Schmetterling, nicht mit der Liebe vergleichen. Aber das logische Denken versagt, du kannst der Liebe nicht mit Logik und Naturwissenschaft beikommen, dann bist du ein Totengräber.

Ich wollte leben und nicht die Toten begraben. Ich wollte

nicht immer wieder die tödlichen Stöße erleben. Wenn die Liebe wegfliegt wie ein Schmetterling, dann ist das kein Tod. Wenn du sie aber anfasst und festhalten willst, dann bist du ein Mörder, einer der sich mit Totem befasst, ein Leichenbeschauer, du bist krankhaft, du beschäftigst dich mit dem Sterben, mit Gefangenschaft und Folter, du wirst zu einem hässlichen Menschen.

Ich konnte das nicht mehr mitmachen; ich wollte so nicht mehr leben. Aber es war kein anderes Leben in Deutschland möglich. Ich war so sensibilisiert, dass ich überall nur Leichen herumgehen sah, Leichen, in denen noch ein bisschen Leben ist, das ihnen ermöglicht, von einem Ort zum anderen zu gehen, Leichen, die essen und trinken, aber keine wirklich lebendigen Menschen, die schöpferisch auf den Augenblick reagieren. Wie kannst du leben und lieben, wenn du ständig die Hand danach ausstreckst und das Leben und die Liebe festhalten willst? Das ist einfach unmöglich, das ist so schlimm dumm, dass dumm ein harmloses Wort dafür ist. Es ist nicht nur dumm, es ist mörderisch, sadistisch – überall war Leichengeruch, in jeder Kneipe, in jedem Restaurant, in jeder Disco, überall diese Liebesmörder, überall diese Schmetterlingsfänger, die sich ins Unglück stürzten. Was ist bloß los, bin ich verrückt, oder sind es die anderen?

Da ich vital, schöpferisch und voller Lebensenergie bin, habe ich das geändert. Ich zog nach Ibiza, habe dort ein kleines Haus gemietet und mich als Fotograf selbständig gemacht. Hier ist nicht das Paradies, und hier werde ich kein erfolgreicher Mann, aber eines ist hier möglich, von den Einheimischen jetzt abgesehen (die sind ein Kapitel für sich), findest du hier die Menschen in einem anderen Bewusstseinszustand. Das sind nicht nur Touristen, die Sonne, Meer, Strand und die Stimmung des Südens suchen, das sind auch seelische Touristen, sie betreten eine Urlaubszeit und damit eine psychisch andere Situation, eine andere Seinsweise, sie sind Seelentouristen, Liebestouristen. Wenn ich mich hier in ein Mädchen verliebe, wenn sich der Schmetterling auf ihr niederlässt, dann will sie ihn nicht unbedingt sofort festkrallen, sie will wirklich den Schmetterling genießen, sie ist einen Augenblick frei, sie ist eine Freiheitstouristin, es kann aufschimmern und verglimmen, ohne Schuldgefühle, ohne Belastung, Schmerz, Moral und Sadismus. Hier ist es möglich. Die Liebe geht auf wie die Sonne, und sie verschwindet wieder hinter dem Horizont. Vertrauen ist da, sie kommt, sie geht, es ist in Ordnung.

Sie haben das Bewusstsein, wieder abzureisen nach Deutschland, Frankreich, Holland, Finnland, England, Schweden, sie gehen wieder zurück in ihre Ordnung, in ihr Totenland, in ihr seelisches Ghetto. Jetzt aber, diese zwei oder drei Wochen sind sie Touristen psychischer Freiheit. Sie reisen in die Freiheit, sie reisen in die Liebesfähigkeit, sie stellen dir keine großen Fragen, sie sind einfach nur hier, um zu genießen. Sie verbringen die Nacht mit dir und lassen sich voll Vertrauen und schöpferischer Freude hineinfallen, sie werfen sich mit verzweifelter Wucht in das Erlebnis des Augenblicks. Sie können weinen, so frei werden sie in den drei Wochen, sie weinen sich hemmungslos aus über das spontane Glück, dem Schmetterling zu begegnen; sie sind glücklich, vom Mörderdenken befreit zu sein, sie sind so glücklich, dass sie dir ihre Freundin schenken und das Schenken genießen können.

Sie sind fürchterlich depressiv, wenn sie abreisen müssen, aber nicht, weil sie dich als Person verlieren, sondern weil sie etwas Allgemeines, etwas viel Wichtigeres und Größeres als du bist, verlieren. Sie spüren, dass sie ihre Menschlichkeit verlieren, dass sie wieder zu eifersüchtigen, besitzgierigen, rachesüchtigen und sadistischen Wesen werden, sobald sie das Flugzeug nach Frankfurt besteigen.

Ich will nie, nie mehr zurück. Ich will nicht mehr leben in diesen liebesfeindlichen Ländern, Städten und Wohnungen. Ich will endlich frei bleiben, so frei, gesund und schöpferisch und so glücklich und unabhängig war ich noch nie. Ich habe die Schuld hinter mir gelassen. Ich will lieber sterben, als nochmals den

Schmetterling zu töten oder bei seiner Tötung dabei zu sein und zusehen zu müssen. Ich kann nicht mehr zu euch zurück. Ibiza ist nicht das Paradies. Aber hier bin ich frei, hier kann mich niemand unterdrücken, ich kann so sein, wie ich fühle, hier kann ich dem Mord an der Liebe entkommen, und hier bin ich so ziemlich außer Gefahr, selbst zum Mörder zu werden.»

Ein Aquarellabend: Alles wird farbiger und deutlicher, weil die Sinne erwachen

Ich möchte etwas von mir selbst erzählen. In den letzten Jahren habe ich mich wieder verstärkt der Malerei zugewendet und auch der Poesie. Wenn ich ein Sachbuch schreibe, muss ich die Aufgabe erfüllen, mich verständlich zu machen; ich erledige einen mir selbst gestellten Auftrag. Niemand zwingt mich, ein Sachbuch zu schreiben; ich selbst habe mich beauftragt, also muss ich bestimmte Regeln einhalten, z. B. den Stoff gliedern, auf Verständlichkeit achten, denn ich möchte etwas erklären und verdeutlichen. Ich bin also an diesen Auftrag gebunden, mitunter ist das eine Last, eine Pflichterfüllung, zwar eine selbst gesetzte Pflicht, aber sie erfordert Disziplin und Planung.

Wenn ich male, stelle ich mir absichtlich keine Aufgabe, dann will ich keine Pflicht erfüllen und keinen selbst gestellten Auftrag erledigen, ich möchte mich auch nicht irgendjemand verständlich machen, es geht dann nur darum, mich auszudrücken, nicht für die Besucher einer Galerie, sondern nur für mich selbst. Ich benutze dann die Farben um der Farben willen, nicht um damit einen Farbeffekt zu erzielen. Ich denke nicht an eine Wirkung auf andere, sondern ich gehe im gegenwärtigen Augenblick auf. Der Ausdrucksprozess ist entscheidend, nicht die spätere Verwendung als ein Eindrucksprodukt für andere.

Die Malerei ist für mich zweckfrei geworden. Ich male also nicht, um auszustellen oder zu verkaufen. Es interessiert mich nur der Gestaltungsprozess selbst. Das gemalte Bild muss nachträglich nicht dekorativ an einer Wand hängen; es kann in den Papierkorb geworfen werden, warum auch nicht? Wenn ich eine Nacht lang mit Freunden diskutiere, dann bleibt von der Nacht auch nichts übrig. Kein Produkt wird verwahrt, die Nacht ist vorbei, Ausdruck und Eindruck sind vorüber, nur in der Seele bleibt etwas zurück, ein Stück Wachstum, das ist alles, es ist genug. Warum soll also ein Bild nicht im Papierkorb landen? Die Gründe sind doch oft nur kommerzielle Erwägungen oder die Eitelkeit, etwas zu hinterlassen, etwas zu bewahren. Der schöpferische Akt wird dann aber schnell als ein Werkprozess aufgefasst, und das Werk erhält eine Bedeutung der Eitelkeit, des Geltungsstrebens. Für mich gilt: Nicht auf das Werk kommt es an, sondern auf den schöpferischen Prozess in Freiheit. Dieses Freiheitserlebnis versuche ich nun in Worte zu fassen.

Das Papier liegt weiß da, und jetzt setze ich einen breiten blauen Pinselstrich hinein, mit viel Wasser; die Farbe schwimmt im Wasser, sie breitet sich aus. Nun setze ich Schwarz dazu oben und unten, dann Deckweiß und eine Spur Orange. In diesen Momenten bin ich hellwach, ganz konzentriert und unansprechbar. Die Gestaltung zieht mich an, und ich distanziere mich davon. Ich lasse geschehen, was auf dem Papier geschieht, es geschieht etwas Spontanes und ganz Natürliches, das in Verbindung zu meiner Seele steht. Alles in mir ist entspannt und losgelöst, das Gelb kommt aufs Papier und vermittelt einen ganz anderen Eindruck, als das Denken vorwegnehmen könnte. Ich stelle mich auf dieses Gelb ein. Ich setze ein Karminrot dazu, kleine Flecken, wie in der Natur, sie tauchen sparsam auf. Und plötzlich entsteht in mir das Bedürfnis, Brauntöne nebenan zu setzen. Ich weiß nicht, was dann geschieht. Es verändert sich spontan von Sekunde zu Sekunde, vor allem wenn ich einen Pinsel voll Wasser dazwischentupfe. Die Farben verbinden sich so, wie sie wollen und nicht nur so, wie ich will. Wie dumm wäre es, in diesem Augenblick an Kunstgeschichte und Stil zu denken. Dieser Gedanke würde das Glück und den Genuss verderben.

Du musst stillos sein, um im Augenblick dieses Vorgangs ganz und frei aufzugehen. Ausdruck und Eindruck gehen ineinander über.

Das Bild ist lebendig, es ist eigentlich nie fertig. Du kannst hier etwas hinzugeben und dort etwas wegnehmen, dann kannst du das überstreichen und dort etwas Neues anfangen. Die Seele ist glücklich, leicht und fühlt sich frei. Du bist schwebend. Dieser Vorgang geschieht sehr leise und ernst. Im Zustand dieses Ernstes entsteht innere Heiterkeit. Heiterer Ernst, ernste Heiterkeit. Du bist schwerelos, pflichtlos, stillos, ästhetiklos, du willst nichts erreichen, es ist einfach nur eine schöpferische Zwiesprache mit optischen Reizen und seelischen Schwingungen. Du gelangst in einen Zustand mystischer Versenkung, du bist absolut frei, du wirfst deine Sinne und deine seelische Lebendigkeit auf das Papier, und die Eindrücke geben dir ihre kosmische Antwort. Du bist völlig wach, ganz bewusst, du hast jeden Ehrgeiz hinter dir gelassen, du lässt geschehen, was geschieht, und begibst dich seelisch ganz in diesen Vorgang. Das ist schöpferisches Malen. Alles andere ist Quälerei. Wenn du etwas abmalst, welch eine Quälerei, wenn du ein Bild malen willst für einen anderen, damit es ihm gefällt, welch ein Druck gegen deine schöpferischen Kräfte. Auftragsmaler müssen sehr unglückliche Menschen sein.

Ich habe versucht, schöpferisches Malen an andere Menschen zu vermitteln. Ich versuchte es ihnen zu erklären. Sie hörten die Worte, aber sie wollten dennoch immer wieder etwas «Sinnvolles» malen. Sie waren gefangen in Stildenken, Dekorationsdenken und Sinndenken. Das Bild musste für sie immer einen Sinn durch Erfüllung einer Aufgabe ergeben.

Der Sinn liegt darin, das ganz Sinnlose sich entfalten zu lassen, mit dem Sinnlosen mitzugehen, selbst sinnlos zu sein, einfach nur aufzugehen im Moment, in dem etwas geschieht, absichtslos. Ich versuchte, das zu lehren, und ich entdeckte dabei die Verkrampfung des Menschen, eine innere Barriere zu überwinden, das Absichtslose absichtslos zu tun. Du musst den Mut haben, ganz sinnlos zu sein, dann öffnet sich das Tor der Freiheit. Und plötzlich ist Liebe da; du bist verliebt in das, was geschieht und das, was du tust. Du machst es aus Liebe, du gehst auf im Augenblick. Du liebst dich selbst, und du liebst, was du machst. Alle Kritik hört auf. Du musst dich von dieser Verkrampfung lösen. Sei absichtslos. Drücke dich ohne Absicht aus, gib dich dir selbst ohne Absicht hin, und es geschieht das Wunder der Entfaltung. Du entfaltest dich, es entfaltet sich in dir, die Freiheit bricht auf, die Blüte erblüht, es geschieht einfach. Jede Kritik, alles Denken ist nicht mehr wichtig, verblasst. Das Individuelle kommt hervor, es offenbart sich, und alles, was die anderen dazu sagen, ist verkrampftes Geschwätz. Male einen Fleck rot auf das Papier und freue dich daran, sei ganz ernst, still und heiter, das ist genug. Niemand kann dazu eine Meinung äußern. Es ist deine Schönheit, deine Erkenntnis, dein Augenblick. Du kannst es wegwerfen oder den anderen zur Diskussion vorlegen, aber beides ist für dich nicht mehr wichtig. Der Augenblick des Malens ist wichtig, alles andere, was danach kommt, ist etwas davon ganz und gar Getrenntes. Sei ernsthaft beim Malen, aber lache über die Komik der Gedanken des Betrachters. Was möchte ich damit sagen? Sei ernsthaft beim Leben, aber lache über die Komik der Betrachter deines Lebens.

«Alles, was du wahrnimmst, erhält durch die Seele Färbung und Sinn»

Vergangenen Herbst machte ich die Bekanntschaft eines Mannes, der über sich und seine Auffassung von Glück monologisierte. Ich möchte seine Worte sinngemäß wiedergeben.

«Der Wind streicht durch meine Haare, wie bedeutungslos ist das, wenn ich zu einem Termin eile, um einen ehrgeizigen Plan vorzutragen. Der Plan in meinem Kopf richtet alle Aufmerksamkeit auf etwas, das ich erreichen möchte. Ich hetze zu dem Ort der Besprechung und sehe nicht die Sonne, wie sie jetzt gleich hinter den Wolken verschwinden wird. Ich sehe nicht die Fäden in der Luft, die der Altweibersommer jedes Jahr auf die Windreise schickt. Ich höre nicht das Klappern des Topfes hinter dem Fenster, und ich erfasse nicht, was sich die spielenden Kinder zurufen.

Die Augen sehen, die Ohren hören, die Haut spürt, die Nase riecht, aber die Sinneseindrücke dringen nicht zu mir vor, ich registriere sie als vorhanden, ich bin ja nicht blind oder taub, meine Haut ist nicht anästhesiert, die Organe sind intakt, aber meine Seele ist nicht beteiligt. Ich bin in meinem Kopf, der Kopf hat die Macht übernommen, die Seele wird beiseite geschoben.

Wenn ein Reiz nicht über die Seele streicht, nicht mit der Seele erfasst wird, dann ist er tot, dann trifft er einen kühlen Roboter, keinen warmen, lebendigen Menschen. Ich sehe, dass die Sonne hinter die Wolke wandert, aber es ist bedeutungslos. Ich empfinde den lauen Spätsommerwind, aber ich bleibe seelisch davon unberührt. Ich eile wie ein Roboter zu meinem Termin. Die Augen sehen, aber ohne Beteiligung der Seele, sie registrieren nur, aber es lässt mich kalt, es geht vorüber, nichts regt sich in mir, die Seele ist unbeteiligt.

Dasselbe geschieht auch in der Ehe. Ich begrüße meine Frau, ich unterhalte mich mit ihr, wir schmieden Pläne, aber die Seele ist nicht mehr beteiligt. Ich sage zwar mit dem Verstand: Ich liebe meine Frau. Der Kopf ist davon überzeugt. Ich äußere etwas, das der Verstand für richtig hält, und trotzdem ist es falsch. Wie kann ich meinen Partner lieben, wenn die Seele unbeteiligt bleibt?

Wenn ich verliebt bin, dann sind meine Sinne wach. Die Augen sehen das Gesicht, die Haare, die Wangen, die Ohren hören die Stimme, die Hand empfindet die andere Haut. Meine Sinne sind aufmerksam, jeder Sinneseindruck läuft durch die Seele hindurch, wird durch meine Seele belebt. Die Seele haucht dem Reiz Lebendigkeit ein. Der Kopf kann nicht lieben, der Kopf bleibt kalt. Wenn sich der Kopf einschaltet, zieht sich die Seele zurück. Die Augen und Ohren sind zwar im Kopf, und ohne Gehirn wäre keine Wahrnehmung möglich, aber nur mit dem Kopf und ohne Seele kann ich nur registrieren, nicht lieben. Liebe kommt aus der Seele, nicht aus dem Kopf.

Ich frage mich erschreckt, wie oft bin ich kopforientiert und wie oft seelenorientiert? Der Kopf ist Sieger, weil ich glaubte, das Werkzeug Kopf wäre entscheidend in meinem Leben. Ich frage mich: Wann habe ich wirklich gelebt, wann kann ich sagen, ich fühlte mich lebendig, glücklich? Meine Antwort: Wenn ich liebte, wenn ich aus der Seele heraus erlebte und der Kopf sich bescheiden in den Hintergrund zurückzog.

Glückselig sind die Augenblicke seelischer Wahrnehmung. Ich sitze in einem tunesischen Restaurant und schaue auf die staubige Dorfstraße. Ein Hund läuft vorbei. Die Sonne steht schon tief am Nachmittagshimmel und wirft ihre Strahlen durch Bäume auf das Gestein der Straße und Häuser. Licht und Schatten bewegen sich. Ein kühler Wind streicht vorbei. Unwillkürlich öffne ich den Mund, um alle Eindrücke in ihrer Gesamtheit in mich aufzusaugen. Der Kopf ist still. Kein Plan und kein Ziel wird angestrebt, alles Streben fällt in sich zusammen, hat sich zurückgezogen, ich sitze da und nehme auf, sauge in mich ein, was geschieht. Der Wind verstärkt sich, das Tischtuch bewegt sich leicht. Ich höre das Stimmengewirr auf der Straße. Ein Junge läuft vorüber, ein alter Mann schiebt einen Karren vor sich her, sein Gewand bewegt sich durch seine Schritte und durch den Wind, die Sonne erhellt sein Gesicht, und der Schatten taucht es sofort wieder in mattes Licht. Geräusche, Luft, Licht, Schatten, Gerüche, alles vermischt sich, ich nehme die Gesamtheit auf, nichts Besonderes geschieht, und doch liegt darin viel Schönheit. Die Stille meines Kopfes ist angenehm. Ich habe den Eindruck, voll und ganz bei mir selbst zu sein, in mir zu ruhen. Ich liebe diesen Augenblick, und Wehmut entsteht, dass diese Liebe nicht anhält, weil ich in einer Stunde wieder zur Tagesordnung übergehen werde. Um 18 Uhr bin ich mit einigen Touristen zu einem Museumsbesuch verabredet. Schade. Es wird wieder der Kopf regieren, die Sprache, das Imponierenwollen, das Witzchenmachen. Mir fällt ein, dass die rothaarige Madeleine dabei sein wird. Ich werde sie anschauen. Vielleicht stelle ich fest, dass ich in sie verliebt sein werde?

Es wird mir deutlich bewusst – ohne logisches Denken –, ich bin ein Kopfmensch. Ich habe Erfolg, weil ich meinen Kopf als Werkzeug einsetze, aber glücklich bin ich nur dann, wenn ich kopflos bin, wenn ich aus der Seele heraus die Umwelt erfasse. Was ist der Unterschied zwischen Madeleine und der tanzenden Sonnenfläche auf der beigen Wand? Wenn ich beides mit der Seele erfasse, bin ich in ein und demselben Zustand, ich finde kein anderes Wort als Liebe. Mit der Seele erfassen ist Glück und Liebe, es wärmt mich, ein Sog entsteht, es zieht mich hinein, saugt mich auf, ich vergesse mich selbst und bin doch ganz nah bei mir. Mein Kopf wird still, ihm fehlen die Worte, sie sind nicht nötig. Ich lebe einfach nur. Ich gehe auf im Erleben, ich bin präsent. Wenn ich im Kopf bin, bin ich noch da, aber die Welt ist abwesend. Im Kopf sein ist der größte Egoismus, das fällt mir spontan ein. Ich erlebe es wie eine große Weisheit. Der Gedanke ist aus dem augenblicklichen Erleben heraus geboren, ich habe ihn nirgendwo gelesen. Der Gedanke hat dadurch Substanz, er ist warm, rund, schön, begeisternd, beflügelnd. Ich spüre, wie sogar mein Kopf glücklicher ist, mit Energie durchströmt wird, wenn meine Seele im Zentrum steht. Ich betrachte die Katze, die vorbeischleicht, und denke mir, dass die Katze keine solchen Probleme mit ihrem Kopf und seinem Ehrgeiz hat. Ich wünsche mir, dieses Erlebnis festhalten zu können. Ich will nicht mehr in den Kopf zurück, ich möchte bei der Wärme dieses Augenblicks bleiben.»

Frei sein

Ich versuche, meinen Freund an einem Tag seines letzten Urlaubs in einer poetischen Studie zu porträtieren.

Das Weiß stößt gegen das Orange. Der Fluss fließt dem Meer entgegen. Du ziehst deinen Pullover aus und denkst an Rosemarie, die im Sommer mit dir den Weg hinauf zum Alphubel gemacht hat. Ihr blicktet weit ins Tal hinein, und dann kam der Regen. Du warst auf dieser Wiese glücklich, ohne das Wort zu benennen, es durchfloss dein Inneres, du spürtest deinen Körper, er war schwerelos und leicht. Die Zeit fließt dahin wie der Fluss. Das Wasser sucht den Ozean, die Zeit aber ist schon der Ozean. Du teilst die Zeit in Abschnitte ein, in große und kleine Stücke, und manchmal zerfließt sie, keine Uhr ist nötig, sie geht auf in Ewigkeit, sie tat es schon immer, aber es ist dir nicht bewusst gewesen. Die Zeit wird bedeutungslos, sie geht auf in dir, und auch du wirst bedeutungslos. Der Abend ist für dich da, und du kannst dir nur schwer vorstellen, dass andere geschäftig und achtlos diesen Abend links liegen lassen. Angst ist vergangen und damit die Aggression. Zukunft ist weit, sie interessiert dich nicht; du brauchst keine Hoffnung, dich treibt keine Schuld, dich erwartet keine Zukunft, du gehst in dir und in der Zeit auf. Du registrierst weder das eine noch das andere.

Das Abenteuer ist der Augenblick; von Augenblick zu Augenblick ergibt sich das, was sich zu ergeben hat, von selbst. Sorglosigkeit, weil gestern hinter dir liegt, Gelassenheit, weil Zukunft keine Rolle spielt. Das Gras steht kräftig und vital in der Wiese. Die Schönheit dieses Augenblicks ist gegenwärtig. Rosemarie war ein Teil dieser Landschaft, sie war nicht davon getrennt, sie hatte keinen größeren Einfluss auf dich. Du hast Rosemarie losgelassen, sie suchte nicht deine Nähe, jeder sah den anderen, jeder sah etwas anderes, der Fluss zog dem Ozean entgegen.

Dein Haar wehte genauso im Wind wie das ihre. Dein Gesicht wurde von der gleichen Sonne berührt, keiner hing einem anderen Gedanken nach, und die Gegenwart konnte sich entfalten. Du spürtest nicht deinen Atem, alles geschah von selbst, du konntest die Augen öffnen, die Sinne waren weder abgelenkt noch mussten sie sich anstrengen. Du wolltest keine Blume am Wegrand abreißen und ihr ins Knopfloch stecken. Keine Begierde nach etwas anderem schob eine Wolke vor dein seelisches Erleuchten. Du fühltest dich innerlich genauso klar und hell wie das plätschernde Wasser. Rosemarie stellte keine Fragen, es war Harmonie auf den Steinen, obwohl alle nur durch Zufall so zusammengerollt waren. Du wolltest nirgendwo etwas verändern, weder draußen noch in dir.

Die Ungerechtigkeit war dir bewusst, natürlich gibt es Ausbeutung, die Verhältnisse sind unsozial, es wird gemordet und betrogen, die Menschen quälen sich gegenseitig, sie wollen etwas besitzen, was einem anderen gehört. Sie wollen sich auszeichnen, sie wollen etwas entdecken, was kein anderer kennt. Keiner wollte dich so lassen, wie du dich fühltest, jeder wollte dich manipulieren. Jetzt wirst du dich nicht mehr wehren. Gelassenheit, Losgelöstheit wehrt sich nicht. Das Innere in Gelöstheit leben ist zwar kein aktives Wehren, aber die Ungreifbarkeit, die Unantastbarkeit ist Distanz genug, in der Ungreifbarkeit ist ein Wehren mit enthalten. Ungreifbarkeit fordert Aktivität und auch Angst heraus, aber die Angriffe gehen ins Leere. Wie willst du dich gegen den Fluss wehren? Wie willst du dich gegen die Zeit wehren? Wie kannst du etwas gegen den Abendwind unternehmen? Was willst du gegen die Liebe tun? Gelassenheit ist unantastbar. Freiheit ist nicht greifbar. Wo Freiheit ist, hat die Angst aufgehört zu existieren. Wenn sich die Angst aufgelöst hat, bleibst du übrig, dein Kern, er geht auf die Realität zu. Angst schließt dich zu, Angstfreiheit, diese Gelassenheit ist deine Freiheit. Du hattest keine Angst vor Rosemarie; sie konnte dir nichts anhaben, du warst unabhängig von ihrer Schönheit. Du konntest lieben ohne das Gefühl, dich dabei aufzulösen oder zu begehren. Die Liebe konnte dir nichts mehr anhaben, du fühltest Klarheit und Reinheit. Du konntest die Dinge geschehen lassen, du warst gelassen, angstfrei, frei.

Von der Wärme des Lebens

Ein Gedicht des heimatlosen deutschen Poeten Erich Fried hat mich besonders berührt, deshalb habe ich es diesem Buch als Motto vorangestellt. Zum Schluss möchte ich mir über dieses Gedicht noch einige Gedanken machen.

> «Noch einmal sprechen
> von der Wärme des Lebens
> damit doch einige wissen:
> Es ist nicht warm
> aber es könnte warm sein
>
> Bevor ich sterbe
> noch einmal sprechen
> von Liebe
> damit doch einige sagen:
> Das gab es
> das muss es geben
>
> Noch einmal sprechen
> vom Glück der Hoffnung auf Glück
> damit doch einige fragen:
> Was war das
> wann kommt es wieder?»

Das Gedicht trägt den Titel «Bevor ich sterbe». Dieser Titel wirkt zunächst etwas unangenehm, denn er erinnert an das Sterben, daran, dass jeder sterben wird, das ist eine unumstößliche Tatsache, sosehr wir sie auch verdrängen mögen und uns in ablenkende Geschäftigkeiten stürzen. Bevor wir sterben, können wir noch von der Wärme des Lebens sprechen, von der Wärme unseres Lebens, von unseren ganz persönlichen Erlebnissen, wir sollten uns daran erinnern. Bevor wir sterben, sollten wir vor allem noch die Wärme des Lebens empfinden, wir sollten nicht nur die Erinnerung pflegen. Wir müssen aber auch davon sprechen, damit die anderen erfahren, wie oft es nicht warm war, wo es hätte warm sein können. Wir sollten darüber mit den anderen sprechen, sosehr sie auch davor ausweichen mögen. Zu mir sagte ein Freund: «Wenn ich von meinen Problemen mit dem Leben spreche, dann weichen die meisten aus. Die Menschen haben so etwas Verwichenes an sich.» Sosehr uns die anderen auch ausweichen, wir sollten offen sagen: «Es ist nicht warm, aber es könnte warm sein.»

Wir sollten auch von der Liebe reden, gerade dann, wenn unser Herz kalt ist und keine Liebe unsere Seele wärmt. Jeder Mensch hat in seinem Leben Liebe erlebt. «Das gab es, das muss es geben.» Bevor wir sterben, sollten wir zur Liebe finden, wir sollten uns selbst und die Menschen um uns herum lieben. Wir sollten weniger denken, sondern mehr lieben. Das gab es, das soll es wieder geben.

Und jetzt wird Erich Fried in seinem Gedicht etwas melancholisch. Wir sollten auch vom Glück sprechen, «damit doch einige fragen: Was war das, wann kommt es wieder?» Was war das Glück, fragen nur einige? Ich glaube, viele fragen im Stillen sehr oft, nur einige wenige wagen, diese Frage laut auszusprechen. Jeder muss sich selbst fragen, was war in meinem Leben für mich Glück und davon ausgehend, den Weg gehen, der ihn dort hinführt. Die meisten Menschen sind nicht glücklich, sie sind unzufrieden und traurig, sie fragen sich zweifelnd: Was war das eigentlich, das Glück? Wann kommt es wieder? Kann ich hoffen und erwarten, dass es mir noch einmal widerfährt?

Das Leben könnte warm sein. Die Liebe gab es, es muss sie auch heute geben. Ich muss mich daran erinnern, was war das Glück? Wann kommt es wieder? Die Wärme des Lebens war Glück, die Wärme des Lebens war Liebe. Dieses Glück darf ich nicht von außen erwarten, ich darf nicht nur fragen in passiver Haltung, wann kommt es zu mir, sondern ich muss aktiv werden und fragen: Wie gelange ich hin, was kann ich tun? Es könnte warm sein, Liebe muss es geben, ich will jetzt dort sein, bevor ich sterbe, denn sonst hat mein Leben keinen Sinn, sonst bin ich seelisch gestorben, bevor ich körperlich tot bin.

Von der Wärme des Augenblicks habe ich in diesem Kapitel viele Beispiele vorgestellt. Die Frau, die ins Meer hinausschwimmt und sich nicht mehr allein, einsam oder verlassen fühlt, weil sie mit dem Leben in Kommunikation tritt. Der Mann, der in Tunesien auf die Straße schaut und liebevoll an dem Licht- und Schattenspiel auf der Häuserwand teilnimmt, ist in die Wärme des Lebens gelangt. Die Frau, die zu dem Bach ihrer Kindheit geht und dem Wasserlied lauscht, hat die Verbindung zur Wärme des Lebens, die sie in der Kindheit empfunden hat, wiedergefunden. Der Motorradfahrer, dem während der Fahrt bewusst wurde, dass er im Ghetto lebte, wurde von der Wärme des Freiheitsgefühls berührt. Wärme des Lebens ist das Spüren von Gegenwart, Freiheit, Glückseligkeit, Sensitivität und Liebe, alles in einem. Wenn sich diese seelischen Empfindungen in einem Augenblick vereinigen, dann wird dem Leben Leben eingehaucht, es wird warm, die Lebensenergie wird schöpferisch. Ich gebrauche viele Worte für ein und dasselbe. Wenn also Freiheit, Glücksempfinden, Sensitivität und Liebe im Augenblick zusammenfließen, dann ist die Lebendigkeit da. Welches Wort soll man für dieses Erlebnis gebrauchen? Wir besitzen kein deutsches Wort, das diesen Zustand fassen würde. Wir benötigen ein Gedicht, das dieses fehlende Wort zwischen den Zeilen als empfundene Wirklichkeit hervorzaubert. Wir müssen zwischen den Zeilen lesen, denn das ist der Reiz der Poesie, sie gibt einen Geschmack vom Unaussprechlichen.

Wir Deutschen haben das Wort «Gemütlichkeit», das eine ganz besondere seelische Befindlichkeit ausdrückt. Es ist bedeutungsvoll, wenn für manche seelische Zustände Wörter in einer

Sprache zur Verfügung stehen und für andere Zustände nicht. Wir haben kein Wort für den seelischen Zustand, den ich in diesem Buch angesprochen habe. Erich Fried drückt das mit den Sätzen aus:

«Es ist nicht warm (das Leben),
aber es könnte warm sein.
Das gab es (Liebe)
das muss es geben.
Was war das (Glück),
wann kommt es wieder?»

Das Leben, die Liebe und das Glück, alle drei gehören zusammen. Leben wird warm durch die Liebe, und dadurch entsteht Glück. Ist das Leben kalt (ohne Liebe), dann gibt es kein Glücksempfinden. Leben, Liebe, Gegenwart, Glück, davon wurde in dem Buch viel gesprochen. Bevor wir sterben, gibt es noch viel darüber zu sagen. Darüber sollten wir reden, nicht über Sportergebnisse, statistische Meinungsumfragen, über politische Ideologien, über den Einkaufsbummel in Düsseldorf, über die Preise in St. Tropez. Wenn wir eines Tages auf dem Sterbebett liegen, fragen wir uns nicht, wer hat den Abfahrtslauf der Damen 1982 gewonnen, sondern wir fragen, ist mir die Kunst des Lebens gelungen, war mein Leben warm, war es voll Liebe und seelischer Präsenz? Auf dem Sterbebett wird ungeschminkt deutlich, was wirklich wichtig ist. Wenn wir vor Gott treten, dann fragt er uns nicht danach, ob wir wissen, wer die Weltmeisterschaft im Fußball 1974 gewonnen hat, sondern er fragt uns, wie wir unser Leben gelebt haben. Er fragt auch nicht, wie viele Grundstücke wir gekauft haben oder welche Automarke wir fuhren, er fragt uns danach, wen wir geliebt haben, wen wir gewärmt haben, wer uns mit Liebe beschenkt hat, er fragt uns, ob wir glücklich, fröhlich und liebend gelebt haben. Bevor wir sterben, sollten wir uns überlegen, was wir dann antworten können. Wir sollten heute noch über die Wärme des Lebens reden, über die Liebe und unser Glück. Die Sprache des Tuns ist noch besser als die Sprache der Wörter. Diese Sprache ist viel überzeugender als Worte.

In diesem Sinne möchte ich das Gedicht von Fried etwas abwandeln.

> Bevor ich sterbe
>
> Noch einmal fühlen
> die Wärme des Lebens
> damit noch einige sehen:
> Es ist warm
> und es kann warm sein
>
> Bevor ich sterbe
> noch einmal eintauchen
> in Liebe
> damit sie sagen:
> Das gibt es
> das wird es geben.
>
> Noch einmal erzählen
> vom Glück der Hoffnung auf Glück
> damit möglichst viele sagen:
> Das war es
> das kommt wieder.

Bibliographie

Ardrey, Robert: «Der Gesellschaftsvertrag», München 1974
Benedict, Ruth: «Urformen der Kultur», Reinbek bei Hamburg 1955
Böll, Heinrich/Linder, Christian: «Drei Tage im März», Köln 1975
Brøgger, Suzanne: «... sondern erlöse uns von der Liebe», Düsseldorf 1978
Duhm, Dieter: «Angst im Kapitalismus», Lampertheim 1972
Duhm, Dieter: «Der Mensch ist anders», Lampertheim 1975
Fechner, G. Th.: «Zur experimentellen Ästhetik», 1. Teil, Leipzig 1871
Freud, Anna: «Das Ich und die Abwehrmechanismen», München 1973
Fried, Erich: «Zur Zeit und zur Unzeit», Köln 1981
Fried, Erich: «Lebensschatten», Berlin 1981
Fromm, Erich: «Anatomie der menschlichen Destruktivität», Stuttgart 1974
Fromm, Erich: «Der moderne Mensch und seine Zukunft», Frankfurt 1960
Fromm, Erich: «Haben oder Sein», Stuttgart 1976
Fromm, Erich: «Die Kunst des Liebens», Frankfurt 1979
Fromm, Erich: «Die Furcht vor der Freiheit», Frankfurt 1980
Harris, Thomas A.: «Ich bin o. k. – Du bist o. k.», Reinbek bei Hamburg 1973
Hesse, Hermann: «Lektüre für Minuten», Frankfurt 1977
Hesse, Hermann: «Die Kunst des Müßiggangs», Frankfurt 1973
Jung, Carl Gustav: «Über die Psychologie des Unbewussten», Frankfurt 1977
Jungk, Robert: «Plädoyer für eine humane Revolution», Zürich 1975
Kamin, Leon: «The Science and Politics of IQ», LEA Publishers, New York 1974
Lauster, Peter: «Selbstbewusstsein kann man lernen», München 1974
Lauster, Peter: «Statussymbole», Stuttgart 1975
Lauster, Peter: «Lassen Sie sich nichts gefallen», Düsseldorf 1976
Lauster, Peter: «Lassen Sie der Seele Flügel wachsen», Düsseldorf 1978
Lauster, Peter: «Die Liebe», Düsseldorf 1980
Lempp, Reinhart: «Problemkinder», München 1977
Lorenz, Konrad: «Das sogenannte Böse», Wien 1963
Marcuse, Herbert: «Der eindimensionale Mensch», Neuwied und Berlin 1967
Maslow, A. A.: «Motivation and Personality», New York 1954

Materialsammlung IV zur Enquête über die Lage der Psychiatrie in der BRD, Bd. 17, 1974
Mead, Margret: «Cooperation and Competition Among Primitive Peoples», New York 1937
Miller, Alice: «Das Drama des begabten Kindes», Frankfurt 1979
Miller, Henry: «Stille Tage in Clichy», Reinbek bei Hamburg 1980
Mitscherlich, Alexander: «Der Kampf um die Erinnerung», München 1975
Murdock, G. P.: «Our Primitive Contemporaries», New York 1934
Nance, John: «The gentle Tasaday», New York 1972
Neil, A. S.: «Theorie und Praxis der antiautoritären Erziehung», Reinbek bei Hamburg 1969
Perls, Frederick S.: «Gestalttherapie in Aktion», Stuttgart 1969
Perls, Frederick S.: «Gestalt-Therapie», Stuttgart 1979
Plack, Arno: «Die Gesellschaft und das Böse», München 1967
Rauter, E. A.: «Brief an meine Erzieher», München 1979
Schult, Peter: «Besuche in Sackgassen», Essen 1978
Selye, Hans: «Stress beherrscht unser Leben», Düsseldorf 1957
Zorn, Fritz: «Mars», München 1977

Ausbruch zur inneren Freiheit

Unsere Taten müssen vor allem
ein Ausdruck der Freiheit sein,
sonst gleichen wir Rädern,
die sich drehen, weil sie
von außen dazu gezwungen werden.

Rabindranath Tagore

Inhalt

Anhang

Vorwort

In diesem Buch schreibe ich über viele menschliche Eigenschaften, die uns selbst und unseren Mitmenschen zu schaffen machen. Es geht um Eitelkeit und Ehrgeiz, um Aggression, Neid und Liebe, um Freiheit und Angst. Eine wichtige Rolle spielt dabei, wie wir diese Eigenschaften bewerten. Ich möchte Wege zu einem freiheitlichen Bewusstsein und Denken aufzeigen; dabei müssen traditionelle Denkmuster über Bord geworfen werden. Wir sehnen uns alle nach mehr Freiheit, und dennoch ist sie sehr schwer zu realisieren, denn es handelt sich dann um eine geistige Revolution. Die Liebe spielt dabei eine große Rolle, denn hier verfangen wir uns oft in einem Netz von Irritation und Abhängigkeiten. Es ist die Fähigkeit notwendig, loslassen zu können, aber dagegen entwickeln wir große innere Widerstände.

Wir wollen stark sein und lehnen Schwäche bei uns selbst und anderen ab. Das Thema Stärke und Schwäche spielt deshalb in unserem Umgang mit anderen eine große Rolle. Stärke versucht man zwar vorzutäuschen, aber das bedeutet eine große Kraftanstrengung. Erst eine neue Einstellung zur Schwäche macht uns wirklich stark. Eigene Wege zu gehen, also individuell und authentisch zu leben, das heißt, sich von Normen und Spielregeln der Gesellschaft wirklich loszulösen. Dabei entstehen Ängste. Freiheit ist nicht leicht zu haben, denn wir müssen durch diese Ängste und Anfeindungen der Mitmenschen (aufgrund ihrer Ängste) hindurch.

Ich möchte Ihnen natürlich keine Angst machen, bevor Sie

überhaupt zu lesen begonnen haben. Schon alleine ein Buch mit diesem Titel zu kaufen und damit zu beginnen, es zu lesen, zeigt, dass Sie sich Gedanken machen wollen, die über Traditionelles und Konformistisches hinausgehen. Wir wollen gemeinsam erforschen, wie man auf diesen Weg gelangt und was Freiheit für uns bedeutet.

Peter Lauster

Erster Teil
Sich selbst verstehen

Wir werden als Joker im Patiencespiel des Lebens geboren. Aber wenn wir heranwachsen, werden wir zu Herz und Karo, Kreuz und Pik. Das heißt nicht, dass der Joker ganz verschwindet.

Jostein Gaarder

1. Wie erfahre ich, wer ich wirklich bin?

Die Frage «Wer bin ich?» ist eine der wichtigsten Fragen, die der Mensch sich stellt. Wenn du ernsthaft lebst, begleitet dich diese Frage durch dein ganzes Leben. Sie stellt sich dir besonders deutlich in der Pubertät, in dieser hochsensiblen Lebensphase, in der wir uns selbst finden wollen im Vergleich zu anderen. In der Pubertät will der Einzelne außerdem erkunden, welche Rolle er einnimmt im Vergleich zu Gleichaltrigen und Erwachsenen. Die Pubertät ist ein Erwachen: Du siehst dich selbst und die Mitmenschen mit neuen Augen, hervorgerufen durch die körperlichen Veränderungen während der Geschlechtsreife. Dem Jungen wird plötzlich bewusst, dass er ein männliches Wesen ist, dem Mädchen, dass es zur Frau wird.

Die Suche nach Antworten darauf, wer ich bin, hält über die Pubertät hinaus an. Allerdings kommt die turbulente Krise der Selbstfindung zwischen siebzehn und einundzwanzig etwas zur Ruhe. In diese Zeit fallen Abitur und Studienwahl oder die praktische Berufsausbildung. Viele definieren sich dann über ihre Ausbildung und ihre Berufswahl.

Die Pubertät ist im Leben nicht die einzige Zeit, die von einer Selbstfindungskrise geprägt ist. Es folgen noch viele weitere Krisen, die durch äußere Ereignisse angestoßen werden, so etwa durch das Zerbrechen einer Liebe und durch Liebeskummer, durch berufliche Misserfolge, durch Krankheit – oder auch durch Lügen, durch Intrigen, die von Mitmenschen und Freunden ausgehen.

Kein Leben verläuft erfolgreich und glatt. Es werden dir Grenzen aufgezeigt und deiner Entfaltung Riegel vorgeschoben. Doch jede dieser Krisen hält die Chance bereit, dir die Frage «Wer bin ich?» erneut zu stellen. Schließlich bist du ein besonderes Individuum, und die anderen sind das gleichfalls.

Viele glauben, durch Anpassung der Individualität ausweichen zu können. Ist Anpassung an die Normen von anderen aber die Lösung? Bitte stelle dir folgende Frage selbst: «Kann ich durch Anpassung an ein Persönlichkeitsbild, das mir andere empfehlen, oktroyieren wollen oder vorleben, mein Problem lösen?» Wohl kaum. Ständig bist du den Wertungen der anderen ausgesetzt, die «beurteilen», ob du dieses gut und richtig gesagt oder gemacht hast und jenes falsch. In der Mathematik gibt es solch ein Richtig und Falsch, doch im Bereich der Persönlichkeitsentwicklung und Individuation gibt es dieses Richtig und Falsch nicht, auch kein Gut und Schlecht. Was ist überhaupt objektiv gut, was schlecht?

Hermann Hesse sagt: «Meine Aufgabe ist es nicht, anderen das objektiv Beste zu geben, sondern das Meine so rein und aufrichtig wie möglich.»

Du brauchst nicht das objektiv Beste geben, denn wer kann schon bestimmen, was das ist? Wenn du das Deine so rein und aufrichtig wie möglich gibst, dann ist das das Beste, was du geben kannst. Es kommt also darauf an, dass du authentisch bist. Dieser Vorgang des Authentischwerdens, das ist der Reifeprozess des Erwachsenwerdens. Mehr und mehr authentisch zu sein, der werden, der du innerlich bist, also das, was du fühlst, aufrichtig zu erkennen und umzusetzen: Das ist der Weg der Selbstwerdung. Es geht darum, keine Kopie zu sein, sondern ein Original. Denn: Durch die Einflüsse der Umwelt besteht die Gefahr, dass du zu einer Kopie wirst, zu einem Abklatsch der Regeln, Richtlinien, Normen und Vorstellungen davon, wie du sein solltest. Es geht aber darum, dass du, gegen alle diese Fremdbestimmungen, herausfindest, wie und wer du wirklich bist.

Die Einflüsse der Fremdbestimmung sind gewaltig und verlockend. Deshalb bedarf es immer wieder der Konflikte und Krisen, damit du wach wirst und nein sagst. Fremdbestimmung ist Manipulation. Du wirst manipuliert von den Eltern und Lehrern, den Bekannten, Freunden und Partnern, den Kollegen und

Chefs. Diese Einflüsse haben eine enorme Wirkung, denn wenn man es den anderen recht macht, dann hat man seine bequemliche Ruhe: Sie hören auf zu kritisieren und zu nörgeln, und du fühlst dich sicherer und geborgener.

Die Sicherheit und Geborgenheit der Anpassung ist jedoch nur ein Scheinfrieden. In ihm kommt deine eigene Wahrheit nie ganz zur Ruhe, da du dich nur angepasst hast. Du wirst deshalb vielleicht sogar gelobt, aber in dir ist noch etwas anderes, sind deine aufrichtigen Gefühle und die Gedanken, die daraus entstehen.

Die Anpassung durch Manipulation kannst du nur eine gewisse Zeit durchhalten. Wenn sich ein Freund von dir abwendet, wenn du deinen Job verlierst, wenn eine Liebesbeziehung zerbricht, dann wirst du innerlich aufgewühlt, wirst wachgerüttelt, denn es muss gehandelt werden. Das Leben stellt dich vor eine schwierige Anforderung – und vor ihr stehst du allein. Du kannst natürlich jemand anderen fragen, wie er an deiner Stelle handeln würde – aber kann er dir eine sinnvolle Antwort geben? Ist er nicht selbst manipuliert und dadurch abhängig von fremdbestimmten Vorurteilen, Meinungen und Einstellungen? Ein angepasster Mensch kann dir nur einen Rat der Anpassung geben. Brauchst du aber nicht gerade jetzt, in dieser Konfliktkrise, einen freien Rat, eine individuelle Lösung, einen dir gemäßen Gedanken?

In diesem Moment wird dir bewusst, dass es darum geht, wer du bist. Jede Krise birgt die Chance, dir selbst näher zu kommen, zur Selbstbestimmung zu gelangen, authentisch zu fühlen, zu denken und zu entscheiden. Jede Krise sollte deshalb, so leidvoll und schmerzhaft sie zweifellos ist, als ein Wachstumsprozess zur Reifung gesehen werden. Du erhältst die Chance, wieder ein Stück mehr über dich selbst zu erfahren.

Wenn alles glatt geht, dann funktionierst du zwar reibungslos, aber es verändert sich nichts in dir. Es bedarf daher gerade der Krisen, der Widerstände und der Reibungen, damit du lernen kannst, welche Möglichkeiten in dir stecken.

Glück und Erfolg zu haben ist einfach. Das wünscht sich jeder, weil dann scheinbar alles in bester Ordnung ist. Jedoch: Schwierigkeiten zu begegnen ist ein wahres Glück für Entwicklung und Selbsterfahrung. Nur Schwierigkeiten, Konflikte und Reibungen machen dich wach und führen dich zu dir selbst. Begrüße deshalb Schwierigkeiten und meide das Einfache. Das Einfache bringt dich nicht zu dir selbst; es schläfert dich ein, und zwar bis zu der Stunde, in der du schockartig dem Neuen begegnest. Nur das Neue vitalisiert und führt dich zu dir selbst; das Alte schläfert dich ein und schwächt deine Energie.

2. Was ist der Unterschied zwischen Eitelkeit und Narzissmus?

Eitelkeit bezieht sich nicht etwa allein auf das Aussehen, auf die Kleidung, sondern auf alle Merkmale eines Menschen, beispielsweise auf die Intelligenz, die Kreativität, auf das soziale oder politische Engagement, den beruflichen Erfolg, auf die Partnerschaft, die Kinder, den Freundeskreis. Es ist also durchaus denkbar, dass du auf deine Kleidung keinerlei Wert legst, aber stolz bist auf dein Wissen im Bereich der Astronomie. Es ist auch denkbar, dass dir eigene Statussymbole ziemlich gleichgültig sind, aber dass dir deine Kunstsammlung mit Radierungen aus den zwanziger Jahren sehr viel bedeutet. Alles Besondere, an das du dein Herz hängst, das dich über deine Mitmenschen hinaushebt, macht dich unter diesem Aspekt eitel.

Den Narzissmus davon abzugrenzen ist einfach, bezieht sich doch diese Form der Eitelkeit auf das äußere Erscheinungsbild, auf deine Schönheit, die ästhetische Nase, den Gesichtsschnitt, das lockige blonde oder schwarze Haar. Es gibt also viele eitle Menschen, die durchaus keine Narzissten sind. Der Narzissmus ist nur ein Teilbereich der Eitelkeit. Die Eitelkeit ist deshalb das psychologische Thema, das für dich und für uns alle von großer Bedeutung ist.

Eitelkeit ist, gleichgültig, auf welchem Gebiet sie sich zeigt, ein großes Problem, denn du bist abhängig davon (was den meisten gar nicht bewusst ist). Abhängigkeit ist eine Schwäche, keine Stärke, denn Abhängigkeit impliziert, dass du nicht frei bist. Von Laotse habe ich den folgenden Satz sinngemäß im Gedächtnis: «Wenn du selbst leuchten willst, kannst du nicht erleuchtet werden.»

Es ist gleichgültig, womit du glänzen willst, doch sobald du es willst, begibst du dich in Abhängigkeit und Verletzbarkeit. Ich habe beobachtet, dass der Punkt, auf den sich die Eitelkeit eines Menschen bezieht, der Punkt also, der ihm wichtig ist für seine Bedeutung und der ihm Egostärke vermitteln soll, genau der Punkt ist, der ihn verletzbar macht und schwächt. Deshalb sei auf nichts stolz, und sei in keinem Punkt eitel.

Ich weiß, Eitelkeit ist weit verbreitet, aber das macht sie nicht besser. Wir besprechen hier einen sehr wichtigen und elementaren psychologischen Aspekt des Menschseins und nähern uns ihm von verschiedenen Seiten. Eitelkeit bedeutet, stolz zu sein auf eine Eigenschaft, eine Fähigkeit, einen materiellen Besitz, also auf etwas, das man geschenkt bekommen oder durch viel Training und persönlichen Einsatz errungen hat. Ich hänge an dem, was ich habe, mein Herz ist damit verbunden, ja, mein Sein ist davon abhängig. Du willst glänzen durch deine Intelligenz, deinen geschäftlichen Erfolg, dein Erscheinungsbild vor anderen, durch deine Ideen, deine schöne Wohnung, deine Familie und deine Kinder, die wiederum etwas Hervorragendes an sich haben müssen, zum Beispiel gutes Aussehen oder gewinnenden Charme, oder etwas Hervorragendes geleistet haben müssen, zum Beispiel in der Schule, während des Studiums oder beim Sport.

Spürst du, wie dich das alles abhängig macht, dich gegenüber anderen Menschen profilieren zu müssen? Eitelkeit ist Profilierungssucht. Und warum will man sich profilieren? Weil man sich selbst nicht genug ist, weil das eigene Ego schwach erscheint ohne diese weitere Profilierung und weil es sich stärkt durch dieses Etwas, das hinzukommt. Warum soll aber etwas hinzukommen? Warum bist du dir – so, wie du bist – nicht selbst genug? Vielleicht, weil wir in einem System der ständigen Aufwertung und Abwertung leben? Weil wir umgeben sind von Kritik, Klatsch und Tratsch, von Bewunderung und Ablehnung, von Anerkennung und Aberkennung – und uns davon nicht lösen können?

Solange du selbst leuchten willst, um auf diese Weise Anerkennung zu erhalten, so lange kannst du nicht erleuchtet werden. Was ist nun der Unterschied zwischen glänzen und erleuchtet sein?

Wenn du nicht mehr glänzen willst, auf keinem Gebiet etwas Besonderes sein willst, also jede Eitelkeit verloren hast, dann bist du erleuchtet. Die Weisheit der Erleuchtung liegt in dieser Erkenntnis und im Gewinn von Freiheit. Wenn dein Ego nichts benötigt, um gestärkt zu werden, dann ist es stark. Wenn dein Ego von keinem Werturteil anderer mehr geschwächt werden kann, dann bleibt es stark. Es wird dir dann bewusst, dass die anderen dich nur aufgrund ihrer eigenen Schwächeproblematik auf- oder abwerten. Wenn sie neidisch auf dich sind, dann sind sie neidisch aufgrund ihrer eigenen Eitelkeitsschwäche. Wenn sie dich loben und hofieren, dann wollen sie von deinem Glanz profitieren. Also ist das Beachten der Meinung der anderen eine trügerische Sache. Wenn du diese Zusammenhänge erkennst, dann wirst du erleuchtet sein, auch wenn diese Erleuchtung niemand erkennt.

Du kannst erleuchtet sein, also ein wahres und freies Ego besitzen, aber keiner erkennt es. Du bist innerlich glücklich, aber keiner wertet dieses Glück. Da du nicht eitel bist, wird es dich nicht berühren, wenn deine Erleuchtung keiner sieht. Der «Erleuchtete» hingegen, der seine Erleuchtung zum Image machen will, der ist eitel, also nicht erleuchtet.

Nicht Narzissmus ist das große Problem, nicht die weiter gehende Eitelkeit. Es geht darum, nicht eitel zu sein – und gerade darauf nicht stolz zu sein. Es geht dabei nur um das eine: Freiheit von Abhängigkeit und Freiheit davon, darüber nicht pfauenhaft-stolz zu sein, denn sonst wäre Freiheit nur eine eitle Provokation. Deshalb kannst du nur selbst erfahren, was es bedeutet, diese Freiheit zu erlangen. Würde dich jemand auf diese Freiheit hintrainieren, wäre wieder Eitelkeit des Lehrers und Eitelkeit des Schülers (es erreicht zu haben) damit verbunden – und es würde ein Schatten auf diesen wichtigen psychischen Vorgang fallen.

3. Gibt es gesunden und kranken Ehrgeiz?

Ehrgeiz bedeutet: Ich setze meine Energie dafür ein, etwas zu erreichen, ein Ziel zu erlangen. Ehrgeiz gilt als völlig «normal» in einer Leistungsgesellschaft, denn jede Leistung, die erbracht werden soll, bedarf des Einsatzes von Energie. Ohne Aktivität, Energie, Fähigkeiten, Ideen, Intelligenz, Konzentration und so weiter ist Leistung nicht denkbar. Energie ist also nichts Negatives, ist sie doch die Kraft, die zur Handlung nötig ist.

Gibt es nun einen kranken und einen gesunden Ehrgeiz? Wenn du deinen Lebensunterhalt verdienen musst, dann ist dieser Ehrgeiz, ist Antrieb oder Energieeinsatz notwendig. Wenn du als Sportler oder als Künstler Erfolge verbuchen willst, ist das verständlich. Doch wann geht die Lebensenergie der Aktivität über in einen krankhaften Ehrgeiz? Du hast die Vision von einem Ziel, und du möchtest es erreichen, du strebst danach mit großem innerem Verlangen. Und nun sind wir wieder beim Thema Eitelkeit: Wenn all deine Aktivität, die du einsetzt, um das angestrebte Ziel zu erreichen, damit verbunden ist, dein Ego zu stärken, dann bist du abhängig. Verlangen, Begierde und Ehrgeiz hängen hier eng zusammen. Sogar erotisches Verlangen, als Liebe getarnt, führt dich dazu, einen Menschen zu «erobern», um dein Ego zu stärken.

Je stärker das Verlangen nach dem zu Erlangenden, desto abhängiger bist du davon, deinen vermeintlichen Seelenfrieden durch dieses Verlangen zu erreichen. Der Ehrgeiz beginnt als natürliches Streben der Energie nach Entfaltung und Selbstverwirklichung, und er kann sich steigern zu einer Fixierung auf das Ziel, sodass du dein gesamtes Leben diesem Streben unterordnest, für nichts anderes mehr Zeit und Gedanken hast, nur noch auf die Erreichung des Zieles schaust, also jegliche Freiheit verlierst. Du wirst zum Sklaven deines Verlangens. Mit dieser

Verengung wird dein Leben, wird deine Lebendigkeit ärmer anstatt reicher.

So beginnt der Weg in die Erkrankung. Du musst Misserfolge einstecken und erleidest Rückschläge. Das sind Momente, die dich zur Besinnung bringen könnten. Wenn du aber noch ehrgeiziger wirst und dein Verlangen sich umso mehr festigt, dann wird die Erfolgserwartung für dein Ego immer wichtiger, das heißt, dass du dich nur stark fühlst, wenn du dem Ziel näher kommst, und schwach, wenn sich das Ziel entfernt. Du empfindest den Wert deiner Person mehr und mehr damit verbunden, das Ziel zu erreichen. Das sind die Risikofaktoren, die dich psychosomatisch krank machen können. Hast du Erfolg, entspannst du dich und erkrankst nicht, hast du Misserfolg, dann fühlst du dich depressiv, schläfst schlecht, bist reizbar, neigst zu Schweißausbrüchen, Herzjagen, Kopfschmerzen. Misserfolg zu haben kränkt dich, macht also deinen Körper krank.

Die Ursachen für die Erkrankung liegen nicht in deinem Körper, sondern in den Bereichen Seele und Geist. Wenn du zum Arzt gehst, wird er die Funktionen der Organe diagnostizieren und nichts feststellen können. Solltest du etwa Herzjagen haben, so ist das nicht organisch begründet (von tatsächlichen Organschwächen jetzt einmal abgesehen), sondern hat seine Ursache im seelisch-geistigen Bereich. Das kann der Mediziner aber mit seinen Diagnosemethoden nicht feststellen. Also bist du, medizinisch gesehen, gesund. Dein fixiertes Verlangen aber verengt deine Lebendigkeit und führt auch in Zukunft zu Beschwerden, die sich organisch auswirken.

Die Definition einer Krankheit ist an die medizinische Diagnostik geknüpft. Extrem ehrgeizig zu sein ist aber keine Krankheit im medizinischen Sinne. Dieser Ehrgeiz macht zwar krank, aber der Mediziner kann Krankheit erst diagnostizieren, wenn sich bei seinen Methoden und Analysen ein konkreter Befund ergibt. Dann aber giltst du als körperlich erkrankt und erhältst Medikamente, welche die entsprechenden Organe beeinflussen.

Dass die Ursache der Ehrgeiz ist, spielt dabei keine Rolle. Ehrgeiz ist im medizinischen Verständnis keine Krankheit. Natürlich sind auch Ichstärke oder Ichschwäche keine Krankheiten, ebenso wenig wie das Verlangen nach Erfolg oder die Hoffnung auf die Erfüllung erotischer Träume in diesem Sinne keine Krankheiten sind.

Die Frage nach gesundem und krankem Ehrgeiz ist jedenfalls von großer Wichtigkeit, eröffnet sie doch das Verständnis für eine menschliche Problematik. Ehrgeizige Fixierung macht dich früher oder später auch körperlich krank. Die Krankheit beginnt ja in der Seele bzw. im Kopf. Deshalb ist für dich die beste Gesundheitsvorsorge diejenige, welche dich veranlasst, deine Seele zu erkennen und dein Denken zu überprüfen. Es geht darum, dich selbst zu verstehen, das, was du willst, und vor allem, warum du es willst. Was steht dahinter? Warum hast du dieses oder jenes ehrgeizige Ziel? Was willst du damit für dich selbst erreichen? Also: Wer bin ich? Was treibt dich dazu an, dieses oder jenes zu tun? Ist es Eitelkeit, um dich über andere zu erheben? Ist es das Streben, Schwäche zu kompensieren? In diesem Zusammenhang solltest du dir einmal die Frage stellen: Was ist so schlimm daran, schwach zu sein – warum will ich stark sein und Stärke dokumentieren? Anscheinend ist diese Frage nicht sonderlich populär.

Es wird uns keine Alternative angeboten. Es gibt keinen Freiraum für Schwäche. Die Stärke von Seele, Geist und Körper ist das Goldene Kalb, um das alle Menschen wie selbstverständlich kreisen. Deshalb sind Eitelkeit, Ehrgeiz und Narzissmus gültige und akzeptierte Werte. Die Gegenwerte wie Natürlichkeit und Selbstzufriedenheit, Ausgeglichenheit und Gelassenheit, Freiheit und Losgelöstheit, Mitgefühl und Selbstlosigkeit, Selbstvergessenheit und Verträumtheit finden so gut wie keine Berücksichtigung in unserem Denken und Tun. Deshalb sage ich immer wieder: Lausche auf deine wirklichen Wünsche und Bedürfnisse und gebe ihnen den erforderlichen Freiraum, auch wenn sie einem ehrgeizigen Impuls in diesem Moment zuwiderlaufen sollten. Der Ehrgeiz kann zu einer Überspanntheit führen – und dann macht er auch deinen Körper krank. Die Phase hingegen, nicht ehrgeizig zu sein, also loszulassen, macht deinen Körper wieder gesund.

All diese Zusammenhänge zu verstehen hat uns niemand gelehrt. Deshalb sehe ich es als meine Aufgabe an, jene Zusammenhänge zu vermitteln, klar und für jedermann nachvollziehbar, ohne erhobenen Zeigefinger. Seele und Geist sind ein unbekanntes Gebiet. Die Mediziner erfahren darüber auf der Universität fast nichts, und die Fachrichtung Psychologie ist eine Wissenschaft, die sich mehr mit ihrem Wissenschaftsverständnis befasst als mit den konkreten Problemen des Seelenlebens im Alltag.

4. Wie eng hängen Ehrgeiz und Aggressionen zusammen?

Wenn der Ehrgeiz ans Ziel der Wünsche führt, nimmt die innere Spannung ab und damit auch die Neigung zur Aggression. Extremer Ehrgeiz (der noch nicht am Ziel ist) führt zur inneren Angespanntheit, wobei jeder Rückschlag Frustration bedeutet. Innere Angespanntheit und Enttäuschung von Erwartungen bauen Reizbarkeit und Aggressivität auf.

Die Spannung kann zwei Auswirkungen haben: die Tendenz zur Depression oder die zur Aggression. Der introvertierte Mensch reagiert gedrückt und grübelt über seine Fehler nach. Der Extravertierte hält sich nicht mit der Fehlersuche bei sich selbst auf, sondern er gibt anderen die Schuld, selbst denen, die völlig unbeteiligt sind. Er reagiert also gereizt und kritisiert denjenigen, der gerade in seinem Umfeld verfügbar ist. Solch ein extravertiertes Verhalten wird als aggressiv empfunden. Wenn man es harmlos ausdrückt, dann sagt man: «Du bist aber launisch», oder: «Du bist aber schlecht gelaunt», doch in Wahrheit handelt es sich hier nicht um eine schlechte Laune (die hält meist nur kurz an), sondern eine derartige Gereiztheit ist gleichzusetzen mit Aggression. In solch einem Fall wollen wir den Gereizten auch nicht weiter reizen, um seine Aggression nicht noch zu steigern. Denn: Aggression führt zur Rücksichtslosigkeit, zu brutalem Durchsetzungsverhalten, zu zynischen und ironischen verbalen Spitzen, ist also verletzend und meist ungerecht.

Ehrgeiz und Aggression hängen zusammen. Aus diesem Grund solltest du ehrgeizigen Menschen gegenüber vorsichtig sein, obwohl Ehrgeiz in unserer Gesellschaft nicht negativ bewertet, sondern eher positiv gesehen wird. Wenn die Eigenschaften Ehrgeiz und Extraversion bei einer Person zusammenkommen, dann kann in jedem Moment einer Schwierigkeit oder eines Misserfolgs Gereiztheit und Aggression sichtbar werden, dann muss jeder damit rechnen, jederzeit zum Zielobjekt eines ungerechtfertigten Angriffs zu werden. Es ist gut, auf solch ein Verhalten vorbereitet zu sein.

Es ist also immer ein großes Problem, von ehrgeizigen Menschen im Beruf oder im Privatleben umgeben zu sein. Ständig ist die Aggression als Gefahr anwesend. Und so kann der Einzelne nie entspannt sein, ist immer in der Anspannung: Wann schlägt das Pendel um?

Ehrgeizige Menschen wirken sehr anziehend, da sie Energie und Vitalität, Ideen und Optimismus ausstrahlen können. Sie sind zwar einerseits sehr charmant, können loben und Komplimente machen, aber sie können andererseits verletzend, kritisierend und unverschämt reagieren, wenn sie enttäuscht werden.

Im Berufsalltag kannst du den Ehrgeizigen nur schwer ausweichen, im Privatleben allerdings besteht diese Möglichkeit – wenn nicht eine Verbindung durch Liebe und Partnerschaft besteht. Ehrgeizige und Eitle haben selten einen Mangel an Partnerschaft, da sie, falls sie Erfolg haben, faszinierend und mitreißend wirken. Dennoch liegt bei ihnen die Aggression ständig auf der Lauer, da auch sie Siege nicht pachten können und Erfolge sich nicht erzwingen lassen. Dann aber werden die ehrgeizigen Siegertypen ungenießbar, und wer mit ihnen gerade zusammen ist, der wird zur Zielscheibe ihrer Aggression, sofern er nicht mächtiger und stärker ist als sie. Nur vor Stärke schrecken nämlich ehrgeizige und eitle Menschen zurück, denn dann siegt ihre Einstellung über die Aggression, indem sie nach dem Grundgedanken verfahren: Mit ihm (oder ihr) darf ich es mir auf gar keinen Fall verscherzen. Das Wort «verscherzen» führt dabei nicht selten zu der Assoziation, verbale Aggression habe mit «scherzen» zu tun. Der aggressiv Attackierte erlebt so einen doppelten Nachteil: Einerseits muss er mit den Angriffen fertig werden, und andererseits wird, falls er sich beschwert, alles als Scherz ausgelegt – nach dem Motto: «Du verstehst keinen Spaß.» Hierin ist natürlich eine erneute Kritik enthalten, die demütigend wirken kann.

Im allgemeinen Sprachgebrauch sagt man: «Du hast es dir jetzt mit mir verscherzt.» Das bedeutet: Man will die Aggressionen und die Bösartigkeiten nicht mehr als Scherz hinnehmen – Schluss der Scherze!

Wie kann man also ehrgeizigen und aggressiven Menschen gegenüber die richtige Einstellung gewinnen? Zunächst einmal solltest du ihnen nicht von vornherein aus dem Weg gehen, sondern solltest genau beobachten und registrieren, wie sie sich verhalten. Ob sie nun versuchen, dich durch Lob und Anerkennung zu gewinnen, oder ob sie versuchen, dich durch Kritik und Gereiztheit zu verunsichern – lasse dich davon nicht innerlich berühren. Der Ehrgeizige wie der Eitle handelt nur danach, was ihm nützt, und er zeigt mit seiner Aggression, wie hoch er seine Macht und seine Rangstellung einschätzt. Schließlich weißt du, wie er dich wirklich sieht – und kannst nicht gekränkt sein, wenn er dich abwertet. Du weißt nun um seine subjektive Einschätzung und weißt auch, warum sie nichts über deinen wirklichen Wert aussagen kann. Auch wenn du in den Augen des Aggressiven unter ihm stehst, so bleibt dein wirklicher Wert davon unberührt, vor allem dann, wenn andere dich achten und deinen Wert sehen. Doch in erster Linie solltest du selbst deinen Wert sehen.

Es hat also keine Bedeutung für dich, wenn dich jemand auf- oder abwertet. Dein realer Wert ist davon unabhängig. Es ist deshalb wichtig, den Wertmaßstab des anderen zu erkennen. Darin liegt ein großer Teil der Menschenkenntnis. Mit welchem Maßstab misst der eine, mit welchem der andere? Misst er als Katholik, als Politiker oder als Unternehmer, als Künstler oder als Sportler, als Journalist oder als Lehrer? Wessen Wertmaßstab kann also für dich von Bedeutung sein? Keiner.

Es gibt einen Wert deiner Person jenseits aller subjektiven Maßstäbe, die geprägt sind von einem Nutzendenken oder von einer Überzeugungsfixierung. Es gibt viele Aspekte, unter denen man dich beurteilen kann, aber bist du nicht davon unberührt, du als derjenige, der du bist? Solltest du jedoch selbst einen bestimmten Aspekt als Maßstab nehmen, dann besteht für dich die Gefahr, wirklich abhängig zu werden. Deshalb möchte ich dich dazu anregen, zu erkennen, dass du frei von solchen Überlegungen sein kannst, dass du, gleich welchen Alters und Berufs, gleich welcher Hautfarbe und Nationalität, gleich welcher Bildung und politischen oder religiösen Prägung, ungeachtet deiner Herkunft und deines Freundeskreises, einfach der bist, der du bist – ein Individuum jenseits aller Nutzenkalkulation von Interessengruppierungen.

5. Ist Aggression ein üblicher Verhaltensstil?

Ich habe deutlich gemacht, dass Reizbarkeit und verbale Aggression bei extravertierten und ehrgeizigen Menschen als aktuelle Reaktionen entstehen, und zwar dann, wenn Erfolgserwartungen enttäuscht werden (in der psychologischen Terminologie wird das mit Frustration bezeichnet). Das psychologische Grundgesetz lautet: Frustrationen erzeugen Aggressionen. Differenzierter ausgedrückt, müsste die Depression hinzugenommen werden, die bei introvertierten Menschen entsteht, wobei erwähnt werden muss, dass die Depression entsteht, wenn sich Wut verinnerlicht und sich gegen das eigene Selbstwertgefühl durch Selbstkritik und Selbstvorwürfe richtet.

Die Aggressivität wird aber nicht nur, situationsbedingt, durch ein aktuelles frustrierendes Erlebnis ausgelöst, sondern sie kann sich auch in einer Person als Verhaltensweise verankern, sodass sie, unabhängig von einem Frustrationserlebnis, ständig präsent ist.

Viele Menschen reagieren nicht nur aufgrund einer aktuellen Enttäuschung aggressiv und gereizt, sondern strahlen ständig eine aggressive Gereiztheit aus, weil sie grundsätzlich von ihrer Lebenssituation frustriert sind. Die Gründe für diese Frustriertheit sind sehr unterschiedlich und vielfältig. Jeder, der sich unfrei fühlt, sich nicht vital entfalten kann, der unter einem Defizit an Anerkennung leidet, sich überfordert fühlt, empfindet Frustrationsgefühle – aus denen dann Aggressionsbedürfnisse resultieren. Wenn das Leben insgesamt unbefriedigend erscheint, führt dies zu einer ungeheuren Frustrationsaufladung.

Auch hier wiederum reagiert der Introvertierte mit Depressionen, während der Extravertierte Aggressionen an den Tag legt. Dies zu erkennen ist für den Umgang mit anderen, also für deine Menschenkenntnis, von enormer Bedeutung.

Die meisten Menschen sind nicht glücklich, sind unzufrieden mit sich selbst und ihren Lebensumständen. Deshalb reagieren sie gedrückt oder aggressiv – und darauf solltest du vorbereitet sein. Da ein von seinen Lebensumständen in seiner Freiheit beschränkter Mensch vom Leben enttäuscht ist, führt jede Lebensentfaltungstendenz, die nicht realisiert werden kann, zu einer inneren Angespanntheit. Statistisch gesehen, sind 95 Prozent der Menschen mit ihrer Selbstentfaltung nicht zufrieden. Der Hauptgrund: Die zivilisierte europäische Gesellschaft bietet keine Selbstentfaltungsmöglichkeiten, sondern erwartet Anpassung an die vorgegebenen Strukturen. Du bist also umgeben von Menschen, die nur eine geringe Chance haben, sich zu entfalten, um frustrationsfrei leben zu können. Selbst wenn es dir also gelingt, dich selbst frei verwirklichen zu können, und du zu den glücklichen fünf Prozent gehörst, wirst du von 95 Prozent frustrierten Menschen umgeben sein, die entweder verzagend depressiv sind oder aggressiv reagieren. Wenn du selbst nicht frei, sondern in Anpassung lebst, wirst du frustriert auf die Frustration und die Aggression der anderen treffen. Jede Aggression frustriert dich aber erneut und macht dich entweder depressiv oder aggressiv. Auf der einen Seite macht dich deine Depression schwach und ermuntert andere, dir gegenüber aggressiv zu reagieren; auf der anderen Seite scheint dich deine Aggression stark zu machen, weil sie eine Kraft darstellt, die entweder andere in die Defensive drängt oder bei ihnen eine noch schärfere Gegenaggression erzeugt. Um selbst aggressiv zu sein, musst du also die «Vitalität» besitzen, ständig Frustrationen einstecken zu können, die dich dann wiederum noch aggressiver werden lassen.

Kehren wir zur Ausgangslage zurück. Du willst dich selbst entfalten und Freiheit gewinnen. Gehen wir davon aus, dass du auf dem Weg der Selbstverwirklichung bist. Du musst also damit leben, dass dich deine Mitmenschen aggressiv attackieren, weil sie unzufrieden, unglücklich und frustriert sind. Wie reagierst du darauf? Da du von 95 Prozent Frustrierten umgeben bist, kannst du von ihnen nichts erwarten, weder Anerkennung, Lob noch Zuneigung. Du musst von ihnen Abwertung, Kritik und Misslaune, Ideenlosigkeit und Verbitterung, Pessimismus, Gelähmtheit und Engstirnigkeit erwarten. Das ist die Realität: Du bist von verbitterten, frustrierten, depressiven, angespannten und wenig kreativen Menschen umgeben. Wenn du dich auf ihr Verhalten einlässt und versuchst, mit ihnen einen Dialog zu beginnen, so werden sie dir auf Schritt und Tritt mit der Standardformel «Ja, aber …» begegnen. Also heißt Freiheit und Selbstentfaltung, sich von der Meinung der anderen frei zu machen. Von 95 Prozent deiner Mitmenschen wirst du dich unterdrückt und nicht verstanden fühlen. Sie werden dich kritisieren und dir Kraft, Vitalität und Energie rauben. Nur fünf Prozent werden dich verstehen, weil sie selbst frei, unabhängig und deshalb nicht aggressiv sind. Nur diese fünf Prozent sehen dich nicht unter dem Aspekt der Macht und Ohnmacht.

Du brauchst sehr viel Geduld und sehr viel Nachsicht. Richte deinen Kampf nicht gegen jene 95 Prozent. Hoffe auch nicht auf den Glücksfall, also auf einen Menschen zu treffen, der zu besagten fünf Prozent der Freien gehört. Vielmehr solltest du den Spießrutenlauf durch die Reihen jener Unfreien zur Entfaltung deiner Freiheit auf dich nehmen.

Je freier du selbst wirst, umso mehr Verständnis gewinnst du für die Unfreiheit und das Gefangensein der anderen. Du wirst dann deine Sehnsucht nach einem Verbündeten in Geist und Seele verlieren. Du wirst erkennen, dass die Wahrscheinlichkeit, solch einen Menschen zu treffen, sehr gering ist. Wenn du ihn im richtigen Moment deines Lebens triffst, wird es dich sehr beflügeln und deinen Erfolg fördern. Wenn du ihn nicht triffst, dann ist das, statistisch gesehen, normal, also kein Unglück. Bleibe trotzdem auf dem Weg der kreativen Selbstentfaltung und Befreiung. Es ist allemal besser, in Freiheit zugrunde zu gehen, als in Unfreiheit, Anspannung, Depression und Aggression noch viele Jahre zu vegetieren und anderen zu schaden.

Ich möchte die Gedanken dieses Kapitels noch einmal zusammenfassen: Du bist von frustrierten und aggressiven Menschen umgeben. Befreie dich davon – was besagt: Du weißt um die Zusammenhänge von Frustration, Depression und Aggression, verstehst, warum Menschen reagieren, wie sie reagieren, aber du widerstehst jenen Reaktionen. Lasse Aggressionen an dir abfließen wie einen Gewitterregen. Auch wenn sie zum menschlichen Leben gehören, sollten sie dich nicht in deiner Denkweise verändern und in deiner Entfaltung beeinflussen.

6. Ist Aggression der Kampf ums Überleben?

Wir machen uns mehr Gedanken über andere Menschen, wenn sie aggressiv sind, und weniger, wenn sie gedrückt erscheinen – schließlich fühlen wir uns von Letzteren ja nicht bedroht.

Aggression wird meist gerechtfertigt als ein notwendiger Faktor, der zum Kampf ums Überleben unabdingbar ist. Als Beispiel wird nicht selten das soziale Leben der Tiere herangezogen, wobei das aggressive Tier in der Rangordnung (oder «Hackordnung», etwa auf dem Hühnerhof) am höchsten steht und sich beim Kampf ums Überleben (oder bei seiner Selbstentfaltung) als das stärkere erweist. Es wird dann argumentiert, dass ein «gewisses aggressives Potenzial» notwendig sei, um Beute schlagen und Sexualität entfalten zu können. Ist also Aggression im Kampf ums Überleben und zur Selbstentfaltung notwendig?

Eine Spinne, die ihr Netz baut, damit sich Fliegen darin verfangen, ist nicht aggressiv. Eine Katze, die unbeweglich im Kornfeld sitzt und einer Maus auflauert, ist nicht aggressiv. Ein Bussard, der aus der Luft nach Beute Ausschau hält, ist auch nicht aggressiv. Er ist höchstens hellwach, hochkonzentriert und vital.

Vitalität und daraus resultierende Aktivität sind keine Aggression. Wenn sich das Raubtier auf das Beutetier stürzt, dann ist es gesund und vital. Der gesamte Vorgang, der zu beobachten ist, wenn ein größeres Lebewesen ein kleineres tötet, um es zu fressen, erscheint uns sehr grausam und brutal. Es handelt sich dabei aber um eine biologische Ordnung, die wir staunend und vielleicht mit Abscheu betrachten, denn jedes Lebewesen ist lebensverzehrend tätig, also tötend, und dient gleichzeitig in dieser Schöpfung dem Verzehr, also der Tötung. Die Schöpfung unterliegt diesem Prinzip. Ist der Schöpfer dieser Flora und Fauna aggressiv, weil er dieses Prinzip geschaffen hat? Ergötzt er sich, wie an einem Shakespeare-Drama, daran, welchen Ausgang der

Kampf um Überleben und Untergang nimmt? Ist diese Schöpfung brutal und aggressiv? Haben wir das Rätsel dieser Ordnungsstruktur verstanden? Diese Fragen schießen natürlich weit über das zwischenmenschliche Problem der Aggression hinaus, zumal wir dazu tendieren, dem Menschen innerhalb der Natur eine Sonderstellung einzuräumen.

Kommen wir auf das Verhalten der Menschen untereinander zurück. Wer hellwach, konzentriert und mit Einsatz von Ideen und Kreativität seinen Lebensunterhalt absichert, den würden wir als gesund und vital bezeichnen. Wer dabei aber seine Mitmenschen kritisiert, abwertet, schlecht macht, an ihnen ständig herumnörgelt, sie zu kränken und zu verletzen versucht, den würden wir als aggressiv bezeichnen. Es sollte also nicht immer wieder eine Vermischung von Aspekten, die nicht zusammengehören, zur Verwischung der wirklichen Tatsachen stattfinden.

Gegen Aktivität, Vitalität und Entfaltung von Energie ist nichts einzuwenden. Die Gerichtetheit der Vitalität ist also von Bedeutung, und zwar in ihrem Gesamtzusammenhang, denn nicht jede Kritik ist zwangsläufig als Aggression gemeint. Wir sollten zwischen konstruktiver und destruktiver Kritik unterscheiden. Nur die Destruktion des Nörgelns, des Zynismus, des Aufhetzens, der Beleidigung, der Entmutigung ist aggressiv.

Diese Aggression will nicht Beute schlagen, sondern verletzen, sie will nicht positive Ideen entwickeln, sondern niedermachen, sie will also frustrieren und in die Depression treiben, demnach Vitalität schwächen. Die Kämpfe innerhalb eines Wolfsrudels dagegen dienen der Rangordnung. Im Wolfsrudel wird zwar gekämpft, aber es wird kein Artgenosse getötet.

Sind Aggressionen verbaler Art demnach solchen Rudelkämpfen vergleichbar, sind sie also etwa dazu da, um Kräfte zu messen, um Stärkeren den Vortritt zu lassen? Auch hier sind feine Unterscheidungen notwendig, um die destruktive Aggression verstehen zu können.

Den vitalen Kampf um vitale Interessen an Nahrung, Territorium und Sexualpartner müssen wir akzeptieren, obwohl auch das viele gedankliche Schwierigkeiten bereitet, wenn man sich dieser Thematik philosophisch oder religiös nähert.

Die destruktive Nörgelei, das Herabwürdigen und Verletzen, die übliche Form der Aggression unter Menschen, die frustriert sind, kann nicht als naturgegeben und vital toleriert werden. Diese Aggression ist eine neurotische Reaktion, also eine Erkrankung der Seele, die wir nicht als natürlichen Kampf ums Überleben sehen dürfen, vor allem dann nicht, wenn wir dem Menschen eine Sonderstellung in der Natur einräumen wollen (die ihm nach meiner Auffassung nicht gebührt).

Aggression darf also nicht mit dem natürlichen Kampf ums Überleben gerechtfertigt und deshalb letztlich akzeptiert werden. Was ist also konkret für jeden Einzelnen zu tun? Gehen wir einmal davon aus, du selbst bist nicht frustriert und möchtest dein Leben in Vitalität entfalten. Ob du das wirklich möchtest (viele wollen das ja gar nicht), sei jetzt erst einmal dahingestellt. Wie begrenzt du destruktive Aggression, die als Kampf ums Überleben daherkommt und sich so rechtfertigt? Du kannst dich frustrieren und schwächen lassen; das ist eine häufige, aber schlechte Reaktionsweise. Du kannst zur Gegenaggression übergehen und dich auf einen Schlagabtausch einlassen; das mag von Fall zu Fall durchaus sinnvoll sein, sofern es bei einer fairen Auseinandersetzung bleibt. Wenn aber sichtbar wird, dass die Destruktion dominiert, sollte die Vitalität sinnlosen Kräfteverbrauch meiden. Ich rate dir dann, dich abzuwenden.

Ein solches Verhalten würde ich nicht als «Flucht» bezeichnen, sondern als Stärke. Sich nicht von Aggressionen berühren zu lassen, sondern sie ins Leere laufen zu lassen, das zeugt von großer Stärke und Vitalität. Warum das so ist, ist damit noch nicht bis ins letzte Detail erklärt. Aber es ist so, und du wirst diese Stärke fühlen, wenn du diese Erkenntnis gewinnst, wenn du zwischen destruktiver Aggression (durch Frustration verursacht) und konstruktiver Kraft (ich spreche jetzt bewusst von

Kraft) zu unterscheiden lernst. Die Destruktion richtet sich gegen dich, die konstruktive Kraft zielt auf die Sache, und es bleibt alleine dir über lassen, ob es dir «die Sache» wert ist, dich mit jemandem konstruktiv auseinander zu setzen (auf keinen Fall jedoch destruktiv).

7. Warum wird Aggression meist getarnt?

Auch Depression ist eine Aggression. Sie richtet sich gegen die eigene Person. Auf den ersten Blick scheinen Aggressionen und Depressionen sehr weit voneinander entfernt zu sein, aber es handelt sich dennoch um die Kinder der beiden Eltern Frustration und Enttäuschung von Erwartungen.

Weder die Depression noch die Aggression zeigen sich immer in unverfälschter und deutlicher Ausprägung. Die Depression tarnt sich beispielsweise als ständiges Lamentieren über ungünstige Umstände, etwa über schlechte politische Verhältnisse, die Schlechtigkeit der Menschen, die Rezession der Wirtschaft; diese Faktoren sind dann schuld an der Misere des Lebens und an den Problemen, die einen niederdrücken und belasten. «Wenn das alles nicht so schrecklich wäre, ja dann … könnte man sich entfalten, Erfolge haben und Lebensfreude empfinden.» Der Depressive sucht die Schuld bei anderen, macht die Verhältnisse verantwortlich, macht aber auch vor sich selbst nicht Halt: «Wenn ich eine bessere Ausbildung hätte …, wenn ich nicht diese Frau geheiratet hätte …, wenn ich mehr Selbstbewusstsein hätte …, wenn ich nicht diese Viruskrankheit bekommen hätte …, wenn ich hübscher, wenn ich redegewandter wäre …» Der Depressive steigert sich in diese negativen Umstände hinein, zerfleischt und lähmt sich mit Selbstkritik selbst.

Auch der Aggressive ist empört über die Verhältnisse und die Misere seiner persönlichen Entwicklung und seiner Schwächen. Aber er jammert nicht darüber, sondern sieht die Schwächen der anderen – und greift sie an (lenkt also von sich selbst ab). Er regt sich über jeden Fehler seiner Mitmenschen auf und steigert sich in alles und jedes hinein, um diesen Fehler so zu potenzieren, dass er selbst davon noch Gewinn hat, sich dabei doch recht gut zu fühlen. Um so extravertiert in den direkten Angriff überzugehen, sind natürlich Mut und Energie erforderlich. Diese extravertierte Energie hat der Depressive nicht; er kommt über das Lamentieren und sein Enttäuschtsein – das ihn lähmt – nicht hinaus.

Wut und Aggression können sich bei weniger extravertierten oder ängstlichen Menschen nicht direkt und offen zeigen. Wer die Kraft nicht in sich fühlt, den anderen seine Wut zu offenbaren, der verbirgt sie und bringt sie versteckt zum Ausdruck. Deshalb ist nicht jeder höfliche und freundliche Mensch frei von Aggressionen; das wäre ein fataler Trugschluss. Im Gegenteil: In unserer Anpassungsgesellschaft werden Gefühle oft nicht geradeheraus zum Ausdruck gebracht, sondern hinter der Maske der gesellschaftlichen Konventionen und Höflichkeitsformen verborgen. So kann es dir geschehen, dass du gelobt wirst und man dich mit vordergründiger Nettigkeit behandelt, aber du dennoch sehr feine Hinweise erhältst, die dir unter die Haut gehen sollen.

Den aggressiven Polterer, der plötzlich wütend losschreit, kann man leichter einordnen als den freundlichen, höflichen und komplimentbedachten Charmeur, der überraschend, unerwartet eine verbale Spitze loslässt. Meist sind diese Spitzen (ironischer oder gar zynischer Art) so geschickt gestaltet, dass sie auch als «geistreich» erscheinen und als eine Art von Humor verstanden werden können, über den der Adressat zwar nicht lachen kann, aber vielleicht lachen sollte – denn man sollte ja wohl auch über sich selbst lachen können oder über der Situation stehen oder überhaupt nicht so empfindlich sein und alles viel lockerer sehen. In diese Lücke drängt sich der getarnt Aggressive und wird so seine Aggressionen los.

Wieso aggressiv? Das war doch nicht aggressiv gemeint, das war doch nur ein Aphorismus, das war doch nur eine spontane, scherzhafte Idee – und ob man denn nicht einen Scherz vertragen könne? Und schon hat die Aggression wieder einen weiteren Ansatz, aggressiv vorzudringen.

Die getarnte Aggression ist gemein und gefährlich. Der getarnt Attackierte gerät dann meist in eine sehr schwierige Situation: Zum einen wird er zwar attackiert, zum anderen nimmt er die Angriffe jedoch nicht direkt wahr, da ja nichts konkret war und er sich das Ganze vielleicht nur eingebildet hat – und dadurch eine Sensibilität zeigt, die vielleicht übertrieben ist und die Probleme, gar Komplexe des eigenen Ego offenbart. «Das war doch nun alles wirklich nicht *so* gemeint.» Es war ja viel positiver gemeint, wird der nun doch leicht Irritierte beruhigt, bis die getarnte Aggression mit erneuten Spitzen nachstößt. Und so wirst du systematisch verunsichert. Lasse dich deshalb nicht auf solch ein Spiel ein. Es gibt nur ein Mittel gegen die getarnte Aggression: Sofort nachfragen, wie das gemeint sei – und du wirst feststellen, dass sich der getarnte Aggressive meist nicht als aggressiv zu erkennen geben will, sondern zurückweicht und sich in viele Erklärungen und Erläuterungen flüchtet, darzulegen versucht, wie er das und jenes gemeint habe, was natürlich nicht gegen dich gerichtet gewesen sei.

Allerdings kann es durchaus passieren, dass dann doch die Aggression zum Vorschein kommt und du als der tatsächlich Angegriffene dastehst. Es ist also eine wache und klare Muthaltung erforderlich, um der getarnten Aggression gegenüberzutreten. Du solltest also nicht um «des lieben Friedens» willen zurückweichen.

So, nun habe ich dir geschildert, wie dich die anderen aggressiv angehen können. Hast du dabei auch etwas über dich selbst erfahren? Handelst du vielleicht selbst mitunter ähnlich? Greifst du vielleicht auch schon einmal «durch die Blume» an?

Sollten wir einmal gemeinsam darüber nachdenken, was zu tun ist, um weder durch die Blume noch direkt aggressiv zu reagieren? Welchen Grund gibt es für Aggressionen? Damit sollten wir uns beschäftigen. Die Aggression sollte sich nicht gegen mich, gegen dich und gegen einen anderen richten. Wohin also mit dem Unbehagen und der Wut? Ist das Wohin vielleicht die sekundäre Frage? Wenn Wut entstanden ist, dann ist es wohl bereits zu spät, dann ist das Unglück bereits geschehen – und der Lavastrom bricht sich seinen Weg, offen, verdeckt oder mit Phantasie und Intelligenz (Ironie, Zynismus) getarnt. Damit haben wir zu leben, doch wir sollten mit klarem Bewusstsein einer solchen Realität begegnen: Wir erkennen uns selbst als Aktive dieses Prozesses auch in diesem Problem; wir sind nicht nur Empfänger von getarnten Aggressionen, sondern können auch zu Sendern werden. Es geht für dich und mich also um die Frage, wie wir selbst nicht mehr zu Sendern werden. Erst dann können wir als Empfänger die Souveränität haben, mit unverfälschter Klarheit auf ein Agieren zu reagieren.

8. Ist Neid eine Sonderform der Aggression?

Wir sollten unterscheiden zwischen dem Neidischsein und dem Umstand, Neid zu provozieren. Was bedeutet es, neidisch zu sein, wie fühlt sich das an? Ein anderer hat ein schönes Haus, und ich hätte auch gerne dieses Haus. Ich spüre ein Verlangen, gönne ihm aber dieses Haus durchaus, denn ich habe keine Ressentiments gegen ihn als Person. Und dennoch kriecht dieses unangenehme Gefühl von Neid in mir hoch. Vielleicht verurteile ich dieses Gefühl an mir, denn ich möchte nicht neidisch sein. Warum bin ich also neidisch, obwohl es eigentlich unsinnig erscheint?

Meist gehen wir den Ursachen für das Neidgefühl nicht nach, sondern drücken das Neidgefühl in uns nieder, indem wir das Haus loben und dem Hausherrn Komplimente machen, um ja nicht neidisch zu erscheinen. Untersuchen wir die Ursache für den Neid, dann stellen wir fest, dass wir uns vielleicht dafür kritisieren, diese finanziellen Möglichkeiten nicht zu haben, jemals ein solches Haus zu bewohnen. Aufgrund des Berufes, den wir ausüben, um unseren Lebensunterhalt zu verdienen, wird uns in Zukunft kein solches Haus erschwinglich sein. Vielleicht hat der Besitzer das Haus geerbt und musste sich gar nicht dem Leistungsstress aussetzen? Es wird uns dann beispielsweise bewusst, dass wir selbst nichts erben werden, weil die Eltern kein Vermögen besitzen. Neid ist also mit einer Kritik verbunden – an meinen Lebensumständen, an meiner Leistungsfähigkeit oder an dem Glück oder Unglück, keine vermögenden Eltern zu haben.

Wir leben in einer Leistungsgesellschaft, die Erfolg am Haben misst. Die meisten Menschen einer solchen Gesellschaft sind geprägt von dem Gedanken, Erfolg haben zu müssen und das auch, durch entsprechende Statussymbole, nach außen sichtbar werden zu lassen. Leistung ist dann Mittel zum Zweck, Status zu erringen. Was man hat, dient als Symbol für den Wert der Leistung, die man im Kampf um Erfolg erbracht hat. Also landen wir wieder bei der Aggression. Ich bin neidisch, weil ich mich in meinem Selbstwertgefühl angegriffen fühle. Weil er dieses repräsentative Haus hat, strahlt er einen Status auf mich aus, der mich attackiert.

Ich denke, nun kannst du auch verstehen, dass andere Leistung und Erfolg durchaus materiell in Statussymbole umsetzen, um dadurch auch Neid zu provozieren. Das Vorzeigen von Statussymbolen ist durchaus als eine Aggression und Machtdemonstration gemeint, um andere zu verunsichern und in ihre Schranken zu verweisen. Das Neidgefühl der anderen gibt dem Provozierenden das Gefühl, in ihren Augen erfolgreich zu sein und anerkannt zu werden.

Neid zu provozieren ist ein Ausleben von gut getarnter Aggression. Es erscheint auf den ersten Blick abwegig, den Besitzer eines großen Hauses, in dessen Garage drei hochpreisige Autos stehen, der über einen eigenen Tennisplatz auf seinem Grundstück und eine Ferienvilla im Tessin verfügt, als aggressiv zu bezeichnen. Und dennoch: Die meisten sind getarnt aggressiv, und die meisten haben ihre Statussymbole durch ihre extravertierte Erfolgsaggression errungen (sofern sie nicht geerbt haben). Wer so weit gekommen ist, wer zu den oberen zehn Prozent innerhalb einer Gesellschaft zu zählen ist, der will auch nur mit den oberen zehn Prozent der Gesellschaft verkehren und nicht mit den darunterliegenden 90 Prozent. Er integriert sich also in einem Umfeld des Statusgerangels, wodurch er sich überlegen fühlt – oder neidisch wird. Einmal dort «oben» angelangt, bewegt er sich ständig zwischen zwei Polen: dem Einstecken von Aggressionsimpulsen und dem Austeilen von Aggressionen.

Ich habe dieses Beispiel zwar an den oberen zehn Prozent festgemacht, aber das bedeutet nicht, dass die Habenmentalität nur dort anzutreffen ist. Sie zieht sich durch alle Gesellschaftsschichten bis hin zu den Obdachlosen (bei denen Neid entstehen kann, wenn einer ein Fahrrad besitzt).

In diesem Zusammenhang stößt man mit dem Wort «Bescheidenheit» leicht auf Unverständnis. Und doch: In der Habenmentalität liegen nicht die Schönheit und die Würde des Menschen, eher schon in der «Bescheidenheit», obwohl dieses Wort häufig missverstanden wird. Ich will nämlich nicht die Armut und die völlige Besitzlosigkeit preisen. In dieses Extrem muss man nicht verfallen, um den Wert der Bescheidenheit zu erkennen.

Diese kurze kritische Betrachtung soll auch nicht dazu dienen, den Wert der Leistung oder den beruflichen Erfolg oder das Glück einer Erbschaft herabzumindern. Eine Leistung zu erbringen, aus Enthusiasmus und innerer Freude, ist etwas sehr Wertvolles und Wichtiges für die Gesellschaft. Auch die Hersteller von repräsentativen Autos sollen nicht verurteilt werden. Es ist angenehmer, in einem geräumigen komfortablen Auto von Köln nach Berlin zu fahren als in einem «Volkswagen» aus dem Baujahr 1970. Ich reise nach New York natürlich lieber mit einem Flugzeug als mit einem Schiff, das während der Zeit des Kolumbus das Maß seiner Dinge war. Und ich lasse meine Zähne lieber von einem wissenschaftlich gut ausgebildeten Zahnarzt überkronen als von einem Zahnklempner, der seine «Werkstatt» in einem Hinterhof betreibt.

Es geht um etwas anderes. Kann ich als Mensch frei sein vom Haben? Kann ich in einer Villa leben, ohne mein Herz daran zu hängen? Kann ich den Flug nach New York genießen, ohne mich als etwas Besonderes zu fühlen? Kann ich das alles genießen, um es in Bescheidenheit als ein Glück zu empfinden, das ich an andere weitergeben möchte? Empfinde ich eine Dankbarkeit für meine Leistungsfähigkeit, und sehe ich die Freiheiten als Genuss für mein Sein?

Es zählt nur das Sein und nicht das Haben. Dieser Satz wird sicherlich jetzt missverstanden. Du meinst, wenn man hat, dann folgt das Sein leichter nach. Das Sein aber steht im Zentrum, und dann wird dich das Haben nicht korrumpieren können. Nicht das Haben ist für das Lebensglück von wahrer Bedeutung, sondern das Sein. Das Haben verhaftet dich der Aggression, du willst es dokumentieren. Es geht auch nicht darum, das Haben durch Understatement zu verstecken. Du kannst das Land Nordrhein-Westfalen besitzen, aber es wird dir als Mensch nichts nützen. Du kannst zwanzig Millionen im Lotto gewinnen und dir Häuser kaufen und dich am Neid der anderen befriedigen, es wird dir nichts nützen, denn es kommt auf dich an, auf deinen Geist, deinen Körper und deine Seele und auf den Kontakt zur Umwelt durch Geist, Körper und Seele. Neid zu provozieren wird dich nur sehr oberflächlich erfreuen.

Neidisch zu sein ist dir auch deshalb so unangenehm, weil dieser Umstand dir deine Schwäche und deine Abhängigkeit und dein falsches Verlangen vor Augen führt. Davon willst du nichts wissen. Vielleicht willst du auch nichts davon hören, nicht davon lesen, sondern lieber fernsehen. Aber auch hier geht es wieder um dieselbe Problematik – nicht vordergründig, aber in der Essenz: Ob du die Verdrängungsmaschine anstellst, um nicht nachzudenken, oder ob du dich in den Leistungskampf um Statussymbole stürzt, hat mit dir und deinem Leben zu tun. Es lohnt sich, ernsthaft darüber nachzudenken. Jenseits davon gibt es eine Freiheit, die mehr mit Glück zu tun hat als vielleicht eine Prämie von x-tausend Mark, die bei einer Gameshow zu gewinnen ist.

9. Kann man von Aggressionen frei werden?

Du bist von frustrierten Menschen umgeben, die Erfolg haben wollen, ihr Ego bestätigen wollen – also gehört offene und getarnte Aggression zu deinem normalen Lebensumfeld, sobald du unter Menschen gehst. Du bist gezwungen, damit zu leben; deshalb ist es sehr sinnvoll, über die psychischen Prozesse, die das verursachen, Bescheid zu wissen. Du selbst bist mit deiner Psyche nicht frei davon, bist also selbst mehr oder weniger aggressiv, neidisch, eitel und ehrgeizig.

Wie kannst du dich also von alledem befreien, das heißt, frei werden von der Angst davor, angegriffen zu werden, und frei von der inneren Angespanntheit, andere anzugreifen? Es gibt, grob eingeteilt, drei Methoden:

> Erstens: Angriff ist die beste Verteidigung. Also reagierst du offensiv und extravertiert, selbst aggressiv und schämst dich kein bisschen deswegen.
>
> Zweitens: Du ziehst dich, wo es nur möglich ist, zurück und vermeidest Aggressionssituationen. Du bist also angepasst, freundlich und nett, um auf diese Weise wenig Anhaltspunkte für Angriffe zu bieten, denn Aggressionen verletzten dich.
>
> Drittens: Du machst dich durch Erkenntnis der menschlichen Psyche frei, verstehst die Aggressionsbereitschaft der anderen, verstehst sie in dir selbst und löst dich davon los.

Diese dritte Methode ist unser Thema. Um nicht zerrieben zu werden von dem Mechanismus Aggression und Gegenaggression, solltest du einen Ausweg aus dieser menschlichen Misere finden. Diesen Ausweg gibt es, und ich denke, ich habe ihn bereits skizziert.

Es gibt eine Bescheidenheit, die nicht mit Schwäche gleichzusetzen ist. Wir haben häufig große Angst davor, als schwach zu gelten, und wollen gegen die Stärke der anderen eigene Stärke setzen. Also haben die bisher besprochenen Probleme auch mit der Angst zu tun, das eigene Ego könnte nicht genug zur Geltung kommen. Wir streben nach einem starken Ego und verurteilen ein schwaches Ego. In dieser Abwertung von Schwäche liegt das Problem – in der Angst davor, zu versagen, kritisiert zu werden, Erwartungen nicht zu erfüllen. Wir machen die Erwartungen der anderen an uns zu Ideen, mit denen wir uns identifizieren, die wir also auch an uns stellen. So sind wir es gewohnt, von Kindesbeinen an: Zuerst stellen die Eltern Erwartungen, dann die Lehrer, dann die Lehrherren oder Professoren, dann die Freunde und die Liebes- oder Ehepartner. Du bist gefangen in einem System von Erwartungen.

Mit einem Schlag bist du in der Freiheit, wenn du diese Erwartungen der anderen negierst. Das bedeutet eine große innere Revolution und ist ein Kraftakt von elementarer Stärke. Du wischst das gesamte Wertesystem der anderen, auch aus der Vergangenheit, vom Tisch. Sie erwarten einmal von dir Konzentration oder Disziplin, ein andermal die oder jene Leistung in einem Lehrfach, wieder ein andermal deine Bereitschaft, geduldig zuzuhören oder in der Partnerschaft treu zu sein. Allein mit dem Aufzählen der Erwartungen an dich könnte man leicht zehn Buchseiten füllen. Um anerkannt und geschätzt zu werden, hast du bisher versucht, es ihnen irgendwie mit viel Einsatz und Unterdrückung deiner Lebendigkeit recht zu machen. Und nun wischst du das alles in einem Augenblick vom Tisch. Und damit stehst du in der Freiheit. In diesem Moment erfüllst du keine Erwartungen mehr, also wirst du abgewertet und kritisiert. Du empfindest das als Aggression. Aber plötzlich hat diese Aggression eine andere Wertigkeit für dich. Du erkennst, dass sie aus der Frustration kommt, weil die anderen ihren Willen nicht mehr bekommen und dich nicht mehr manipulieren können. Sie haben ein Problem, und du hast keines mehr. Du hast allerdings dann doch eines, wenn du einen Luftzug Freiheit tief einatmest – und dann doch wieder zurückfällst in die alte Manipuliertheit.

Es ist sehr viel Stärke erforderlich, in der Freiheit zu bleiben, denn das heißt, dass du bereit bist, Schwächen zuzugeben, die du bisher verbergen wolltest. Frei zu sein heißt, die Abwertung der anderen zur Kenntnis zu nehmen. Sage also: «Ja, ich bin nicht diszipliniert genug, und ich kann mich darauf nicht konzentrieren.» Du spürst, welche Kraft notwendig ist, das zuzugeben. Du sagst: «Ich liebe dich, aber ich möchte nicht zu dieser Veranstaltung gehen, obwohl du mich darum gebeten hast. Bitte verstehe, dass mir das nichts gibt, aber dass das mit meiner Zuneigung zu dir überhaupt nichts zu tun hat.» Oder du sagst: «Ich kann diese Sache nicht mehr machen, es frustriert mich und macht mich unglücklich. Ich muss darüber nachdenken und einen anderen Weg gehen.» Oder du sagst einfach nur: «Bitte erkläre mir, wovon du sprichst. Du magst mich für dumm halten, aber ich habe es bisher nicht verstanden.» Die aggressive Kritik steht natürlich zum Sprung bereit, wenn du offen und frei reagierst. Man wird an deine Verantwortungsbereitschaft appellieren, an dein Ehrgefühl, an deine Leistungsbereitschaft, an Treue, Liebe, Vitalität, Solidarität. Große Worte und Werte werden aufgefahren, um dich so zu manipulieren, dass du wieder zur Anpassung zurückkehrst.

Es ist sehr viel Kraft erforderlich, um dem zu widerstehen. Aber wenn dir die Erkenntnis wie Schuppen von den Augen gefallen ist, wirst du spüren, wie sie dich manipulieren wollen. Und du wirst eine Komik darin sehen, die du bisher nie bemerkt hast. Du bist schwach und freust dich deiner Schwäche. Sie alle appellieren an deine Stärke, um dich so zu «kriegen». Wenn du stark sein willst, deine Eitelkeit bestätigen möchtest, dann «kriegen» sie dich. Wenn du aber Eitelkeit und Narzissmus, Ehrgeiz und Neid, Aggression und Verlangen, Habenmentalität, Lob und Anerkennung – wenn du das alles vom Tisch gewischt hast, dann haben sie nichts mehr in der Hand, um dich mit Angst zu erpressen.

Du stehst in der Freiheit und antwortest: «Ich bin schwach, und ich stehe dazu.» In diesem Moment sind alle deine «Schwächen» deine Stärke. Du bist heraus aus diesem System der Unterdrückung und Erpressung. Sie können dir keine Angst mehr machen, denn ihre Erwartungen sind nicht mehr deine Erwartungen. Du hast auch keine Erwartungen an sie. Du erwartest von ihnen nichts anderes als das, was sie dir geben können und wie sie sind. Sie sind so. Sie wollen dich vereinnahmen für ihre Zwecke, Vorstellungen und Werte.

Du bist aber aus dem gesamten System herausgetreten. Lass sie dich bedrohen mit Unmoral, Disziplinlosigkeit, Unsolidarität, Illoyalität, mit diesen Schlagwörtern, Angstkeulen, die dich einschüchtern sollen. Die Manipulation ist zu Ende. Diese Werte haben keine Gewalt mehr über dich. Wer in der Freiheit steht, ist nicht mehr erpressbar; das gehört zum Wesen der Freiheit. Und sie werden es immer wieder und wieder versuchen, dich mit diesen Wertködern zu «kriegen». Du wirst aber wie ein Fels in der Brandung stehen, es fühlen und dann sagen: «Meine Schwäche, wie ihr meint, ist meine Stärke.» Sie werden ihre Machtlosigkeit erkennen und verrückt spielen. Du wirst deine Schwäche lieben und stolz auf sie sein. Nur wer dazu steht, gelangt in die Freiheit. Wer stark sein will vor anderen, ist gefangen im Wertesystem. Er wird von Freiheit träumen, aber in Gefangenschaft sterben. Du aber hast die wahre Stärke erlangt, nämlich schwach sein zu dürfen, und du gestattest es dir. Das ist der große Luxus, der nicht in einem Geldbetrag gemessen werden kann. Deine Schwäche ist deine Stärke, denn du bist dadurch in Freiheit. Damit hast du das höchste Gut erreicht, das man als Mensch erreichen kann. Du hast eine Position, von der aus das Leben beginnt glücklich zu werden. Anpassung ist manipuliertes Dahinsiechen. Freiheit heißt dagegen, die Realität mit klaren und wachen Augen zu sehen, so, wie sie wirklich ist.

Zweiter Teil
Im Licht der Freiheit

Jeder Mensch ist etwas Persönliches und Einmaliges, und an Stelle des persönlichen Gewissens ein kollektives setzen zu wollen, das heißt schon Vergewaltigung und ist der erste Schritt zu allem Totalitären.

Hermann Hesse

10. Hat Freiheit etwas mit dem Selbstwertgefühl zu tun, und warum entsteht dabei auch Angst?

Der Begriff «Freiheit» wird meist mit Politik in Zusammenhang gebracht. Etwa dann, wenn sich unterdrückte Bevölkerungsgruppen selbst verwalten wollen, also nach politischer Selbstbestimmung streben. Nicht selten entstehen aus diesem Drang Aufstände und Revolutionen. Von diesem Freiheitsbegriff, der sich wie ein roter Faden durch die ganze Menschheitsgeschichte zieht, will ich jetzt nicht sprechen, sondern von der persönlichen Freiheit, von dem subjektiven Erleben in unserer Psyche.

Auch wenn du in einem politisch freien Land lebst, so hast du dennoch deine ganz persönlichen Freiheitsempfindungen, die dich glücklich machen können – oder auch nicht (wenn dabei Angst auftaucht). Wenn du mit Menschen offen und ehrlich über diese Thematik sprichst, wenn sie dieses Thema überhaupt zulassen, dann erfährst du mehr über Ängste als über Glück. Viele sehnen sich zwar nach Freiheit, aber sie haben Angst davor.

Es ist immer wieder zu beobachten, dass in wirtschaftlichen Rezessionsphasen, wenn Firmen Mitarbeiter entlassen, der Konsum eingeschränkt wird. Dann klagt die Gastronomie, klagt der Einzelhandel – nur die Urlaubsbranche nicht, denn die boomt weiterhin. An vielem wird gespart, aber nicht am Urlaub (jedenfalls statistisch gesehen).

Prinzipiell boomt in einer Rezession die Touristikbranche, weil der Tourist im Urlaub ein Freiheitsgefühl sucht. Er muss drei Wochen nicht zur Arbeit, kann aufstehen, wann er will, und den Tag selbst gestalten, kann an den Strand gehen oder eine Kirche besichtigen, kann eine Autofahrt durch fremdes Gebiet machen oder Tennis spielen. Er hat das Gefühl von persönlicher

Freiheit, da er weniger der Fremdbestimmung unterliegt – was ihm wiederum ein gutes Selbstwertgefühl vermittelt. Wir sehnen uns also nicht zuletzt deshalb nach Urlaub, weil wir selbstbestimmter leben können. Hier spielt die Angst eine geringe Rolle.

Doch es gibt auch Menschen, die mit einem Urlaub gar nicht so viel anzufangen wissen, wenn sie erst angekommen sind. Es entsteht vor ihren Augen eine große Leere: Drei Wochen gibt es nichts zu tun, sind keine Aufgaben, keine Ziele da, die erreicht werden müssen. «Was? Sich mit der Ehefrau (dem Ehemann) befassen, den ganzen Tag mit ihr (ihm) zusammen sein – o Gott, wie beängstigend.» Also wird Programm gemacht. Darauf sind die Feriendörfer mit ihren Animateuren eingerichtet, die von der Frühgymnastik über das Sportprogramm bis zu abendlichen Discospielen die unangenehme Leere füllen. Ich kenne aktive Manager und Unternehmer, die kurz vor dem gebuchten Urlaub psychosomatisch erkranken, damit solch eine Reise storniert werden muss.

Die plötzliche Freiheit im Urlaub kann also auch angstbelastend sein. Dann wird ein Programm geplant, zu dem man sich scheinbar selbstbestimmt entscheidet, damit die Zeit ausgefüllt wird. So entstehen Unzufriedenheit und Verpflichtung in der Phase der ersehnten Freiheit.

Im Urlaub kann man «die Seele baumeln lassen», heißt es so schön. Aber wer lässt die Seele wirklich baumeln? Wer ist so frei, nichts zu tun und sich über den Müßiggang zu freuen und dadurch wirklich zu entspannen? Es sind die wenigsten.

Nun wäre die Zeit da, die Freiheit, die Natur zu genießen, die Wellen am Strand zu beobachten, den Schafen zuzusehen, den Wind zu spüren, sich dabei selbst zu erleben. Wer macht das schon? Unterhalte dich einmal mit deinen Freunden und Bekannten, wenn sie aus dem Urlaub zurückkehren und von ihm berichten. Sie erzählen vom Service des Hotels, von der Ausstattung des Zimmers, von Kulturdenkmälern, die sie besichtigt haben, von Restaurants und Discos, die «in» sind oder «out». Sie nerven dich mit unattraktiven Fotos und Videofilmen und lachen sich schlapp, dass hier dieses Missgeschick passiert ist und dort jener Kellner mit dem Tablett über eine Frau im Liegestuhl gefallen ist. Aber sie haben sich eigentlich weniger amüsiert, sondern mehr geärgert, denn vom Zimmerservice wurden 200 Mark geklaut, die Ohrringe auf dem Nachttisch sowieso, der Sohn hatte eine Sonnenallergie, und die Ehefrau war eifersüchtig auf die Blondine am Nachbartisch – und so stolperten sie von einer Problematik in die nächste. Es gab Streit, oft war das Wetter nicht gut genug, dann wieder haben Hitze und Sonnenbrand genervt (die zwei Tage im Bett mit Brechdurchfall auch), ging die Kamera zu Bruch, war der Kellner im Restaurant unverschämt und penetrant unfreundlich. Ist das Freiheit? Es ist die alte ewige Leier, die wir auch zu Hause haben.

Psychische Freiheit ist etwas ganz anderes. Davon wollen wir reden, damit müssen wir uns befassen. Es gibt eine Freiheit jenseits der Angst, es existiert eine Freiheit, die das Selbstwertgefühl kräftigt und nicht schwächt. Diese Freiheit kannst du zwar im Urlaub finden, aber noch viel wichtiger ist es, dass du sie im Alltag findest, dass sie dich immer begleitet, im Hier und Jetzt. Von dieser psychischen Freiheit bzw. Unfreiheit müssen wir reden, denn sie ist wichtig für dein Selbstwertgefühl als Person.

Es ist von großer Bedeutung für dein Leben, dass du die Freiheit zu einem Bestandteil deines Seins machst. Sie sollte immer anwesend sein als kostbares Gut, das du erkannt hast. Du solltest eine persönliche Beziehung zur Freiheit bekommen, damit sie dein Selbstwertgefühl ständig begleitet, auch zur Angst, die damit verbunden ist, denn sie gehört psychologisch dazu. Die Angst ist in diesem Zusammenhang kein negativer Wert, der einfach weggeschoben wird.

Freiheit und Angst sind am Anfang miteinander verbunden. Wir sollten uns daher auch eingehend mit den Ängsten befassen, denn sie geben uns Aufschluss über uns selbst. Es ist keine

Kunst, großartig über Freiheit zu reden, denn das ist ein strahlender Begriff, aber es ist eine große Kunst, über die eigenen Ängste zu reden, sie vor sich selbst zu offenbaren – denn es ist wirklich etwas Schönes, Reifes und Weises, sie vor anderen zuzugeben und mit ihnen darüber zu reden (sofern die anderen das können). Wenn sie es können, wenn sie sich darauf einlassen, werden sie zu guten Freunden. Dann hast du zwar noch nicht die Ängste überwunden, aber Freunde gefunden, mit denen du dich auf den Weg machen kannst. Mit ihnen solltest du verstärkt Umgang pflegen, während du diejenigen, die von so etwas nichts wissen wollen, die sich nur amüsieren wollen, hinter dir lassen solltest, denn mit ihnen gelangst du nicht in die Freiheit. Aber selbst wenn du niemanden hast, der sich offenbart, so gehe trotzdem diesen Weg.

11. Hat seelische Freiheit etwas mit Offenheit der Sinne zu tun?

Psychische Freiheit ist Offenheit der Sinne und des Geistes. Befassen wir uns zunächst mit der Offenheit der Sinne und erst danach mit den geistigen Prozessen, denn in unserem Fall sind die Sinne von besonders großer Bedeutung.

In meiner Praxis erzählte mir vor einigen Jahren eine Frau von ihrer Partnerschaft: «Ich kann mich mit meinem Mann gut unterhalten. Er ist gebildeter als ich und verfügt über viel politisches und geschichtliches Wissen. Außerdem ist er ein guter Menschenkenner und hat als selbständiger Unternehmer im Beruf Erfolg, sodass wir keine finanziellen Probleme haben. Er ist beruflich natürlich sehr engagiert, und die Firma wächst von Jahr zu Jahr. Ich bin derzeit nicht berufstätig, möchte aber zumindest einen Halbtagsjob in einer Gärtnerei machen, denn ich liebe die Natur und die Blumen über alles. Am Wochenende machen mein Mann und ich oft gemeinsame Spaziergänge durch die nahe gelegenen Wiesen und Wälder. Dabei ist mir aufgefallen, dass ich ihn immer wieder auf die Pflanzen und Blüten, die Gerüche in der Luft, das Licht- und Schattenspiel der Sonne im Wald hinweise. Er sagt dann zwar, ja, er würde es sehen, aber ich habe das Gefühl, er sieht es nicht richtig, denn er verliert kein weiteres Wort darüber und spricht lieber über die Firma, über den Umbau unseres Hauses, über den Golfclub. Ich frage manchmal: ‹Hast du dir die Blüte wirklich angesehen?› Er sagt: ‹Aber ja› – und weiter nichts. Was ist das? Gleichgültigkeit, Verständnislosigkeit? Manchmal denke ich, er glaubt, ich hätte eine Naturmarotte.»

Ich antwortete: «Seine Sinne funktionieren objektiv. Er sieht zwar mit den Augen die Blüte, er riecht auch den Duft, er sieht

Licht und Schatten auf dem Waldweg und spürt den Wind auf seiner Haut, und dennoch ist er ‹blind›. Augen und Ohren funktionieren, medizinisch gesehen, richtig, aber was er wahrnimmt, dringt nicht bis zu seiner Seele vor; es löst in ihm keine Resonanz aus. Seine Augen sind nicht somatisch blind, sondern psychisch. Seine Augen sind, physiologisch gesehen, gesund, aber das Gesehene kommt in der Seele nicht an, oder es trifft dort auf so steinigen Boden, dass keine Emotionen ausgelöst werden können; er ist also gefühlsmäßig nicht beteiligt, denn er fühlt und empfindet nichts dabei. Das bezeichne ich als seelische Abstumpfung, Verhärtung, Verkrustung und Lieblosigkeit. Wir sehen nicht nur mit den Augen – die sind nur ein Fenster zur Welt –, wir sehen mit der Seele, also mit den Gefühlen, mit liebendem … oder mit verbittertem Herzen.»

Wenn ich immer wieder sage, wir sollten die Sinne öffnen und wahrnehmen, weil wir dann liebesfähiger und freier werden, dann klingt das so einfach und leicht – und doch ist für viele Menschen nicht nachvollziehbar, was damit wirklich gemeint ist.

Um den Gesamtvorgang zu verstehen, müssen wir die Freiheit verstehen. Wer nicht frei ist, wer im Gefängnis seines Denkens lebt, Plänen, Zielen und Ideen nachhängt, kann sich oft nur schwer frei machen und losgelöst wahrnehmen und sinnlich erleben; es fehlt dann die Sensitivität. Diese Menschen wirken realistisch, sachlich, nüchtern; sie können viele positive Eigenschaften besitzen, wie beispielsweise Verlässlichkeit, Bildung, Intelligenz, Sprachbegabung und Wissen, Aktivität und Sportlichkeit, Geselligkeit und Welterfahrenheit, aber es fehlt ihnen die Emotionalität, es fehlt eine Resonanz in ihrer Seele. Sie sind nüchtern und können im Beruf sehr erfolgreich sein, aber haben einen blinden Fleck in ihrer Seele. Mit anderen Worten: Sie sind seelisch nicht ausgereift, weil die Emotionen nicht zugelassen werden; diese Freiheit fehlt, weil sie sich diese Offenheit nicht gestatten. Dadurch sind sie von diesem wichtigen Spektrum des Lebens abgeschnitten.

Warum ist das so? Wie kann es dazu kommen? Sie wohnen in einem schönen Haus mit einem herrlichen Garten, mit einem Teich und alten Bäumen und einer Rosenhecke. All das sehen sie, und sie sagen, es sei schön, aber sie empfinden nichts dabei. Die Schönheit löst in ihnen nichts aus. Es ist ihnen wichtig, dass es ihr Besitz ist – das macht sie stolz –, aber sie empfinden keine emotionale Freude. Das ist große Unfreiheit.

Versucht man, solchen Menschen ihre Unfreiheit bewusst zu machen, stößt man auf Unverständnis. Sie amüsieren sich vielleicht sogar über eine derartige «Gefühlsduselei», eine derartige «romantische Sentimentalität». Mit solchen Begriffen wird das Seelische oft abgewertet. Je mehr Enthusiasmus du einsetzt, um ihnen die Schönheit der Empfindungen zu schildern, umso kühler werden sie. Sie bezeichnen dich dann letztlich als «Schwärmer». Sei dann nicht verletzt, denn sie verstehen dich nicht. Oft wollen sie auch nicht verstehen, denn sie haben durchaus eine Ahnung davon, aber sie entwickeln Widerstände dagegen und ziehen es deshalb ins Lächerliche. Sie spüren, dass es etwas gibt, zu dem sie keinen Zugang haben, weil sie in Gefangenschaft leben.

Die Freiheit, die ich meine, ist diese innere Freiheit zu den elementaren Regungen deiner Seele, ist dort, wo die Gefühle auf dich warten, dort, wo du ursprünglich bist, bei deinem Glück, deinem Leid, bei Freude, Ekel, Genuss und Sein. Frei ist ein Mensch also nur, wenn er dort zu Hause ist, wenn er sich öffnet, wenn die Sinnesreize bis auf seinen Grund gehen – und wenn er von diesem Grund wieder zum Geist geht, dann ist das gesamte Spektrum frei, dann wird er vom Leben ganz durchpulst. Nur diese Freiheit gibt dir ein Glück, das nicht oberflächlich ist. Etwas zu erlangen, das mit Besitz und Haben zu tun hat, ist nichts im Vergleich zu diesen Gefühlen, die dir das Leben schenkt. Du musst nichts dafür leisten. Es ist vorhanden, und du brauchst es nur in dich eindringen lassen.

Wenn du frei bist, dann wirst du beschenkt. Wenn du unfrei bist, dann musst du kämpfen und planen, nüchtern abwägen und dich festbeißen. Es macht diese Leistungsmenschen natürlich ärgerlich und eifersüchtig, dass einer Glücksgefühle geschenkt bekommt, die sie trotz aller Anstrengung und allen Statussymbolen nicht erhalten. Oft ist es sogar so: Je mehr einer äußere Symbole erringt, desto mehr stumpft seine Seele ab, desto mehr «genießt» er immer oberflächlicher.

Wir leben zwischen den Polen Streben und Wollen, also Erringen und Haben, oder Nichtwollen und Sein. Wer sich verkrampft, wird unfrei. Deshalb kannst du durchaus im Sein leben und dennoch im Bereich des Erringens Erfolg haben. Das kommt dem Stein des Weisen schon sehr nahe.

Zuerst kommt die Freiheit, und danach wird alles andere folgen. Du kannst durchaus in äußerer Gefangenschaft leben, wenn du innerlich frei bist. Das ist von Bedeutung, und das ist es, was ich dir vor allem vermitteln will. Äußere Erfolge kommen und gehen, aber deine seelisch-emotionale Freiheit bleibt. Verkaufe deine Seele nicht um des äußeren Erfolges willen an Pläne, Pflicht und Disziplin. Was hilft dir dieser Erfolg, wenn du seelisch erblindest? Aber gehe aus der seelischen Freiheit heraus – ich betone: aus ihr heraus – das an, was dir im Augenblick wichtig ist. Dabei ist das Wichtigste oft das Unangenehmste. Dennoch solltest du es zuerst anpacken. Widme dich deinem Unangenehmsten. Bleibe frei, offen und sensitiv, und gehe das Unangenehmste zuerst an. Das ist Verteidigung der Freiheit. Dann handelst du aus der Seele heraus über den Verstand und nicht über den Verstand unter Abspaltung der Seele. Das liest sich einfach, aber wir müssen uns damit weiter befassen, um es wirklich tief innerlich als Erkenntnis und Erleuchtung zu verstehen.

12. Hat Freiheit etwas mit Offenheit des Geistes oder der Rationalität zu tun?

Die Fähigkeit, intelligent zu denken, Probleme mit Hilfe des Verstandes zu lösen, ist, im Vergleich zu den Tieren, das herausragende menschliche Merkmal. Deshalb spielt die Intelligenz für den Menschen als «Ideal» eine wichtige Rolle. So ist es beispielsweise die Aufgabe der Schule, die Intelligenz zu fördern und zu trainieren. (Ich will an dieser Stelle nicht über Ergebnisse der Intelligenzforschung referieren, denn ich bin auf diese Thematik in meinen Büchern *Der Begabungstest* und *Intelligenz*, beide im ECON Verlag erschienen, ausführlich eingegangen.) Intelligenz ist eine Fähigkeit des Denkens, konkrete Aufgaben zu lösen, auch wissenschaftliche Fragen zu stellen und mit Forschungsmethoden zu beantworten. Zum Bereich der Rationalität, also des Denkens, gehört auch die Kreativität. Wenn sich Intelligenz und Kreativität miteinander verbinden, kann ein Problem auf neue Art gelöst werden. Es werden neue Wege ausprobiert, und auf diese Weise können Entdeckungen und Erfindungen gemacht werden.

Um kreativ zu sein, ist die Freiheit erforderlich, sich von konventionellen und traditionellen Wegen zu lösen. Diese Freiheit bedeutet, vorgegebene Pfade zu verlassen und ein Problem unter anderen Aspekten zu sehen. Diese kreative Gelöstheit ist eine besondere Begabung, die jedoch nicht angeboren ist, sondern bewusst gefördert werden muss. Auf Schule und Hochschule wird sie aber so gut wie nicht gefördert, weil ihre Bedeutung entweder nicht erkannt wird oder weil man glaubt, dass dies eine subjektive Fähigkeit sei, die man nicht fördern könne.

Das Schulungssystem sieht seine vorrangige Aufgabe darin, Wissen und Information zu vermitteln, also Basiswissen zu übermitteln, damit jeder Einzelne daraus schöpfen kann, wenn er es benötigt. Deshalb wird in Prüfungen Reproduktion gefordert und nicht Produktion. Ich finde das bedauerlich. Andererseits verstehe ich den Standpunkt der Ausbildungsinstitutionen, die Wissen vermitteln sollen. Was der Einzelne mit diesem Wissen macht, ist dann seine Sache. Man stellt sich auf den Standpunkt, dass besonders Interessierte dieses Wissen etwa als Forscher erweitern, etwa bestimmte Denkansätze revolutionieren, sofern sie eben «Genies» sind. Das «Genie» wird statistisch als ein seltenes Ausnahmephänomen gesehen, und es wird gern gesehen, weil es Entwicklungen kreativ bereichert. Doch obwohl es gern gesehen wird, gibt es keine Institution, die kreativ begabte Menschen fördert.

Warum sind wir eigentlich so bescheiden? Lässt sich Genialität nicht lehren, weil es sich um eine angeborene Sonderbegabung handelt? Ich meine, Genialität ließe sich sehr wohl als eine Lehre der Freiheit und der Offenheit vermitteln. Was ist Genialität? Es ist die Fähigkeit, das vorhandene Wissen zur Kenntnis zu nehmen, es im Gedächtnis abzuspeichern, und es ist die Offenheit, damit revolutionär umzugehen, damit zu jonglieren und so auf gelöst-spielerische Weise neue Aspekte sichtbar werden zu lassen und somit auch neue Gedankenwelten zu erschließen. Die Genialität kennt zwar alle Regeln, aber sie erweitert sie, stößt sie eventuell auch radikal um, nähert sich aber auf jeden Fall einem Problem unter anderen Blickwinkeln.

Die Fähigkeit zu schauen ist dabei von großer Bedeutung. Das Wissen von einzelnen Daten wird zu einer Struktur zusammengefasst, und diese Struktur kann im Geist bewegt werden – so erschließen sich neue Sichtweisen. Denken nicht nur als Denkvorgang gesehen, sondern als ein Akt der Freiheit. Diese Freiheit ist das einzige Geheimnis der Genies. Das Genie besitzt die Fähigkeit, traditionelles Wissen in einer inneren Vision durch seine psychische Freiheit zu drehen und zu wenden. Das Genie hat entdeckt, dass Realitäten nicht nur außen bestehen, in

Fakten, Statistiken und Zahlen, in Daten und Computerbildern, sondern, davon losgelöst, in den Gedanken oder Vorstellungsbildern verändert werden können. Somit erfasst das Genie Realitäten und kann mit ihnen innerlich flexibel umgehen. Geniale Lösungen erscheinen vor dem nach innen gerichteten Auge und bauen sich dort auf oder zerfallen wieder. Das äußere Sehen ist notwendig, aber die innere Schau ist die Krönung.

Wer nur nach außen blickt und die Blütenblätter zählt, wird nicht genial erleuchtet. Wer aber nach der Nummerierung der Blütenblätter nach innen schaut, wird, über das Äußere hinaus, mehr erfassen.

Und nun kehren wir zurück zur psychischen Situation, von der dieses Buch berichten will. Dein(e) Freund(in) hat dich verlassen; sie/er zählt dir diese und jene Gründe dafür auf; das sind die so genannten Fakten. Wenn du bei diesen Fakten stehen bleibst, wirst du nicht verstehen können, was geschehen ist. Du musst dich ganz öffnen, um wirklich zu verstehen, musst die Fakten also mit deinem inneren Auge sehen. Das geht über die Rationalität weit hinaus – und hier gelangen wir in den Bereich der Freiheit. Wenn du dich an die Fakten klammerst, an konkrete verbale Äußerungen, dann bist du zwar Realist, aber du kannst nicht wirklich kreativ und schöpferisch verstehen. Es soll nicht in Frage gestellt werden, was konkret gesagt wurde – das steht als Faktum fest. Aber welche Wirklichkeit verbirgt sich dahinter? In welchen Zusammenhängen ist das zu sehen? Wie ernst ist es zu nehmen, was ein Mensch in einer Situation sagt? Welche Motive stehen dahinter? Wie frei ist er, und wie frei bist du? Das spielt eine wichtige Rolle bei dem Versuch, hinter eine Problematik zu schauen.

Freiheit geht über Kreativität des Denkens weit hinaus. Es gibt in unserer Sprache kein exaktes Wort dafür; deshalb sage ich Vision. Du kannst durchaus eine Vision davon haben, wie Fakten zusammenhängen. Ein Nachttraum etwa kann dir diese Vision vermitteln. Du wachst schweißgebadet auf und spürst

Angst, denn du fühlst, «sie» wird dich verlassen – vielleicht, weil du keinen Erfolg hast, weil du ihr keine Sicherheit bietest, weil du derzeit kein Kind möchtest. Sie hat dir ferner gesagt, du hättest diese und jene Fehler, würdest das und jenes nicht richtig machen und bestimmte Freunde von ihr nicht schätzen. In dieser Vision siehst du, dass du nicht der richtige Typ Mann bist, dass sie sich von Männern, die ganz andere Merkmale besitzen als du, erotisch angezogen fühlt.

Das ist Offenheit des Geistes und Freiheit. Diese Freiheit kannst du nicht über Denken und Nachdenken erlangen; hier bringen dich Intelligenz und Rationalität nicht weiter. Die Freiheit, Visionen zuzulassen, ihnen nachzugehen, das ist wahre geistige Freiheit.

Es ist Vertrauen zu dir selbst erforderlich. Du vertraust auf deine Gefühle und dein Schauen. Jetzt habe ich erstmals die Emotionen mit einbezogen. Es geht nicht ohne sie. In der Wissenschaft, im Forschungslabor kannst du sie ausklammern. Aber du bist nicht nur von Beruf Wissenschaftler, Unternehmer oder Fotograf, du bist auch Person, ein Mensch, der nicht nur seinen Lebensunterhalt verdient, sondern ein Lebewesen ist. Du magst zwar intelligent sein, möglicherweise über ein großes Wissen verfügen, auch die Fähigkeit besitzen, sehr logisch zu denken – aber was nützt dir das, wenn deine Partnerschaft gefährdet ist?

Es ist sehr viel Freiheit erforderlich, etwas schauend zu verstehen. Um diese Öffnung zur Freiheit geht es aber. Deshalb will dir dieses Buch zeigen, wie du mehr und mehr in diese Freiheit gelangst. Die Probleme des Lebens kommen so oder so auf dich zu – das steht fest. Und fest steht auch: Mit der Rationalität allein wirst du hier nicht weiterkommen. Doch es gibt noch die Freiheit. Sie ist der Lichtstrahl, der dich glücklich macht. Von dieser Freiheit, die jenseits von Intelligenz und Rationalität existiert, will ich nun berichten.

13. Liegt Freiheit jenseits von Intelligenz, Kreativität und Emotion?

Das intelligente Denken lässt wenig Spielraum für Freiheit zu, denn die Regeln der Logik grenzen ein. Durch Denken gelangst du nicht in die Freiheit. Kreativität führt einen Schritt weiter, denn es werden viele Ideen zugelassen, die andere Ansatzpunkte ergeben. Kreativität ist die spielerische Flexibilität des Denkens. Für den beruflichen Erfolg ist Intelligenz, gepaart mit Kreativität, sehr wichtig.

Aber es geht im Leben nicht nur darum, berufliche Leistungen zu erbringen und dadurch erfolgreich zu sein. Ich will berufliche Leistung nicht herabmindern, darf aber darauf hinweisen, dass das Spektrum des Lebens viel mehr umfasst. Dazu gehören etwa Liebe, Sexualität und Sinnlichkeit, Lebensfreude und Freundschaft, Entspannung und die breite Palette der Emotionalität dazu. Du bist zu einem Teil ein beruflich engagierter Mensch und zu einem anderen Teil Privatperson, bist Individuum.

Der Beruf bringt viele Sachzwänge mit sich. Es geht darum, Termine einzuhalten und Aufgaben zu erledigen. Der Freiheitsbegriff, dem wir uns hier nähern, hat nichts damit zu tun, solche Zwänge zu ignorieren, also etwa nach Lust und Laune Termine zu ignorieren, Aufgaben nicht zu erledigen. Die Freiheit, von der ich spreche, hat auch nichts damit zu tun, etwa bestimmte Normen zu missachten. Das soziale Zusammenleben bringt zwangsläufig gewisse Regeln mit sich, die eingehalten werden müssen. Auch ein Brettspiel, das du in der Freizeit «just for fun» spielst, unterwirft dich seinen Regeln. So kämest du beim Schachspiel wohl kaum auf die Idee, mit einem «Turm» Züge wie mit einem «Läufer» zu machen. Eine so verstandene Freiheit ließe dich schnell zum «Outsider» werden.

Unabhängig von den beruflichen und gesellschaftlichen Spielregeln stehst du aber der Welt und deinen Mitmenschen auch als Individuum gegenüber. Wie viel Freiheit steht dir dann zur Verfügung? Wie viel Freiheit kannst du als Person und Persönlichkeit leben? Hier kommen die Seele und die Emotionalität ins Spiel. Was heißt, seelisch und emotional frei sein?

Dein Denken mischt sich auch in deine Seele ein. Ist es tatsächlich dein Denken? Die Emotionen wie Aggression, Neid, Faszination, Freude, Angst, Trauer etc. sind deine ureigensten, ganz persönlichen Emotionen. Kannst du zu ihnen voll und ganz stehen und sie anderen offen zeigen? Wenn du sie vor dir selbst oder anderen zu verbergen trachtest, dann bist du nicht frei, denn das Denken wertet deine Emotionen ab.

- Angst darf ich nicht zeigen, denn sie wird als Schwäche ausgelegt.
- Aggressionen sollte ich nicht zeigen, denn dann verrate ich zu viel von mir.
- Neid kann ich nicht zeigen, denn dann erscheine ich nicht überlegen.
- Trauer sollte ich nicht zeigen, denn dann bin ich in den Augen der anderen «nicht gut drauf».

Du siehst dich mit den Augen der anderen, und diese wertenden Augen dringen in dein Innerstes ein. Das macht dich seelisch unfrei. Spielregeln im sozialen Zusammenleben zu beachten – das ist in Ordnung und korrumpiert dich nicht. Aber deine Gefühle wie Angst, Neid, Trauer, Unsicherheit, Verzweiflung, Wut nicht offen zuzulassen und ausdrücken zu können, das korrumpiert dich, das macht dich unfrei und nach und nach psychosomatisch krank, das schnürt dir den Hals zu, nimmt dir die Luft zum Atmen, lässt dein Herz schneller schlagen, lässt dich nachts oft aufwachen, treibt deinen Blutdruck in die Höhe, macht deinen Magen nervös, verursacht dir Kopfschmerzen, macht dich impotent oder frigide, lässt dich stottern, treibt dir den Schweiß auf die Stirn oder in die Handflächen.

Wie können wir dem begegnen? Wenn du nicht offen mit dir selbst umgehen kannst, wirst du einen Arzt aufsuchen und dir Medikamente verordnen lassen – und greifst mit Chemie in die Prozesse deines Körpers ein (auch das ein Akt der Unfreiheit). Du gestattest es, dass über deine Blutbahn die Organe chemisch beeinflusst werden, lässt dich also manipulieren. Du gibst deine Freiheit auf und lieferst dich einem chemischen Prozess aus. Bitte verstehe mich jetzt nicht falsch: Chemische Angriffe auf Viren sind ein Segen der pharmakologischen Forschung; Tetanusimpfungen sind notwendig, um den Wundstarrkrampf zu verhindern; Schmerzmittel sind nach einer Operation absolut segensreich, um dir Erleichterung zu verschaffen; du kannst den Blutdruck medikamentös senken, um eine Thrombose nach einer Operation zu verhindern.

Was ich vermitteln will, ist deshalb so schwer zu erklären, weil immer wieder solche Gegenargumente mühselig und Zeit raubend entkräftet werden müssen. Also nochmals: Die großen Leistungen der Medizin und der Pharmakologie sollen nicht bestritten werden. Wenn du Ängste oder Aggressionen fühlst, dann ist das etwas anderes, es handelt sich hier um eine völlig andere Dimension. Die Welt der Emotionen ist dein Ureigenstes. Hier darf nicht chemisch eingegriffen werden (von psychiatrisch zu behandelnden Besonderheiten abgesehen).

Deine Emotionen sind das kostbarste und ureigenste Persönliche, was du hast. Das gilt es zu verteidigen. Ich verstehe mich als Anwalt des Individuums und der Seele. Das Seelische, also Emotionale in dir – das ist deine Chance, zur Freiheit zu gelangen. Und diese Freiheit zu verteidigen, für sie zu sprechen, sie herauszustellen geschieht meinerseits nur, weil darin das Geheimnis des menschlichen Glücks verborgen liegt.

Es ist notwendig, einen ganzen Wust von Argumenten auszuräumen, Mauern einzureißen, um zum Kern der Person und zum menschlichen Seinszustand vorzudringen. Diese Freiheit (zu der wir vordringen) liegt jenseits von Intelligenz, Rationalität und Kreativität, also jenseits von der Leistung des Geistes. Wir sind stolz auf den menschlichen Geist; das ist die eine Seite. Aber davon unabhängig dürfen wir auch stolz sein auf unsere Emotionalität; das ist die andere Seite. Wir dürfen also nicht einseitig werden. Der Weltmeister im Weitsprung etwa kann nicht sein menschliches Sein auf den Tag dieser Leistung und diese Goldmedaille reduzieren.

Das Leben geht in seiner Vielfalt von Sekunde zu Sekunde weiter. Du kannst dieses Leben nicht auf eine Leistung reduzieren. Wir dürfen natürlich stolz sein auf unsere Intelligenz, aber wir sollten auch stolz sein auf unsere Emotionen und auf alles, was damit verbunden ist. Wenn wir zu unseren Gefühlen vordringen, sie also voll und ganz ohne jegliche Wertung zulassen, erst dann sind wir auf dem Weg, Mensch zu werden, zu wachsen, zu reifen, erst dann gelangen wir in eine Region, die viel bedeutungsvoller ist als irgendeine berufliche, sportliche oder künstlerische Leistung. Mit dem Eintritt in diese Freiheit öffnet sich eine Welt, die unerforscht und unermesslich ist. Das Leben erhält somit eine völlig neue Qualität. Es handelt sich um eine Revolution in uns selbst, die uns zutiefst erschüttert. Erst hinter dieser Erschütterung beginnt unser ureigenstes individuelles Leben, vergleichbar einer Metamorphose, bei der sich zum Schluss die verklebten Flügel öffnen und langsam ausbreiten.

14. Wie kann ich mich von Denkmustern befreien?

Den Wert der Emotionen habe ich nun eindringlich genug herausgestellt. Wer seine Emotionen nicht zulässt, sie also verdrängt, verleugnet oder sie beiseite schiebt und sich ablenkt, kann nicht seelisch frei werden. Du musst dich deinen Emotionen stellen, sie anerkennen, achtsam mit ihnen umgehen, also auf sie achten, sie betrachten. Nur so kannst du sie voll und ganz erleben und nach und nach auch verstehen. So lernst du dein Innerstes ganz konkret kennen. Dieses Wissen kann dir niemand vermitteln. Du musst es selbst erfahren, um auch darüber sprechen zu können.

Die meisten Menschen legen viel zu viel Wert darauf, die Meinung anderer zu erfahren. Wir sind von frühester Kindheit und Jugend an gewöhnt, von anderen vermittelt zu bekommen, was richtig und falsch ist, in oder out, gut oder schlecht, was anerkannt und nicht anerkannt ist. So wird unser Denken über das Menschsein geprägt. Nicht nur die Erziehungspersonen vermitteln solche Denkmuster eines Menschenbildes, auch das soziale Umfeld der Freunde und Bekannten, die Printmedien und das Fernsehen übermitteln solche Denkmuster via Kommentare, Reportagen, Wissenschaftsberichte, via Magazine, Spielfilme, Talk-Shows. Wir ziehen nicht nur die Konfektionsmode an, die uns die Werbung anpreist, wir nehmen auch die Denkmuster über Lebensthemen auf und orientieren uns an ihnen. Ich habe das in meinen Büchern als Fremdbestimmung bezeichnet im Vergleich zur Selbstbestimmung.

Du kannst dich von diesen Denkmustern nur radikal befreien, indem du alle, aber auch wirklich alle mit einer Handbewegung vom Tisch fegst. Stelle sie nicht nur in Frage und warte darauf, bis du Zeit hast, einmal darüber kritisch nachzudenken. Wenn du es so siehst, dann wirst du nie Zeit und Muße finden, denn es erscheint dir dann dein Vorhaben jedes Mal zu schwierig – und du machst weiter wie zuvor.

Deshalb räume mit jeglicher Fremdbestimmung in dieser Sekunde auf. Lehne sie rundweg ab, und lasse kein Denkmuster über das Leben, die Psyche oder ein Menschenbild mehr gelten. In diesem Moment ist dein Denken von allen Normen, Regeln und Mustern entleert. Das ist der Moment, in dem du in die Freiheit trittst. Es entsteht ein ungeheures Glücksgefühl, aber auch Angst, was nun werden wird, denn du hast keinen «Krückstock» mehr, an den du dich klammern kannst.

Du wirst feststellen, dass du in diesem Augenblick der Entrümpelung deines Denkens von den bisherigen Mustern wacher wirst, denn du gehst nicht mehr abgestumpft die alten ausgetretenen Pfade. Du brauchst jetzt deine Sinne, denn auf die kannst du dich verlassen. Alles um dich herum scheint irgendwie neu gefärbt, du selbst fühlst dich anders, neuer und erfrischter. Es entsteht eine Neugier auf das Leben und dich selbst. Die alten Anschauungen von dir selbst werden fragwürdig, denn wenn andere Meinungen für dich keine Bedeutung mehr haben, siehst du dich selbst in neuem Licht. Es fällt dir auf, wie andere ständig versucht haben, dich zu beeinflussen, du erkennst, was sie dir zutrauen und was nicht, was du angeblich in ihren Augen kannst und was nicht. Du warst abhängig vom Lob der anderen. Lob hat dich bestärkt und Kritik geschwächt. Vielleicht haben sie dich mit ihrem Lob in eine Richtung manipuliert, die dir nicht zusagte, vielleicht mit ihrer Kritik und Destruktion dich von Wegen abgebracht, die du gerne gegangen wärest.

An dieser Stelle möchte ich auf eines ausdrücklich hinweisen: Wir sprechen von der Seele und der Entfaltung der Persönlichkeit. Bei medizinischen Problemen, bei technischen Fragen oder bei juristischen Konflikten sind Ratschläge und Informationen überaus nützlich. Sie prägen weder dein Denkmuster, noch rauben sie dir deine seelische Freiheit. Wenn dir etwa ein Bergführer rät, diesen oder jenen Weg zu wählen und bei einem aufkommenden Gewitter umzukehren, dann will er dich bestimmt nicht manipulieren oder deine freie Selbstbestimmung beschneiden.

Es geht um die Lebensphilosophie in deinem Kopf. Zu ihr musst du selbst gelangen, und zwar durch unvoreingenommene Erfahrung. Sich selbst zu finden bedeutet, selbst zu forschen, zu erspüren, auszuprobieren und Reaktionen zu erfahren. Du kannst auch einmal in eine Sackgasse hineinlaufen, um sie kennen zu lernen, um zu erleben, dass es für dich eine Sackgasse ist und wie du wieder zurückkommst. In dieser Freiheit und Wachheit ist jeder Fehler, der dann geschieht, gar kein Fehler, sondern eine wertvolle Erfahrung. Es ist sehr viel Selbstbewusstsein erforderlich, gegenüber anderen mit innerer Sicherheit sein Selbst zu leben – und somit auch zu zeigen. Fehler macht jeder, selbst unvergleichliche Besserwisser und destruktive Nörgler, die du überall und in großer Zahl antriffst. Rechne also nicht mit einfühlsamem Verständnis. Da du dich losgelöst hast von der Meinung anderer und sensibilisiert bist gegenüber Manipulation, wirst du dich nicht beirren lassen.

Höre dir jedoch Kritik an. Sie sagt zwar wenig über dich, aber viel über den Kritiker. Ziehe also nicht die Kritik in dich hinein, sondern erforsche den Besserwisser. So lernst du ihn viel intensiver kennen, als wenn er dich loben würde. Gehe auch so distanziert mit dem Lob um, das du erhältst; Lob soll dich nicht beeinflussen können. Erfahre mehr über den Lobenden, und erforsche seine Motive. Lob ist, statistisch gesehen, seltener als Kritik. Oft ist Lob gar nicht wirklich so gemeint, sondern eine Strategie, hinter der die Absicht steckt, dich einzulullen, um von dir etwas zu erhalten.

Lerne durch deine Unabhängigkeit und Freiheit zu durchschauen, was jeweils mit Lob und Kritik wirklich gemeint wird.

Durch diese forschende Einstellung, bar jeglichen Vorurteils und jeglicher Wertung, wirst du sensibler und noch aufmerksamer für die Ganzheit. Es zählt nicht, was einer verbal äußert, sondern welche Absicht, welches Denkmuster dahinter steckt. Wenn du diese Motive erkennst, dann entwickelst du sehr schnell praktische Menschenkenntnis.

Auf deinem Weg wirst du wenigen Freien begegnen, die genauso wach sind und forschen. Du erkennst sie an ihrer Offenheit und Toleranz. Vor ihnen brauchst du dich nie fürchten, denn sie haben keine vorgefassten Meinungen. Sie können zuhören und wollen dich weder belehren noch loben, noch kritisieren. Sie erscheinen dir vielleicht manchmal gleichgültig, ruhig und temperamentlos, aber wenn du sie brauchst, dann belügen sie dich nicht mit irgendwelchen Ausreden. Wenn sie können, dann sind sie da; wenn du sie um einen sachlichen Rat fragst, werden sie gesprächig; wenn du von ihnen über das Weltbild oder das Menschenbild eine Meinung hören willst, werden sie dich mit missionarischem Eifer verschonen und dich nicht zu manipulieren versuchen. Sie sagen dir, was sie fühlen und denken, machen daraus aber keinen autoritären Prägestempel.

15. Freiheit führt zur Unangepasstheit. Ist Anpassung aber notwendig, um zu überleben?

Es wird immer wieder der Einwand gegen die Freiheit vorgetragen, dass Anpassung in einer sozialen Gemeinschaft notwendig sei, um in ihr erfolgreich überleben zu können. Wenn ich sage, dass alle konventionellen und traditionellen Denkmuster über Bord geworfen werden sollen, weil sie dich manipulieren und fremdbestimmen, dann ist damit auch die Anpassung an die Normen gemeint. Es besteht bei vielen angepassten Menschen eine panische Angst davor, zum «Außenseiter» zu werden, als «andersartig» ausgesondert und an den Rand gedrängt zu werden. Diese Befürchtung ist begründet, da die Angepassten darüber wachen, wie angepasst oder nicht angepasst die anderen sind.

Auch in diesem Punkt möchte ich mich deutlich erklären, obwohl es mir etwas Mühe macht. Wenn du etwa auf einen Ball eingeladen worden bist und die Gastgeber um Abendgarderobe gebeten haben, dann solltest du nicht in Jeans und offenem Hemd bis zum Bauchnabel erscheinen und die Gastgeberin beschimpfen, da sie dich nicht einlassen will. Das ist das Thema Spielregeln. Spielregeln zu verletzen hat nichts mit seelischer Freiheit zu tun, die ich hier bewusst mache. Wenn du in deiner Freizeit gerne Fußball spielst, dann ziehst du ja auch Sportkleidung an und keinen Smoking. Solche Äußerlichkeiten werden aber oft als Argument gebraucht, um die Freiheit gegenüber der Anpassung zu attackieren.

Wenn deine Seele, deine Emotionen und dein Geist frei sind, dann bist du nicht mehr angepasst. Es handelt sich um eine Seinsweise. Dieser Seinsweise ist es gleichgültig, mit welcher Kleidung der Körper bedeckt ist; sie wird davon nicht tangiert.

Insofern hat die Kleidung nichts mit Unfreiheit zu tun, denn sie ist etwas Äußerliches. Die Freiheit, um die es mir geht, ist etwas Inneres.

Wer innerlich frei ist, wird andere nicht mit unwichtigen Äußerlichkeiten provozieren. Er wird auch verbal nicht provozieren. Seelische Freiheit ist kein aggressiv-provokanter Akt der Selbstdarstellung. So gesehen, ist also Freiheit unauffällig. Dass du nicht angepasst bist, muss man nicht an Äußerlichkeiten sofort erkennen. Das heißt nun wiederum nicht, dass du deine Freiheit verbergen sollst. Wer einem seelisch freien Menschen begegnet, wird es an seiner Verhaltensweise, seiner Gelassenheit und seiner Ausstrahlung, an seiner Körpersprache und seinen verbalen Äußerungen früh genug erkennen. Die einen werden das als angenehm empfinden und sich davon angezogen, die Mehrzahl aber wird sich davon provoziert fühlen – und entsprechend aggressiv mit verbalen Spitzen reagieren. Es ist ein regelrechter Test: Wie echt ist diese Andersartigkeit, was steckt dahinter? Da der Getestete anscheinend nicht mehr im Strom mitschwimmt, wird er als etwas Außergewöhnliches registriert.

Warum diese Angst davor? Ich verstehe die Angst, von anderen registriert und möglicherweise abgelehnt zu werden. Ist nicht jedes individuelle Lebewesen aufgrund der biologischen Variationen von Natur aus anders? Ist nicht jede politische Haltung anders gegenüber anderen politischen Richtungen und Religionen? Deine Freiheit besteht darin, überhaupt keiner Richtung anzuhängen. Warum solltest du den anderen nach dem Mund reden? Nur um ihnen zu gefallen? Anpassung ist ein teuflisches Phänomen – wenn du einmal damit anfängst, dann bist du ein Gefangener in diesem System.

Wenn du es aufgibst, gefallen zu wollen und die Meinung anderer zu dokumentieren, damit sie dich akzeptieren, wenn du einmal die Freiheit erkannt hast, wirst du nicht mehr in die Lüge zurückfallen, ohne ein unangenehmes Gefühl zu verspüren. Dieses Gefühl lässt dich leer und angeekelt zurück.

Die psychische Freiheit ist weder ein politisches noch ein religiöses Programm. Es ist nicht deine Aufgabe, andere zu missionieren; du brauchst dich nicht hinstellen und eine überzeugende Rede auf die Freiheit halten. Es genügt allein, dass dir die Freiheit selbst etwas gibt, dir die Augen öffnet, dich wach gemacht, deine Sinne entfaltet und dein Leben bereichert hat.

Komisch, wenn es um Geld geht, das einer erworben hat, dann denkt er an Festhalten. Wenn es um psychische Freiheit geht, dann denkt man an missionarischen Eifer und daran, dass derjenige die anderen überzeugen will.

Du brauchst niemanden zu überzeugen, denn dein Selbst ist allein deine Sache. Deine Emotionen sind in deinem Inneren. Du brauchst keine Rede halten, kein Gedicht verfassen, kein Heilsprogramm aufstellen. Du hast keine Verpflichtung, deine Gefühle verständlich zu machen. Du musst nicht nach außen «wirken», wenn du innerlich glücklich bist. Wenn du dir diese Zusammenhänge bewusst machst, wird auch allmählich die Angst verdunsten.

Manchmal habe ich den Eindruck, dass die Freien und Glücklichen ein schlechtes Gewissen gegenüber den Unfreien und Unglücklichen haben und die Angepassten deshalb wach machen wollen. Diese Freiheit aber – ich sage es nochmals – hat nichts mit einem Programm zu tun, nichts mit einer Religion. Verschleiße also deine Energie nicht in Aufklärungsarbeit. Diese Kraft der Aufklärung provoziert die Gegenkräfte, die dich attackieren und dir dein Glück verderben wollen.

Das Glück der Freiheit mit seiner Weite und Unermesslichkeit, das deine Seele durchströmt, ist dein persönliches Glück. Dieses Gefühl kann nicht übertragen werden. Wir sind jeweils allein mit diesem Glück. Es lässt sich nur von einem Dichter annähernd übermitteln. Aber wer ist schon ein solcher Dichter? Es wäre vermessen, solchen Ehrgeiz zu entwickeln. Es geht um das Erleben, nicht um die Kommunikation dieses Erlebens.

Die Befürchtung, ein Außenseiter zu werden, also an den Rand gedrängt zu werden, ist nicht so schwer wiegend, wie man glaubt. Und selbst wenn, so gibt es Situationen, in denen man die eigenen Gefühle offenbaren sollte – gegen die Mehrheit der anderen. Diese Kraft wirst du erlangen – und auch die Kraft, die Angriffe zu überstehen.

Anpassung – schön und gut. Du weißt aber auch, was für dich selbst wichtig ist. Es kann beispielsweise etwas Schönes sein, wenn jemand die Geduld hat, sich auf der Nase herumtanzen zu lassen. Ich meine die Ästhetik, die sich darstellt, wenn junge Hunde miteinander spielen und die Hündin mit unendlicher Geduld zusieht. Lass die Angepassten angepasst sein. Es wird sich nichts ändern, wenn du dich aufregst und daraus ein großes Thema machen willst. Religionen und Parteien sind dogmatisch, aber die Freiheit ist undogmatisch, sie toleriert, sie lässt geschehen und geht ein in ihr eigenes Glück. Die Sonne geht am Horizont unter; die einen schauen fasziniert auf die rotorangefarbene Scheibe, sie spüren den Abendwind und betrachten die Vögel; die anderen grillen Fleisch, trinken Wein oder Bier und reden über Eifersucht in der Ehe. Freiheit ist eine Seinsweise, Anpassung eine Integration im System.

16. Ist Kunst der Freiheitsraum, der uns erlöst?

Von der künstlerischen Arbeit halten wir sehr viel, hat doch die Kunst einen hohen Stellenwert in der Gesellschaft. Für die bildende Kunst werden große, repräsentative Museen gebaut, und nicht wenige Städte sind stolz auf ihre Kunsttempel. Für die Musik werden Opernhäuser errichtet und für die Schauspielkunst Theatergebäude. Die Städte und Gemeinden fördern künstlerische Einrichtungen mit Subventionen aus ihrem Haushalt. Die Kunst steht also hoch im Kurs, auch wenn in Zeiten wirtschaftlicher Rezession am Kulturetat gestrichen wird.

Welche Bedeutung hat die künstlerische Leistung der Künstler aber tatsächlich? Wie abhängig ist sie von den politischen Verhältnissen und von wirtschaftlichen Aspekten? Wenn der Staat oder die Kirche entscheidet, welche Kunst die wahre oder die richtige ist und welche nicht, dann ist Kunst nicht mehr frei, kann sie für die Freiheit des Geistes und der Seele nichts ausrichten.

In demokratischen Staaten wird die Freiheit der Kunst geschützt. Diesen Schutz brauchen die Künstler; das ist gar keine Frage. Aber arbeiten freie Künstler tatsächlich für die psychische Freiheit der Menschen? Ich denke, dass eher vom Staat unterdrückte Künstler daran arbeiten, will damit aber nicht sagen, dass es besser wäre, wenn Künstler einer totalitären Unterdrückung ausgesetzt würden.

Kunst entsteht vonseiten des Künstlers in einem kreativen Prozess. Da jede Kunst ein Publikum braucht – und auch sucht –, herrschen dann schnell die Gesetze der freien Marktwirtschaft, gehen Kunst und Kommerz eine Liaison ein. So wird ein Gemälde auf dem Kunstmarkt zu einer Ware, die im Wert steigen oder fallen kann. Ein graphisches Blatt ist somit ein Wertpapier, das Kursschwankungen unterliegt. Dabei spielt der Freiheitswert weniger eine Rolle als Gesichtspunkte der künstlerischen Entwicklung auf dem Weltkunstmarkt – es geht um Innovation oder Redundanz. Das Publikum, das Kunst kauft oder für Kunstgenuss bezahlt, lässt sich von Kunstmanagern, Veranstaltern und Kritikern manipulieren. Hoch im Kurs steht, worüber die Presse publiziert. Im «Kunst-Kompass» der Zeitschrift *Capital* fließen etwa solche Wertmaßstäbe ein. Ich will jedoch dieses Thema nicht weiter detailliert behandeln, denn darum geht es hier nicht.

Betrachten wir die Kunstszene aus der Sicht der Künstler. Ich bin Künstlern gegenüber sehr positiv eingestellt, weil sie schöpferisch tätig sind und sich meist der Problematik des Menschseins und der Gesellschaft annehmen. Viele Künstler reagieren auf Verhältnisse einer Gesellschaft sehr sensibel, und sie verarbeiten auch ihre ureigensten persönlichen Probleme. Das ist legitim. Für viele Künstler ist ihr künstlerischer Ausdruck eine Expression ihrer Seele und damit auch ein großer Teil Selbsttherapie. Auch das ist legitim. Künstler legen den Finger auf die Wunde ihrer und der gesellschaftlichen Probleme. Es wäre ein fataler Irrtum zu glauben, ihre Aufgabe würde darin bestehen, nur das Schöne und Gute darzustellen oder auszudrücken.

Mit dem Begriff «Kunst» ist der Begriff «Ästhetik» assoziativ verknüpft. Es wird aber – das habe ich in Diskussionen oft beobachtet – unter Ästhetik stets nur das Schöne verstanden. Im Sprachgebrauch hat es sich eingebürgert, dann von ästhetisch zu sprechen, wenn etwas angenehm, harmonisch und schön erscheint. Unter einem «ästhetischen Gesicht» versteht man ein schönes Gesicht. Ästhetik ist jedoch – so der wissenschaftliche Begriff – die Lehre von der Schönheit und der Hässlichkeit. Die Kunst stellt sowohl Schönheit als auch Hässlichkeit dar. Das Hässliche wertet ein Kunstwerk also nicht ab. Hieronymus Bosch etwa hat das Grauen gemalt, Pablo Picasso etwa hat die Hässlichkeit dargestellt (natürlich nicht nur; es wird dann immer wieder die blaue und die rosa Periode seines Schaffens angeführt). Künstler sind keine Diener der Schönheit; sie stellen auch die Abgründe, den Schrecken, das Entsetzen und die Hässlichkeit dar. Nur dem «Kitschkünstler» geht es allein um die Schönheit und das Gefällig-Dekorative. Das ist es aber, was für viele Menschen an erster Stelle steht – ob sie nun ins Theater gehen, Musik hören, Gemälde erwerben. Deshalb sind die Medien, die um den Verkauf ihrer Produkte ringen, dem Kitsch so sehr verfallen, da sie sich nach dem Geschmack des breiten Publikums zu richten haben. Der Künstler, der sich nicht dem Kitsch verpflichtet fühlt, muss sich allerdings nach «seinem Publikum» richten, nach dem jeweiligen Trend, und er ist gezwungen, der Innovation hinterherzujagen, um am Kunstmarkt bestehen zu können.

Welcher Unterschied besteht also zwischen einem Künstler und einem, der sich dem Kitsch verpflichtet hat? Die Unterhaltungsstars, die einen Schlager über Liebe, Herz und Schmerz singen, bezeichnen sich auch als Musiker und Künstler. Sie werden zwar von den «ernsthaften» Künstlern nicht für voll genommen, aber sie verschmerzen das durch die Honorare, die sie für Auftritte und Tonscheiben kassieren. Pop-Musiker werden von der «feinen Gesellschaft» akzeptiert, und sie werden in TV-Unterhaltungsshows als «Prominente» eingeladen und dort hofiert. Keiner macht sich Gedanken darüber, ob hier Kitsch serviert wird. Erfolg – und mit dem Erfolg verbundene Einkünfte – ist das Goldene Kalb, um das sich die Gesellschaft, Beifall klatschend, versammelt. Ist das die Freiheit? Können uns diese Unterhaltungskünstler davon etwas vermitteln?

Ich möchte nun zu den «ernsthaften Künstlern» zurückkehren, die die Problematik und die Konflikte ihrer Seele verarbeiten und nicht auf einen schnellen Medienerfolg schielen, die ihre kreativen Kräfte voll und ganz der Gestaltung widmen, auf der Bandbreite der Ästhetik spielen und innovative Wege gehen, also neue Möglichkeiten der Gestaltung erforschen. Sie führen uns das menschliche Sein vor Augen, wie es wirklich ist. Das Hässliche, die Probleme und die Konflikte sind für sie, im Gegensatz zu den «Kitschkünstlern», nicht tabu. Aber können sie uns Freiheit vermitteln? Macht uns eine innovativ-expressiv gemalte Bordellszene im Berlin der dreißiger Jahre wirklich frei? Eröffnet die Kunst einen Freiheitsraum, der uns hilft, selbst erotisch freier zu werden? Wir sind von der Darstellung des Bildes ergriffen und fasziniert, das Theaterstück macht uns betroffen, der Roman erschüttert uns und macht uns nachdenklich – das ist die Wirkung großer Kunst. Aber macht uns ein großartiges Werk von Picasso – und es gibt Hunderte davon – wirklich frei?

Ich liebe Kunst als Ausdruck der wunderbaren Gestaltungen der menschlichen Seele, schätze Künstler in ihrer Individualität und ihrem Ringen um ihr Selbstverständnis, ihr Zeitverständnis und ihr Gesellschaftsbild. Diese künstlerischen Ambitionen sind nicht hoch genug zu schätzen. Deshalb muss für Künstler dieser Freiraum, Individualität auszudrücken, Kritik zu üben, die eigene Problematik mit dem Leben expressiv und exhibitionistisch zu offenbaren, mit allen Mitteln offen gehalten werden. Ein moderner demokratischer Staat, der die Künstler unterdrückt, würde sich auf Dauer in Frage stellen.

Aber von der Kunst Erlösung unserer subjektiven Problematik zu erwarten, das hieße, die Kunst zu überfordern. Darin liegt nicht ihre Aufgabe und auch nicht ihre Größe. Da das künstlerische Schaffen und seine Produkte Therapieversuche am Leiden sind, sollten wir dieses subjektive Ringen verstehen. Die Kunst bietet also keine Lösungen. Das ist auch gar nicht ihre Aufgabe. Sie stellt nur dar, entweder ehrlich und wahrhaftig (also Kunst) oder geschönt, vergoldet, rosa, freundlich, optimistisch, unterhaltend (also Kitsch).

17. Macht Kitsch die Seele frei?

Ich sagte, dass Kunst die Seele nicht frei machen kann und dass darin auch nicht ihre Aufgabe besteht. Im September 1994 war ich eine Woche in Venedig und habe hier die «Kunstdenkmäler» auf mich wirken lassen. Der Markusplatz, der Dogenpalast, die Basilica di San Marco und der Campanile sind Zeugnisse einer beeindruckenden Architektur, und die hohe Säule am Meer mit dem geflügelten Löwen sieht sehr gewaltig aus. Den Dogenpalast und die Basilica «musste» ich «natürlich» auch von innen besichtigen. Hier haben viele Kunsthandwerker der damaligen Zeit großartige Gemälde und Skulpturen geschaffen. Warum wurden diese künstlerischen Leistungen vollbracht? Um der Kunst willen? Das wäre viel zu kurz gedacht. In erster Linie um der Repräsentanz willen, handelte es sich doch bei den Kunstwerken um Aufträge der Kirche und Aufträge der staatlichen Macht, der damaligen venezianischen Republik mit dem Dogen an der Spitze.

Den Kunsthandwerkern ging es gar nicht darum, Kunst zu schaffen, sondern eine mit dem Auftraggeber besprochene hervorragende Marmorskulptur oder ein Dogenporträt zu gestalten. Hierbei spielte der damalige Zeitgeschmack eine Rolle, auch der Wille, den Palast prächtig dekorativ auszugestalten, um die Handelspartner Venedigs zu beeindrucken. Die Macht wollte sich repräsentieren.

Um nichts anderes ging es auch der Kirche. Mit Bildern, Skulpturen, Holzschnitzereien und Marmormosaikböden sollte den Gläubigen ein ehrfurchtsvoller Schauer über den Rücken laufen, um damit Zweifel jedweder Art wegzuwischen. Ein solches gewaltiges «Gotteshaus» erschlägt den Normalbürger, und es entsteht über die Gefühle der Eindruck von gewaltiger Repräsentanz der Religion und ihrem Reichtum. Vielen «einfachen»

Menschen stellt sich dann gar nicht die Frage: Woher kommt das Geld, mit dem die Handwerker bezahlt werden mussten? Der Doge hat es jedenfalls nicht aus seiner eigenen Tasche bezahlt und der Papst in Rom auch nicht. Aber das nur am Rande, denn unser eigentliches Thema ist ein anderes. Ich behaupte, diese Repräsentationssymbole der Macht sind bewusst angefertigter Kitsch. Das soll die handwerklichen Meisterleistungen der Künstler nicht schmälern. Das Können dieser Kunsthandwerker war großartig und ist bewundernswert.

Wenn man den Dogenpalast verlässt und die schmalen Gassen Venedigs betritt, um zur Ponte di Rialto zu gehen, dann bummelt man an unzähligen Geschäften und Boutiquen vorbei. In den Schaufenstern massiert sich der Kitsch: bunte Gläser aus Murano, Karnevalsmasken in Hunderten Varianten, Nachbildungen des geflügelten Löwen aus Messing, Ölgemälde und Radierungen mit Motiven der Basilika und des Dogenpalastes, Fotos vom Markusplatz, Karnevalskalender, Repliken der Gondeln und der Rialtobrücke im Miniformat. Dieser Kitsch wird hier feilgeboten, nicht weil die Italiener einen schlechten Geschmack hätten, sondern weil diese Dinge von Touristen gekauft werden.

Venedig ist aufgrund seiner Gesamtkonzeption zu einem der meistbesuchten Touristenorte Europas geworden. In seinen Gassen siehst du Amerikaner, Japaner, Engländer, Franzosen, Holländer, Spanier, Menschen aus allen sozialen Schichten dieser Länder – und alle sind sie Kunden in den Kitschläden. Es handelt sich also nicht um ein nationales, sondern um ein internationales Phänomen, dass Kitsch so anziehend wirkt und viel Geld dafür ausgegeben wird. Warum lieben die Menschen diesen Kitsch, warum werden sie davon angezogen? Was gibt er ihnen für ihren Geist und ihre Seele?

Kitsch wird auf den ersten Blick als schön, nett, hübsch, attraktiv, als lustig, dekorativ und anziehend empfunden. Kitsch ist «irgendwie schöner» als die Wirklichkeit und ist als materieller Gegenstand präsent und real. Es ist materialisierter Glamour, den man betrachten und kaufen kann. Kitsch bringt einen Lichtstrahl in den grauen Alltag. Macht uns dieser Lichtstrahl frei?

Ich behaupte, Kitsch macht uns nicht frei, sondern abhängig. Der Staats- und Kirchenkitsch in Großformat lässt uns den Status bewundern und übertölpelt unser kritisches Denken. Der kleine Kitsch in den Läden macht uns für kurze Momente schönheitstrunken und zieht uns in den Bann zu kaufen, weil wir spontan das schön finden, was wir letztendlich nicht brauchen – für uns selbst nicht und für andere eigentlich auch nicht. Oder soll von der Kitschaura etwas abstrahlen und uns erhöhen und unseren Wert steigern, indem wir verschnörkelte und ziselierte Gebilde unser Eigen nennen und sie zu Hause auf den Kamin- oder Fenstersims stellen?

Venedig ist eine sterbende Stadt. Die Fassaden der Geschäftssträßchen sehen noch akzeptabel aus, aber wenn du dich mit einer Gondel durch die Kanäle der Stadt fahren lässt, dann wird sichtbar, dass die Bewohner der Häuser in vom Wasser angegriffenen Bauwerken leben, die nur mit sehr großem Kapitalaufwand, wenn überhaupt, zu sanieren wären. Die unteren Stockwerke sind zumeist nicht bewohnbar, weil das Wasser ins Mauerwerk einzieht und an den Wänden hochkriecht. Zwar verdecken die Fassaden der Geschäftssträßchen die Probleme, doch jeder, der sehen will und eine Gondelfahrt für 50 Euro bucht, kann sie sehen. Es ist eklatant: Die Häuser sind marode und nicht mehr zu sanieren. Venedig wird untergehen und kann sich nur noch mit dem Statuskitsch seiner Geschichte und dem Kleinkitsch seiner Läden und Hotels noch einige Jahrzehnte buchstäblich über Wasser halten.

Kitsch als ein goldfarben-glitzerndes Pflaster auf eine eiternde Wunde geklebt – in der Hoffnung, die vermeintliche Schönheit des Pflasters möge die Wunde heilen. Die Wunde ist die Realität und das Pflaster der schöne Schein. Kitsch als Placebo. Und dieses ist wandelbar. Vor sechshundert Jahren hatte

Kitsch die Kraft, die Untertanen und die damaligen Handelspartner zu beeindrucken. Heute hat er die Kraft, die Touristen zu begeistern und den Kleinkitsch der Kitschfabrikanten in alle Welt hinauszutragen, um neue Touristen anzulocken, die Venedig unbedingt sehen wollen, als wäre es ein Manko, gelebt zu haben und nicht über die Piazza San Marco gebummelt zu sein.

Ich sage dir, es bedeutet gar nichts, an diesem Ort gewesen zu sein, wenn du nicht frei bist. Nicht der hier auf jedem Meter angebotene Kitsch macht dich frei, sondern dein Bewusstsein macht dich frei von dieser Stadt und frei von ihrem historischen und aktuellen Kitsch. Zum Kitsch degradierte menschliche Werke, die zum Verkauf angeboten werden, machen dich niemals frei. Der Kitsch folgt den Spuren der Abhängigkeit und manipuliert dich in Abhängigkeit.

Vielen Venedig-Liebhabern mag meine Schilderung ernüchternd erscheinen, und es wird mir vielleicht mangelnde Begeisterungsfähigkeit vorgeworfen. Aber ich frage mich: Warum soll ich mich für Kitsch begeistern, der die Bindung an eine falsche Schönheit zur Grundlage hat?

Seelische Freiheit ist auch Freiheit von einem manipulativen Kunsthandwerk und von dem Dogma, etwas schön zu finden, was auf den ersten Blick viele schön finden. Der Ladeninhalt dokumentiert, was jene vielen schön finden, denn nur was verkäuflich ist, gelangt auch ins Schaufenster. Venedig hat Machtkitsch produziert, um in der Welt des ausgehenden Mittelalters und der beginnenden Neuzeit Handelspartner und Potentaten zu beeindrucken.

Wir müssen die Manipulation über unsere Sinne verstehen. Die Natur manipuliert uns nicht; sie ist so, wie sie ist. Aber die Kultur manipuliert uns mit ihren angeblichen Kunstwerken, die zumeist Kitschwerke sind. Deshalb sage ich: Falle nicht auf die Knie voller Bewunderung für eine Marmorstatue oder ein Kreuzigungsgemälde. Befreie dich von den Werken der Menschen. Banal formuliert, handelt es sich um «Werbebilder» der

Kirche und des Staates, und Kirche und Staat wollen: Unterwerfe dich, und glaube an unsere Macht. Die Geschäfte wollen: Finde es schön, und kaufe mich. Wir sollen etwas abkaufen, und zwar im doppelten Sinne: dem Staat und der Kirche ihre Kompetenz, über uns zu herrschen, und dem Laden ein kleines «Kunstwerk» zur dekorativen Gestaltung unserer Wohnung. Das alles macht uns nicht frei.

Auf der ganzen Welt zieht kunsthistorischer Kitsch den Warentisch nach sich. Ich lebe in Köln, und ich finde es schade, wie das Wahrzeichen dieser lebendigen Stadt, der Kölner Dom, in Tausenden von Kitschvariationen vermarktet wird. Das Prinzip ist überall und immer das gleiche.

18. Warum wird das Wissen um die Freiheit der Psyche nicht in die richtigen Bahnen gelenkt?

An dieser Stelle möchte ich eine kurze Zwischenbilanz ziehen. Seit fünfundzwanzig Jahren schreibe ich Bücher, die meine Leser sensitiver und freier machen sollen. Seit dieser Zeit arbeite ich auch in meiner Praxis, in persönlichen Einzelgesprächen, an der Vermittlung jener elementaren Grundlagen, welche helfen sollen, die seelischen Konflikte zu überwinden und ein glücklicheres Leben zu leben, also frei zu werden von Ängsten und Depressionen, von Aggressionen, Ehrgeiz und Sucht, von Liebeskummer und Partnerschaftsproblemen. Über drei Millionen meiner Bücher wurden gekauft und verschenkt und gelesen. Ich habe eine große Resonanz an Briefen und Telefonanrufen meiner Leserinnen und Leser erfahren. Vielen Lesern konnte ich Impulse geben, um sich selbst zu erforschen und glücklicher zu werden, aber auch viele Leser haben diese Impulse empfangen und keine sichtbare Veränderung in sich selbst erlebt. Und ich erfahre noch heute aus Leserbriefen, dass Personen aus meinen Büchern zitieren, die aber dennoch ein aggressives und brutales Verhalten an den Tag legen.

Ich möchte, sozusagen als Antwort darauf, eine kleine Geschichte wiedergeben, die von Buddha (ca. 480 bis 560 v. Chr.), dem Propheten und Religionsgründer, berichtet und in dem Buch *Buddha ohne Geheimnis* von A. Khema, erschienen im Theseus-Verlag, nachzulesen ist.

Eines Tages kam ein Mann zum Buddha, um ihn etwas zu fragen. Er sei schon seit geraumer Zeit sein Zuhörer, habe in den letzten Jahren fast alle Lehrreden mit angehört und dabei viele Mönche und Nonnen aus seinem Gefolge kennen gelernt. Ihm falle auf, dass manche der Mönche und Nonnen, die dem Buddha schon seit Jahren folgten und seinen Lehrreden zuhörten, sich um vieles gebessert hätten, sie seien sehr liebevolle, geduldige, mit einem Wort: wunderbare Menschen geworden. Andere, die schon genau so lange dabei seien, hätten sich überhaupt nicht verändert und einige sogar zu ihrem Nachteil: sie seien zänkisch geworden, ungeduldig, unangenehm. Wie lasse sich das erklären?

Der Buddha fragte den Mann nach seiner Heimatstadt.

«Ich komme aus Rájagaha.»

«Gehst du nochmal zurück nach Rájagaha?», fragte der Buddha weiter.

«Ja, sehr oft, ich habe dort Familie und Geschäft.»

«Du kennst den Weg also gut?»

«So gut, dass ich ihn sogar nachts im Dunkeln gehen kann.»

«Und wenn dich jemand fragt, wie er von hier nach Rájagaha kommt, kannst du es ihm erklären?»

«Ich glaube kaum, dass ein anderer es besser könnte.»

«Wenn du nun aber», fuhr der Buddha fort zu fragen, «jemandem den Weg ganz genau erklärst, der aber bleibt in Benares – ist es dann deine Schuld, dass er nicht nach Rájagaha kommt?»

«Nein», antwortete der Mann, «ich bin ja nur der Wegweiser, ich zeige ihm ja nur den Weg.»

«Ja», sagte der Buddha, «genauso mache ich es!»

Mir hat diese Geschichte sehr gefallen, weil ich mich und meine Situation als Autor darin widergespiegelt sehe. Ich will Wegweiser sein und den Weg in die Freiheit zeigen, zu einem glücklicheren Leben, und vermittle Gedanken darüber. Die einen sind gelöste, wunderbare Menschen geworden, sind den Weg gegangen; die anderen sind zynisch, zänkisch, verlogen, brutal, aggressiv – sie sind in Benares geblieben. Es wird mir oft vorgeworfen, ich hätte nicht genug dafür getan, dass die Menschen Benares verlassen. Ich bin aber kein Missionar, der Benares schlecht macht, um alle nach Rájagaha zu schicken.

Ich spreche aus, wie die Verhältnisse in Benares sind, und zeige, wie es anderswo sein könnte. Für viele ist es bequemer, sicherer und angenehmer, in Benares zu bleiben; sie haben alle ihre Gründe. Aber ich vermittle trotzdem das Wissen über Rájagaha. Manche Leser sagen dann: «Was mir der Lauster über Rájagaha sagt, das habe ich alles eh schon gewusst, das ist für mich nichts Neues», und deshalb bleiben sie in Benares. Ich bezweifle, dass sie es «gewusst» haben, sie haben es höchstens gefühlt. Durch die Vermittlung und Verständlichmachung wurde dieses Gefühl konkretisiert, und sie meinten dann, sie hätten es gewusst, weil es ihnen präsent wurde.

Es ist im Allgemeinen menschlich, wenn du jemandem etwas klar machst und er es verstanden hat, dass er dann sagt: «Das ist ja klar, es ist einleuchtend.» Er tut dann so, als wäre es ihm schon immer klar gewesen, weil es so einleuchtend ist, und er kann sich dann plötzlich gar nicht mehr vorstellen, dass ihm das einmal nicht so klar gewesen sein könnte. Wenn du den Menschen klar machst, dass es nicht gut ist, sein Herz an das Haben zu hängen, dann sagen sie: «Ja, das ist doch klar.» Aber sie hängen dennoch weiter an materiellen Dingen. Dann ist es ihnen vordergründig klar, aber sie haben es nicht wirklich verstanden, nicht mit Einsicht verstanden. Wenn ich sage, Kunst und Kitsch machen die Seele nicht frei, dann wird das verstanden im Sinne von: «Ja, das ist mir jetzt klar.» Aber nur wenigen gelingt es, die ganze Wucht dieser Aussage tief innerlich zu erleben, zu erspüren und selbsterforschend zu erfassen.

Deshalb ist das Lesen eines Buches, das Hören eines Vortrags, das Betrachten eines Schauspiels oder Films nicht der eigentliche Vorgang, den ich meine. Wenn du das Gelesene zur Kenntnis nimmst und dich informierst und Wissen speicherst, dann ist das nur der erste Schritt einer sicherlich sinnvollen Sache. Du sagst zu anderen: «Ich habe das Buch [den Vortrag, den Film] verstanden.» Aber hast du die Gedanken wirklich verstanden? Haben die Impulse in dir etwas ausgelöst, das tiefer geht?

Außer dem Zur-Kenntnis-Nehmen muss, so meine ich, noch etwas hinzukommen, nämlich selbst weiter nachzufragen (nicht auf der Informationsebene), also nicht noch mehr Wissen anzusammeln, sondern selbst erforschen, was in der eigenen Seele und im Geist vorgeht. Wie fühlt es sich, von allen Seiten betrachtet, an? Was empfinde ich dabei in mir?

Wir haben das Phänomen Kitsch und Kunst angesprochen. Ich denke, du hast verstanden, was es mit dem Kitsch in Venedig auf sich hat, und du stimmst zu und sagst: «Ja, es ist der Kirchenkitsch, und es ist der Kitsch für die heutigen Touristen.» Aber hast du dabei wirklich tief innerlich erlebt, was Kitsch oder Kunst ist? Ist dir der Unterschied wirklich persönlich aufgegangen? Die Unterscheidung zwischen Kunst und Kitsch kann nicht durch intellektuelles Vermitteln über ein Buch, einen Vortrag, eine TV-Sendung wirklich verstanden werden. Du musst bereit sein, dich von den Impulsen anregen zu lassen, selbst zu erleben und zu erfahren. Du musst in der Basilika von Venedig stehen und die realen Sinnesreize auf dich einwirken lassen, sie fühlen und erspüren und dann mit den Gedanken vergleichen. Der Gedankenvergleich dreht sich um zwei Dinge: Was weiß ich davon, und was fühle ich dabei? Sind Wissen und Gefühl eins?

Ein Buch über die Freiheit, die Liebe und das Glücklichsein kann sechshundert Seiten umfassen. Du nimmst das alles zur Kenntnis, aber wirst du so frei, liebend und glücklich? Es gelingt nur über Selbsterfahrung – und das heißt Forschung. Du bist ein Leben lang ein Lernender. Aber mein Begriff von dieser Art zu lernen ist positiv. Die Schule versteht unter Lernen ein Pauken von Wissen, also ein Abspeichern von Daten im Gedächtnis. Darum geht es hier aber nicht. Es wird kein Wissen über Kunst und Kitsch vermittelt, um es zu repetieren für eine Prüfung oder einen Vortrag. Du wirst animiert, den vermittelten Gedanken selbst nachzugehen, sie zu erfühlen in der Realität. Das ist erlebendes Forschen. Es muss dich persönlich etwas angehen. Wenn du über den Markusplatz bummelst, mit einem Reiseführer in der Hand, und Wissensdaten abhakst, dann hat das keinen Sinn für dich selbst und dein Leben. Über den Markusplatz könnte man leicht dreißig Buchseiten schreiben, um alles aufzuzählen, was dort zu erkennen und zu beachten ist. Du wüsstest dann viel, hättest aber wenig gefühlt und wenig begriffen.

Ich möchte dich herausholen aus dieser Enge. Wissensdaten machen dich nicht frei. Atme kräftig durch, und sieh, höre und fühle alles, was in diesem Moment geschieht. Sieh dich selbst dabei und betrachte die vielen Menschen auf dem Platz – und du erkennst die Symptome der Zeit, in der du lebst. Das ist ein gewaltiger Vorgang des Erkennens; dieses Erkennen haut dich um. Wissen muss man nur pauken; es ist groß und entmutigend vielfältig. Erkennen aber hat eine elementare Gewalt, die über dich hereinbricht und dir die Tränen in die Augen treiben kann. Diese Erkenntnis ist von unermesslicher Schönheit; sie überwältigt dich und macht dich zunächst einmal sprachlos. Du kannst diese Gefühlsnuancen nicht in Worte fassen; das ist die erforschende Haltung der Seele. Du bist offen und völlig vorurteilsfrei, die äußeren Dinge auf dich einwirken zu lassen. Forschen heißt, ohne Vorurteile zu sein. Es stürmt auf dich ein, und du stehst da und staunst. Mit dem Staunen beginnt die Freiheit, und im Staunen ist das Forschen enthalten.

Dritter Teil
Macht uns die Liebe frei?

Das Problem zu erkennen ist wichtiger, als die Lösung zu erkennen, denn die genaue Darstellung des Problems führt zur Lösung.

Albert Einstein

19. Was verstehen wir unter Liebe?

Kunst macht nicht frei, Kitsch auch nicht. Der Staat macht uns nicht frei – auch nicht die Kirche. Wer macht uns dann frei? Ist es vielleicht die Liebe? Ich muss nochmals über die Liebe einiges mitteilen, obwohl ich darüber vor fünfzehn Jahren ein Buch geschrieben habe, das nach wie vor in seinen Aussagen volle Gültigkeit hat. Im vergangenen Jahrzehnt habe ich in vielen Gesprächen erfahren, dass ich in etlichen Punkten missverstanden wurde, weil ich mich nicht deutlich genug ausgedrückt habe.

Die Liebe ist kein Problem, sondern ein psychisches Phänomen. Aber die meisten Menschen haben große Probleme mit der Liebe; das erlebe ich täglich in der Praxis. Das Phänomen wird zugedeckt von Problemen, es wird erstickt davon.

Eines der wichtigsten Probleme, die wir mit der Liebe haben, ist die Eifersucht, die aus dem Egoismus entsteht, alleinige Exklusivrechte zu haben und um diese mit aller Macht zu kämpfen – das geschieht in der Liebe zwischen Mann und Frau.

Die Liebe ist zunächst als ein seelisches Erleben zu sehen. Ein Zehnjähriger, der durch den Wald streift und Pilze sucht, erlebt die Liebe zur Natur und zu den Tieren. Vor allem Kinder, die mit einem Haustier leben, einem Hund, einer Katze oder einem Hasen, erfahren dieses Liebesgefühl zu einem Lebewesen. Die Liebesfähigkeit wird also vor der Zeugungsfähigkeit in der Seele bereits entwickelt. Lieben zu können ist etwas Wunderbares; es gibt der Seele ein rundes und warmes Gefühl. Die Liebe wird über unsere Sinne geweckt: Wir sehen eine Landschaft, einen Baum, eine Blüte am Waldrand, es weht ein leichter Wind, die Sonne wirft ihre Strahlen zwischen das Geäst, und wir beobachten einen Vogel. In einer solchen Stimmung kann sich Liebe ausbreiten, ein tiefes Mitgefühl mit der Natur, mit den Pflanzen und den Tieren und ein Glücksgefühl von Dankbarkeit, auf der Welt zu sein, zu atmen und dies alles mit den Sinnen erfahren zu dürfen. Das Leben wird als Geschenk empfunden.

Mit der Pubertät erwacht in uns die Sehnsucht nach dem anderen Geschlecht und nach der Erforschung der sexuellen Geheimnisse. In dem Mädchen entsteht eine Sehnsucht nach dem jungen Mann, in dem Mann die Sehnsucht nach dem Mädchen oder der Frau. Diese Liebe hat eine sexuelle Basis. Die Liebe zwischen Mann und Frau ist erfüllend, wenn dieses sexuelle Verlangen eine Rolle spielt.

Dann wird aber die Beziehung zwischen Mann und Frau kompliziert, da nach der Entfaltung der Sexualität die beiden – falls die Sexualität gefühlstief und beglückend war – näher und näher zueinander finden wollen. Es entstehen also Besitzansprüche: Du gehörst jetzt zu mir, wir gehören zusammen, sind ein Paar, wir wollen zusammenleben und eine Zukunft aufbauen. Damit beginnt der Eintritt in die Welt neuer Probleme, die so alt sind wie die Menschheit. Mehr oder weniger ausgeprägt zieht sich das durch alle Kulturen in der Geschichte.

Mann und Frau treten mit der Sexualität in eine Erlebniswelt ein, die es für das Kind und den Jugendlichen davor nicht gab. Es gab allerdings schon den Egoismus, den Ehrgeiz, das Machtstreben, das Haben- und Besitzenwollen, das Mitgefühl, die Aggressionen und die Trennungsängste. Verfolgen wir nun wieder die beiden jungen Menschen, die sich gegenseitig gefallen haben und deshalb jetzt ineinander verliebt sind. Sie haben Sex zusammen und teilen damit ein gemeinsames körperliches und seelisches Erleben, das sie noch mehr füreinander begeistert.

Und jetzt setzen die Normen der Gesellschaft ein. Die Liebe zum anderen Geschlecht und die sexuelle Entfaltung sind etwas sehr Schönes. Diese Gefühle, die dann entstehen, sind groß, gewaltig, umwerfend, begeisternd, beglückend. Aber was passiert nun? Du gehörst jetzt zu mir, du bist mein Partner, du hast an meiner Person Exklusivrechte und ich an deiner Person. Und damit wird das, was so wunderbar zart und frei begonnen hat, zu einem Reglement. Sobald ein Hauch von diesem Besitzenwollen hinzukommt, wirft das einen Schatten auf die Freiwilligkeit. Und dieser Schatten wird immer größer, breitet sich aus und verdunkelt letztlich das ganze Leben. So ist diese Liebe im höchsten Maße gefährdet, aus dem strahlenden Licht ihres Beginns in den Schatten zu gelangen. In diesem Schatten gedeiht sie aber nicht mehr. Sie braucht die Freiheit, um atmen zu können. Die Liebe zwischen Mann und Frau ist das freiheitsauffälligste Gefühl von höchster Sensibilität.

Das ist nicht so bei der Liebe zur Natur, zu den Tieren und den Menschen allgemein. Diese Liebe ist rein, wenn sie von einem Mitgefühl für das Leben getragen ist. Diese Liebe geschieht aus Freiheit und in Freiheit. Du gibst dich hin, und es wird dir das Glücksgefühl geschenkt. In der Phase der Verliebtheit ist es ähnlich: Du gibst dich hin, weil du Sehnsucht danach hast, und es wird dir, wenn der andere sich auch hingibt, die Erfüllung geschenkt. Damit ist der Kreis des Glücks geschlossen. Es ist alles in Ordnung, und es gibt kein Problem. Das Glück klingt in Seele und Geist wunderbar angenehm nach, und deine Energien fließen gelöst, frei und unblockiert. Diese Liebe vitalisiert Körper, Seele und Geist.

Wenn du jetzt sterben würdest, dann würdest du dieses runde Glücksgefühl mit in den Tod nehmen. Aber zumeist geht danach das Leben ja weiter. Und was jetzt kommt, wird für die meisten zu einem Sturz aus dem Paradies in die Hölle. Die Probleme, die mit der Liebe zwischen Mann und Frau jetzt verknüpft sind, sind viel gewaltiger und größer als die Glücksgefühle. Deshalb sagen viele zu mir: «O hätte ich mich doch nie verliebt, dann ginge es mir heute besser.»

Was danach folgt, damit müssen wir uns befassen. Wenn die Freiheit der Verliebtheit sich entfaltet, dann ist die Luft wie Samt, und du atmest voller Kraft und Vibration. Da aber die Freiheit sich dann mehr und mehr verringert, atmest du verkrampfter und beengter. Auf diese Weise kann psychosomatisch bedingtes Asthma entstehen und natürlich alle anderen psychosomatischen Störungen (die Symptompalette ist breit und vielfältig). Sobald die Freiheit beschränkt wird, beginnen die Probleme. Deshalb: Verliebtheit lässt Freiheit genussvoll herein. Sobald aber die Liebe auf die Erkenntnis reduziert wird: «Wir lieben uns und sind ein Liebespaar», entschwindet die Freiheit von Stunde zu Stunde und Monat zu Monat. Dann schleicht sich Unfreiheit mit einem gewaltigen Aufgebot ein und macht die Freiheit zunichte. Es wird schlimmer, als man es jemals erahnen konnte. *Diese* Liebe macht nicht frei – sie macht unglücklich, krank und kostet unter Umständen sogar vorzeitig das Leben. Wer sich verliebt, begibt sich also in allerhöchste Gefahr – und deshalb sollten wir uns damit befassen. Wir brauchen mehr Bewusstheit.

20. Welche Rolle spielt die Sexualität in der Liebe?

In meiner Praxis berate ich häufig Menschen, die wegen Ehe- und Partnerschaftsproblemen zu mir kommen, und kenne deshalb die Konflikte zwischen Mann und Frau aus allernächster Nähe. Ich möchte ein kleines Beispiel erzählen.

Frau Schmidt (Name geändert) kommt in die erste Beratungsstunde und erzählt von sich selbst und ihrer Ehe: «Wir sind seit fünf Jahren verheiratet. Ich würde meinen Mann als einen guten Menschen bezeichnen. Er arbeitet täglich zehn Stunden, er ist in leitender Position. Er kann gegenüber dem Geschäftsführer einfach nicht nein sagen. Abends ist er natürlich sehr geschafft, und er schaut sich noch einen Fernsehfilm an, schläft aber meist dabei ein. Ein Gespräch über uns und unsere Gefühle ist nicht möglich. Er schweigt sich dann aus und sagt, dass er darüber nicht reden will oder kann.»

Ich frage: «Warum haben Sie Ihren Mann geheiratet?»

«Ich heiratete ihn, weil er auf mich einen verlässlichen Eindruck gemacht hat. Damals hatte ich viele Freunde, die sehr oberflächlich waren. Bei meinem Mann hatte ich das Gefühl, er meint auch, was er sagt, und er steht zu seinem Wort.»

«War das allein der Grund zu heiraten?»

«Mein Mann hat mich verehrt und bewundert. Er sprach von unserer gemeinsamen Zukunft, von einem Leben zu zweit, und er wollte auch Kinder. Das war für mich sehr wichtig, denn auch ich wollte eine Familie mit zwei Kindern. Wir haben auch mittlerweile einen Sohn, den Mark, ein sehr sonniger und lieber Junge, über den ich glücklich bin.»

«Was bedeutet Ihnen die Sexualität?», frage ich.

«Sexualität ist für mich auch wichtig, obwohl ich auf diesem Gebiet noch nie richtig frei war. Mein Mann möchte oft mit mir schlafen, sofern er nicht zu müde ist, aber er sieht die Sexualität als Einbahnstraße, so schnell wie möglich zu seinem Orgasmus zu kommen. Ich fühle mich dann wie ein Objekt, das zu seiner Befriedigung herhalten muss.»

«Haben Sie auch einen Orgasmus?», frage ich.

«Mir geht das alles zu schnell, ich brauche mehr Stimulation. Ich möchte mehr gestreichelt werden. Meine sexuellen Phantasien gehen andere Wege, und die lassen sich nicht verwirklichen. Aber ich darf mich eigentlich nicht beklagen, denn mein Mann meint es gut. Ich könnte mit ihm über meine Defizite nicht reden; ich glaube, er würde es nicht verstehen in seiner rechtschaffenen Art. Er ist davon überzeugt, dass er es so richtig macht und ich zufrieden sein müsste.»

«Lieben Sie Ihren Mann?», frage ich.

«Es ist für mich schwierig, darauf zu antworten. Ich mag ihn, ich respektiere ihn. Er ist ein guter Mensch, mit wertvollem Charakter. Ja, ich mag ihn.»

«Meine Frage war: Lieben Sie Ihren Mann?»

«Das ist irgendwie schwierig. Was ist Liebe? Wer weiß schon, was Liebe ist?»

«Wenn Sie sich so ausdrücken, dann sage ich Ihnen, Sie lieben Ihren Mann nicht. Wer liebt, der sagt nicht, dass er mag, und er fragt auch nicht, was Liebe ist, denn er fühlt sie und spricht nicht von Mögen, sondern von Lieben.»

«Jetzt haben Sie mich ganz betroffen gemacht. Sie stoßen mich in eine Verwirrung. Sagen Sie mir, was Liebe ist, wer kann das sagen, wer kann das genau begründen?»

«Sie sollten sich damit befassen. Sie können Liebe nicht über die Ratio definieren, sondern sie nur sensitiv fühlen. Es geht nicht um eine Definition fürs Lexikon, sondern darum, ob Sie Ihren Mann ganz subjektiv und individuell lieben. Sie mögen ihn, Sie schätzen ihn, seine positiven Charaktereigenschaften, aber Sie lieben ihn nicht.»

«Das erschreckt mich.»

«Ich weise Sie auf etwas hin, das Sie erschrecken kann oder

Sie zum Erzählen von Ihrer Liebe motivieren könnte. Sie mögen Ihren Mann, Sie schätzen ihn als guten Freund. Das ist in Ordnung. Er ist Ihr verlässlicher Partner, aber Sie lieben ihn nicht, wenn man die Liebe zwischen Mann und Frau, also die erotische Geschlechterbeziehung, als Maßstab anwendet.»

«Ja, so liebe ich ihn nicht. Ich liebe ihn als Freund und Partner, aber eine erotisch-sexuelle Erfüllung oder Anziehung besteht nicht. Ich träume manchmal nachts von anderen Männern, die mich sexuell erregen.»

An dieser Stelle möchte ich mich aus dem Gespräch ausblenden, um etwas Allgemeines dazu zu sagen. Die Liebe zwischen Mann und Frau ist etwas ganz Besonderes, und wir sollten ein umfassenderes Verständnis dafür erlangen. Wir können sehr liebesfähig und sensitiv sein und dennoch den Partner in unserer Nähe nicht lieben. Liebesfähigkeit allein reicht also in der Geschlechterbeziehung nicht aus. Den anderen zu schätzen, ihn zu verehren, ihm zu vertrauen, ihn für einen guten Menschen zu halten, das alles kann auch Erotik erzeugen, muss aber nicht. Die Sexualität ist etwas ganz Eigenständiges. Erst dann, wenn erotische Anziehung und sonstige Wertschätzung sich vereinigen, entsteht Liebe zwischen Mann und Frau. Und darum geht es. Wer seinen Gefühlen lauscht, der findet das intuitiv heraus. Er fragt nicht lange nach, sondern lebt sein Gefühl aus. So spontan und direkt verbunden mit der elementaren Basis sind aber nur wenige Frauen und Männer. Deshalb werden auch so viele Partnerschaften eingegangen, in denen Sexualität und Verstand im Vordergrund stehen, und deshalb haben es die meisten Partnerschaften schwer, sich im Alltag zu behaupten. Es besteht ein ständiger Widerstreit zwischen Vernunft und Emotionalität. Wir mögen eine Frau oder einen Mann, wir leben Sexualität mit ihr oder ihm, aber wir fühlen, dass uns dennoch etwas fehlt. Im Gesamtspektrum des Lebens nimmt die Sexualität nur einen Teil ein. Es geht darum, sie nicht überzubewerten.

Aber wenn sie nicht zu ihrem Recht kommt, dann wächst sie in uns an zu einem großen Problem. Wenn die sexuell-erotische Basis nicht gegeben ist, dann ist alles nichts. Also müssen wir die Sexualität in die Liebe integrieren. Ich möchte an dieser Stelle nochmals ausdrücklich betonen, es geht um die Liebe zwischen Mann und Frau. Nur hier spielt die Sexualität eine entscheidende Rolle. Das hat also nichts mit Mitmenschlichkeit und Liebe zur Natur zu tun. Es bedeutet keine Abwertung im Sinne von: Er kann jemanden nicht lieben, er ist liebesunfähig, wenn er seine Frau nicht liebt.

Die erotisch-sexuelle Anziehung spielt nun mal eine elementare Rolle. Das hat nichts mit Oberflächlichkeit zu tun. Im Gegenteil, das ist eine sehr tiefgründige Betrachtung.

21. Ist unerfüllte Sexualität ein Problem?

Vor einiger Zeit unterhielt ich mich mit einem Mann über Liebe und Sexualität. Zunächst ging es um ganz andere Themen, um Gesellschaftspolitik und allgemeine Tendenzen in der Wirtschaft. Plötzlich sagte er: «Meine Frau hat mich nur geheiratet, weil es mir wirtschaftlich gut geht und weil ich ihr eine Absicherung biete, denn sie hätte nicht die Kraft und die Energie, selbst Karriere zu machen. Dazu ist sie zu bequem. Sie hat mich nicht aus Liebe geheiratet; darüber mache ich mir keine Illusionen. Ich habe sie anfänglich geliebt, aber sie konnte mir sexuell nicht das geben, was ich bei ihr suchte – eine frei entfaltete Sexualität. Ich habe immer das Gefühl, dass sie die Sexualität über sich ergehen lässt und im Grunde froh ist, wenn ich meinen Orgasmus gehabt habe und es vorbei ist. Das ist für mich natürlich unbefriedigend, weil ich nicht empfinde, dass sie die Sexualität glücklich macht. So kann ich auch nicht glücklich sein. Dadurch stagniert unser Sexleben.»

«Sie wünschen sich eine Partnerin, die mehr Freude an der Sexualität zeigt», sagte ich.

«Ich habe sexuelle Wünsche, die ich mit ihr nicht leben kann. Sie zieht einfach nicht mit. Schon die traditionelle Standardpraxis ist ihr nicht angenehm. Also fehlt mir etwas.»

«Lieben Sie Ihre Frau?»

«Ich habe sie geliebt, aber ich bin natürlich fremdgegangen, um diese Sexualität bei anderen Frauen zu finden. Mitunter habe ich erlebt, was ich suche. Ich habe mich in andere Frauen auch verliebt. Heute liebe ich meine Frau nicht mehr. Wir sind ein gutes Eheteam, denn sie ist zuverlässig, ehrlich, hat einen guten Charakter. Sie würde sich nicht von mir scheiden lassen, und ich will das auch nicht, denn bei unserer Zugewinngemeinschaft würde ich vieles verlieren, was wir an Vermögen aufgebaut haben. Das muss man ganz nüchtern sehen. Sie hat mich nie geliebt, und ich liebe sie heute auch nicht mehr. Nach außen hin erscheinen wir aber wie ein solides Paar.»

«Sie sind ein gutes Eheteam, wie Sie sagten. Eine sexuelle Erfüllung aber zwischen Mann und Frau gibt es für Sie beide nicht. Ist die unerfüllte Sexualität für Sie ein Problem?»

«Natürlich ist das für mich ein Problem, denn ich will mit vierzig Jahren in Zukunft nicht ohne Sexualität leben. Also spielt sich Sexualität in meinen Gedanken ab. Ich denke öfters daran, als mir lieb ist. Würde ich eine befriedigende Sexualität haben, gäbe es diese bohrenden Gedanken nicht.»

Ich antwortete: «Die Sexualität drängt sich auf, wenn sie fehlt. Wenn man sie hat, dann ist der Kreis geschlossen, und man fühlt sich rund, der Kopf ist frei. Alles, was wir uns wünschen, aber nicht bekommen, ruft Energien hervor, etwas zu ändern. So gelangen wir in Spannung. Erst wenn uns in der Sexualität etwas fehlt, gewinnt sie an Wichtigkeit. Und diese Wichtigkeit kann anwachsen und so unser Leben stören und beeinträchtigen.»

«Was kann man dagegen tun? Wie gelange ich wieder zur inneren Ruhe? Ich sage mir oft, so wichtig ist die Sexualität nun doch auch wieder nicht. Aber sie ist doch wichtig. Ich bekomme sie nicht aus meinem Kopf. Und wenn ich fremdgehe, dann habe ich danach ein schlechtes Gewissen. Die Sexualität ist doch nur ein Teil der Entfaltung im Leben. Aber dieser Teil wird immer größer. Ich bin innerlich nicht frei, mich neu zu verlieben. Eine Prostituierte bringt mir ja nichts. Ich möchte selbst lieben und auch geliebt werden. Die Seele und der Geist sollten mitbeteiligt sein.»

«Diese Spannung wird anhalten. Das lässt sich nicht durch Verdrängung erledigen. Je mehr verdrängt würde, desto stärker würden sich diese vitalen Energien gegen diesen Widerstand wehren. Deshalb ist es gut, dass Sie sich dessen bewusst sind. Wir müssen das Leben selbst arbeiten lassen. Mit dem Verstand kann man hier nichts regeln. Auch der Einsatz des Willens bringt nichts. Sie müssen die Dinge sich entwickeln lassen und sie beobachten. Werten Sie nichts mit irgendeiner Moral. Die Lebendigkeit kennt keine Moral; sie möchte sich nur entfalten, damit Gesundheit bestehen bleibt. Je mehr Druck Sie über die Ratio ausüben, um diesen Vorgang der Lebendigkeit zu steuern oder zu beeinflussen, umso schwieriger wird alles. Die Sexualität ist wie ein scheues Wild. Aus der Emotionalität heraus geschieht sie einfach; wenn die Rationalität auftaucht, wird das scheue Wild verjagt. Unerfüllte Sexualität wird zu diesem Problem, weil sich der Verstand einschaltet und die Lichtung leer bleibt. Aber im Beobachter entsteht das Verlangen danach, das Wild zu sehen. Der Jäger wartet, bis sich das Wild zeigt, aber dann will er es erlegen. Die Ratio ist ein Jäger, und sie tötet das Wild. Der reine Beobachter genießt den Anblick des Rehs und erfreut sich daran. Er lässt es auftauchen und wieder verschwinden. Der Beobachter fühlt sich seelisch reicher. Hingegen hat der Jäger nur ein Erfolgserlebnis (und ein finanzielles Ergebnis, falls es sein Beruf ist).

Ich weiß, dass dieser Vergleich nicht mehr als ein Gleichnis ist. Ich wollte damit nur begreiflich machen: Um ganz sichtbar werden zu können, darf die Sexualität bei ihrer freien Entfaltung in keiner Weise beeinflusst werden. Wir sind die Beobachter unserer eigenen Sexualität; wir lernen sie so kennen und erforschen uns und den Partner dabei. Das ist das Spannende daran. Diese Spannung ist positiv. Anspannung des Verlangens dagegen ist negativ. Wenn aber dieses Beobachten und Forschen nicht zugelassen wird, entweder weil der Partner das nicht möchte oder weil wir selbst es nicht so sehen, dann wächst die Anspannung an. Das Verlangen wird immer größer und die Unerfülltheit immer schmerzlicher. So wirft dieses Problem dann seinen Schatten über unser gesamtes Leben. Unser Wachstum wird dadurch behindert.

Der Körper wehrt sich durch einzelne Symptome aus der

reichhaltigen psychosomatischen Palette. Wenn Sie diese Zusammenhänge wirklich verstanden haben, dann verdunstet die Anspannung. Lassen Sie Ihre emotionale Lebendigkeit zu. Das hat nichts mit Ehe zu tun. Über die Ehe denken wir anschließend nach, unter neuen Voraussetzungen. Die Ehe ist das eine, die sexuelle Entfaltung aber das andere. Wenn sie unter dem Hut der Ehe nicht möglich ist, dann ist sie außerhalb des Hutes möglich. Der Verlust von Vermögen durch Scheidung ist ein rational erfassbares Problem. Das ist ein ganz anderes Thema; dabei geht es um materielle Dinge. Liebe und Sexualität zwischen Mann und Frau, das ist ein viel wichtigeres und elementareres Thema als die Teilung eines Hauses oder einer Eigentumswohnung.»

22. Kann ein Mensch alle Sehnsüchte abdecken?

Wenn wir uns in jemanden verlieben, bekommt diese Person eine einzigartige Bedeutung. Sie ist der schönste, interessanteste, attraktivste, erotisch anziehendste Mensch für uns auf der Welt. Voller Sehnsucht erwarten wir seinen Anruf oder seinen Brief. Wir versuchen, über ihn alles in Erfahrung zu bringen. Wenn von ihm gesprochen wird, sind wir in der langweiligsten Gesprächssituation plötzlich hellwach. Das kennen wir wohl alle, denn nahezu jeder hat es so oder ähnlich schon einmal erlebt. Die Phase der Verliebtheit ist auch deshalb wunderschön, weil wir, außer an uns selbst, engagiert an einem anderen interessiert sind. An einem anderen Menschen Interesse zu haben reißt uns heraus aus dem Kreislauf unserer egoistischen Eigeninteressen, die sich oft im Kreis drehen. Es öffnet sich ein Fenster nach draußen – wir fühlen mit einem anderen mit und wollen, dass wir für ihn auch zum Zentrum des Interesses werden.

Ich drücke es bewusst so aus, weil darin auch ein kritischer Aspekt zum Ausdruck kommt. Dieses Verliebtsein ist ja keine rein selbstlose Liebe. Wir hegen Erwartungen und entwickeln Sehnsucht. Diese Sehnsucht kann sich steigern zu einem Verlangen bis zur Begierde. Wir schlafen im Gedanken an die Realisierung unserer Liebe ein und wachen damit auf. Wir erarbeiten in unserem Gehirn Strategiepläne, wie wir diese Person, in die wir uns verliebt haben, wiedersehen und wie wir sie überraschen und erfreuen können. Wir scheuen keine Kosten, keine Entfernungen, keine Telefonate, keine umständlichen Recherchen. Wenn die geliebte Person es will, dann rasen wir nachts sechshundert Kilometer über die Autobahn, um sie zu sehen und mit ihr zusammen zu sein. Wenn das alles frei von erotischer Anziehung und Sexualität wäre, wenn das eine reine Geschäftsbeziehung wäre, würden wir das nicht tun, außer es ginge um viel

Geld, um fünftausend, hunderttausend oder eine Million Euro, je nach unserem finanziellen Status. Liebe, Sex und Geld waren seit jeher und sind immer noch die größten Motivationsfaktoren. Wir werden hellwach, wenn wir von einem für uns einträglichen Geschäft hören oder wenn uns einer von einem Menschen vorschwärmt, in den wir uns verlieben könnten.

Ein gutes Geschäft, bei dem wir viel Geld verdienen können, weckt unseren Intellekt und die Kreativität. Wir arbeiten bis in die Nacht hinein an Plänen und Ideen, um dieses Geschäft zu realisieren. Wenn uns aber die Liebe beflügelt, dann lassen wir sogar die geschäftlichen Pflichten links liegen und scheuen keine Lügen, Pflichtverletzungen, Kontoüberziehungen, anderweitige Terminabsagen, Stressbelastungen und schlafentziehenden Aktionen, um unser Verlangen zu stillen.

Die Liebe kommt aus «Bauch und Herz», das Geschäft nur aus der Ratio. Wenn jedoch Liebe und Geschäft miteinander verknüpft sind – ja dann überschlagen wir uns. Wenn sich mit dem geliebten Menschen, zu dem wir uns erotisch hingezogen fühlen, unser Vermögen noch vermehren lässt, sich Zukunftssicherung andeutet, dann werden wir in unserem Verlangen fixiert und gierig, dann werden wir psychisch labil und unberechenbar. Wir setzen unsere gesamte Lebensenergie ein, um unser Ziel zu erreichen. Wir greifen zu allen Mitteln, die sich bieten, zu den lauteren sowieso und auch skrupellos zu den unlauteren. Geschäft und Liebe unter einem Schirm, das ist das Höchste und Wichtigste. Dann wird diese Liebe zur «einzigen und wahren» hochstilisiert, und dabei vergessen wir alles ringsherum, was sonst noch wichtig ist. Wir rufen Freunde nicht an, sagen Termine ab, lassen Geschäftstreffen platzen. Diese «wahre und große Liebe» – wir gehen für sie durchs Feuer, wir laufen dafür über glühende Kohlen.

Wenn wir aber bekommen, was wir wollen, wenn in einem Bett die Sexualität geschieht, dann sind wir entweder glücklich oder enttäuscht. Der sexuelle Kontakt ist das Zünglein an der

Waage. Der Geldjäger lässt sich davon nicht beirren; er denkt, das gibt sich schon, das spielt sich ein, wenn es nicht erfüllend war. Der erotisch Orientierte wird nachdenklich und geht auf Distanz. Der sexuell Erfüllte aber fühlt sich im siebten Himmel der Liebe. Er glaubt daran, dass er die «große Liebe» gefunden hat, und er kämpft mit allen Mitteln dafür, dass daraus nun eine Paarbeziehung wird. Ein Paar zu sein bedeutet, dass man sich gegenseitige Treue schwört, die Vermögensverhältnisse zusammenbringt, die Familien zusammenführt, unter einem Dach leben will, in einem Bett einschläft und aufwacht, zusammen ins Kino geht, zusammen frühstückt, das gleiche Buch liest und den nächsten Urlaub plant.

Aber der andere Mensch ist ein eigenständiges Wesen. Jetzt beginnt man zu erfahren, was der andere denkt, wie er fühlt, welche Pflichten er hat, in welchen Abhängigkeiten er lebt. Wer ist der andere wirklich? Welche Werte sind für ihn wichtig? Er will in seiner Freizeit Tennis spielen oder Vernissagen besuchen. Kann ich damit etwas anfangen? Er will im Urlaub in die Berge, ich aber will ans Meer. Er will viele Leute kennen lernen, ich aber suche die Ruhe, die Stille und die Einsamkeit.

Die Verliebtheit ist anfänglich sehr geduldig und zieht mit, aber nach und nach, im Laufe der Zeit, stellt sich heraus, dass es ihn nervt, dass sie das will und jenes nicht, und sie nervt, dass sie ins Pop-Konzert will und er nicht. Ich habe meine Vorstellungen vom Leben mit einer Partnerin, und sie hat ihre Visionen von einem Leben mit einem Mann. Da wir uns lieben, treffen wir uns entfaltend und erfüllend im sexuellen Erleben. Aber nach dem Orgasmus geht die Wirklichkeit weiter. Der nächste Morgen rückt mit dem Sonnenaufgang unerbittlich heran. Die Musik verklingt, das Make-up ist verwischt, das Telefon klingelt, die Rollläden werden hochgezogen, der Kaffee duftet, die Brötchen sind lasch, die Marmelade tropft, das Ei ist zu hart, der Exfreund ruft an, die Geschäftsreise dauert eine Woche, ein Verehrer schickt Rosen, die Mutter ringt mit dem Tod, der Bruder hat

Krebs, der Freund zahlt das Darlehen nicht zurück, der Wasserhahn ist undicht, der Verkehrsunfall führt zu einem Gerichtstermin, eine geschäftliche Aktion entwickelt sich zu einem Flop, die Bekannten erzählen etwas Negatives über das Vorleben, die Intrigen sind in vollem Gang, der Vermieter kündigt die Wohnung, die Aktien fallen, die frühere Freundin meldet Unterhaltsansprüche für ein gemeinsames Kind an, der Chef droht mit Kündigung, der große Auftrag ist in Gefahr, weil die Konkurrenz sich eingemischt hat, ein ferner Bekannter erzählt eine Lüge, ein guter Freund wird aggressiv, ein geplanter Abend im Restaurant muss abgesagt werden, weil der Chef eine Krisensitzung einberuft. So sieht die Realität aus. Kann die Liebe zwischen Mann und Frau das alles aushalten? Gelingt dann noch eine Realisierung von Liebe und Sexualität? Bleibt die Sehnsucht noch bestehen? Würden wir vielleicht nicht lieber wieder allein sein, weil das Zusammensein den Stress verstärkt? Und wenn es im Bett dann nicht klappt, weil er nicht kann oder sie nicht will, was ist dann?

Viele Erwartungen und Sehnsüchte sind dann enttäuscht. Die Probleme verschiedener Meinungen über Menschen, Politik und Religion, Kinder und Gesellschaft, Ästhetik und Lebensphilosophie wurden noch gar nicht erwähnt. Kann die geliebte Person alle unsere Sehnsüchte abdecken? Mit dieser Frage möchte ich dich allein lassen. Du selbst fühlst dieser Frage jetzt forschend nach. Diese Meditation ist sehr wichtig. Stelle dir diese Fragen, und lasse sie in dich einwirken, damit deine Antwort aus deinem Inneren hervorkommen kann. Deine Antwort ist wichtig, bevor wir weiter über Liebe reden. Wenn du keine Antwort findest, dann ist das auch in Ordnung, dann muss das akzeptiert werden. Ich möchte weiter mit dir darüber reden. Wenn man mit der Birne über den Zeitpunkt der Reife spricht, wird sie nicht sofort vom Baum fallen.

23. Warum ist loslassen so schwer?

Wir sollten uns der Liebe nochmals von einer anderen Seite nähern. Die meisten machen den großen Fehler, sich auf den Partner zu fixieren. Da der Partner eine eigene Eigenschaftsstruktur hat und seine eigenen Lebensanschauungen, eine individuelle Philosophie und Psychologie, kommt es früher oder später zu Reibungen. Die erotisch-sexuelle Anziehung ist eine harmonisierende Kompensation. Solange die Sexualität für beide Seiten beglückend entfaltet werden kann, wird vieles toleriert und beiseite geschoben. Wenn aber dieses Band der Sexualität reißt – und dafür gibt es viele Gründe; alleine darüber könnte ich hundert Seiten schreiben –, dann hört diese Toleranz auf, und man beginnt den anderen zu kritisieren, zu dominieren oder zu erziehen. Dann wird Kritik nicht mehr tolerant hingenommen, sondern bekämpft. Jeder will dann Recht haben und es besser wissen. Dann beginnt der belastende Kleinkrieg um Kleinigkeiten. Dann stört einen, wie der andere die Zigarette hält, wie er sich räuspert, es stört die Art seines Humors, es stört, wenn er unternehmungslustig ist, es stört, wenn er schweigt.

Vor allem Männer neigen dazu, schweigsam zu werden. Das Gespräch mit ihrer Partnerin, vor allem über Gefühle, beginnt sie zu langweilen und zu nerven. Darüber führte ich vor einiger Zeit ein Gespräch mit einem Bekannten.

Er sagte: «Als der Sex mit Lydia mir keinen Spaß mehr machte, war ich auch an den Gesprächen mit ihr nicht mehr so interessiert. Ich habe mich dann in die Arbeit gestürzt. Das hat sie natürlich gereizt. Sie hat empfunden, dass sich durch die nachlassende Sexualität unser Verhältnis verändert hat. Dadurch entstanden in ihr Ängste, vielleicht sogar Panik, und sie wollte darüber reden, sie bohrte und bohrte, und ich zog mich nur noch mehr in mein Schweigen zurück. Ich schottete ab.»

«Du bist doch eigentlich ein Mensch, mit dem man reden kann, bist kommunikativ. Warum wolltest du denn nicht mit ihr darüber reden und dieses Thema besprechen, so wie du es empfindest?»

«Ich habe einfach keine Lust dazu. Die Luft ist raus; es gibt mir nichts, darüber zu reden, weil es der sexuellen Anziehung nicht nützt. Im Gegenteil, ich werde dann immer frustrierter, und sie wird mir immer fremder. Man kann diese sensiblen Dinge auch leicht zerreden, und dann wird alles nur noch schlimmer.»

«Du wartest also auf bessere Zeiten. Denkst du, dass sich die Liebesgefühle, die erotische Anziehung wieder einstellen könnten?»

«Darauf warte ich. Ich bin der Meinung, man kann das nicht erzwingen. Vielleicht sind wir uns zu nahe, und ich versuche deshalb, weitere Nähe zu vermeiden. Durch Distanz hoffe ich, dass sich bei mir wieder eine erotische Anziehung entwickelt. Außerdem kann ich die Gereiztheit, mit der in mich gedrungen wird, nicht ertragen.»

«Ist es dir vielleicht peinlich, es deiner Frau so zu sagen, wie du es mir gesagt hast: Die erotisch-sexuelle Anziehung ist in dir erloschen? Du hast derzeit kein Bedürfnis nach sexueller Gemeinsamkeit.»

«Das würde sie mir sehr übel nehmen. Sie würde das nicht verstehen. Sie würde dann sagen: Du liebst mich nicht mehr. Ich müsste das dann bejahen, denn ich liebe sie im Moment wirklich nicht. Ich merke auch, wie ich andere Frauen erotisch anziehend finde. Ich bin kurz davor, fremdzugehen. Darüber kann ich mit ihr doch nicht reden. Das würde nur Ärger bringen. Sie würde mich beschimpfen und die Scheidung einreichen. Ich muss derzeit schwierige berufliche Probleme lösen. Ich kann im privaten Bereich diese Belastungen nicht auch noch ertragen; das wird mir einfach zu viel.»

«Das zeigt mal wieder, dass Mann und Frau nicht offen miteinander umgehen können. Der Gradmesser der Attraktivität ist letztendlich die sexuelle Anziehung. Wenn sie nicht mehr stimmt, dann gerät die menschliche Beziehung auch ins Wanken. Dann werden aus zwei Menschen, die sich in Liebe gegenseitig bewundert und beschenkt haben, ganz schnell Feinde, die sich verletzen und schädigen. Was jetzt mit eurer Liebesbeziehung geschieht, solltest du als Chance sehen, dich dabei selbst zu erfahren und über Partnerschaft zwischen Mann und Frau zu lernen. Man sollte viel offener zueinander sein. Es sollte über diese Probleme geredet werden, bevor sie eintreten, man sollte sich nicht schämen, wenn die sexuelle Anziehung nachlässt, man sollte darauf vorbereitet sein.»

«Als wir sexuell glücklich waren, hätte ich ein solches Gespräch nicht gewollt, weil dadurch ein negativer Aspekt hineingekommen wäre. Ich glaube, das wäre für uns beide damals kein Thema gewesen.»

«Es zeigt sich hier, dass man sich mit der Thematik des Lebens, mit Liebe, Sexualität, Vertrauen, mit Toleranz, Verlangen, mit Bewunderung, Verurteilung in einer Partnerschaft von Anfang an beschäftigen sollte. Aber wir tun das nicht; es ist nicht üblich. Wir wissen nichts über die Liebe und ihre Zusammenhänge. Es ist uns alleine wichtig, uns zu verlieben. Was danach auf uns zukommt, das erleben wir dann ziemlich überrascht und pikiert. Wir wissen zwar, dass jede dritte Ehe geschieden wird und mindestens jede zweite Ehe unglücklich ist, aber wir denken, dass das nur die anderen betrifft, nicht uns selbst. Dieser Gedanke ist natürlich fahrlässig. Als distanzierter Betrachter sehe ich, wie sich Mann und Frau in erotische Liebe stürzen und in ihr Unglück laufen. Wie schön sind die Stunden romantisch-erotischer Zweisamkeit der Gefühle und wie bitter schrecklich sind die Stunden der Entfremdung und Feindschaft. Diese Stunden bleiben einem kaum erspart. Und dann verstehen sich Mann und Frau überhaupt nicht mehr. Dann wird zynisch gesagt: Mann und Frau passen einfach nicht zusammen.»

«Genau das denke ich in letzter Zeit. Wir passen nicht zusammen.»

«Du denkst ans Fremdgehen. Glaubst du, dass diese Frau dann besser zu dir passt? Du bist dann genauso verblendet wie damals bei deiner Lydia. In einem Monat, in einem Jahr wirst du sagen: Wir passen nicht zusammen. Dann hättest du nichts gelernt. Und die meisten machen es so; sie trennen sich, verlieben sich neu, sie trennen sich, verlieben sich neu und so weiter, bis durch den Alterungsprozess die Kräfte nachlassen und man aus Bequemlichkeit zusammenbleibt.»

«Es müsste einen Weg geben, wie die erotische Anziehung zwischen Mann und Frau bestehen bleibt. Verrate mir diesen Weg.»

«Ich sage ihn dir, aber du wirst ihn wohl nicht gehen. Öffne dich sensitiv für alles, was um dich herum geschieht. Bringe deine Gefühle zum Ausdruck und lebe in der Gegenwart. Wirf alle Regeln und Normen ab, werde innerlich frei, auch in deiner Kommunikation. Bringe zum Ausdruck, was dir gefällt, und lebe es. Realisiere deine sexuellen Wünsche. Lasse die Ängste hinter dir; möglicherweise wirst du dann zurückgewiesen werden. Taktiere nicht mit Verschweigen. In Liebesbeziehungen wird meist taktiert. Beende dieses Taktieren. Das heißt, ins volle Risiko zu gehen, das heißt, die Angst vor sich selbst zu verlieren. Freiheit ist loslassen, Freiheit heißt aber auch, auf Widerstände zu stoßen. Deine Freiheit wird von anderen oft nicht verstanden. Wir halten viel zurück, um diplomatisch zu sein. Aber was bringt diese Diplomatie? Sei so, wie du bist, trete den anderen beizeiten auf die Füße, denn dann löst sich die Spreu vom Weizen. Sie werden sich reihenweise von dir zurückziehen. Und das willst du verhindern, und deshalb wollen wir darüber auch nichts wissen. Wir wollen gar nicht so auftreten, wie wir wirklich sind. Einer macht dem anderen etwas vor. Wir wollen nicht mehr über die Liebe wissen als das, was notwendig ist, um verliebt zu sein und den anderen verliebt zu machen. Das Liebesspiel ist ein Verwirrspiel. Wir wollen festhalten und nicht frei sein. Die Wahrheit voreinander zu verbergen ist keine Freiheit. Losgelöst sein zu wollen, aber auch fixieren zu wollen ist ein Widerspruch in sich. Mann und Frau sind in diesem Widerspruch verfangen. Die meisten müssen das durchleiden bis zum Lebensende, und sie erlangen keine Klarheit. Das ist die tragische Komödie des üblichen Lebens.»

«Und wie komme ich da heraus?»

«Du willst jetzt von mir in wenigen Sätzen einen Trick erfahren, wie das geht. Ich muss dich enttäuschen. Es gibt keine solchen kurzen Tricks. Das Ganze muss erfasst werden. Du brauchst Distanz und Freiheit. Die gesamte Thematik des Menschseins muss unter einem neuen Blickwinkel erfasst werden. Die Freiheit muss verstanden werden. Darüber kannst du einmal mit anderen diskutieren, und du wirst feststellen, dass völlige Verwirrung entsteht. Sie wissen nichts von Freiheit, ja, sie meiden sie wie eine schreckliche Krankheit. Freiheit ist zutiefst verpönt und verhasst, und doch sehnen wir uns alle danach. Das ist die Tragik des Alltags.

Ich möchte euch allen davon etwas vermitteln, einen Lichtstrahl in die Unwissenheit und die Angst schicken. Aber ich werde sofort dafür angegriffen und verurteilt. Man will es nicht hören, nicht lesen und auch nicht im vertraulichen persönlichen Gespräch vermittelt bekommen. Jeder erwartet von mir nur einen Trick, aber keiner versteht, dass es ihn nicht gibt. Sie wollen alle frei werden, aber einfacher, schneller, leichter, als es wirklich möglich ist.

Du willst ganz schnell heraus aus deiner Belastung. Aber schnell geht es nicht. Es ist intensive Beschäftigung erforderlich mit der Thematik Fixierung und Loslösung. Du musst bereit sein, dich von allem zu lösen, was die anderen dir vermittelt haben. Du musst bereit sein, isoliert individuell zu sein, das heißt, authentisch zu sein. Das ist eine Revolution in deiner Seele und in deinem Geist. Davor hast du gewaltige Angst. Wir müssen durch tiefe und lange Angstphasen, bis wir in die Freiheit gelangen. Du willst, dass ich dich dabei an die Hand nehme. Aber die Angst ist so übermächtig, dass du beim ersten Schritt bereits ‹Aber nein, nein› sagen wirst.»

Vierter Teil
Sind die Guten schwach und die Bösen stark?

Das Leben ist ein Geschenk
der Wenigen für die Vielen,
derer, die wissen und haben,
für diejenigen, die nicht wissen
und nicht haben.

Amedeo Modigliani

24. Ist das Gute Schwäche und das Böse Stärke?

Was ist das Gute? Dem Guten ordne ich die folgenden Merkmale zu: Es möchte Liebe geben und zärtlich sein, es sucht nach gegenseitigem Verständnis und sucht Toleranz. Es spielt bei allem, was gesagt und getan wird, Mitgefühl für den anderen eine Rolle. Kritik wird konstruktiv vorgebracht und nicht destruktiv. Nicht Regeln werden pedantisch eingehalten, sondern es wird flexibel von Fall zu Fall gehandelt. Die Sensibilität und Emotionalität wird berücksichtigt. Es wird mitmenschlich gedacht, und die Bedürfnisse des anderen werden beachtet. Alle Menschen aller Rassen und aller sozialen Schichten erhalten die gleiche Wertschätzung. Die Freiheit, anders zu denken als die Mehrheit, wird geachtet. Den Mitmenschen und allen Lebewesen werden großer Respekt und Achtung entgegengebracht. Die Liebe wird hoch eingeschätzt, und das gesamte Verhalten wird von Liebe zum Leben und zur Lebendigkeit durchdrungen. Humanität steht im Zentrum des Handelns. Der Kontakt und die Kommunikation geschehen mit Fingerspitzengefühl. Das Interesse für die Gefühle der anderen ist wachsam. Mit Achtsamkeit wird die Psyche des anderen, ihre Verletzlichkeit, wertgeschätzt. Die Rechte der Seele und die Entfaltung jedes Einzelnen werden toleriert. Die Andersartigkeit des anderen wird respektiert. Aggressionen werden bewusst gemildert, um mit Geduld kommunizieren zu können. Freiheit des Fühlens und Denkens wird geschätzt und nicht verurteilt.

Was ist das Böse? Das Böse verneint insgeheim alles, was als Gutes genannt wurde. Das Böse ist neidisch auf alles Gute und bekämpft es mit allen Mitteln. Da man gegen das Gute nicht offen vorgehen kann, wird dagegen «unter der Decke» intrigiert. Dem Bösen ist alles Gute ein Ärgernis, und es bekämpft das Gute, macht es madig und zieht es in den Schmutz. Das Böse gibt sich nach außen nicht offen zu erkennen, sondern kleidet sich mit dem Deckmantel des scheinbar Guten. Das Böse wird niemals offen sagen, die schwarze Rasse sei «dumm, faul und ohne Kultur», sondern wird sich hämisch freuen über jeden Misserfolg, den ein Schwarzer erlebt. Der Böse wird dagegen sein, dass Schwarze auf deutschen Universitäten studieren, und er wird im vertrauten Kreis sagen, dass diese Asylanten mit dem nächsten Flugzeug wieder zurückgeflogen werden müssten. Der Begriff der «politischen Verfolgung» ist ihm egal, aber er wird klammheimlich einen illegalen Asylanten auf den Baustellen seiner Firma beschäftigen, denn diese Ausbeutung von Arbeitskraft ist ihm sehr willkommen. Der Böse wird über Gastarbeiter offiziell schimpfen – im entsprechenden Kreis natürlich –, aber er wird mit Lust und Vergnügen mit einer Gastarbeiterin sexuell verkehren.

Der Böse verbirgt seine wahren Gefühle, er redet je nach Situation, aber er sagt nicht die Wahrheit. Der Gute, der seine Gefühle offenbart und die Wahrheit seines Denkens ausspricht, ist für ihn ein Dummkopf. Der Böse hält sich für intelligent. Intelligenz ist für ihn nicht ein Begriff aus der Forschung, sondern ein Begriff, der davon geprägt ist, anderen gegenüber seinen Vorteil zu wahren. Intelligent ist derjenige, der andere hinters Licht führt, sie betrügt und belügt, ohne dass sie es merken – und wenn sie es merken, dann müssen sie aufgrund der Machtsituation eben kuschen und den Mund halten.

Der Böse hält nicht viel von der Liebe, wichtig ist für ihn vor allem die Sexualität, also die Befriedigung seiner sexuellen Wünsche. Der Böse ist natürlich verheiratet und legt großen Wert auf Einhaltung der bürgerlichen Normen – nach außen, versteht sich. Aber heimlich möchte er sich alles nehmen und kaufen, was hinter dieser Fassade möglich ist. Der Böse will nichts von Wahrheit und Wahrhaftigkeit wissen. Er will die Fassade, denn sie gilt nach außen – und er will dahinter das realisieren, was ihn egoistisch interessiert. Humanität und Mitgefühl sind ihm völlig wurscht. Er verachtet die Wahrheit, und er fühlt sich angezogen von der Lüge.

Der intelligente Böse lügt mit Perfektion. Natürlich belügt er auch sich selbst, aber damit beschäftigt er sich nicht. Er empfindet Freude daran, andere zu belügen, sie hinters Licht zu führen und gegen sie zu intrigieren. Der Gute fühlt sich glücklich mit der Wahrhaftigkeit und seiner authentischen Lebensweise. Der Böse findet das dumm und schwächlich; er freut sich über eine gelungen platzierte Lüge und fühlt sich intelligent, clever und cool, wenn er dieses Lügengespinst, das er knüpft, weiter aus- und aufbauen kann.

Der Böse ist ironisch und zynisch. Er spielt mit dieser Ironie, drückt sie aus, lässt die Empfänger dieser Botschaft sich darin verfangen. Wenn man dem Bösen auf die Schliche kommt, dann ist er vorbereitet. Er ist ein Schauspieler – leider nicht im Film, sondern im Leben.

Es ist ein großer Trugschluss zu glauben, dass das Leben wahr wäre und nur das Schauspiel ein Spiel. Für den Guten ist das, was er lebt und wie er es lebt, wahrhaftig. Aber der Böse findet das lächerlich, für ihn ist nichts wahrhaftig, für ihn ist alles ein intellektuelles Spiel. Er setzt Gefühle ein; wenn er sie braucht, sogar Tränen. Das alles ist aber nur Taktik. Für den Bösen ist das ganze Leben, ist alles, was damit verbunden ist, pure Taktik, um sich selbst zu erhöhen und andere zu erniedrigen. Er sucht seinen materiellen oder sexuellen Vorteil. Der Böse denkt in der Kategorie: Was nützt mir das? Was bringt mir das? Was bleibt unter dem Strich für mich? Der Böse ist jedem anderen ein Feind. Alles, was ihm nicht nützt, ist unnütz, also uninteressant und feindlich. Der Böse ist deshalb sehr flexibel; er stellt sich auf jede Situation neu ein. Er vertritt aber den Standpunkt der jeweiligen Macht. Sind die Nazis an der Macht, ist er ein Nazi, obwohl ihn das im Grunde gar nicht tangiert; sind die Kommunisten an der Macht, ist er natürlich ein Kommunist; sind die Liberalen an der Macht, ist er liberal. Der Böse ist aber weder Katholik noch Nazi, noch Kommunist aus Überzeugung – er sagt jetzt vielleicht, wenn er gefragt würde, er wäre Realist.

Für den Guten bedeutet der Begriff Realismus etwas ganz anderes als für den Bösen. Der Gute erfühlt die Realität mit Mitgefühl. Der Böse versteht unter Realität nur das eine: Wie kann ich die Realität nutzen, um mir Vorteile zu verschaffen, die anderen Menschen oder Tieren schaden? Der Schaden der anderen interessiert ihn nicht im Geringsten, denn anderen zu schaden, um sich selbst zu nutzen, das erscheint ihm ja sehr intelligent. Über diese Intelligenz und Cleverness freut er sich über alle Maßen. Der Böse fühlt sich viel sicherer und lebendiger, viel mehr auf der Seite dessen, worum es im Leben geht, als der Gute. Der Böse fühlt sich stark, und er diskriminiert den Guten als schwach.

25. Warum setzt sich das Böse durch?

Vor einiger Zeit führte ich ein Gespräch mit einem fünfundvierzigjährigen Freiberufler, der für die Medien arbeitet und sich zum Bösen bekennt. In einem Dialog wollte er seine Philosophie des Bösen mit meiner Psychologie konfrontieren.

Er begann so: «Du vertrittst die Philosophie des Guten. Aber was bringt sie dir? Die Menschen sind nicht besser geworden. Das einzig Positive ist, dass es in den vergangenen fünfzig Jahren in Europa keinen Weltkrieg gab und der Osten zusammengebrochen ist. Das ist aber nicht dein Verdienst. Auch der Kommunismus und Sozialismus wollten das Gute. Was ist dabei herausgekommen? Das System funktioniert einfach nicht. Nur die freie Marktwirtschaft und der Kampf von Einzelnen, die davon einen persönlichen Vorteil haben, nur ein solches System funktioniert. Wo aber Kampf herrscht, ist für das Gute kein Platz.»

«Wir sollten nicht über politische Systeme reden. Das führt uns nicht weit. Der sozialistische Gedanke ist prinzipiell richtig. Es geht dabei darum, dass jeder Einzelne an seiner Arbeit Anteile hat und seine Arbeitskraft von einem Unternehmer nicht ausgebeutet werden kann. Wenn allerdings der Staat zum Ausbeuter wird und der Mensch in seiner Meinungsfreiheit unterdrückt wird, dann haben wir eine Diktatur. Diese ist zu verurteilen – und sie ist zusammengebrochen, weil sich die Menschen zu Recht dagegen auflehnten. Sie hielten den Diktatoren den Slogan vor Augen: ‹Wir sind das Volk.› Nicht der sozialistische Gedanke ist falsch, sondern die undemokratische Staatsform. Nur in einer Demokratie können Menschen verschiedener Mentalitäten ihre Freiheit entfalten. Aber lassen wir das; unser Thema sollte das Individuum sein. Es geht darum, dass sich jeder Einzelne entwickelt, und zwar ausreift zu einer menschlichen Person und nicht zu einem Bösewicht.»

«Es kommt darauf an, wie man einen Bösewicht definiert. Kriminalität jeder Art lehne ich natürlich ab. Als Vertreter des Bösen sollte ich vielleicht einmal definieren, wie ich das meine. Ich behaupte, dass das Gute nichts bringt; es macht dich lebensuntüchtig und schwach. Man kann nicht immer nur das Gute tun, denn das Leben ist ein Kampf aller gegen alle. Das Christentum, das die Lehre des Guten vertritt, hat im Namen dieser Religion andere verfolgt, unterdrückt und getötet. Ich denke an die Eroberung Amerikas und die Brutalität der mordenden Soldaten, die mit den Azteken keinerlei Mitgefühl hatten und sie dahinschlachteten.»

«Auch das führt vom Thema ab. Die Kirchengeschichte enthält noch viele andere Beispiele, wie im Namen des Christentums andere Völker anderer Religionen ermordet wurden. Das alles bedeutet nicht, dass Jesus Christus die Lehre des Bösen vertreten hätte.»

«Jesus direkt nicht, aber die Institution ging rücksichtslos vor. Seine Lehre wurde von den Mächtigen der Kirche missbraucht, um der Religion zu mehr Einfluss und Macht zu verhelfen. Es ist doch immer wieder dasselbe Spiel: Das Gute wird zu etwas Bösem, da die Menschen um Macht ringen – in Verbänden, in Ländern, Staaten, Religionen, in Rassen und Clans. Es führt zu einem Kampf, und ohne Kampf ist Leben und Überleben nicht möglich.»

«Das ist eine Behauptung, die nicht rückwirkend mit historischen Beispielen bewiesen werden kann. Was in der Vergangenheit schief gelaufen ist, muss in der Gegenwart nicht genauso schief laufen. – Wir legen doch viel Wert auf unsere Lernfähigkeit, also sollten wir daraus lernen. Ich habe die Psyche der Menschen untersucht und studiert und ziehe daraus den Schluss, dass der Mensch nicht prinzipiell böse ist, sondern sehr wohl zum Guten fähig ist.»

«Wenn ich mir aber unsere Gegenwart anschaue, dann sehe ich Umweltzerstörung, einen zunehmenden Egoismus, jeder denkt an seinen Vorteil, es besteht keine Achtung vor den Mitmenschen, der Umgangston wird immer rauer und kälter, der

Stärkere dominiert über den Schwächeren, die Reichen werden reicher und die Armen ärmer. In dieser Welt leben wir. Es ist nichts besser geworden, wie du es dir wünschst, sondern schlechter. Deine Philosophie hat versagt. Das Böse dominiert über das Gute.»

«Das sehe ich natürlich auch: Die psychosomatischen Krankheiten nehmen zu, der Alkoholismus wächst, die Abhängigkeit von Psychopharmaka nimmt zu, die Menschen gehen rücksichtslos und brutal miteinander um, in den Betrieben nehmen die Intrigen und das Mobbing zu. Viele Menschen leiden in dieser Gesellschaft und können dieses Leiden nicht in Worte fassen. Ich sehe meine Aufgabe darin, diese Konflikte und Belastungen auszusprechen und Wege zu zeigen, wie man damit für sich selbst umgeht. Ich habe es bisher nicht geschafft, den Erkenntnissen, die ich vermittle, zu einer großen sozialen Bewegung zu verhelfen. Das heißt aber nicht, dass mein Wirken deshalb sinnlos wäre. Wenn ich Einzelne aus einer Lebenskrise herausführen kann, wenn ich ihnen wieder Lebensfreude vermitteln kann, wenn ich sie freier und liebesfähiger mache, dann ist das ein Erfolg.»

«Ich halte die Freiheit auch für einen wichtigen Wert. Aber die Liebesfähigkeit ist wieder so ein Begriff aus dem Repertoire des Guten. Ich sage: Wer liebt, ist schwach. Warum immer dieser Wink der Guten mit der Liebe?! Das Zusammenleben der Menschen ist hart und brutal. Mit Liebe kommst du da nicht weiter. Sie überrollen dich mit ihrem Egoismus, sie setzen sich über die Liebe einfach hinweg. Die Liebe zwischen Mann und Frau führt zu einem erbitterten Krieg der Vermögensaufteilung bei der Scheidung. Außerdem geht es nur um sexuelle Erfüllung. Wenn diese nicht mehr da ist, dann geht man fremd, und der erbitterte Kampf beginnt.»

«Du hast meine Bücher nicht aufmerksam gelesen, denn sonst wüsstest du, dass ich das alles erwähne. Ich mache bewusst, dass diese Probleme und Konflikte auf uns zukommen. Aber es ist wichtig, wie wir damit umgehen, wie wir damit leben.

Wir müssen verstärkt unsere Seele und den Geist verstehen, um die Gesellschaft und die Mitmenschen zu verstehen. Wir sind Barbaren, weil wir uns zu wenig mit uns selbst befassen. Wir wissen viel über den Weltraum, haben es technisch sogar geschafft, auf dem Mond zu landen, wir haben Satelliten im Weltraum stationiert, können drahtlos von Köln nach München aus dem Auto telefonieren, haben Disketten, die auf kleinstem Raum die Informationen von mehreren Lexika abspeichern, aber von unserer Seele wissen wir nichts. Dieses Wissen lassen wir links liegen, und so stürzen wir von einem Konflikt in den nächsten und verbergen unsere seelischen Schmerzen vor anderen, nur weil wir stark erscheinen wollen.»

«Wir müssen stark erscheinen, weil wir sonst untergehen würden. Nur der Starke hat in dieser Leistungsgesellschaft eine Chance; der Schwache kriegt einen Tritt in den Hintern. Wenn du schwach bist, dann lassen sie dich fallen. Das ahnen die meisten sehr richtig, und deshalb verbergen sie jede Schwäche.»

«Das ist meine Gesellschaftskritik. Die seelische Schwäche wird nicht verstanden. Ich versuche, den Einzelnen damit vertraut zu machen, sie vor sich selbst einzugestehen. Es ist wichtig, dass wir unsere Schwächen erkennen und zu ihnen stehen. Wir dürfen uns allerdings auch nicht mit Selbstkritik zerfleischen. Wir sollten uns genau beobachten, in uns hineinlauschen, damit wir uns kennen lernen. Wir stellen dann fest, dass wir Ängste haben, Aggressionen, Neid, Eifersucht, Eitelkeit, Selbstunsicherheit et cetera. Das alles sollten wir genau beobachten und uns trotzdem annehmen. Nur so werden wir frei davon, innerlich frei. Erst dann kannst du eine Schwäche auch nach außen angstfrei zugeben und zu ihr stehen. Das ist wahre Stärke.»

«Das mag ja sein. Aber wer schafft das schon? Das ist schwierig. Wer diese Stärke hat, mit den Schwächen des Menschseins zu leben, der kämpft darum eben mit diesen Waffen.»

«Das sind keine Waffen. Wenn du geistig und psychisch frei bist, dann erscheint dir das – in deinem Denksystem – als Waffe.

Es geht darum, dass du mit Lebensfreude dein Leben voll und ganz ausschöpfen kannst, das ist ein großer Genuss. Das Leben lebenswert zu leben ist keine Waffe. Aus dieser Freiheit heraus einfühlsam und mitfühlend zu sein ist keine Waffe. Wenn du dich so entwickelst, also zu einem wirklichen Erwachsenen ausreifst, der authentisch und wahrhaftig ist, dann vertrittst du automatisch das Gute; für das Böse bleibt dann kein Raum mehr. Du liebst dann, ohne Zwang auszuüben. Gerade weil du dich gesund fühlst, kränkst du keinen anderen.»

«Ich sehe ein, dass vor allem die Frustrierten andere frustrieren. Aber dieser Gesunde, von dem du sprichst, muss auch seinen Lebensunterhalt verdienen, er muss gegen Konkurrenz antreten, und wenn er als Freiberufler einen Auftrag erhält, dann hat er einem Mitbewerber den Auftrag weggenommen.»

«Jetzt weitest du das Böse sehr aus. So kann man sogar die Liebe schlecht machen, denn wer eine Frau liebt, sie für sich gewinnt, nimmt diese Frau einem anderen weg. So kann nicht argumentiert werden. Dann wäre es das Allerbeste, wenn man Selbstmord beginge, um aus Güte den anderen den Vortritt zu lassen. Dann wäre schon allein die Tatsache, dass du auf der Welt bist, etwas Böses, denn du bist ja ein Konkurrent oder Mitbewerber. So zu argumentieren führt zu nichts.

Es ist gut, dass du auf der Welt bist, und jeder trägt den Wert der Schöpfung in sich. Es ist deine Aufgabe, selbst glücklich zu werden, um andere glücklich zu machen. Es ist schön, andere zu lieben, weil dich diese Liebe vitalisiert. Es geht aber um die ‹richtige› Liebe. Damit müssen wir uns befassen, denn die ‹falsche› Liebe bringt über alle Betroffenen Unglück und Leid.»

Am nächsten Tag trafen wir uns, um unser Gespräch fortzusetzen.

Er begann: «Jeder Mensch ist ein Egoist und kämpft um seinen Erfolg. Du hältst das auch nicht für falsch, dass wir untereinander rivalisieren?»

«Warum sollten wir nicht rivalisieren? Ein Mensch kann nicht alles können und wissen. Wenn ich einen Berg besteigen will, dann engagiere ich einen Bergführer, um abends wieder gesund in der Berghütte zu sein. Ich erkundige mich, wer als besonders erfahrener Bergführer gilt. Wenn ich ein Geschwür im Bauch habe, dann muss ich es operativ entfernen lassen. Ich gehe deshalb zu einem Spezialisten und erkundige mich danach, welche Klinik einen besonders guten Ruf besitzt. Das muss natürlich immer noch keine Garantie für eine erfolgreiche Operation sein. Wir Menschen stehen zueinander beruflich im Wettbewerb. Darin sehe ich nichts Schlechtes. Menschen besitzen unterschiedliche Begabungen und Fähigkeiten. Jede Begabung besitzt deshalb den gleich großen Wert im Mosaik der Gesellschaft. Vor einer Operation erscheint dir das Talent des Chirurgen als eine bedeutende Sache, ja, als das Wichtigste auf der Welt, weil dein Leben davon abhängt. Du fragst allerdings nicht danach, ob der Chirurg ein glückliches Leben lebt, ob er die Natur und die Menschen liebt, ob er Ruhe und Ausgeglichenheit gefunden hat. Ich meine, es wäre sehr wichtig, das zu wissen, zu wissen, ob er sich glücklich fühlt, denn wenn er sich glücklich fühlt, fühle ich mich auch besser. Stelle dir vor, er ist ein guter Techniker, aber du landest auf seinem OP-Tisch nach einem Tag, an dem er frustriert war und versucht hat, seine Frustration mit Alkohol zu betäuben. Jetzt verstehst du vielleicht, was ich meine. – Natürlich ist es besser, in einem freien Land zu leben als in einer Diktatur. Es ist besser, in einer Marktwirtschaft zu leben als in einer totalitären Zwangswirtschaft. Die Möglichkeit der Ausbeutung nehme ich dafür in Kauf. Wichtig ist, stets wachsam zu sein und die Ungerechtigkeit zu erkennen und sie mit Zivilcourage zu benennen.»

«Du bist also bereit, mit den Bösen zu leben und dich mit ihnen zu arrangieren?»

«Es bleibt dir keine andere Wahl. Wo Menschen zusammenleben, gibt es Rivalität und Wettstreit. Diese Rivalität steigert auch die Leistungsfähigkeit. Darin liegt nichts Schlechtes, sondern etwas Gutes.»

«Nun gut, das akzeptiere ich. Jeder, der etwas leistet, möchte diese Leistung anerkannt bekommen. Du musst deine Leistung bekannt machen, sie gegenüber anderen aufwerten, das ist Imagewerbung. Dieser Kampf erfordert Intelligenz, Kreativität und Durchsetzungskraft. Da kannst du dir keine Gefühlsduselei erlauben.»

«Du willst damit sagen, die Philosophie des Guten sei Gefühlsduselei. Das ist sie nicht. Der Bessere soll gewinnen. Im Sport ist das ganz eindeutig: Wer im Hochsprung einen Zentimeter mehr überquert, der hat gewonnen. Wenn du allerdings deinem Mitkonkurrenten heimlich einen Stein in den Schuh legst, dann ist das gemein. Und so definiere ich das Böse. Leistungswettbewerb ist normal; dagegen ist nichts einzuwenden. Dieses Miteinanderringen und Miteinanderbalgen trainieren auch die jungen Tiere; sie stärken so ihre Kräfte und ihre Reaktionsfähigkeit. Aber die Anwendung unfairer Mittel ist das Böse. Ich verurteile beispielsweise die Zahlung von Schmiergeld, um einen Auftrag zu bekommen. Ich verurteile beispielsweise auch die Verwendung schlechteren Materials als vereinbart, um den Gewinn zu steigern.»

«Du sagst damit ja zum Wettbewerb, aber nein zu allen Mitteln. Du musst aber alle Mittel einsetzen, um Erfolg zu haben. Es zählt nur der Erfolg – wie er zustande gekommen ist, danach fragt nachher niemand. Es zählen die Villa, die du bewohnst, das Auto, das du fährst, und die Angestellten, die du hast. Durch diese Statussymbole bist du jemand in der Gesellschaft – und wie du dazu gekommen bist, danach fragt keiner, vor allem nicht, ob du mit unfairen Tricks zu deinen Aufträgen gelangt bist.»

«Ich frage danach. Ich schärfe das Bewusstsein dafür. Es ist nichts gegen eine Villa und ein repräsentatives Auto einzuwenden – bitte verstehe mich nicht falsch. Ich behaupte in keinem meiner Bücher, es wäre gut, in Sack und Asche zu gehen. Ich bin aber gegen die Raffgier und das Verlangen nach mehr und mehr Haben. Vor allem rede ich davon, das Herz nicht an das Haben zu hängen. Was du dir mit Leistung erworben hast, genieße es, und lass es innerlich los.»

«Das klingt banal, das sagen alle Weltverbesserer.»

«Ich bin kein Weltverbesserer.»

«Dann bist du ein Menschenverbesserer. Du möchtest die Menschen verbessern.»

«Das ist die falsche Wortwahl. Ich will sie nicht verbessern, sondern ihnen aufzeigen, wie sie glücklicher und zufriedener werden. Und deshalb muss das Verlangen nach Haben verstanden werden. Du musst dich mit deinen Emotionen befassen. Das ist keine Gefühlsduselei.»

«Aber in der harten Wirklichkeit zählt die Ratio und nicht das Gefühl. Du musst dich über die Gefühle der anderen hinwegsetzen können und deinen Weg gehen – das ist Stärke. Intelligenz ist Stärke. Du musst einen Zentimeter intelligenter sein als der andere, damit er verliert und du gewinnst.»

«Du reduzierst das Thema wieder auf den Wettbewerb. Meine Lebenslehre gilt für die Gewinner *und* die Verlierer. Die Gewinner mahne ich, sich nicht auf das Verlangen und das Haben zu fixieren, und den Verlierern gebe ich die Kraft, mit ihren Ängsten und Frustrationen, dem Neid und dem Ehrgeiz zu leben. Außerdem: Keiner ist nur Gewinner oder nur Verlierer, denn das durchmischt sich oft über die Jahre.»

«Aber es bleibt dabei, dass wir egoistisch sein müssen und jeder andere ein Feind ist. Das menschliche Zusammenleben ist feindlich, und der Stärkere besiegt den Schwächeren.»

«Du hast es immer noch nicht verstanden. Wer durch Leistung überzeugt, soll nicht verteufelt werden. Wir brauchen herausragende Leistung – denke an deine nächste Operation. Wir brauchen aber keine unfairen Methoden, denn dadurch wird das wahre Leistungsbild verzerrt. Wenn der Chirurg einer Zeitung Schmiergeld zahlt, damit sie über angebliche Wunderleistungen berichtet, dann bist du am Ende der Angeschmierte. Nur darum geht es. Wehre dich doch nicht gegen die positiven Kräfte in dir selbst. Im Grunde schadest du dir, wenn du das Böse als stark lobst und das Gute als schwach diskriminierst. Im Grunde willst du glücklich werden, wie die anderen auch. Aber es kommt auf den Weg an. Wenn du das Böse verteidigst, bist du auf dem falschen Weg.»

«Das sehe ich nicht so.»

«Du siehst es jetzt nicht so. Ich konnte dich nicht überzeugen. Aber ich gebe nicht auf, dir den falschen Weg zu beschreiben und den richtigen zu zeigen.»

26. Ist das Gute nur ein Trick, um nicht attackiert zu werden?

Ich habe mir über das Gespräch noch etliche Gedanken gemacht. Eigentlich will der Vertreter des Bösen nur darstellen, dass zur Lebenstüchtigkeit Egoismus gehört, dass man Stärke zeigen sollte und auch unter Umständen unfaire Mittel einsetzen müsste, um zum Ziel zu gelangen. Er ist ein Pragmatiker, der vieles unter dem Aspekt sieht, ob es ihm nutzt oder nicht. Er sieht das menschliche Leben als einen Kampf, sich mit der eigenen Leistung zu behaupten.

In dem Gespräch wurde nicht erwähnt, dass es Menschen gibt, die gut, liebevoll und sozial erscheinen wollen, um sich so zu schützen. Diese Gruppe ist gar nicht so klein. Es wird Schüchternheit, Sanftheit, Harmonie, Freundlichkeit und Aggressionslosigkeit vorgetäuscht, um sich auf diesem Weg einzuschmeicheln. Dieses Verhalten ist nicht das echte Gute, sondern ist Heuchelei. Es handelt sich um einen Trick, den vermeintlichen oder echten Gegner einzulullen. Das sind die Wölfe im Schafspelz, die Güte, Väterlichkeit oder Mütterlichkeit, Hilfsbereitschaft und Mitgefühl nur vortäuschen. Auf diese Weise soll auch kaschiert werden, dass der Mut zur offenen und klaren Auseinandersetzung fehlt.

So verstehe ich auch, warum der Ausdruck des Bösen eine faszinierende Ausstrahlung haben kann. Der rücksichtslos und schonungslos offene Böse, der keinen Hehl aus seiner Wut macht, der brutal ausspricht, dass er andere für seine Zwecke benutzt, der spontan auf Fehler anderer hart im Urteil reagiert, der kein Blatt vor den Mund nimmt und seinen Zorn offen zeigt, der kommt dem Schüchternen und Unsicheren grandios und erfolgreich vor. Sie selbst würden sich das nicht trauen; sie verstecken sich hinter der Maske der Freundlichkeit und Diplomatie. Diese Heuchelei ist nicht das Gute, sondern das Böse. Der Heuchler bewundert den ungeschminkten Egoisten, den Ellenbogenmenschen, der das realisiert, was er sich heimlich wünscht, aber nicht wagt zu leben. Er wagt es nicht, weil er nicht die Kraft fühlt, mit den möglichen negativen Folgen zurechtzukommen. Er hat Angst, zu viel zu riskieren, er hat Angst, unangepasst zu sein, sich mit anderen anzulegen, sich Feinde zu schaffen.

Und nun verstehe ich auch, warum böse Männer und Frauen nicht einsam und isoliert leben. Im Gegenteil, sie haben meist Partner, die ihnen voll ergeben und bereit sind, alles für sie zu tun. Die Faszination des Bösen wirkt auf das jeweilige andere Geschlecht durchaus erotisch anziehend, und zwar sowohl auf schwächere Männer als auch auf schwächere Frauen. Sie fühlen sich an der Seite eines Bösen sicher und geborgen, bewundern die Kraft und den spontanen risikovollen Einsatz für egoistische Belange.

Die geringste erotische Anziehung haben Feiglinge und Heuchler, wenn sie keine perfekten Blender sind, sondern durchschaut werden. In der Beziehung zwischen Mann und Frau ist die Bravheit und Angepasstheit tödlich für die Erotik. Auch die Erotik impliziert einen Kampf der Geschlechter – um Anerkennung, um bewundert zu werden und zu bewundern. Der Mann möchte erobern, und die Frau will verführt und erobert werden. Wenn der Mann zu brav ist, zu zartfühlend und einfühlsam, dann fehlt die erobernde Aggression. Und wenn die Frau zu schüchtern, zu bescheiden ist, sich ihrer sexuellen Anziehung nicht selbstbewusst sicher ist, dann strahlt sie keine Verführungsbereitschaft aus. Das «Nein» einer braven Angepassten klingt anders als das «Nein» einer selbstbewussten Frau, die bereit ist, das Spiel zuzulassen, erobert zu werden.

Das Böse wirkt stark, selbst wenn die äußeren Verhältnisse schlecht sind. Einem Bösen traut man zu, dass er sich durchboxt und dass er es «schafft». Diese Faszination des Bösen wird in

Spielfilmen über Gangster und Ganoven ausgenutzt. Dann erhält Alain Delon als Darsteller solcher Ganoven den Spitznamen «Eiskalter Engel». Dieser Name drückt Faszination aus. Eigentlich sehnen wir uns nach dem Guten, nach Mitgefühl und emotionaler Wärme, aber der eiskalte Engel, der Teufel mit dem schönen Gesicht, dem guten Benehmen und der Unerschrockenheit, der fasziniert uns sehr.

Nun ist das Stichwort Teufel gefallen. Er symbolisiert bekanntlich das Böse. Er ist ein Nihilist und Verneiner des Lebens. Er ist destruktiv und nicht konstruktiv. Neulich habe ich auf einem T-Shirt gelesen: «Gute Mädchen kommen in den Himmel, schlechte Mädchen kommen überall hin.» Das drückt etwas davon aus, dass das Gute, der Himmel und die Harmonie nicht diese Faszination ausstrahlen.

Aber wohlgemerkt: Das geheuchelte Gute, das Angepasste wird hier gemeint. Das wahrhaftig Gute ist nämlich nicht angepasst. Der wirklich Gute kann auch streng auftreten. Der authentisch Gute kann auch zornig und aggressiv werden, denn darin liegt kein Widerspruch. Für das Gute zu kämpfen, das besitzt auch wieder eine Faszination, besitzt erotische Anziehung. Leider sind die guten Kämpfer seltener als die bösen. Die Wölfe im Schafspelz dagegen sind in der Überzahl.

Der authentisch Gute riskiert sehr viel, wenn er unmissverständlich und deutlich sagt, was er will und was er für unrecht hält. Wer das Mitgefühl in sich entdeckt hat und liebesfähig durch die Welt geht, der entwickelt auch die Kraft, dafür zu kämpfen und dafür einzutreten. Er lullt seine Mitmenschen nicht in einer geheuchelten Harmonie ein. Harmonie und Gelöstheit sind positive Erlebnisse, aber sie müssen in dieser Gesellschaft verteidigt werden. Der authentische Gute hat vielleicht sogar mehr Feinde und Gegner als der Böse. Er hat nur den Vorteil, dass er vom Leben mehr erhält, weil er sich mehr öffnet. Er erlebt, die Freude zu lieben und seine Liebe zu geben, ohne etwas zu erwarten. Von der Natur erhält er Liebe zurück, denn seine Sinne sind geöffnet. Von den Menschen erhält er viel weniger zurück, weil sie in Problemen verstrickt sind. Aber das weiß er; er erfasst das mit Intuition und ist deshalb nicht enttäuscht. Er kann Liebe geben, ohne Liebe zu bekommen, und fühlt sich dabei nicht schwach. Seine Liebe ist nicht geheuchelt, sondern echt. Nur wer ein Geschäft machen will, wer mehr bekommen will, als er gibt, der muss heucheln.

27. Ist das Böse erfolgreicher?

Jeder wird immer wieder in seinem Leben vor die Frage gestellt, ob er sich in dieser oder jener Situation für das Gute oder das Böse entscheiden soll. Das Gute ist ein Ideal. Wir *wollen* gute Menschen sein. Unter «gut» verstehen wir ein Verhalten, das anderen nicht schadet, sie nicht verletzt oder kränkt. Wir versuchen, auf andere Rücksicht zu nehmen, sie nicht wissentlich zu betrügen, ihnen nicht zu schaden. Wir versuchen, auf andere einzugehen, liebevoll mit ihnen umzugehen, sie nicht zu überfordern oder unter Druck zu setzen. Das Gute ist eine liebevolle Grundhaltung zu den Mitmenschen. Es handelt sich aber – ich sage es nochmals – um ein Ideal und nicht um die Realität. Wer sich dem Ideal versucht anzunähern, der ringt mit dem Guten und dem Bösen in sich. Wenn das Böse siegt, dann wurde das Ideal nicht erreicht; also ist man zerknirscht und martert sich mit Selbstvorwürfen und einem schlechten Gewissen. Die dem Ideal nacheifern, das sind die Angepassten, die Braven, die «gut ankommen» wollen vor sich selbst und vor anderen. Der Gute möchte sympathisch erscheinen, um auf diese Weise seine Ziele zu erreichen.

Die Wirklichkeit sieht jedoch so aus: Die Menschen stehen in Konkurrenz zueinander, und egoistische Interessen treffen aufeinander. Die Leistungsgesellschaft und das Wirtschaftssystem sind auf Konkurrenz ausgerichtet. Der Cleverere, Intelligentere, Schnellere, Tüchtigere siegt – und natürlich derjenige, der rücksichtslos seine Ziele verfolgt, was bedeutet, dass Konkurrenten und Mitbewerber ausgebootet werden. Wer vor keiner Intrige zurückscheut, wer ohne Skrupel sich selbst ins Spiel bringt und in Szene setzt, der wird gewinnen. Es wird deshalb gelogen, gefälscht, getäuscht, betrogen, andere werden verleumdet, es werden Informationen zurückgehalten und Informationen bewusst gefälscht. In diesem Kampf werden alle verfügbaren Mittel eingesetzt. Wahrhaftigkeit, Mitgefühl, Korrektheit, Güte, Ehrlichkeit zählen dabei nicht. Das ist keine pessimistische Sichtweise, es ist eine Tatsache. Sie wird allerdings oft nicht erkannt, weil das böse Spiel getarnt wird. Kaum einer wird das offen zugeben, dass er rücksichtslos und intrigant vorgeht, um seine Ziele zu erreichen. Er wird nach außen die Maske des Biedermannes tragen und sich nicht als rücksichtsloser Böser zu erkennen geben. Er wird allerdings auch nicht den Guten heucheln, sondern kehrt die anerkannten Werte hervor: Intelligenz und Sachlichkeit, Ehrgeiz, Energie, Selbstbewusstsein und Tatkraft, Redegewandtheit und Bildung, Welterfahrenheit und Menschenkenntnis etc. Wer jedoch genau hinschaut, wird hinter der Maskerade des tüchtigen und anerkannten Angestellten, Selbständigen oder Unternehmers Härte und Rücksichtslosigkeit spüren. Wer sehr genau hinschaut, wird dahinter auch Weichheit und Sensibilität, Hilflosigkeit und Angst, Depression und Bedürfnis nach Liebe sehen. Wir dürfen uns jedoch nicht täuschen lassen von dieser sympathisch erscheinenden Menschlichkeit. Natürlich ist der Böse auch nur ein Mensch, mit Ängsten und einem Bedürfnis nach Liebe. Dennoch ist er nicht gut. Sobald es darum geht, seinen Vorteil zu wahren, sticht er rücksichtslos zu. Das Gute ist für ihn kein Ideal, sondern höchstens eine Maske.

Hat also das Gute gegenüber dem Bösen verloren? Es hat dann verloren, wenn das Gute glaubt, mit Gutheit überzeugen und siegen zu können. Im Kampf des Guten gegen das Böse verliert das Gute meist. Nur in kitschigen Filmen und Romanen besiegt das Gute das Böse letztendlich doch, nicht in der Wirklichkeit des Lebenskampfes. Die Bösen schieben die Guten einfach zur Seite. Das Böse setzt Mittel ein, die wirkungsvoller sind. Mit dieser Situation kommt also nur der Gute zurecht, der gleichzeitig ein Weiser ist, ein Erkennender und Durchschauender.

Der Weise lässt das Böse geschehen und setzt keinen persönlichen Ehrgeiz ein, neben dem Bösen bestehen zu wollen. Der

Weise nimmt den Kampf nicht auf, denn er weiß, dass er verlieren würde. Für ihn ist das Gute aber deshalb nicht sinnlos. Der Sinn des Guten liegt nicht im Kampf, sondern im Sein. So wie für ihn die Liebe im Glück darin besteht, zu lieben, und nicht in der Erwartung von Gegenliebe. Der Weise weiß, dass er oft beiseite geschoben wird, doch Brutalität und Lüge, Intrige und Verleumdung können ihn nicht kränken, weil er darauf vorbereitet ist und damit rechnet. Er selbst setzt diese Mittel nicht ein, aber er erkennt diese Mittel schon im Ansatz, wenn sie gegen ihn und seine Mitmenschen angewandt werden. Die Stärken des Weisen sind diese Wachheit und jene schonungslose Sicht der Tatsachen und seine Geduld. Er nimmt das Böse nicht persönlich, sondern betrachtet es wie ein Naturschauspiel. Er beobachtet den Bussard, der über einer Wiese kreist, wie er sich vom Wind davontragen lässt, dann seine Kreise enger zieht und plötzlich herunterstürzt, um eine Maus zu ergreifen. Er beobachtet das und weiß, dass die Maus nun sterben wird. Das ist nicht als Gleichnis des Kampfes ums Überleben gemeint. Es soll damit nicht das Böse unter Menschen gerechtfertigt werden. Der Kampf unter Artgenossen ist etwas anders als der Lebensrhythmus Löwe schlägt Gazelle.

In der Kontemplation überwinden wir den Kampf. Wenn der Weise von einem bösen Artgenossen angegriffen wird, dann wird er sich natürlich verteidigen. Aber er weiß, dass die Methoden des Gutsein-Ideals hier nicht erfolgreich sein können. Also muss er besonders intelligent und wachsam sein. Er nimmt diesen Angriff nicht persönlich. Er wird handeln, wenn es erforderlich ist, und er wird nichts tun, wenn es besser ist, nichts zu tun. Er wird beobachten und nicht in Panik geraten. Er weiß, dass das Böse stärker ist und erfolgreicher, er weiß, dass das Gute dagegen weniger Chancen hat. Er wird unbeirrt seine Erkenntnis des Guten vertreten, und auch wenn er zur Seite gedrängt wird, ist er nicht gekränkt oder wird verbittert. Er bezieht seine Kraft aus den Quellen des Herzens und der Seele. Diese Kraft vermittelt eine besondere Stärke, die ihn glücklich macht. Die mitfühlende und liebende Haltung ist von Dauer. Der Böse wird zwar erfolgreicher sein, er wird mehr Statussymbole besitzen, äußere Macht haben, politischen Einfluss, mehr Ruhm, aber davon lässt sich der Weise nicht blenden. Die Guten werden in der Minderzahl bleiben; doch auch darüber wird er sich nicht grämen. Er wird auch nicht mit missionarischem Eifer die Bösen bekehren, denn sie werden ihn nicht verstehen. Selbst wenn sie ihn verstünden, so würden sie das Verstandene für sich selbst ablehnen. Der Weise mag ja Recht haben, aber der Böse würde nicht mit ihm tauschen wollen. Das Böse übt für die Bösen selbst und für die Mehrheit der Menschen eine stärkere Faszination aus. Der Weise weiß das – und er weiß auch, dass Weisheit nicht hoch im Kurs der Werte steht.

28. Ist das Böse erotisch anziehender?

Über die Liebe haben wir bereits gesprochen. Zwischen Mann und Frau kommt die Sexualität als Komponente hinzu und erzeugt die Erotik. In Partnerschaften geht es also nicht nur um Liebe und Liebesfähigkeit, sondern auch um erotische Anziehung. Hiervon handelt das folgende Gespräch mit einer zweiundvierzigjährigen Frau, die dreimal geschieden ist und aufgrund einer neuen Partnerschaft vor der Frage steht, ob sie ein viertes Mal heiraten soll.

«Ich habe immer aus Liebe geheiratet, wobei die sexuelle Erfüllung nicht immer gestimmt hat. Mein derzeitiger Partner ist dreiundfünfzig, er hat eine gescheiterte Ehe hinter sich und hat sich sehr in mich verliebt. Er möchte mich deshalb in diesem Jahr noch heiraten. Aber ich bin mir nicht mehr sicher, ob ich die Ehe eingehen will. Darüber möchte ich mich mit dir ganz offen unterhalten. Ich tappe etwas im Dunkeln und bin verwirrt», begann sie das Gespräch.

«Du solltest mir offenbaren, was dich verwirrt. Du sagtest, dass er dich liebt. Was empfindest du dabei?»

«Ich finde es natürlich schön, dass er mich liebt, ich genieße das, es tut mir gut. Er beschenkt mich, lädt mich zu Urlauben ein, hält meine Hand, macht mir Komplimente. Er ist ein guter Mensch. Ich spüre, dass er mich als Frau verehrt. Auch sexuell gibt es eigentlich keine Probleme.»

«Was heißt ‹eigentlich›? Wenn jemand ‹eigentlich› sagt, dann gibt es ein Problem.»

«Ich weiß nicht, wie ich es erklären soll. Das fällt mir schwer. Sexuell ist alles normal. Er hat seinen Orgasmus, er ist ein guter Liebhaber, er dreht sich danach nicht egoistisch auf die Seite, sondern streichelt mich. Ich bekomme bei ihm jedoch selten einen Orgasmus. Ich finde die Sexualität mit ihm angenehm.

Sein Körper ist anziehend, er sieht gut aus, und er ist lieb. Aber ich fühle mich irgendwie in der Falle. Ich denke, wenn ich neben ihm liege, dass ich Glück habe mit ihm als Mann. Aber es fehlt die Spannung. Ich empfinde keine prickelnde innere Anspannung, wenn ich ihn sehe und wenn wir zusammen sind.»

«Bekommst du deshalb keinen Orgasmus? Hast du ihn, wenn du onanierst?»

«Ja, dann natürlich.»

«Hast du dabei besondere Phantasien?»

«Ja, ich denke daran, dass der Mann in aggressiver Art mit mir zusammen ist, dass er mich ab und zu dabei schlägt, dass er sehr wild ist und rücksichtslos mit mir umgeht. Ich halte mich allerdings nicht für eine Masochistin. Ich neige im Alltag nicht dazu, mich unterzuordnen. Ich bin Individualistin und weiß genau, was ich will. Beruflich bin ich erfolgreich und kann mich gut durchsetzen. Ich kann mich behaupten, bin selbstsicher und lasse mir nichts gefallen. Ich kann kämpfen und habe einen Siegerwillen in mir. Nein, ich sehe mich nicht als Masochistin.»

«Kannst du einen Mann lieben?»

«Ich bin liebesfähig, ich kann sehr lieben und auch Liebeskummer durchleiden, wenn meine Liebe nicht ankommt.»

«Muss ein Mann für dich eine Herausforderung sein? Brauchst du den Kampf in der Partnerschaft?»

«Ich glaube, nun kommen wir zum Kern der Sache. Ich verliebe mich in starke Männer, die nicht so leicht zu kriegen sind. Starke Männer, da meine ich keine sportlichen Athleten, sondern Männer, die mich begehren, aber bei denen man nie weiß, was die nächste Stunde bringt. Es ist verflixt, ich möchte geliebt werden und genieße Zärtlichkeit und Aufmerksamkeit, aber ich darf nicht das Gefühl haben, dass der Mann sich dann auf die Couch legt, selbstzufrieden ein Glas Wein trinkt und es sich gemütlich macht. Dann fühle ich mich in der Falle und denke, so kann das doch jetzt nicht weitergehen. Das ist mir zu langweilig, dann ist die prickelnde Anspannung weg, oder die Schmetterlinge im Bauch sind nicht mehr da. Das wirkt sich bei mir auf die Erotik aus. Ich bekomme dann keinen Orgasmus mehr. Wenn wir zusammen schlafen, stelle ich mir vor, dass er mich schlägt oder dass ein zweiter Mann dazukommt, der seine sexuelle Begierde brutaler zum Ausdruck bringt, und dann bekomme ich einen Orgasmus. Er weiß natürlich nichts von diesen Phantasien. Ich schäme mich, mit ihm darüber offen zu reden. Er wäre sehr enttäuscht und in seiner Liebe gekränkt. Er liebt mich und würde mich deshalb nicht mit einem anderen teilen wollen. Ich greife manchmal zu dem Trick, dass ich mich mit ihm streite, ihn angreife, damit er sich verletzt fühlt und sich wehrt. Dann spüre ich, wie er Angst bekommt, mich zu verlieren. Ich beende den Streit, indem ich ihn verführe, denn dann spüre ich in seiner sexuellen Begierde mehr Heftigkeit und diesen aggressiven Impuls, den ich brauche. Dann bekomme ich auch einen Orgasmus. Aber es ist auf die Dauer kein Zustand, sich zu streiten, damit erotische Spannung entsteht.»

«Liebst du ihn unabhängig von der erotischen Spannung?»

«Ich war anfangs sehr in ihn verliebt. Aber als diese normale Lebensgemeinschaftslangeweile aufkam, hatte ich ihn zwar gern, ich mag ihn, er ist ein gut aussehender und beruflich erfolgreicher Mann, aber wenn die Erotik verschwindet, kann ich nicht mehr von dieser besonderen Liebe sprechen.»

«Dann solltest du ihn nicht heiraten. Du würdest ihn unglücklich machen und fremdgehen. Dann würdet ihr euch gegenseitig umlauern und bekriegen.»

«Ja, ich würde dann fremdgehen. Es hat für mich einen erotischen Reiz, mit einem anderen Mann ins Bett zu gehen, den ich nicht gut kenne, der für mich ein Geheimnis ist. Das hat etwas Abenteuerliches und vermittelt mir sexuelle Energie, die mich zum Orgasmus bringt. Vielleicht sollte ich deshalb gar nicht mehr heiraten und mich frei ausleben. Oder ich treffe auf einen Mann, der mir Spannung auch in einer Lebensgemeinschaft vermitteln kann.»

«Was könnte das für ein Mann sein? Versuche ihn zu beschreiben.»

«Es müsste ein Mann sein, der die Stärke der Freiheit ausstrahlt, einer, der weiß, was er will. Er darf nicht so leicht einzuschätzen sein, ich darf mir nicht sicher sein, ob er mich liebt. Er sollte unberechenbar und egoistisch sein. Ich hatte immer das Problem, dass ich die Männer, die ich kriegen konnte, nicht wollte, sondern die, die nicht so leicht zu bekommen waren. Mächtige Männer haben auf mich eine faszinierende Ausstrahlung, Männer, die Einfluss haben, eine autoritäre Ausstrahlung besitzen, die ihren Willen zum Ausdruck bringen und auch sexuell dominant fordern, was sie wollen. Diese autoritäre Gesamthaltung fasziniert mich, das bringt mich erotisch in Wallung, sie zu verführen. Vielleicht hat das wenig mit Liebe zu tun. Obwohl, zu diesen Männern kann ich zärtlich sein, ich mache mir Gedanken, wie ich ihnen eine Freude machen kann. Die Männer, die mir liebevoll jeden Wunsch von den Augen ablesen, von denen lasse ich mich verwöhnen. Das ist angenehm, aber mehr nicht.»

«Du hast gesagt, was du in der Beziehung zwischen Mann und Frau brauchst. Das war eine sehr klare und deutliche Aussage. Kompliziert wird es, wenn du in Frage stellst, was du suchst, wenn du das ändern möchtest. Dann wäre sehr viel Einsicht in die Zusammenhänge erforderlich. Jedenfalls ist klar, dass du derzeit einen lieben, braven, angepassten Mann nicht heiraten solltest, da du von anderen Reizen fasziniert bist. Es ist sehr wichtig, dass wir darüber Klarheit bekommen, was uns fasziniert. Das Warum herauszufinden ist eine wunderbare und wichtige Selbsterforschung, mit der du dich weiter kennen lernst.»

29. Was ist das Böse?

Von dem Philosophen Robert Spaemann, der bis 1992 an der Universität München lehrte, las ich in einem *Focus*-Interview folgende Sätze zum Bösen in der heutigen Gesellschaft: «Die Menschen sind verführbar, das ist es. Aber wer verführt sie? Angesichts der Erfahrung scheint mir die Annahme einer die Menschen verstrickenden, übermenschlichen bösen Macht rationaler zu sein als der Verzicht auf diese Annahme.»

Die Menschen sind verführbar. Das ist eine Tatsache. Ich spreche von Manipulierbarkeit und Fremdbestimmung. Wir hören auf die Meinung anderer und übernehmen Normen, die uns vermittelt werden unter dem Vorzeichen, dass man es «nur gut» mit uns meint. In vielen dieser Normen steckt schon das Böse. Durch Elitedenken, Nationalismus, religiösen Dogmatismus, um nur drei «Verführungen» zu nennen, wird als Folge Böses erzeugt.

Ich wundere mich, dass ein siebenundsechzigjähriger Philosoph die naiv klingende Frage stellt: «Aber wer verführt sie?» Menschen manipulieren Menschen. Ich glaube nicht an eine die Menschen verstrickende, übermenschliche Macht und halte den Verzicht auf diese Annahme für besser. Der Mensch bringt das Böse selbst in die Welt; keine übermenschliche Macht drängt ihn dazu. Es gibt also kein Abgeben der Verantwortung an die «böse Macht».

Das Böse übt Anziehungskraft aus, es erzeugt Spannung; deshalb wird es von Romanautoren und Filmemachern so häufig dargestellt. Ich verstehe ihre Absicht, auf diese Weise Spannung zu erzeugen und den Zuschauer zu fesseln. Eine Gewaltszene auf dem Bildschirm wirkt aufmerksamkeitserregender als das Stimmungsbild einer Landschaft. «Der Zuschauer braucht Action», sagte mir ein Regisseur. Er meint, dann schaut er hin, der Zuschauer. Und er, der Regisseur, will, dass der Zuschauer hinschaut, denn das ist dann sein beruflicher Erfolg. Da aber auch Gewalt abstumpft, muss die Gewalt immer spektakulärer gezeigt werden. Wo führt das hin? Ich möchte nicht behaupten, dass Gewalt automatisch zur Nachahmung führt. Wer eine brutale Schlägerei im Kino miterlebt, verlässt nicht unbedingt das Kino, um eine Schlägerei anzuzetteln.

Wir werden durch die Medien (TV, Kino, Illustrierte) zu Zuschauern der Gewalt und des Bösen. Es tritt mehr und mehr Gewöhnung ein. Unser Aggressionspotenzial wird dadurch nicht erhöht. Aber die Gewalt und das Böse in ihr hinterlässt Spuren. Das Böse wird selbstverständlicher, es gehört dazu, wir empören uns nicht mehr, es stumpft Mitgefühl ab, weil wir mit sensiblem Mitgefühl zu sehr schockiert wären und uns dagegen verwahren müssten. Solche «Sensibelchen» wollen wir aber nicht sein, denn es gilt als normal, sich diesen Spannungskicks auszuliefern, sie über sich ergehen zu lassen und anschließend cool darüber palavern zu können.

Als Zuschauer werden wir mit Gewalt konfrontiert. Wir halten das aus und stehen das seelisch durch. Auf diese Weise dringt eine Gewaltphilosophie in uns ein, die ich so beschreibe: Gewalt gehört zum Leben. Man muss sich gegen andere wehren, wenn es sein muss, mit allen Mitteln, mit Waffen, mit Zähnen und Klauen, mit Tricks und Täuschungsmanövern, mit dem Mut zum Sprung aus dem Fenster, mit der Kaltblütigkeit, den Gegner in eine Feuersbrunst laufen zu lassen, ihn in einen Bottich mit Salzsäure zu werfen, ihn von einer Dampfwalze überrollen zu lassen, ihm auf die Finger zu treten, wenn er am Sims hängt. Gerechtfertigt ist das, weil er ein Mörder ist, ein Spion, ein Krimineller, einer, der anderen nach dem Leben getrachtet hat. Der Regisseur hat viele solcher Gründe, warum er den entsetzlichen Untergang eines Menschen mit aller Deutlichkeit und Scheußlichkeit vor Augen führt. Denn auch der Gute wurde gezeigt, wie er vom Bösen malträtiert und in Angst und Schrecken versetzt wurde. Das ist alles spannend. Die Aufgabe der Medien ist es, Spannung zu erzeugen. Das ist ihr Job.

Was geschieht aber in Seele und Geist der Zuschauer danach? Da keiner nach Verlassen des Kinos oder nach Ausschalten des TV-Geräts aggressiv auf den anderen losgeht, mag wohl alles in Ordnung sein und scheinbar verarbeitet. Das Gesehene wird jedoch nicht vergessen, es wirkt weiter. Die Folgen sind Ängstlichkeit und Misstrauen – und die Auffassung, dass man im Leben hart kämpfen muss, dass man vom Bösen bedroht wird und sich dagegen zur Wehr setzen muss. Es wird also einerseits Angst und Unsicherheit gesteigert und andererseits die Durchsetzung in der Realität zu einem Problem. Direkte Gewalt ist im Alltag ja verpönt; also muss man sich diesbezüglich sehr zurücknehmen. Der Kampf verlagert sich in den Kopf. Die Seele fühlt sich vom Bösen bedroht; das Böse zu bekämpfen verlangt Böses. In Gedanken wird durchgespielt, wie man die anderen abwehren und ihnen schaden kann. Also versuchen wir, Sicherheiten zu schaffen, Status zu erlangen, Vermögen zu erwerben, um selbst gut dazustehen, und machen die anderen, die wir für Feinde halten, schlecht, begehen Rufmord. Wir kämpfen nicht mit offener körperlicher Gewalt, sondern mit Intrige und mit Worten.

Das Böse ist in uns eingedrungen, und wir kämpfen dagegen mit bösen Mitteln. Deshalb behaupte ich, das menschliche Miteinander wird immer schwieriger, weil das Böse von uns allen Besitz ergriffen hat und weil wir böse handeln, getarnt natürlich, selten wirklich offen. Du triffst selten auf einen Menschen, der sich zu seinen bösen Gedanken und Methoden bekennt. Die meisten durchschauen es selbst nicht, denn als Kämpfer gegen das Böse halten sie sich ja für gerechtfertigt – wie der Regisseur, der mit dieser Dramaturgie zum Erfolg gelangt. Was er damit anrichtet, das ist nicht sein «Ding», das überlässt er den Psychologen und Philosophen. Dann ist es aber bereits geschehen. Die Philosophen spekulieren über diese Vorgänge in Kopf und Seele, die wissenschaftlich nicht exakt greifbar sind. Das Böse ist jedenfalls in den Köpfen vorhanden, das Gute bleibt dabei auf der Strecke, denn das Böse wird durch Böses bekämpft. Das ist das entstandene Welt- und Menschenbild der Zuschauergeneration.

30. Warum ist das Gute so wenig attraktiv?

Zunächst einmal möchte ich nochmals rekapitulieren, was das Gute ist. Der gute, der positive Mensch besitzt vor allem Mitgefühl für seine Mitmenschen. Sein Gefühl für andere ist nicht abgestumpft oder gar ins Negative verkehrt. Er ist seelisch nicht so verholzt, dass keine Gefühle mehr durch seine Seele pulsieren können.

Der Begriff Seele besitzt die entscheidende Bedeutung, denn der Körper ist, wie ich immer wieder betone, nur die materielle Basis. Der Geist ist nur eine Fähigkeit mit Werkzeugfunktion, die Seele aber ist das Zentrum. Die italienische Mystikerin Katharina von Siena (1347 bis 1380) formulierte es so: «Die Liebe trägt die Seele wie die Füße den Leib.» Dieser Gedanke weist uns also noch einen Schritt weiter. Katharina von Siena sagt, dass der Körper auf den Beinen steht und von den Füßen getragen wird; sie schreibt der Liebe diese elementare Bedeutung (wie die Füße für den Körper) für die Seele zu. Die Seele ruht also auf der Liebe und wird von ihr getragen von einem Tag zum anderen und von Ort zu Ort. Wenn wir von Seele sprechen, dann reden wir von Mitgefühl und von Liebe. Wenn wir von diesen beiden Komponenten der Seele reden, dann müssen wir auch von Freiheit, Gelöstheit und Sensitivität sprechen, denn Liebe ist nur in ihrer Entfaltung möglich, wenn Gelöstheit und Freiheit bestehen.

Der Unfreie und der nicht Gelöste, also der Angehaftete, der Angespannte, der Angebundene, befinden sich in einer Situation, die Mitgefühl und Liebe nicht zur Entfaltung bringen kann, da sie durch ihre Unfreiheit Probleme besitzen, die im Vordergrund stehen, nämlich erst einmal frei zu werden. Wer in Gefangenschaft lebt, hat das elementare Bedürfnis, freizukommen – seine sonstige Offenheit ist dann beschränkt. Natürlich besteht die Möglichkeit, auch in Gefangenschaft zu lieben. Weil wir etwas geliebt haben, die Blätter im Herbstwind, eine Frau oder einen Mann, werden wir Kraft und Energie daraus entnehmen und uns in Liebe wieder offen zuwenden können, vor allem später – in der Freiheit, die wir ersehnen.

Wenn die Gefangenen im Dogenpalast von Venedig zum Gerichtsverfahren geführt wurden, dann konnten sie auf diesem Weg aus den Fenstern einen Blick auf das Meer und den Himmel werfen. Nach der Qual der Gefangenschaft ist dieser Blick in die Freiheit der Welt von ungeheurer Intensität. Deshalb haben manche Gefangene auf diesem Weg bei diesem Blick aufgeseufzt, vielleicht sogar aufgeschrien. Die Bürger von Venedig haben diese schreienden Seufzer durch die Fenster gehört, und deshalb heißt dieser Übergang über einen kleinen Kanal, der darunter verläuft, «Seufzerbrücke». Vor dieser weltberühmten Seufzerbrücke lassen sich jährlich Hunderttausende von Touristen fotografieren. Aber kaum einer kennt den wirklichen historischen Hintergrund. Viele Hochzeitsreisende glauben, es wäre ein Ort, an dem sich Liebespaare trafen. Er war in der Geschichte von Venedig aber nie ein solcher Ort, sondern ein Platz des Schauderns. Und doch hat die Seufzerbrücke viel mit der Liebe zu tun, denn der erhaschte Blick in die Freiheit ist Liebe, und das Aufstöhnen der Gefangenen ist der Aufschrei ihrer Seele, die die Liebe vermisst hat und sie plötzlich schockartig in der Seele fühlt. Freiheit ist Liebe, und Liebe braucht Freiheit. Freiheit ist der Sauerstoff zum Atmen, damit Liebe leben kann.

Wer weiß, was Liebe ist, und wer liebend lebt, der hat auch Mitgefühl für alle Lebewesen. Das ist das Gute. Das Wort «Güte» hängt damit zusammen. Wer liebt, kann gütig sein. Mitgefühl bedeutet, gütig sein zu können. Warum ist das nicht attraktiv? Warum werden wir von Gewalt, Schrecken, Terror und Angstszenen in den Medien mehr gefesselt und weniger von Mitgefühl und Liebe, also Güte, Toleranz und Freiheit?

Das Böse ist einfacher, denn es ist das Brutale, das wir fürchten. Andererseits sehnen wir uns nach Freiheit und Liebe. Seltsam, aber vielleicht gar nicht so seltsam ist die Wertung: Liebe, Mitgefühl und Güte werden als «kitschig» und «romantisch» bezeichnet. Woher kommt die Abwertung? Warum ist Liebe «kitschig»? Auch das Schöne gilt als kitschig, während das Hässliche, die Gewalt, die Spannung, die Aggression nicht kitschig sind. Warum ist das so?

Für einen Künstler, der eine Arbeit vorlegt, ist es das schlimmste Werturteil, wenn es heißt: «Kitschig!» Ist das Schöne und Gute kitschig? Ist die Liebe kitschig? Sind Gewalt und Aggression Kunst?

Wir sollten unterscheiden zwischen geschönter Wirklichkeit, um einen Zuckerguss darüberzugießen, und der realen Wirklichkeit, in der es Liebe und Freiheit gibt. Der Gefangene, der einen Blick aus dem Fenster wirft und vor erfüllter Sehnsucht aufseufzt, denkt weder an Kunst noch an Kitsch. Seine Seele reagiert. Er will nichts verschönen. Kitsch überzieht die Wirklichkeit verschönend und will sich so verkaufen. Die unfreie Seele will aber nichts verkaufen.

Die Seele steht auf den Beinen der Liebe sicher und fest. Das ist kein Kitsch. Das Gute ist nicht kitschig. Deshalb lässt es sich nicht so gut verkaufen wie wirklicher Kitsch. Das wirklich Gute ist das eine, das herbeigekünstelte Gute ist etwas anderes. Wir schauen etwas verächtlich auf das Gute, vielleicht weil es langweiliger wirkt als das Böse, aber auch, weil wir vom Bösen schon durchdrungen sind. Wir sind Gefangene, zwar nicht in konkreten Kerkern des Dogenpalastes, aber in den Gefangenheiten der Gesellschaft. Gefangene interessieren sich für das Leben von Gefangenen; unterdrückt Aggressive interessieren sich für ausgelebte Aggressionen. Liebende interessieren sich nicht für diese Dinge – sie gehen in ihrer Liebe auf. Liebe ist Erfüllung, und darin liegt keine Spannung. Liebe ist jenseits von Kunst und Kitsch. Kunst und Kitsch sind nur Etiketten, die von Intellektuellen eingesetzt werden. Ein Liebender und eine Liebende werden ihre Liebe nicht als Kitsch empfinden. Und das ist sie auch nicht. Es geschieht zwischen ihnen das Gute. Das hat keine Attraktivität für die Außenwelt; sie ist entweder neidisch oder hält das, was geschieht, für unspektakulär. Mitgefühl, Liebe und Güte besitzen keine Attraktivität für die anderen. Attraktiv wirkt das erst als Kitsch; es muss dann überhöht und gesteigert werden, also überromantisiert erscheinen. Wirkliche Liebe aber ist nicht sentimental. Also hat sie als Kitsch keine Chance.

So pendeln wir in den Medien zwischen Gewalt und Kitsch hin und her. Die Wirklichkeit von Mitgefühl, Liebe und Freiheit bleibt auf der Strecke. Wir dürfen uns deshalb nicht an der Welt der Medien orientieren, sondern können die Wahrheit, Wirklichkeit und Echtheit nur in uns selbst finden. Unsere Seele steht auf den Beinen der Liebe. Dann fällt die gesamte Medienwelt – mit Kunst und Kitsch – in eine Entsorgungsmülltonne.

31. Warum gefällt uns die Verbindung Freiheit und Liebe nicht?

Besonders eindeutig ist Freiheit im Gegensatz zur Gefangenschaft, wie am Beispiel des Verlieses des Dogenpalastes angedeutet. Die Sehnsucht nach Freiheit versteht hier jeder. Komplizierter wird es bei der Definition der politischen Freiheit oder der Religionsfreiheit und noch komplizierter bei einer Diskussion um die persönliche Freiheit, wenn es darum geht, wann Freiheit legitim ist und wann sie die Rechte und Freiheiten anderer berührt. Spannender (und noch schwieriger) wird es, wenn Freiheit, Liebe und Sexualität zusammenkommen.

Wie viel Freiheit darf man sich nehmen, und an welchem Punkt stört dich die Freiheit des anderen? Hat Freiheit etwas mit Kreativität zu tun? Ist totale Freiheit auch zu akzeptieren? An welchem Punkt wird eine Schwelle überschritten? Ist Anpassung notwendig und Freiheit deshalb nur in Grenzen möglich? Soll man sich an die Regeln der Gesellschaft halten, aber bis zu welchem Grad? Bedeutet Freiheit, dass man sich über alle Regeln hinwegsetzen kann?

Sicherheit ist ein sehr positiver Wert, Freiheit aber unter bestimmten Voraussetzungen auch. Wie lässt sich unser Streben nach Sicherheit, Geborgenheit und Ordnung mit dem Streben nach Freiheit unter einen Hut bringen? Wir lieben die geregelten, klar überschaubaren Verhältnisse, lieben aber auch das Abenteuer. Etwas absolut sicher Geplantes birgt aber keinen Freiraum mehr für Abenteuer. Wir suchen die Regelung, die gesicherten Verhältnisse – und haben wir sie erreicht, dann langweilen wir uns und versuchen das Unsichere, um auch das zu erproben. Das klingt alles sehr allgemein und nicht auf die Liebe bezogen. Ich versuche, das Generelle bewusst zu machen, damit wir zum scheinbar Speziellen vordringen können, denn die Liebe ist gar nichts Spezielles, sondern ist auch etwas sehr Allgemeines, das sich durch unser ganzes Leben zieht. Wie können wir mit dem Widerspruch leben, mit dem Wunsch nach Sicherheit und der Sehnsucht nach Abenteuer? Wir fühlen uns geborgen in der Gewohnheit und im Durchschaubaren, langweilen uns aber bald – und sehnen uns dann nach dem Ungewöhnlichen und dem nicht Durchschaubaren. Das ist ein großes Problem.

Ich denke, dass dir dieses Problem bewusst wurde, du es aber bisher nicht gewagt hast, dich damit wirklich zu befassen. Du hast dich bisher abgelenkt durch Freizeitaktivitäten, Geselligkeit, Spiel, Sport und Medienkonsum. Vielleicht dachtest du auch, es sei «zu schwierig», sich damit zu befassen, vielleicht auch nicht notwendig. Du hast die Gedanken daran verscheucht, sozusagen als überspannte Spinnerei. Vielleicht hat dich der Widerspruch auch verwirrt, und du bist zur Tagesordnung übergegangen, zu der Planung des Abends, zu der Terminierung des nächsten Tages, der kommenden Wochen und Monate. Die Hauptsache, die Planung funktioniert; darin ist bereits sehr viel Aktivität enthalten. Soll man sich darüber hinaus weitere Gedanken über Langeweile, Innovation und Kreativität, Abenteuer und Liebe machen? Die Hauptsache ist doch, dass du nicht im Kerker des Dogenpalastes sitzt. Ist das wirklich die Hauptsache? Es ist wohl doch unangenehm, sich über die Gefangenschaften, Fallen und Unfreiheiten Gedanken zu machen, die zum ganz normalen Alltag gehören, oder?

Es geht uns doch eigentlich gut, wenn wir einen Arbeitsplatz haben und unseren Lebensunterhalt verdienen, in einer Partnerschaft leben und einmal oder zweimal im Jahr in ferne Länder verreisen. Es geschieht sehr viel, jeden Tag, jede Woche; wir kämpfen, siegen und verlieren. Wir haben alles, «was man so braucht» – soll man sich noch Gedanken machen über Liebe und Freiheit? Der Begriff «Liebe» allein ist schon sehr «schwierig» –

und dann auch noch «Freiheit» … und das in Beziehung zueinander gesetzt – da schaue ich mir lieber einen TV-Film über Abenteuer und Liebe an, als mir weitere Gedanken darüber zu machen.

Ein erfolgreicher Anwalt sagte einmal zu mir: «Soll ich mir über das alles Gedanken machen? Bin ich ein Philosoph? Soll ich ins Grübeln verfallen? Ich sehe täglich, dass sich die Menschen nicht verstehen; sie streiten um dieses und jenes. Ich halte mich an die vorhandenen Gesetze; auch sie entwickeln sich weiter. Aber soll ich die Zukunft der Rechtsprechung vorwegnehmen? Ein Großteil meiner Mandanten stehen in Scheidungsverfahren. Ich bin kein Philosoph und Psychologe. Es geht mir einzig und allein um den Interessenausgleich. Liebe, was ist das? Das kommt bei Scheidungen nicht mehr vor. Liebe ist eine Spinnerei, die sich offenbar in der Praxis nicht realisieren lässt. Was sich angeblich in Liebe verbunden hat, soll ich auflösen und auseinander definieren, weil die Liebe nicht gehalten hat, was sie versprach. Freiheit? Ich kenne keine Freiheit. Ich schließe Verträge und wache darüber, inwieweit sie eingehalten werden oder nicht. Ein Vertrag ist eine Verpflichtung. Wenn einer aussteigen will und sich auf irgendwelche philosophische Freiheit bezieht, dann kann ich nur lachen. Entweder du machst einen Vertrag, dann hast du dich daran zu halten, oder du willst Freiheit, dann aber, bitte, mache keinen Vertrag. Ich habe nur mit den Leuten zu tun, die Verträge machen und sie nicht mehr einhalten wollen.»

Ein Jurist denkt beruflich so. Davon unabhängig aber ist er ein individueller Mensch. In meiner Praxis saßen Juristen mit ihren persönlichen Partnerschaftsproblemen vor mir und weinten, weil sie nicht mehr ein noch aus wussten. Liebe ist etwas, das wir intensiv fühlen. Freiheit ist das, was wir im Grunde wollen. Aber wir bekommen es nicht in Einklang, weder mit Verträgen noch mit guten Vorsätzen, noch in Gesprächen mit unseren Freunden und Personen, die wir als Autoritäten schätzen.

Wie sind Liebe und Freiheit möglich? Wie hängt das miteinander zusammen? Oder hat das eine mit dem anderen nichts zu tun? Gibt es eine Lösung in diesem Dilemma? Gibt es Sicherheit und Abenteuer zugleich? Gibt es eine abenteuerliche Sicherheit und ein abgesichertes oder gar sicheres Abenteuer? Ist Liebe sicher zu machen, abzusichern durch Verträge, und ist es möglich, der Langeweile dabei zu entkommen? Und gibt es die Spannung der Unsicherheit und des Abenteuers in der Liebe mit einer Gewähr, was daraufhin erfolgt? Gibt es Eroberung, von der ich schon im Voraus weiß, dass ich erobern werde und als Sieger daraus hervorgehe? Und gibt es Verführung, von der ich schon im Voraus weiß, dass ich verführen werde und bekomme, was ich will? Wenn ich es definitiv weiß, dann ist Eroberung keine Eroberung und Verführung keine Verführung. Sicherheit ist ein Wert, der rationale Bedeutung hat, aber emotional nichts taugt. Sicherheit ist etwas für Gehirnakrobaten, aber nichts für beseelte lebendige Lebewesen.

Ich hoffe, ich habe den Verständnisprozess nun so weit vorangetrieben, dass die Erkenntnis langsam Konturen annehmen sollte: Wir müssen das Sicherheitsstreben über Bord werfen, um die Langeweile zu verlassen, und das Leben selbst zu uns sprechen lassen. Das war jetzt sehr abstrakt formuliert. Mit anderen Worten: Die Freiheit siegt über das Reglement, die Liebe siegt über die Sicherheit. Noch zu abstrakt? Wir lieben aus Freiheit heraus und wollen frei bleiben. Ich spüre, du hast es noch nicht verstanden. Und ich gebe zu, ich habe mich noch nicht verständlich genug ausgedrückt. Wir werden noch einmal einen anderen Anlauf wählen, um Freiheit und Liebe in ihrem Zusammenhang zu verstehen.

32. Macht Liebe frei?

Nur was wir wirklich erlebt haben, besitzt eine reale Basis für uns. Nur wer Liebe erlebt hat, weiß, welche Gefühle für einen anderen Menschen sich dann in der Seele ausbreiten. Liebe kann man sich nicht ausdenken, sie ist kein intellektuelles Spiel; es muss erlebt werden, wie Liebe und Freiheit zusammenhängen. Du musst gefühlt haben, wie Nähe und Distanz zueinander in Beziehung stehen. Das richtige Maß zu finden zwischen Nähe und Distanz, das ist wichtig. Zu viel Nähe schadet der Liebe genauso wie zu viel Distanz. Wer liebt, hat das Bedürfnis, zärtlich zu sein und zu kuscheln. Stelle dir vor, du kuschelst vierundzwanzig Stunden ohne Unterbrechung. Sattheit tritt ein, die Distanz erfordert. Es handelt sich um natürliche Phasen, Geborgenheit, Nähe, Zärtlichkeit – und dann die Loslösung, die Distanz, um sich durch Abstand wieder nach der Phase der Nähe zu sehnen. Dieser freiheitliche Rhythmus geschieht automatisch aufgrund unserer inneren Bedürfnisse.

Schwieriger wird es aufgrund unserer Einstellung. Indem wir eine Paarbeziehung Regeln unterwerfen, die aus dem Denken kommen, wollen wir den geliebten Menschen für uns besitzen, wir wollen, dass er uns gehört und wir ihm gehören. Wir sind bereit, unsere Freiheit einzuschränken, und verlangen das vom anderen auch.

Liebe entsteht durch eine freiheitliche Begegnung zweier Individuen, aber sie mündet in eine gegenseitige Freiheitsberaubung, die schließlich in der Ehe endet. Dort bestehen dann Pflichten, Verhaltensnormen, geschriebene und ungeschriebene Gesetze, die Anpassung fordern. Mit dem Ende der Freiheit zieht sich zunächst auch schnell die Liebe zurück, denn sie kann nur in Freiheit gedeihen. Du kannst niemand zur Liebe zwingen. Du darfst Zärtlichkeit und Sexualität nicht fordern. Wenn du es tust – und viele machen das in Beziehungen –, dann erreichst du das Gegenteil. Je mehr der andere spürt, dass Liebe von ihm verlangt wird, umso schwerer fällt es ihm, sie zu geben. Liebe ist etwas, das wir aus eigenem inneren Impuls geben wollen, wenn wir emotional dafür bereit sind; wir wollen das nicht, wenn ein anderer es verlangt. Schon der leiseste Verdacht einer Verpflichtung ist gefährlich, da dann in uns eine Blockade entstehen kann. Wir hatten vor, uns in Liebe anzunähern; nun spüren wir die Forderung, und sofort ist uns nicht mehr danach. Wir fühlen uns in der Falle und dadurch unbehaglich. Die möglicherweise drängender werdende Forderung des anderen bringt uns in Panik: Wir reagieren gereizt, aggressiv, müde oder depressiv. Liebe ist ein scheues Wild. Sie braucht den Sauerstoff der Freiheit, um ihre Flamme zu nähren, sie braucht die Basis der Freiheit, um sich entfalten zu können.

Jetzt wird auch deutlich, dass Liebe etwas anderes als Freiheit ist. Liebe und Freiheit hängen zwar eng zusammen, sie benötigen einander, aber Liebe ist nicht Freiheit. Wer liebt, ist dadurch nicht zwangsläufig frei. Im Gegenteil, er begibt sich in allerhöchste Gefahr, seine Freiheit einzubüßen.

Wenn wir uns verlieben, sind wir glücklich, weil das unserem Leben einen tiefen Sinn gibt. Wir fühlen uns auf «rosaroten Wolken» und möchten am liebsten die ganze Welt umarmen, weil wir beglückt sind, jemanden zu lieben und geliebt zu werden. Wir sind für jemanden wichtig, und dieser bisher Fremde rückt ins Zentrum unseres Interesses. Immer dann, wenn wir uns etwas mit liebender Anteilnahme und voller Aufmerksamkeit zuwenden, macht uns das innerlich ausgeglichen. Es macht Sinn, dafür zu leben, sich darauf in Freude vorzubereiten.

Dadurch werden wir aber nicht frei. Wir sind abgelenkt und vergessen zeitweilig uns selbst. Liebe ist also kein Trick, um frei zu werden. Wir müssen bereits frei sein, um der Liebe gegenüber offen sein zu können. Diese Freiheit war schon in uns, bevor wir uns verliebt haben.

Deshalb muss man innere Freiheit bereits besitzen, damit ein anderer Mensch auf den fruchtbaren Boden in unserer Seele fallen kann. Wer beispielsweise noch an einem anderen Menschen hängt und sich in der Phase des Liebeskummers befindet, der ist nicht bereit; er ist nicht aufgeschlossen, lässt sich vielleicht auf eine Begegnung und ein sexuelles Erlebnis ein, um zu vergessen. Da er noch nicht frei ist, kann sich die Liebe nicht entfalten. Wir müssen Probleme und Konflikte erst hinter uns gebracht haben, damit wieder Freiheit und Aufgeschlossenheit besteht. Das Sexerlebnis ist kein Trick, um dadurch die Seele frei zu machen.

Auch berufliche Probleme können uns so in Anspruch nehmen, dass wir seelisch nicht frei sind, um Liebe erleben zu können. Wer ums wirtschaftliche Überleben kämpft, der hat keinen Sinn für eine Liebesbeziehung, denn er will erst einmal seine Schwierigkeiten bewältigen, bevor er wieder offen ist. Seelisch-geistige Freiheit ist deshalb für die Liebe eine Voraussetzung. Ich sage immer wieder: Die Probleme, die wir im Kopf haben, sind Gegenwartsfresser, denn sie rauben uns die Fähigkeit, offen für Erlebnisse zu sein.

Deshalb ist Freiheit der elementarste Wert. Liebe braucht Freiheit, aber sie ist nicht Freiheit und bewirkt sie auch nicht. Wir sollten uns Freiheit schaffen, bevor wir uns um die Liebe kümmern. Zuerst sollte die Freiheit erreicht sein; erst auf diesem bereiteten fruchtbaren Boden kann die Liebe erblühen. Erwarten wir also von der Liebe keine Freiheit. Im Gegenteil, wenn wir lieben, brauchen wir sehr viel Freiheit, um damit umgehen zu können. Wir sollten bereits authentische, eigenständige Individuen sein. Wenn wir das noch nicht sind, werden wir uns anklammern und vom Partner eine Reifehilfe für uns erwarten. Wenn wir uns noch nicht selbst gefunden haben, dann erwarten wir, dass er uns dabei helfen soll. Das wird er nicht können, zumal dann nicht, wenn er sich auch noch nicht gefunden hat und dasselbe durch die Partnerschaft erwartet. Wenn der Sauerstoff Freiheit fehlt, wird die Flamme erlöschen.

33. Wie mache ich mich frei?

Mit einem jungen Mann (den ich hier Tom nenne), der wegen Liebeskummer zu mir in die Praxis kam, führte ich das folgende Gespräch.

«Du betonst immer wieder die Freiheit. Du sagst, dass die Basis für die Liebe und ein glückliches Leben Freiheit sei. Ich glaube, ich habe verstanden, was Freiheit ist, aber trotzdem kann ich das im Alltag nicht umsetzen. Meine Freundin hat mich nach zwei Jahren verlassen, weil sie einen anderen Mann kennen gelernt hat. Wie soll ich damit umgehen? Ich weiß, dass sie ein freies Individuum ist und nicht mein Besitz, aber es tut seelisch sehr weh, wenn sie jetzt eigene Wege geht. Es zerreißt mir fast das Herz, wenn ich mir vorstelle, wie sie mit dem anderen ihre Zeit verbringt, sich für ihn interessiert und mit ihm ins Bett geht. Sie nimmt sich diese Freiheit, und ich stehe da und habe das Nachsehen. Wie soll ich mich verhalten?» Tom machte ein bedrücktes Gesicht. Und er war den Tränen nahe.

«Du sagst sehr richtig: Sie nimmt sich einfach diese Freiheit. So wirst du mit ihrer Freiheit konfrontiert. Es tut dir weh, dass du sie nicht festhalten kannst. Du kannst in der Liebe niemanden halten, denn Liebe ist ein psychisches Phänomen, das eigene Wege geht und eigenen Gesetzmäßigkeiten folgt. Du kannst dir Gedanken darüber machen, wie du sie erpressen könntest, damit sie zu dir zurückkommt, etwa durch Geschenke, etwa durch Drohungen. Du kennst das alles, das Drama der Erpressungsversuche: Ich werde mich umbringen, wenn du nicht zurückkommst. Oder gar: Ich werde dich umbringen, ich werde mich rächen. Oder Versprechungen: Du bekommst ein eigenes Auto und brauchst nicht mehr zu arbeiten, wir fangen ganz von vorne an. Ich werde die Dinge, die dich gestört haben an mir, in Zukunft ändern. – Du kannst nicht neu von vorne anfangen. Alles ist nur einmal neu, beim Eintritt in die Liebe und in die Beziehung. Das kann nie wieder so neu anfangen, denn es ist gelebte Vergangenheit und hat seine Spuren hinterlassen.»

«Was habe ich dann für eine Chance?», fragte Tom.

«Du hast nur eine Chance: ihre Entscheidung und ihren Weg zu akzeptieren. Auf diese Weise lässt du sie los. Die Vergangenheit ist vorbei; sie ist getrocknetes Stroh. Du kannst Stroh nicht wieder grün werden lassen. Du versuchst sie mit allen Mitteln umzustimmen. Wie soll das funktionieren? Willst du, dass sie durch Erpressung, also durch Angst, zu dir zurückkommt? Angst und Liebe sind Gegensätze. Stelle dir vor, sie käme aus Angst zurück. Was hättest du davon? Sie würde dich gerade deswegen nicht lieben können. Du willst ja nicht nur eine Hülle, eine Fassade, sondern ihre Liebe, also ihre Seele. – Wir müssen viel mehr von der Seele wissen. Die Seele ist frei, sie will und sucht die Freiheit. Ihren Verstand kannst du erpressen, die Seele aber nicht. Deshalb solltest du sie loslassen. Ihre Freiheit zu akzeptieren heißt, auch deine Freiheit zu gewinnen.»

Tom sagte: «Unter ihrer Freiheit leide ich. Wie befreie ich mich von diesem Schmerz?»

«Werde selbst frei, denn darin besteht deine Aufgabe als Person. Werde eigenständig, authentisch und individuell, vertraue dir selbst und frage niemanden nach seiner Meinung. Gehe deiner eigenen Nase nach. Wenn du zu deinen Gefühlen stehst, dann brauchst du niemanden mehr fragen.»

«Ich habe Liebeskummer, das sind jetzt meine Gefühle. Ich frage, weil ich nicht weiß, wie ich damit umgehen soll. Ich bin unfrei. Wie komme ich frei?»

«Es ist völlig verständlich, dass du Liebeskummer hast. Du brauchst ihn nicht verdrängen. Gehe in diesen Kummer voll hinein, lass die Szenarien deiner Reaktionen und ihrer Reaktionen vor deinem inneren Auge ablaufen. Du lernst dich dabei intensiv kennen. Es ist völlig in Ordnung, dass du vor dem Einschlafen solche Bilder ablaufen lässt, dass du ‹Drehbücher› verfasst, wie es wäre, wenn du das sagen würdest und sie so oder so darauf reagieren würde. Entscheidend ist dabei, dass du nicht aus den Augen verlierst, dass sie frei ist und du es auch bist. Ihr seid euch begegnet; das ist alles. Es war wunderschön, und du willst die schönen Stunden konservieren, das heißt, du willst sie wiederholen. Eine Maschine wiederholt, aber eine menschliche Seele ist etwas anderes. Wir haben nirgendwo gelernt, auf keiner Schule, von keinem Buch und von keinem Kunstwerk, was unsere Seele wirklich bedeutet. Du hast deinen Verstand trainiert, aber das reicht nicht. Die Seele ist immer mit dabei. Deine Ratio hat keinen Einfluss auf das seelische Erleben. Wir müssen neben der Ratio auch die Psyche in die Gesamtkonzeption mit einbeziehen, denn sie gehört genauso zu uns.

Dein Verstand sagt dir, dass du sie haben willst, weil du die schönen Stunden wiederholen willst. Freiheit bedeutet aber, nichts zu besitzen und nichts zu wiederholen. Damit bricht dein Welt- und Menschenbild in sich zusammen. Was dir jetzt bewusst wird, ist eine ungeheure, eine gewaltige Energie. Damit wirst du jetzt konfrontiert. – Sie ist frei, und du bist frei. Ihr seid euch begegnet; das war alles. Ihr habt euch geliebt; das ist wunderschön. Aber du kannst nichts festhalten. Festhalten wäre Konstanz, aber Lebendigkeit hat weder mit Besitz noch mit Konstanz zu tun. Das Gesetz des Lebens ist die Flexibilität. Du bist frei, und sie ist frei; deine Lebendigkeit ist auch ihre Lebendigkeit. Wie wirst du also frei? Indem du das, was gesagt wurde, wirklich verstehst. Freue dich dieser Freiheit, die sich dann vor dir öffnet. Du gehst deiner eigenen Wege. Das ist ein Abenteuer. In keiner Sekunde weiß man, was in der nächsten geschehen wird. Wir lieben das Prickeln dieser Freiheit, wenn wir uns verlieben. Aber wir wenden uns davon ab, wenn es nicht mehr nach unseren Vorstellungen und Wünschen geht. Das Leben ist keine Wunschvorstellung, sondern reale Konkretisierung. Das klingt hart. Doch es gibt keine Basis für Wünsche und Hoffnungen. Du brauchst aber nicht völlig wunschlos und hoffnungslos leben. Es geht darum, das alles zu verstehen. Und um das zu können, musst du die Freiheit verstehen, deine, ihre und die aller anderen.

Gehe deinen eigenen Weg, und erkenne diese Freiheit. Dein eigener Weg ist Freiheit, ist losgelöst von allen Normen und Regeln, von allen, wirklich absolut allen. Indem du dich von allem frei machst, loslöst, wirst du frei. Dann wirst du auch nichts wiederholen wollen, denn es ist in Freiheit nichts wiederholbar. Dann wird alles neu, von Augenblick zu Augenblick. Das macht dich glücklich, nicht die Wiederholung einer vergangenen Schönheit. Erkenne: Das Schöne wollen wir wiederhaben und das Hässliche vermeiden; das ist absurd, denn das kann nicht gelingen. Das Schöne geschieht vor dem Hintergrund des Nichtschönen, es hebt sich davon ab. Es kann nicht wiederholt werden, da es zurücksinkt in das Nichtschöne. Freiheit heißt, sogar das Nichtschöne zu lieben und das daraus Herausragende als ein Geschenk zu genießen. Die Regel ist Kampf und Intrige, Traurigkeit, Langeweile und Melancholie. Frei sein heißt nicht, in ständigen Hochgefühlen zu leben. Die ‹Highlights› sind die Spitzen, und dazu gehört die Liebe zu einer Frau. Du kannst dich nicht an diesen Spitzen orientieren, als wäre das Leben nicht lebenswert im Tal der Melancholie. Freiheit heißt, melancholisch sein, Trauer zu durchleben und dabei Liebe zu empfinden für alles, was geschieht. Dann erst wirst du offen. Du wehrst nichts ab und begehrst auch nichts. Das ist das Geheimnis der Freiheit. Dann gehst du deine eigenen Wege. Dort ist der Anfang, der in die Freiheit führt. Deshalb birgt dein Liebeskummer die Chance, wach zu werden.»

Epilog
Schicke uns einen Adler

Eine Bekannte übergab mir vor kurzem einen Text, bei dem es sich um eine alte ukrainische Botschaft handelt, eine Spruchweisheit des Volkes. Der Autor ist nicht namentlich überliefert.

«Gott schicke den Tyrannen Läuse, den Einsamen Hunde, den Kindern Schmetterlinge, den Frauen Nerze, den Männern Wildschweine, uns allen aber einen Adler, der uns auf seinen Fittichen zu ihm trägt.»

Diese Spruchweisheit gefällt mir. «Schicke den Tyrannen Läuse», denn sie sollen sich kratzen und mit ihren eigenen Problemen so beschäftigt sein, dass sie davon abgelenkt werden, andere zu unterdrücken. Gemeint sind nicht nur die Herrscher über Länder und Völker, sondern auch die kleineren Tyrannen in Büros und Familien. Tyrannen wollen Macht ausüben, also Menschen in ihrem Umfeld manipulieren. So werden sie zum Unglück für andere; deshalb sollen sie mit Läusen beschäftigt sein, von denen sie tyrannisiert werden. Diese kleinen Biester können große Erfolge erzielen, wenn sie Autoritäten und Diktatoren befallen. Leider ist es den Läusen egal, auf welchem Körper sie nisten; deshalb trifft man sie auch bei Armen und Schwachen. Nun ja, aus diesem Grund wird in dem Spruch ja auch eine höhere Macht angerufen, Gott, Schöpfer, Schicksal, Tao oder die Weltweisheit. Es wäre jedenfalls sehr weise, wenn die Tyrannen von Läusen befallen würden. Das ist der augenzwinkernde Humor des Märchens. Menschen lieben Märchen, weil sie Symbole lieben, eine verschlüsselte Sprache, die etwas aussagt mit dem Spielraum der Phantasie.

«Schicke den Einsamen Hunde», weil sie gesellige Wesen sind und sich voller Aufmerksamkeit auf den Menschen einstellen können. Hunde sind wunderbare Gefährten, denn durch ihre Anwesenheit stellen sie eine lebendige Verbindung zur Lebendigkeit dar.

«Schicke den Kindern Schmetterlinge», diese zauberhaftesten Lebewesen auf dieser Erde, da sie klein sind, voller Zartheit und Schönheit. Ein Schmetterling ist farbig, er setzt sich auf eine Blüte, fliegt dann auf und lässt sich vom Wind mit ausgebreiteten Flügeln davontragen. Diese Zartheit und Schönheit ist ein unglaubliches Wunder der Natur, das Kindern gefällt, sie staunen lässt, ihnen etwas vom Geheimnis des Lebens zeigt, das mit Aufmerksamkeit erfasst werden kann. Der Schmetterling bringt Poesie in die Natur. Er ist ein Lebewesen, das nicht verstanden werden kann, zwar wissenschaftlich erfasst und beschrieben wird, sich aber an unseren Sinn für Ästhetik richtet. Wir können nur schauen und staunen, dass es das gibt. Schmetterlinge sind so unglaublich, dass sie nur von den kreativsten Künstlern erfunden werden könnten. Sie brauchen aber nicht mehr erfunden zu werden, denn sie sind ja real vorhanden. Wenn ich ein Kinderbuch schreiben würde, dann über Schmetterlinge oder Frösche.

Die Entstehung der Frösche ist ein Naturphänomen, das ich als Kind beobachtete. Mein Vater zeigte mir am Teich den Froschlaich, diese glasartigen Klumpen im Schilf, aus denen die kleinen schwarzen Kaulquappen herauskamen und im Wasser herumschwänzelten. Diese schwarzen quirligen ‹Fischchen› entwickeln vier Beinchen und kommen als winzige Frösche an Land oder setzen sich auf Seerosenblätter, um zu atmen und sich von der Sonne bescheinen zu lassen. Das Wassertier wird zu einem Landtier. Wenn ich Schöpfer wäre, würde ich noch eines draufsetzen und den kleinen Fröschen Flügel wachsen lassen, damit sie auch noch in den Bäumen und Sträuchern schaukeln könnten.

«Schicke den Frauen Nerze.» Ein Tierschützer wird das gar nicht gut finden. Aber die Frauen in der Ukraine liebten Nerze, um sich vor der Kälte zu schützen. Die Zartheit ihres Felles ist unübertroffen. Dass sie dafür sterben müssen, um das Gesicht einer Frau zu umschmeicheln, ist grausam und unvertretbar. In der Natur ist das eben so, aber der Mensch sollte es besser wissen, er sollte lieber synthetischen Pelz überwerfen und keine Nerze töten. In den Zeiten, als dieser Spruch entstand – das sei entschuldigend erwähnt –, gab es noch keine chemische Industrie, die Kunstfasern entwickelte und die Flüsse verschmutzte. Auch das hat also seinen Preis.

«Schicke den Männern Wildschweine.» Das klingt nun wirklich sehr brutal, denn Männer töten Wildschweine, um sie am Spieß zu braten und mit mehr oder weniger guten Tischmanieren zu verzehren. Während die Frauen sich in Nerzen schmücken, kümmern sich die Männer um Wildschweine. Aber, sind Frauen nur Vegetarierinnen? Natürlich nicht. Sie haben den Nerz und das Wildschwein. Noch ist es der chemischen Industrie nicht gelungen, wildschweinähnliches Fleisch auf den Tisch zu bringen. Wie wären dann die Flüsse verschmutzt und die Luft verpestet? Dann sollten wir wirklich bei den Wildschweinen bleiben, die aus dem Wald kommen und nicht aus einer kybernetisch gesteuerten Chemie- und Synthetikproduktion. Der Tod des Wildschweins ist Nahrung für das Leben anderer. Auch der Schmetterling wird von wunderschönen Vögeln gejagt und verspeist. Aber lassen wir das jetzt.

«Schicke uns allen aber einen Adler» – also den Tyrannen, den Einsamen, den Kindern, den Frauen und den Männern –, «der uns auf seinen Fittichen zu ihm trägt.» Zu wem? Zu Gott, einer höheren Macht, zum Schöpfer, Schicksal, Tao oder zu der Weltweisheit. Schicke uns einen Adler. Warum gerade einen Adler? Warum keinen Löwen, den König der Tiere? Warum keinen Panther oder Delphin? Warum keinen Wal oder Kolibri? Warum keinen Schmetterling oder ein Pferd? Der Adler symbolisiert das freieste Tier, ist der König der Lüfte. Er setzt sich auf einen Stein im reißenden Fluss und beobachtet die Fische im Wasser, er fliegt auf und streift über den Wiesenhang, er steigt hoch und setzt sich in das Geäst einer Tanne. Warum schenkt man den Einsamen Hunde und keine Adler? Hunde sind gesellig, Adler sind das nicht. Adler erscheinen uns besonders frei, weil sie sich an Land bewegen und dann wieder in die Lüfte aufsteigen. Der Schmetterling, der das zwar auch kann, ist in seiner Zartheit ein Symbol für Kinder, der Adler dagegen für Erwachsene.

«Schicke mir einen Adler, der mich auf seinen Fittichen trägt.» Er ist das Symbol der Stärke und Freiheit, der Würde, der Erhabenheit und der Souveränität. Nur ein Adler kann mich zu Gott tragen, kein Schmetterling. Ich könnte auch auf einem Löwen zu Gott reiten, das wäre aber irgendwie, trotz aller Theatralik, etwas lächerlich.

Diese Symbolik sagt sehr viel aus über unsere menschliche Seele. «Schicke mir einen Adler» – das ist wirklich das Allergrößte und Bedeutungsvollste, das du für mich tun kannst. Schicke keinen Löwen, keinen Frosch und keinen Elefanten, wirklich frei scheint nur der Adler. Er ist erhaben in seiner Freiheit, er fliegt auf und lässt sich vom Abendwind davontragen, schwingt sich höher und höher und hat seine Behausung im unzugänglichen Fels. Er ist unantastbar. Auf den Schwingen des Adlers können wir zu Gott, Tao oder der Weisheit kommen.

Ein Adler! Dieses Geschenk würde dich sofort hellwach machen, du müsstest dich schlagartig damit befassen. Einen Adler zu schenken bedeutet, dich aufzuwecken. Du wirst mit etwas Elementarem und Wildem konfrontiert. Deshalb bleiben Läuse für Tyrannen, Hunde für Einsame, Schmetterlinge für Kinder, Nerze für Frauen, Wildschweine für Männer. Ein Schmetterling kann dich zwar erleuchten, aber ein Adler macht dich wach. Erleuchtung ist schön und voller Liebe. Die Erschütterung konfrontiert dich mit elementarer Freiheit. So erfährt die Liebe eine Steigerung, für die es in unserer Sprache keinen Namen gibt.

Anhang

Gedankenaustausch

Durch Leserbriefe, die ich täglich erhalte, weiß ich, wie viele einen Gedankenaustausch mit Gleichgesinnten in ihrer Umwelt vermissen. So kam ich auf die Idee, einen *Briefclub* für Interessierte zu gründen. Deshalb habe ich eine Adresskarte für Leserinnen und Leser dieses Buches entwickelt, die mit anderen Lesern gerne in einen Gedankenaustausch treten wollen.

Dass ein Bedürfnis danach besteht, ist aus vielen Leserbriefen zu ersehen, die ich täglich erhalte. Ich war sehr überrascht, wie viele Leser malen, Gedichte schreiben und eigene kreative Ideen entwickeln. Sie leiden oft darunter, dass sie selten Gesprächspartner im Alltag finden, weil viele eine Scheu davor haben, sich zu offenbaren. Es gibt viele Menschen, die sich in unserer normierten Anpassungsgesellschaft ein eigenständiges Seelenleben bewahrt haben und weiter bewahren wollen. Darüber in Kommunikation zu treten und sich auszudrücken, das sollte auf jeden Fall gefördert werden, und zwar auch durch diesen für die Leserinnen und Leser meiner Bücher schon 1994 ins Leben gerufenen Service.

Die Adressen werden von meinem Sekretariat in einer Datenbank gespeichert und jedem Interessenten zur Kontaktaufnahme als Liste zugesandt, nach männlich/weiblich und nach Wohngebiet, Bundesland (bzw. Postleitzahl) geordnet. Der Empfang der Adressenliste verpflichtet Sie natürlich zu nichts. Und Sie können Ihre Daten selbstverständlich, wenn Sie nicht mehr mitmachen wollen, jederzeit wieder löschen lassen und sind auch nicht verpflichtet, alle Kontaktinteressenten anzuschreiben oder auf Briefe, die Sie erhalten, aber nicht interessant finden, zu antworten. Der Gedankenaustausch sollte völlig frei sein und keine Verpflichtung bedeuten. Die Gesamtzahl der Teilnehmer beträgt derzeit 1030 Frauen und 526 Männer.

Schneiden Sie die folgende Adresskarte aus, und senden Sie sie mit einem einmaligen Beitrag für die Organisationskosten (25 Euro in Scheinen oder als Scheck im Brief) an das

Sekretariat der Praxis P. Lauster
Usambarastr. 2
50733 Köln.

Es wäre schön, wenn durch diese Aktion ein Netz geistiger Verbundenheit vieler Menschen entstehen könnte.

Vorname: ____________________ Name: ____________________
Straße: ____
Ort (PLZ): ____
Alter: __________________ Hobby: ______________________
Interessengebiete: _______________________________________
____
____

Ich bin damit einverstanden, dass meine Adresskarte an Leser/innen weitergegeben wird, die an einem Gedankenaustausch interessiert sind.

Datum: __________________ Unterschrift: __________________

Informationen zu Autor und Werk finden Sie unter www.peterlauster.de.

Wenn Sie sich für andere engagieren wollen

Das vorliegende Buch thematisiert die authentische Autonomie des Einzelnen in der Gesellschaft. Das hat nichts mit egozentrischer «Nabelschau» zu tun, sondern meint die legitime Selbstfindung. Dadurch wird der Gesellschaft nichts an sozialkonstruktivem Potenzial entzogen. Wer sich mit sich selbst befasst, seiner eigenen Entwicklung, Ausreifung und seiner Gesundung, schafft die Basis für eine mitfühlende Soziabilität. Ein psychisch gesundeter Mensch bewirkt gerade dadurch sehr viel Positives für die Gesamtgesellschaft. Emotional glücklich sein heißt nicht, sich selbst in einen stillen Winkel zurückzuziehen, sondern bedeutet ein Kräftesammeln, um auch für andere liebesfähig und mitfühlend etwas tun zu können.

Die folgenden Anschriften und Spendenkonten dienen als Vorschlag. Jeder, der sich hier engagieren will, wird mit offenen Armen empfangen. Diese Gruppen sind politisch und religiös unabhängig. Die Auswahl dieser gemeinnützigen Organisationen stellt keine Wertung dar. Es gibt darüber hinaus noch viele andere ähnliche Organisationen, die unterstützt werden sollten und sich über jedes Engagement freuen.

Greenpeace e. V.
Große Elbstraße 39, 22767 Hamburg
Tel.: 040/30 61 8-0
Fax: 0 40/3 06 31-1 40
www.greenpeace.de
mail@greenpeace.de

Deutsche Krebshilfe e. V.
Thomas-Mann-Str. 40
Postfach 1467, 53111 Bonn
Tel.: 0228/7 29 90-0
Fax: 0228/7 29 90-11
www.krebshilfe.de
deutsche@krebshilfe.de
Spendenkonto 909093
Sparkasse Bonn, BLZ 380 500 00

Deutsche Aids-Stiftung
Markt 26, 53111 Bonn
Tel.: 0228/6 04 69-0
Fax: 0228/6 04 69-99
www.aids-stiftung.de
info@aids-stiftung.de
Spendenkonto 4004
WestLB Köln, BLZ 370 500 00

Bund für Umwelt und Naturschutz Deutschland e. V.
Am Köllnischen Park 1, 10179 Berlin
Tel.: 030/27 58 64-0
Fax: 030/27 58 64-40
www.bund.net
bund@bund.net
BUNDKonto 232 (Stichwort BUNDspende)
Sparkasse Bonn, BLZ 380 500 00

Deutscher Verein der Blinden und Sehbehinderten in Studium und Beruf e. V. (DVBS)
Frauenbergstraße 8, 35039 Marburg
Tel.: 06421/9 48 88-0
Fax: 06421/9 48 88-10
www.dvbs-online.de
info@dvbs-online.de

UNICEF Kinderhilfswerk der Vereinten Nationen
UNICEF Deutschland
Höninger Weg 104, 50969 Köln
Tel.: 0221/9 36 50-0
Fax: 0221/9 36 50-2 79
www.unicef.de
mail@unicef.de
Spendenkonto 300000
Stadtsparkasse Köln, BLZ 37051098

Peace Bird e. V.
Birgit Seybold
Waiblinger Str. 18/1, 71384 Weinstadt
Tel: 07151/96 19 72
Fax: 07151/96 19 73
seybold@peacebird.de
www.peacebird.org
Spendenkonto 0787301300
Dresdner Bank, BLZ 10080000

Resonanzbogen

Alle eingehenden Resonanzfragebogen werden vom Autor vertraulich behandelt und statistisch ausgewertet. Sie dienen der weiteren wissenschaftlichen Arbeit des Autors und geben Ihnen die Möglichkeit, Ihre Meinung zu sagen und Kritik zu üben.

1. Hat Sie die Lektüre dieses Buches angeregt, Ihre Selbsterkenntnis zu verbessern?
   ❒ ja ❒ nein ❒ teilweise ❒ weiß nicht

2. Glauben Sie, dass Sie einige Erkenntnisse gewonnen haben, die Ihnen im Alltag helfen werden?
   ❒ ja ❒ nein ❒ teilweise ❒ weiß nicht

3. Worüber hätten Sie gerne mehr gelesen?
   ❒ Angstprobleme
   ❒ Erziehungssituation
   ❒ Sexualität und Selbstbewusstsein
   ❒ Gesellschaftsstruktur
   ❒ Minderwertigkeitskomplexe
   ❒ Therapiemethoden
   ❒ Sinn des Lebens
   ❒ Befreiung der Liebesfähigkeit
   ❒ Entfaltung der Fähigkeiten
   ❒ Mut zur Selbstbehauptung
   ❒ Konfliktbewältigung
   ❒ Motive menschlichen Verhaltens
   ❒ Eigene Vorschläge: ______________________________
   ____
   ____
   ____

4. Glauben Sie, dass Sie in Zukunft authentischer sind?
❒ ja ❒ nein ❒ teilweise ❒ weiß nicht

5. Hat Ihnen der Gedanke der Freiheit Angst gemacht?
❒ ja ❒ nein
Warum? ____________________
____
____
____

6. Hat Ihnen das Buch geholfen, Ihre persönlichen Probleme besser zu erkennen?
❒ ja ❒ nein ❒ teilweise ❒ weiß nicht

7. Welches individuelle Problem oder welcher seelische Konflikt beschäftigt Sie besonders? ____________________
____
____
____
____

Vorname: ____________ Name: ____________
PLZ: ______ Wohnort: ____________
Straße: ____________________
Beruf: ____________ Alter: ______

Schneiden Sie den Fragebogen bitte aus, und senden Sie ihn an:
Sekretariat der Praxis P. Lauster, Usambarastraße 2, 50733 Köln.

Die Aquarelle des Autors

1. Aquarellmappe von Peter Lauster
   Format: 21 x 28 cm,
   6 vierfarbige Aquarelle mit Textauszügen aus dem Buch «Lebenskunst».
   Auflage: 300, 1982, handsigniert und nummeriert.
   Preis: 15 €
2. Originalgraphik von Peter Lauster in limitierter Auflage, handsigniert und nummeriert
   Außenformat des Blattes: 70 x 50 cm,
   Bildformat: 40 x 30 cm.
   Preis: 45 €

Bestellcoupon
Hiermit bestelle ich:
❐ Exemplar(e) Kunstdruck (Auflage 300 Exempl.), handsigniert und nummeriert. Preis: 45 €
❐ Aquarellmappe. Preis: 15 €
Mein Absender
Vorname: ____________ Name: ____________
Straße: ____________
PLZ: ________ Ort: ____________
Datum: ____________ Unterschrift: ____________

Der Versand erfolgt in einer Kartonrolle per Nachnahme. Bitte senden Sie den Bestellcoupon an: Sekretariat der Praxis P. Lauster, Usambarastraße 2, 50733 Köln.